物流法案例研究

高　泉　白　硕　李爱华　孙　瑜◎编著

知识产权出版社
全国百佳图书出版单位

图书在版编目（CIP）数据

物流法案例研究／高泉等编著．—北京：知识产权出版社，2015.8
ISBN 978-7-5130-3447-0

Ⅰ．①物…　Ⅱ．①高…　Ⅲ．①物流—物资管理—法规—案例—中国
Ⅳ．①D922.290.5

中国版本图书馆 CIP 数据核字（2015）第 070811 号

内容提要

本书是一部专门研究物流领域法律案例及事例的专业图书。本书坚持理论与实践相结合，选择物流活动中实际发生并经司法裁判的典型案件和现代物流业发展中的重要事例、事件进行较为全面和深入的案（事）例评析与法理分析。内容涵盖了物流法基础理论，物流主体法律制度，货物运输、仓储、加工、代理法律制度，物流保险法律制度，绿色物流法律制度，物流业政府监管、宏观调控法律制度以及物流争议处理法律制度等，以期读者能够通过本书对物流法律制度的主要方面有较为全面的理解和认识。

责任编辑：纪萍萍　　**责任校对**：孙婷婷
责任出版：刘译文

物流法案例研究

高　泉　白　硕　李爱华　孙　瑜　编著

出版发行：知识产权出版社有限责任公司　**网　　址**：http：//www.ipph.cn
社　　址：北京市海淀区马甸南村 1 号　**天猫旗舰店**：http：//zscqcbs.tmall.com
责编电话：010-82000860 转 8387　**责 编 邮 箱**：jpp99@126.com
发行电话：010-82000860 转 8101/8102　**发 行 传 真**：010-82000893/82005070/82000270
印　　刷：北京中献拓方科技发展有限公司　**经　　销**：各大网上书店、新华书店及相关专业书店
开　　本：720mm×960mm　1/16　**印　　张**：19
版　　次：2015 年 8 月第 1 版　**印　　次**：2015 年 8 月第 1 次印刷
字　　数：351 千字　**定　　价**：58.00 元

ISBN 978-7-5130-3447-0

序

法学是一门应用性很强的学科。法学教育的重要目标，就是培养学生运用法律知识解释法律现象、解决法律问题的能力。因此，在法学教育中，理论和实践相结合的教学方法具有特别重要的意义。实践证明，案例教学既是法学教育的重要内容，也是法学教育的重要方法。在我国，案例教学法已经得到广泛的运用并深受法学专业师生的普遍欢迎，在法学教学中占据了越来越重要的地位，也成为深化教学改革的重要方面。

市场经济就是法制经济，离开完善的法律制度，任何行业或产业都不可能健康、持续发展，物流业更是如此。随着经济全球化趋势的加快和科学技术的飞速发展，现代物流业已经成为国民经济体系中具有举足轻重地位的重要产业。但是，目前我国物流业发展的瓶颈恰恰在于法制的缺陷和不足。国务院发布的《物流业调整和振兴规划》明确指出："加强对物流领域的立法研究，完善物流法律法规体系，促进物流业健康发展。"因此，加强物流领域法制建设的理论与实践研究显得日益迫切。

基于上述理由，我们组织从事物流法制研究的同志编写《物流法案例研究》一书，一方面是为了满足法学教学的需要，另一方面也是为了促进物流法制的研究。在本书的编写中，我们坚持实践性、典型性、新颖性、学术性原则，尽可能地选择物流活动中实际发生并经司法裁判的案件（个别章节的相关问题可以用物流业的事例、事件来替代案例做学理分析）。案件的选取能够反映物流活动中争议和纠纷的主要方面，并且尽可能选择最新发生的案件，保证案件以及法律适用等方面的新颖性，案（事）例评析与法理分析具有一定的理论深度，而非一般性的案件解释，使得本书既体现了案例教材的实践性特点，又体现出一定的理论深度和学术价值。

近年来，相关法律法规修订频繁，更新较快。尽管我们力求所选案件和法律是最新的，但还是根据实际情况，对个别案件裁判时所适用的法律法规仍沿用修订前的内容，在本书出版时未对这些部分做修订。这可能导致个别法律条文的引用及分析与最新的立法不完全一致，但却可以较真实地重现当时的社会发展境况和法律适用情况。我们在这里提醒读者注意，以免产生歧义。

本书所选取的案例和事例大部分来源于司法机关的法律裁判文书，小部分来源于相关的新闻报道和专家学者的相关论著、讲话、报告等，在此表示感谢。在本书的编著和出版过程中，北京物资学院劳动科学与法律学院尚珂院长给予了悉心的指导和大力支持，在此也表示感谢。

北京物资学院法学专业在国内较早地从事流通和物流法制的教学、研究工作，形成了一支专长于流通和物流法制的教学研究团队。本书由高泉副教授、白硕博士、李爱华副教授、孙瑜博士共同编著。其中第一、二章由高泉同志编著（该部分内容系北京市教育委员会社科计划面上项目“现代物流业的法律规制研究”成果之一，项目编号：SM201410037005）；第三、四、七章由白硕同志编著；第五、六章由李爱华同志编著；第八、九章由孙瑜同志编著。

本书适用于法学专业教师、研究生、本科生教学、研究使用，也可供物流学相关专业师生、律师、法官以及物流业从业人员参考使用。

编　者

2014 年 5 月

目录 Contents

第一章

物流法律制度概述

本章导读

本章事例和案例主要探讨我国物流立法的基本现状、存在的主要问题及其完善对策；同时，鉴于第三方物流的兴盛与发展，本章也将分析和阐述第三方物流合同的特征、法律性质、法律关系以及物流活动纠纷法律适用的特殊性。通过对相关事例、案例的评析与法理分析，能够使读者学习和了解我国物流法律制度的基本概况。

现代物流业的发展与兴盛依赖于统一、透明、公平和高效率的法律制度环境。我国现有的法律、法规在一定程度上缓解了物流领域的“法律空白”状况，在物流领域的基本方面做到了有法可依，对物流业的健康发展起到了保驾护航的作用。但是我国现行物流法律规范缺乏系统性和协调性，层次较低，法律效力不强。物流立法相对滞后，仍存在不少立法空白，物流立法缺乏国际视野，立法质量不高。随着我国物流业的快速发展，物流法律法规的滞后与不完善凸显出来，成为我国物流业发展比较混乱的原因之一。物流市场的无序，严重影响着我国物流业的健康发展。因此，构建一个完善的物流法律法规体系，规范物流行业发展中的无序现象，成为我国物流业发展中面临的一个迫切问题。

第三方物流合同是第三方物流活动的法律形式，与一般的民商事合同相比，第三方物流合同涉及运输、储存、装卸、搬运、包装、流通加工、配送、信息处理等诸多环节，合同当事人之间形成的法律关系也变得复杂起来，第三方物流合同将受到不同层次和不同内容的法律规范的调整，其法律适用的过程也具有特殊性，不同法律关系法律适用的具体原则和方法也不相同。

与一般的经营活动相比，物流活动中法律适用具有综合性和多样性、广泛性和复杂性，具有较强的国际性和技术性。了解物流活动法律适用的特殊性，对于物流经营者依法经营、正确处理物流活动中的各种法律关系、妥善处理各种物流活动争议和纠纷、维护自身合法权益具有重要的现实意义。

事例一

中国物流立法何时给力——谈我国物流立法的现状、问题及其对策

【事例提示】

通过对本事例材料的评析与法理分析，主要讨论我国物流立法的基本现状、存在的主要问题及其对策。我国调整物流的法律规范涉及运输、仓储、包装、配送、搬运、流通加工和信息管理等各个方面，在法律规范的表现形式上有法律、法规、规章、国际条约、国际惯例以及各种技术规范等不同的层次。但是，我国现有的物流法律、法规仍不能满足物流业飞速发展的需要。因此，有必要制订统一的物流业立法规划，增强物流立法的协调性，建立和完善物流法律法规体系，提高物流立法的系统性，加强物流领域重点立法，制定新的单行物流法律规范，加强地方物流立法，建立和完善适应市场经济体制的物流法律规范体系，重视国际经验的借鉴，提高物流立法水平，使物流业有法可依。

【事例材料】

2011 年 1 月 1 日，福建省十一届人大常委会第十七次会议在 2010 年 9 月 30 日表决通过的《福建省促进现代物流业发展条例》（以下简称《福建条例》）正式施行。福建省在全国率先对物流业发展进行立法的举措，受到了社会的广泛关注，并引发业内关于物流立法的新一轮讨论。

物流立法缘何不给力

“要进一步加强物流业政策和法规体系建设，通过立法明确物流业的产业地位，要明确物流企业的标准，在国民经济中的行业划分、产业统计、工商政策和土地使用等方面明确物流业的分类。”国家发改委经济贸易司副司长耿书海认为，物流业现在有了一定的产业地位，但是在行业分类里还没有物流的一席之地。所以还需要进一步开展工作，进一步确立物流业的分类和产业地位。

近年来，特别是《物流业调整和振兴规划》实施近两年来，许多地方和部门局部性的政策都在推进，但整体情况不够理想。一直困扰物流业发展的许多政策问题亟待解决。譬如，物流运作环节税率不统一，税负偏高的问题；仓储类物流企业土地使用税不堪重负的问题；城市交通管理与物流业发展的矛盾问题；执法标准不一，物流企业罚款负担重的问题；物流基础设施建设的用地

和融资问题；物流企业异地设点受阻，各类资质无法统一使用、税收不能统一核算的问题；在网络化经营和“走出去”中遇到的问题等。主要原因是，现行政策思路不适应物流业一体化运作和网络化经营的发展趋势，物流业的产业地位难以在具体的经济管理工作中落实。

中国物流与采购联合会会长、中国物流学会会长何黎明指出，业内企业迫切要求强化综合协调机制，形成支持物流业发展的合力，为物流业全面、协调和可持续发展创造良好的体制和政策环境。并应在此基础上，探索物流业立法问题，为物流业发展提供法律保障。

“根据我国立法法，我国法律体系由法律、行政法规、地方性法规、自治条例、单行条例和规章等法律、法规和规章构成，其中法律由全国人民代表大会及其常委会制定，行政法规由国务院制定，地方性法规由拥有立法权的地方人民代表大会及其常委会制定，规章主要由国务院各部门、地方人民政府等制定。”

作为参与制定《福建条例》的专家，福州大学副校长王健教授坦言，2009年国务院颁布的《物流业调整和振兴规划》是我国第一部物流行政法规，由于规划期仅为3年（2009—2011年），因此该行政法规的时效性很短。我国目前还没有一部专门的、统一的物流法律，现行的调整物流方面的法律法规，散见于关于物流各个环节的法律、法规、规章和国际条约、国际惯例以及各种技术规范、技术法规中。这些法律法规过于分散，缺乏系统性，法律法规之间还存在着不协调和冲突的现象，这就使得物流法律法规的指导性和规范性作用难以落到实处。另一方面，我国直接具有操作性的规章多由国务院部委、地方政府制定，大多以“办法”“意见”“通知”等形式存在，规范性不强，时效性短，缺乏法律制约作用。

《福建条例》的立法探索

“我国物流发展处于起步阶段，实践经验不足，《福建省促进现代物流业发展条例》属促进法，通过促进法引导和促进物流发展，体现我国物流立法的阶段性特征。”

王健教授告诉记者，在法律调整手段上，主要有管理法（管理约束）和促进法（引导和促进）。一般说来，“管理型立法”通常发生在这类立法所调整的社会关系已发展到一定程度，形成一定的市场规模、甚至出现市场的过度竞争而国家不得不加以干预的情况下，即“管理型立法”主要解决“需求”问题，在整个社会运行和政府干预的意义上，属于“后置性”的。“促进型立法”则不同，它通常是针对那些社会关系尚未得到良好发育、市场规模并未形成而急需鼓励形成市场规模的领域，因而“促进型立法”主要解决“供给”

问题，具有积极和主要的促进导向，对社会的发展具有引导意义。福建省在这次立法过程中，做出了许多方面的探索。《福建省促进现代物流业发展条例》包含一般性规定、政府及相关部门职责规定、鼓励企业发展规定和促进闽台物流合作规定，由25条构成，对物流管理体制、物流业发展规划、物流设施建设、扶持政策措施等方面进行了规范，并对鼓励和支持闽台物流业的交流与合作做了具体规定。

期待出台全国性物流法律法规

物流业需要规范和调整的关系很多，首先在法律上需要界定物流业的概念。目前，我国国标GB/T 18354—2006《物流术语》未给出物流业定义，物流业特别是现代物流业的概念尚未统一。《福建省促进现代物流业发展条例》引用国务院《物流业调整和振兴规划》的规定："现代物流业是指融合运输业、仓储业、货代业和信息业等的复合型服务产业。"许多专家学者指出，这个概念的外延与内涵不是很明确，因此我国亟须界定物流业的概念，明确现代物流业的外延与内涵。

从我国实际情况看，目前要制定物流法有些超前，但实现物流发展既迫切又是个比较困难的过程，需要有一部法律法规对物流发展进行宏观指导；同时也需要政府相关部门抓紧制定出台配套措施、实施细则来弥补"促进型"物流法律法规的不够具体、缺乏约束性的不足。

王健教授认为，物流业发展的很多问题是全局性的，一部地方性法规难以解决所有问题，如税收政策超出了地方立法的权限。随着我国物流发展，我们期待着有一部能够反映我国现代物流业的发展规律、促进我国现代物流业全面健康发展的专门和统一的全国性物流法律法规尽快出台。

——摘编自《中国物流立法何时给力》，作者：吕同舟，《中国远洋航务》2011年第02期

【事例评析与法理分析】

随着全球经济一体化进程的加快和科学技术的飞速发展，物流在国民经济建设中的作用变得越来越重要。物流业以新的面貌将成为21世纪经济发展中具有举足轻重地位的重要产业，被人们称为"第三利润源泉"。现代物流业的发展与兴盛依赖于统一、透明、公平和高效率的法律制度环境。现代物流业的健康、持续发展必然以良好的法律制度环境为依托和动力。市场经济就是法制经济，离开完善的法律制度，任何行业或产业都不可能健康、持续发展，物流业更是如此。而目前我国物流业发展的瓶颈恰恰是法制环境的缺陷和不足。福建省对物流业发展进行地方立法的举措，引发了业内关于物流立法的新一轮讨

论，说明物流立法问题日益受到重视。我们通过本事例重点讨论我国物流立法的基本现状、存在的主要问题及其完善的对策等问题。

一、我国物流立法的基本现状

从法律效力角度来看，我国现行物流立法主要可分为以下三类：一是法律。即最高国家立法机关颁布实施的规范性文件，如《海商法》《铁路法》等。这类规范性文件的法律效力最高，也往往是物流某一领域的基本法。二是行政法规。即国务院颁布实施的规范性文件，如《公路管理条例》等。这类规范性文件的法律效力仅次于法律，并且不能和法律相冲突。这类规范性文件数量众多，在我国的物流立法中占据重要的地位。三是由中央各部委颁布的部门规章。如《外商投资国际货物运输代理企业管理办法》《商品条码管理办法》等。这类规范性文件的法律效力次于法律、行政法规，并且不能和法律、行政法规相冲突。这类规范性文件主要由与物流有关的管理部门颁布实施，带有强烈的部门特色。除此之外，还有部分国际条约、国际惯例、地方性法规以及物流技术规范和标准等。

从我国现行物流立法的内容和领域上看，主要包括以下几个方面：（1）调整物流活动主体和市场准入方面的法律规范。如《公司法》《中外合资经营企业法》《关于开展试点设立外商投资物流企业工作有关问题的通知》等。（2）调整物流经营活动的法律规范。其中广泛适用于物流活动各个环节的法律主要有《民法通则》《合同法》等，但更多的是适用于物流某一环节的法律规范，包括运输、装卸、仓储、包装、流通加工、信息处理等各环节的法律规范。比如《公路法》《航空法》《铁路法》《海商法》《铁路货物运输管理规则》《国际集装箱多式联运管理规则》《港口货物作业规则》《民用航空法》等。（3）调整物流作业的技术规范和标准。如GB/T 1992—1985 集装箱名词术语，GB/T 4122. 1—1996 包装术语基础，GB 9174—1988 一般货物运输包装通用技术条件，GB 12463—1990 危险货物运输包装通用技术条件，GB 190—90 危险货物包装标志，等等。（4）调整物流基本建设方面的法律规范。例如《港口法》《铁路法》等。（5）调整物流市场监管方面的法律规范。例如《对外贸易法》《海关法》《反不正当竞争法》等[1]。

可以看出，物流活动涵盖了物品从原材料形态经过生产环节的半成品、产品形态，最后通过流通环节到达消费者手上的全过程。同时，还包括物品的回收和废弃物的处理过程，涉及运输、储存、装卸、搬运、包装、流通加工、配

[1] 邹晓美，高泉，李爱华．物流法原理与实务［M］．北京：现代教育出版社，2009：9-11.

送、信息处理等诸多环节[1]。因此，调整物流的法律规范涉及运输、仓储、包装、配送、搬运、流通加工和信息管理等各个方面，在法律规范的表现形式上有法律、法规、规章和国际条约、国际惯例以及各种技术规范等不同的层次。我国现有的法律、法规在一定程度上缓解了物流领域的“法律空白”状况，在物流领域的基本方面做到了有法可依，对物流业的健康发展起到了保驾护航的作用。

值得一提的是，为了应对国际金融危机，2009 年 2 月 25 日，国务院常务会议审议并原则通过了《物流业调整和振兴规划》。物流业是我国政府相继出台的有色金属、钢铁等十大产业振兴规划中唯一的服务型产业，彰显了物流产业在整个国民经济体系中的重要作用。应该看到，实施物流业的调整和振兴、实现传统物流业向现代物流业的转变，不仅是物流业自身结构调整和产业升级的需要，也是整个国民经济发展的必然要求。《物流业调整和振兴规划》根据我国物流业的发展现状与面临的形势，具体提出了物流业调整和振兴的十大“主要任务”和九项“重点工程”，并明确指出：“针对当前产业发展中出现的新情况和新问题，研究制定系统的物流产业政策。清理有关物流的行政法规，加强对物流领域的立法研究，完善物流的法律法规体系，促进物流业健康发展。”我们认为，《物流业调整和振兴规划》从本质上讲不应当算是一个行政法规，而是属于指导物流业发展的政策性文件，但对我国物流法律制度具有宏观政策引导作用。

二、我国物流立法存在的主要问题

我国现有的物流法律、法规仍不能满足物流业飞速发展的需要，物流立法还存在着许多问题，主要有以下几点。

（一）物流法律规范缺乏系统性和协调性

由于物流涉及的领域和环节众多，我国与物流有关的法律、法规分散于有关贸易、运输、仓储、流通加工等法律规范中。这些立法涉及铁路、民航、邮政、交通、工商、海关、商务等众多部门，形成多头而分散的局面，而这些部门又协调不够，在制定相关法规时基本上各自为政，进而导致法规之间缺乏统一性，甚至出现相互冲突的现象。以货物运输为例，不同的运输方式（如铁路运输、公路运输、航空运输）下就有铁道部、交通部、航空总局等不同的业务主管部门，以至于造成“不同物流方式的物流代理人的设立条件有所不同，要求提供的文件资料也存在一定差异，经营范围、设立条件等规定不一，其法律地位及其权利义务不够明确，常常发生相同物流代理业务情节在不同物

---

[1] 孟琪. 物流法概论［M］. 上海：上海财经大学出版社，2004：7.

流方式下会出现不同法律后果的尴尬局面”。[1] 正是因为物流涉及领域和环节众多，我国又是各部门多头管理，相互缺乏协调和配合，再加上缺乏全国性的物流业政策指引与立法规划，导致了上述现象的出现。这不利于建立一个便捷、安全、透明、开放和统一的全国物流系统，也不利于物流业的健康发展。

（二）物流法律规范层次较低，法律效力不强

从法律效力角度来看，目前我国物流领域内直接具有操作性的法律规范属于法律、行政法规层次的数量并不多，而大多数物流法律规范是由各部委、各地方制定颁布，在形式上多表现为“办法”“条例”“通知”“意见”，甚至有的是内部规定。这些法规、规章法律层次低，法律效力不强，有一些规范性文件还带有地方、部门分割色彩。在人民法院审理的物流纠纷案件中，这些规章和法规只能在办案时参照执行，而不能作为判决案件的直接法律依据来引用。这种状况不能适应现代物流业发展的趋势和特点，不利于从宏观上引导物流业的发展，也不利于规范物流经营行为和物流纠纷的处理。

（三）物流立法相对滞后，仍存在不少立法空白

我国大部分物流法律规范是在计划经济向市场经济体制过度的社会经济环境下制定并被沿用下来的，所以现行的法律规范与物流业发展在诸多方面不相适应，更难以适应市场经济环境下物流业的发展。尤其是我国已经加入 WTO，物流业作为一个主要的服务业已经对外开放，物流业也要逐渐国际化，这就要求我们对与 WTO 不相适应的法律规范做彻底的调整。另外，现代物流业经过充分的发展，已经与最初状况大为不同了，对现代物流带来的新业务、新情况、新问题，我国物流立法显得相对落后，存在不少立法上的空白。比如，我国颁布的《国民经济行业分类与代码》（GB/T 4754—2002）中只有“交通运输、仓储和邮政业”，而不存在“物流业”，以至于许多物流企业在工商登记时只好注明自己的经营范围是“运输”“仓储”“货代”等。再如，我国《合同法》中并没有“物流合同”的概念和相关规定，而物流合同、特别是第三方物流合同往往是综合性的物流服务合同，是集运输合同、委托合同、仓储合同等各种合同于一身的混合合同，这也给第三方物流合同的法律适用带来一定的难题[2]。这一问题的存在，将直接导致物流业在许多领域无法可依，可能出现一定的混乱局面，不利于物流业的健康发展。

（四）物流立法缺乏国际视野，立法水平低

健全完善的物流法制是物流业发达国家的成功经验之一。以美国和日本为

---

[1] 杨鸿台．构建物流法律体系 保障物流产业发展［J］．上海海事大学学报，2006（4）：46.

[2] 邹晓美，高泉．第三方物流合同法律关系与法律适用［J］．中国流通经济，2007（4）：62.

例，从20世纪80年代开始，美国政府制定一系列法规放宽物流市场准入的管制，如《汽车承运人规章制度改革和现代化法案》《斯塔格斯铁路法》《州际商务委员会终结法案》等。这些立法为美国物流业的发展奠定了良好的法律和政策基础，进而催生了美国物流业在20世纪80年代以后的迅速强大[1]。同样，日本政府在本国物流业发展中始终起着重要的指导和引导作用。20世纪90年代以来，日本颁布了《物流二法》（即《货物自动车运送事业法》和《货物运送经营事业法》）《物流效率化法》（即《中小企业流通业务效率化促进法》）《综合物流施政大纲》《新综合物流施政大纲》等一系列促进综合性物流发展的法律法规，全面指导物流业的发展[2]。相对而言，我国的物流立法缺乏对国际上物流业发达国家的经验借鉴，没有充分发挥物流立法对物流业发展的推动和保障作用。主要原因在于我国物流立法技术和立法水平不高，部分法规、规章更像是原则性的政策宣示，规范性文件的内容主要是宣示指导思想、原则，分析现状、形势，发布大纲性的政策措施等，而缺乏准确、具体、严谨、规范的法律用语。另外，由于部分物流立法缺乏科学论证，缺乏国际视野，仓促出台，也导致立法水平不高。目前大量的物流法规、规章频繁的修改与废止也是立法质量不高的体现。这些问题导致我国物流立法的可操作性不强、前瞻性不足、稳定性较差。

三、加强与完善我国物流立法的对策

市场经济就是法制经济，离开完善的法律制度，任何行业或产业都不可能健康、持续发展，物流业更是如此。同时，我们应该看到，实施物流业的调整和振兴、实现传统物流业向现代物流业的转变，有效地贯彻实施《物流业调整和振兴规划》提出的物流业调整和振兴的十大“主要任务”和九项“重点工程”，也必须以完善的物流法制作为保障条件，物流法制也是物流产业政策实现的重要途径。针对我国物流立法存在的问题，结合《物流业调整和振兴规划》提出的“完善物流政策法规体系”的要求，我们认为应当从以下几个方面加强和完善物流立法。

（一）制订统一的物流业立法规划，增强物流立法的协调性

对我国而言，物流业立法的导向应立足于规范市场竞争秩序，防止政出多门，要打破地区、部门和行业的局限，清除部门、地区保护主义的政策和法规，加强协调，全面统筹，整体布局，尽快建立全国统一开放的市场。实现

---

[1] 宋玉萍．美国物流法律制度分析［J］．中国物流与采购，2008（20）：66.

[2] 陈金涛．美日物流法律制度比较及对我国的启示［J］．中国市场，2008（4）：17.

《物流业调整和振兴规划》提出的“打破行业垄断，消除地区封锁，依法制止和查处滥用行政权力阻碍或限制跨地区、跨行业物流服务的行为，逐步建立统一开放、竞争有序的全国物流服务市场”。为此，要制订统一的物流立法规划，确立现代市场经济下物流运行应共同遵循的基本原则，从而避免物流法律、法规体系内部出现重复和矛盾。物流业立法规划还要确定好物流立法的重点领域，解决好中央立法与地方立法、立法机关立法与行政机关立法、中长期立法与近期立法的关系，从而增强物流法律、法规的内在协调性，维护法制的尊严和统一；为改革物流管理体制，促进物流服务的规范化、市场化和国际化提供坚实的法制基础。

（二）建立和完善物流法律法规体系，提高物流立法的系统性

现代物流业的健康发展离不开良好的市场法制环境，需要政府通过制定和实施完善的物流法律制度加以有效的干预。“完善物流法律法规体系，促进物流业健康发展”也是《物流业调整和振兴规划》提出的重要任务之一。从我国目前的经济体制以及物流发展的实际来看，建立适应市场经济体制的物流法律法规体系主要从以下五个方面着手：（1）物流主体和市场准入法。应该通过立法明确从事物流经营活动的市场主体的基本要求和基本资格，规范各类物流主体的设立条件与设立程序，设置进入物流市场的“门槛”，这是保障物流业健康发展的前提和基础。（2）物流经营行为法。这类法律涉及运输、储存、装卸、搬运、包装、流通加工、配送、信息处理等诸多环节，也应该覆盖物流活动的全过程，立法明确物流活动当事人的权利、义务及责任，使整个物流过程在合法、有序、公平竞争的条件下健康发展。（3）物流宏观调控法。主要指调整国家和物流主体之间，以及各个物流主体之间市场监督、管理关系的法律规范。目的是为物流业的发展创造良好的宏观经济环境，制止垄断和不正当竞争，促进全国统一、高效、透明的物流市场形成。（4）物流标准化法。指与国际技术和管理标准体系接轨的我国物流技术与管理标准法规。应当加紧制定和完善物流计量标准、技术标准、数据传输标准、物流设施和装备标准、物流作业和服务标准，为提高物流效率奠定基础。（5）物流争议处理法。主要是指涵盖诉讼与非诉讼的物流争议处理的程序性法律规范。我们认为，由于物流争议具有广泛性和复杂性、争议处理机构和处理程序的多样性以及法律适用的特殊性等特征，与诉讼相比，物流纠纷仲裁具有明显的优越性，因此，仲裁是物流争议解决的最佳方式[1]。总之，要用系统化思想和现代物流理念建立物流法律法规体系，促进我国物流业的健康、持续发展。

至于我国要不要制定一部专门的《物流基本法》，有学者提出，在我国现

[1] 高泉．论物流合同争议的解决［J］．商场现代化，2007（4）：301.

代物流立法理论和实践基本成熟的前提下，应考虑制定《物流基本法》，用法律的形式引导并规范现代物流业的发展[1]。我们认为，在目前情况下制定和出台专门的《物流基本法》的条件尚未成熟，因为物流立法的许多基础性工作还没有展开或完成，制定物流方面的单行法规恐怕仍然是目前的主要方法。基于此，我国物流法律法规体系的构建目标应定位于：通过汇编、修订现有法律和适当补充立法，疏通各单行法律规范之间的承接与递进关系，形成一个层次分明、结构严谨的物流法律法规框架，促进物流行为规范化，建立物流业统一、开放的市场。当然，我们也要着眼长远，应该根据我国物流业发展的实际情况，研究和探讨在条件成熟时制定我国《物流基本法》的可行性。

（三）加强物流重点领域立法和地方立法，使物流业有法可依

对于目前尚没有法律规范调整或规制的物流领域，应及时制定新的单行物流法律规范，尽可能使物流的活动过程有法可依，特别是加紧制定和完善与《物流业调整和振兴规划》提出的十大“主要任务”和九项“重点工程”相关的法律规范。比如物流标准化、多式联运、物流园区、城市配送、大宗商品和农村物流、应急物流、绿色物流等领域的法律规范，抓紧解决影响当前物流业发展的土地、税收、收费、融资和交通管理等方面的法律障碍与问题。

同时，我国由于经济发展不平衡，各地区市场状况、企业素质和融资能力不同，物流发展的规模和水平之间存在较大差异，近期内在建立全国性的物流法律法规体系的同时，各地区应根据自身基础和条件，制定出一些符合本地区的物流法规。这样，既能为逐步建立全国性的宏观物流法律法规提供依据和经验，也有利于各地区的物流企业依据地区特点加快发展。福建省人大通过《福建省促进现代物流业发展条例》是在全国率先对物流业发展进行地方立法的有益尝试，体现了一定的地方特色，比如，该条例规定，鼓励台湾地区企业来闽投资建设、经营物流基础设施，设立地区总部、配套基地、采购中心、物流中心、营运中心和研发中心；同时也鼓励和支持本省物流企业赴台湾地区设立办事机构及营业性机构。省政府有关部门应当简化物流企业赴台投资的审批手续，为物流企业提供优质服务。这些规定都体现了福建省的地理与区位特点。

总之，要针对当前物流业发展中出现的新情况和新问题，确定立法重点，填补立法空白，加强地方立法，使物流业发展有法可依。

（四）重视国际经验借鉴，提高物流立法质量

物流业发达国家的成功经验表明：健全完善的物流法制是现代物流业健

---

[1] 李爱华，邹晓美．论我国物流法律体系的基本框架［J］．中国流通经济，2008（5）：74.

康、持续发展的依托和动力，营造良好的物流法制环境是政府的重要职责。这就需要我们具备国际视野，大胆吸收和借鉴物流业发达国家的物流立法成功经验，不断提高立法质量。一方面要研究、分析物流业发达国家的物流法律制度，找出可供借鉴的成功经验，结合我国的实际大胆吸收和借鉴；另一方面政府的物流立法要经过科学论证，提高立法技术和立法水平，充分凝聚各方共识，注意发挥物流业社团组织、专家学者在物流立法中的作用，从而增强物流法律法规的可操作性、前瞻性和稳定性，提高立法质量。

另外，在建立健全我国物流法律、法规的同时，也要特别重视物流行业协会对其会员的协调、自律作用。特别是在一些法律法规没有调整或者不便于调整的领域，例如诚实信用经营、行业利益协调等方面，物流行业协会将发挥政府所不能取代的功能。因此，要逐步建立全国及地方的物流行业协会组织，将以往政府过多的管理职能逐步过渡，交给行业协会行使。加强物流业发展中的行业协调和行业自律，并从法律法规上加以支持，对物流行业协会组织的功能、作用、职权及与政府相关部门的联络和沟通做出必要法律规定，使物流管理逐步与国际惯例对接，发挥民间组织所固有的利益协调功能和专业知识优势。

总之，市场经济是法制经济，在市场经济条件下，完善的法制既为国家的宏观管理提供了依据，也为企业的微观活动提供了准则。加强和完善我国的物流法制，改善我国的物流法制环境，对于促进我国物流业的振兴与发展具有重要的现实意义。

案例二

杨永协与北京博奥物流有限公司运输合同纠纷一案

【案例提示】

本案中原告、被告之间的合同实质上属于第三方物流合同，被告北京博奥物流有限公司为物流服务的提供者，是在商品交易双方之外作为第三方为商品交易双方提供物流服务的当事人。依据原告、被告之间的合同约定，被告北京博奥物流有限公司除将货物运输至目的地外，还应承担代收货款的合同义务。那么原告杨永协与被告北京博奥物流有限公司所形成的第三方物流合同中实际上既有运输合同法律关系，也具有委托代理法律关系，被告北京博奥物流有限公司的法律地位既是承运人，又是代理人。通过本案我们重点探讨了第三方物流与第三方物流合同的概念、第三方物流合同的法律特征及其法律关系的性质等问题，并对本案涉及的权利义务关系进行了分析和评价。

【案情介绍】

原告：杨永协（身份证号码：略），男，××年×月×日出生，汉族，天意商城×层×室个体工商户，住（略）。

被告：北京博奥物流有限公司（组织机构代码：×××），住所地（略）。

法定代表人张丽红，经理。

案由：运输合同纠纷案

原告杨永协为天意商城的摊位业主，曾委托被告北京博奥物流有限公司将价值15 044元的货物从北京运至外地购货人处，并同时委托被告北京博奥物流有限公司代收货款。被告北京博奥物流有限公司收到原告杨永协委托的运输货物后，向原告杨永协出具《北京博奥物流有限公司托运单》（以下简称托运单）三张，该托运单为被告北京博奥物流有限公司统一格式，托运单记载了货物名称、委托代收货款金额、运费额、合计费用金额（含货款金额及运费额）。托运单加盖有被告北京博奥物流有限公司合同专用章，并加注有“提付”字样。另外，被告北京博奥物流有限公司向原告杨永协出具了一张《代收货款转账结算单》（以下简称结算单），该结算单亦为被告北京博奥物流有限公司统一格式。结算单中记载的票号为托运单号码，金额为相关托运单运输货物的货款数额，上述托运单和结算单金额共计为15 044元。

经庭审质证及审查核实，被告北京博奥物流有限公司对原告杨永协提交的三张《北京博奥物流有限公司托运单》、一张《代收货款转账结算单》的真实性无异议。被告北京博奥物流有限公司未向法院提交证据。

被告北京博奥物流有限公司在代收货款后拒绝将该货款返还于原告杨永协，经原告杨永协多次催要，均遭被告北京博奥物流有限公司无理拒绝，故诉至法院。原告杨永协的诉讼请求：1. 被告北京博奥物流有限公司立即返还原告杨永协货款15 044元；2. 本案全部诉讼费用由被告北京博奥物流有限公司承担。

被告北京博奥物流有限公司答辩称：被告北京博奥物流有限公司已将货物送交购货人，只要原告杨永协能提供证据证明购货人确实已把货款付给被告北京博奥物流有限公司，被告同意将货款给付原告杨永协，如原告杨永协提供不了证据，被告不同意给付。

庭审中双方当事人存在争议的是托运单中“提付”的含义及结算单的性

质。原告杨永协主张“提付”的含义为购货人提货的同时付全部货款（含货款及运费），付全部货款为提货的前提条件，如果购货人没有付全部货款，被告北京博奥物流有限公司应该将货物拉回，被告北京博奥物流有限公司出具结算单的行为即为承诺给付代收货款的意思表示；被告称“提付”的含义为购货人提货的同时付运费，但购货人不一定同时给付货款，被告北京博奥物流有限公司开具结算单的行为不代表已收到货款。被告北京博奥物流有限公司陈述其已将原告杨永协所托运的货物都交付给了购货人，但其不能提供购货人签收货物的单据。

【裁判与处理】

一、被告北京博奥物流有限公司给付原告杨永协货款一万五千零四十四元；

二、案件受理费由被告北京博奥物流有限公司负担。

（案例来源：北京市大兴区人民法院民事判决书（2011）大民初字第6446号）

【案例评析与法理分析】

原告杨永协与被告北京博奥物流有限公司之间发生的货物运输合同纠纷，尽管案情并不复杂，但却反映了第三方物流合同当事人之间法律关系的基本性质和基本特征。因此，我们结合本案例重点探讨第三方物流与第三方物流合同的概念、第三方物流合同的法律特征及其法律关系的性质等问题，从而对第三方物流合同相关法律问题有一个基本认识和了解。

一、本案原、被告之间实质上形成了第三方物流合同关系

（一）什么是第三方物流

何谓第三方物流？国内外学者和业界并没有一个统一的认识。总的来说，国内学者大多以参照系的不同，将第三方物流中的“第三方”分为广义的第三方和狭义的第三方。广义的第三方，是以商品交易为参照，指商品买卖双方之外的物流服务提供者。狭义的第三方，是以物流服务或物流交易为参照，指物流的实际需求方（假定为第一方）和仓储、运输等基础物流服务的供给方（假定为第二方）之外的、向第一方提供部分或全部物流功能的外部服务提供者。

学者崔介何认为：第三方物流又称为契约物流或物流联盟，是指从生产到销售的整个流通过程中进行服务的第三方，它本身不拥有商品，而是通过签订合作协议或结成合作联盟，在特定的时间段内按照特定的价格向客户提供个性

化的物流代理服务。其具体内容包括商品运输、储存配送以及其他附加的增值服务等。第三方物流也有广义和狭义的理解，广义的第三方物流是相对于自营物流而言的，凡是有社会化的专业物流企业按照货主要求，所从事的物流活动都可以包含在第三方物流范围之内。至于第三方物流是从事哪一个阶段的物流、物流服务的深度和服务的水平，这要看货主的要求。狭义的第三方物流主要是指能够提供现代的、系统的物流服务的第三方物流活动。[1]

学者李松庆认为：第三方物流是指商品交易双方之外的第三方为商品交易双方提供部分或全部物流服务的物流运作模式。按照这个概念，运输、仓储、报关等单一环节物流服务和一体化综合性物流服务或多功能系列化物流服务，都属于第三方物流的范畴。它们之间是传统第三方物流服务与现代第三方物流服务的区别，是功能性第三方物流服务与综合性第三方物流服务的区别，是第三方物流企业规模和经营范围上的区别。但由于后者是第三方物流发展的方向和重点，是第三方物流企业追求的目标和其客户渴望得到的物流服务，同时也是第三方物流研究与实践中的薄弱环节，所以第三方物流的概念虽是广义的，但理论研究和实践运作主要应以后者——现代第三方物流作为重点。[2]

2001年由国家质量技术监督局发布的国家标准《物流术语》（GB/T 18354—2001）对第三方物流给出的定义是：第三方物流是由供方与需方以外的物流企业提供物流服务的业务模式，是指在物流渠道中，由中间商以合同的形式在一定期限内向供需企业提供所需要的全部或部分物流服务。第三方物流企业本身不拥有货物，而是为其外部客户的物流作业提供管理、控制和专业化服务的企业。2006年修订的《物流术语》（GB/T 18354—2006）对第三方物流给出的定义是：第三方物流是独立于供需双方为客户提供专项或全面的物流系统设计或系统运营的物流服务模式。相比而言，新修订的国家标准《物流术语》更加关注了第三方物流为客户提供专项或全面的物流系统设计或系统运营的物流服务，更加注重现代第三方物流服务和综合性第三方物流服务，体现了第三方物流发展的方向和重点。

我们采纳广义第三方物流概念学者们的基本观点。在关于“什么是第三方”的认定上，以商品交易为参照，即第一方是指商品的卖方、供应方或发货人；第二方是指商品的买方、需求方或收货人；第三方是指第一方和第二方之外的、为双方提供物流服务的物流服务提供者。在第三方物流概念的认识上，认为第三方物流是指商品交易双方之外的第三方为商品交易双方提供部分

[1] 崔介何．物流学概论［M］．北京：北京大学出版社，2004：226-227.
[2] 李松庆．第三方物流定义探讨［J］．当代财经，2004（5）：71.

或全部物流服务的物流运作模式。也就是说，第三方物流是相对于自营物流而言的，凡是由商品交易双方之外的第三方为商品交易双方提供物流服务的模式，都可以包含在第三方物流的范围之内。采纳广义第三方物流概念的主要理由是从提供的服务范围和功能来看，我国的多数第三方物流企业仍以运输、仓储等基本物流业务为主，物流系统设计、信息管理等增值服务功能处在发展完善阶段。功能完善的、提供一体化综合性物流服务的第三方物流企业目前为数不多，规模也不是很大。许多大型的运输、仓储企业虽已向第三方物流企业转化，但它们的传统运输、仓储业务仍占主要部分，第三方物流的功能还不完善。因此，提供从物流系统设计到系统运营的一体化物流服务或多功能、系列化物流服务的物流运作才是第三方物流的观点有点偏颇，并且超越了我国第三方物流发展的实际情况。

（二）什么是第三方物流合同

由于物流业的服务方式一般是与企业签订一定期限的物流服务合同，所以有人称第三方物流为“合同物流（contract logistics）”或“契约物流”。第三方物流是以合同为基础而产生出的一种商业运营模式，主要指生产经营企业为集中精力搞好主业，把原来属于自己处理的物流业务，以合同方式委托给专业物流服务企业，并由物流服务企业整合其所掌握的资源，达到对物流全程管理和控制的一种物流运作与管理方式。

由于第三方物流具有节省费用、减少资本积压和库存、实现企业资源的优化配置、服务更加专业化、提升企业形象等诸多优点，因此是物流现代化发展的主要趋势。而作为第三方物流服务的法律表现形式就是第三方物流合同，开展第三方物流活动，就需要订立第三方物流合同。第三方物流合同就成为第三方物流活动的法律形式，也成为第三方物流活动当事人的权利义务的法律依据。因此，所谓第三方物流合同，就是第三方物流服务活动的当事人之间设立、变更、终止权利义务关系的协议。第三方物流合同所涉及的诸如运输、储存、包装、装卸搬运、配送等物流服务合同，本质上属于民商事合同。

具体到本案来说，原告杨永协委托被告北京博奥物流有限公司将价值15 044元的货物从北京运至外地购货人处，被告北京博奥物流有限公司收到原告杨永协委托的运输货物后，向原告杨永协出具《北京博奥物流有限公司托运单》（以下简称托运单）三张。原告杨永协与被告北京博奥物流有限公司形成的货物运输合同关系，系双方真实意思表示，未违反法律法规，合法有效。原告杨永协委托被告北京博奥物流有限公司之间实质上形成了第三方物流服务合同关系，原告杨永协为物流服务的需求方（发货人），而收货方则是外地购货人，而被告北京博奥物流有限公司为物流服务的提供者，是在商品交易双方之外作为第三方为商品交易双方提供物流服务的当事人。因此，尽管本案中的物流服务内容比较简单，但也符合广义第三方物流概念的界定，托运单就是双方当事人物流服务合同的凭证，可以认为原告、被告之间的物流服务合同属于第三方物流服务合同。

二、第三方物流合同的法律特征

第三方物流合同本质上属于民商事合同。但是，与一般的民商事合同相比，第三方物流合同具有以下几个特征。

（一）第三方物流合同的主体相对较为复杂

第三方物流合同中的主体包括以下几类：（1）物流服务提供者，是物流合同主要的一方，一般是第三方物流的专业经营者。（2）物流服务需求者，是物流合同中的另一方，主要包括各种工业企业、批发零售企业及贸易商等。（3）物流活动的实际履行者。物流服务需求者和提供者是第三方物流合同的基本主体，但物流服务提供者有时会把海运、陆运、通关、仓储、装卸等环节的一部分或全部分包他人，委托他们完成相关业务，使其参与物流合同的实际履行，如运输企业、港口作业企业、仓储企业、加工企业等，物流合同的实际履行方成为第三方物流法律关系不可或缺的主体。

（二）第三方物流合同的内容具有广泛性和复杂性

物流现代化发展过程中，提供第三方物流服务的企业从简单的存储、运输等单项活动转为提供全面的物流服务，其中包括物流活动的组织、协调和管理，设计建议最优物流方案，物流全程的信息搜集、管理等。提供第三方物流服务的企业大体上又可以分为资产型物流公司和非资产型物流公司，资产型物流公司又有提供运输服务为主的和提供仓储服务为主的不同类型，非资产型物流公司又有提供货物代理为主的、提供信息和系统服务为主的、提供增值服务为主等不同类型[1]。业务的专业化和多样化，使得第三方物流合同的内容涉及运输、储存、装卸、搬运、包装、流通加工、配送、信息处理等诸多环节，合同当事人的权利义务关系也因此呈现出多样性、广泛性和复杂性。

（三）第三方物流合同通常是具有混合合同特征的无名合同

第三方物流合同涉及的环节众多、合同的内容具有广泛性和复杂性。那么，根据合同内容约定和实践来看，双方的权利义务到底属于何种合同性质？物流合同是不是一个独立的合同？笔者认为不能一概而定。单一的物流服务合同在性质上容易确定，例如纯粹的运输合同关系或仓储合同关系，则其合同名

---

[1] 崔介何．物流学概论．[M]．3版．北京：北京大学出版社，2004：268.

称就是运输合同或是仓储合同，属于合同法上的有名合同。然而，第三方物流合同往往是综合的物流服务合同，是集运输合同、委托合同、仓储合同、加工合同等各种合同于一身的混合合同，因而，物流经营者的法律地位也是集存货人、托运人、委托人、代理人等各种地位于一身的混合地位。然而，我国《合同法》并没有对“物流合同”的概念和相关规定，在《合同法》分则中，分别对15类有名合同做了规定，包括涉及物流服务关系的运输合同、保管合同、仓储合同、委托合同、承揽合同等。而且在物流活动实践中，也很少把合同称为“物流合同”，因为，物流活动大多体现的还是运输合同，物流企业与客户签订的合同大多数是运输合同。但物流合同往往又超出运输合同的范围，比如，合同中要求物流企业对委托托运的货物自己进行包装修补、集装箱拼箱、装箱或者拆箱，这时，物流企业与客户的合同就有了加工承揽的性质与特点，远不是一个运输合同所能涵盖的。因此，把这种综合的物流服务合同称为运输合同就是不准确的。综上所述，笔者认为，通常来说，第三方物流合同，特别是综合的物流服务合同，其法律性质应该是具有混合合同特征的无名合同。

具体到本案来说，原告杨永协委托被告北京博奥物流有限公司运输货物并且代原告杨永协收货款。被告北京博奥物流有限公司在代收货款后拒绝将该货款返还于原告杨永协，经原告杨永协多次催要，均遭被告北京博奥物流有限公司无理拒绝，才导致原告诉至法院解决纠纷。可见在本案中，依据双方当事人约定，被告北京博奥物流有限公司除将货物运输至目的地外，还应承担代收货款的合同义务。因此，尽管该案件在法院案由的确定上归属于运输合同纠纷（事实上我国人民法院案由的相关规范中也并不存在物流合同纠纷这一分类），但实质上不是一个简单的运输合同所能涵盖的，被告代收货款事实上是一个代理关系，该合同约定的内容并非纯粹的运输合同，也包含着委托代理的权利义务关系。本案正是由于被告北京博奥物流有限公司拒绝返还代为收取的货款才导致纠纷的发生，而并非由于货物运输本身的履行问题而产生的纠纷。这也反映了第三方物流合同当事人的权利义务关系呈现出的多样性、广泛性和复杂性的特征。

三、第三方物流合同的法律关系分析

如前所述，物流合同的内容具有广泛性和复杂性，物流合同涉及运输、储存、装卸、搬运、包装、流通加工、配送、信息处理等诸多环节，同时由于第三方物流经营者拥有的资源不同，经营特色和经营方式也多样化，第三方物流合同当事人之间的法律关系也变得复杂起来。

从第三方物流合同的主体角度来看，一方面是物流服务提供者（物流经营者）与物流服务需求者（物流客户）的关系。双方基于物流服务合同的约定或法律的规定享有权利并承担义务，同时也必须独立地承担民事责任。这也是第三方物流合同最基本的当事人。另一方面是物流经营者与物流活动的实际履行者的关系。当物流经营者利用自身的物流经营资源独立完成物流服务的全部过程时，物流经营者与物流活动的实际履行者是同一个人，法律关系相对较为简单。但第三方物流合同往往是综合的物流服务合同，每个物流经营者拥有的资源不同。因此，在实践中，物流经营者在接受物流客户的任务后，往往与一个或多个实际履约方分别签订合同，委托他们从事具体的运输、仓储、加工、包装、装卸等服务。

从第三方物流合同内容和合同性质的角度来看，不论是物流服务提供者（物流经营者）与物流服务需求者（物流客户）的关系，还是物流经营者与物流活动的实际履行者的关系，根据不同的合同约定和物流实践，通常比较常见的几个法律关系如下。

（一）运输（仓储、加工）等一般物流服务法律关系

物流的最主要目的是通过运输链顺利衔接，实现物质资料从供给者到需求者的物理移动最优化，所以运输、仓储、装卸搬运等活动仍然是整个物流活动的核心要素。当第三方物流企业接受客户的委托，自己进行运输、仓储、装卸搬运等物流作业活动，自己完成物流合同所约定的内容时，这种经营模式与传统运输业、仓储业等的区别不大，则当事人双方形成相应的法律关系，如运输法律关系、仓储法律关系等。在物流实践中，物流仓库及相关设施可以通过自建或租赁取得，如果租赁取得，其实质是一种租赁合同行为。如果物流经营者在经营物流服务时接受货主的委托，根据运输、销售或消费使用的需要而进行的包装、分割、计量、分拣、刷标志、组装等简单作业，或者对委托托运的货物自己进行包装、集装箱拼箱、装箱或者拆箱，此行为具有加工承揽的性质，物流经营人此时具有承揽人的法律地位，则形成相应的加工承揽法律关系。

（二）委托代理法律关系

物流企业不可能拥有履行物流合同的所有资源，因此不可避免地在第三方物流合同中约定物流经营者在一定权限内可以以物流需求者的名义委托第三人完成物流业务，这时物流合同的当事人之间就形成了委托代理关系，即第三方物流经营者以物流需求者的名义同第三人签订分合同，履行物流合同部分内容，该分合同的权利、义务物流需求者也应享有和承担。另外，物流经营者也常常接受货主的委托，以货主的名义办理货物的报关、报验、办理保险、结汇等业务。

（三）居间或者行纪法律关系

在实际业务操作中，物流经营者可能提供与运输有关的商业信息、商业机会等服务，促成物流需求方与物流提供方（如货主与承运人、港口经营者等）之间的交易，从中收取一定的费用和报酬，并协调有关当事方的利益，而自己并没有同任何一方签订委托代理合同或向任何一方提供实体物流服务。此时，物流经营者处于居间人的法律地位。

实践中，也有物流经营者在为货主提供运输代办服务时，物流经营者没有运输工具，就以自己的名义与第三方签订运输合同，或者租用第三方的运输工具。自己没有仓库，就以自己的名义与第三方签订仓储合同，或者租用第三方的仓库。此时，物流经营人处于行纪人的法律地位。

需要指出的是，实践中，许多物流活动的当事人并不能清楚区分委托代理、居间、行纪的不同，这几种法律关系具有一定相似的地方，都是一方为他方办理事务、提供服务或劳务性质的合同，但他们在《合同法》中各自属于独立的有名合同，有其不同的地方。其主要区别是在代理关系中，代理人只能在代理权限内以被代理人的名义与第三人进行交易活动，后果由被代理人承担；居间则仅仅为他人提供交易机会和信息媒介服务，并不参与他人的合同交易行为；行纪则是行纪人以自己的名义，为委托人进行交易活动。[1]

总之，第三方物流合同有其不同于一般民商事合同的法律特征，合同的当事人之间可能形成不同的法律关系，形成不同的权利、义务，受到《合同法》《海商法》等不同法律的调整，而不同法律调整的结果是当发生物流争议时其处理结果可能大为不同。以货物运输合同为例，对于货物的灭失和损坏，在承运人损害赔偿责任的归责原则问题上，我国《合同法》《铁路法》《民用航空法》规定的是严格责任，而《海商法》规定的则是不完全过错责任。此外，关于赔偿限额、责任期间、免责事由等方面的规定也存在较大差异。因此，作为第三方物流合同当事人，首先要注意签订好物流服务合同，明确有关合同不同的法律关系和法律性质，确定责任分担，控制合同风险。其次，要注意提高物流法律意识，仅仅有物流专业知识还不够，也要对物流法律有深入的了解。这样才能准确适用物流相关法律来妥善处理各种物流活动争议和纠纷，保障物流当事人的合法权益。

具体到本案来说，原告杨永协与被告北京博奥物流有限公司形成的货物运输合同关系，系双方真实意思表示，未违反法律法规，合法有效。依据双方当事人约定，被告北京博奥物流有限公司除将货物运输至目的地外，还应承担代

---

[1] 全国人大常委会办公厅研究室经济室．中华人民共和国合同法释义及实用指南［M］．北京：中国民主法制出版社，1999：560-561.

收货款的合同义务。那么原告杨永协与被告北京博奥物流有限公司所形成的第三方物流合同中实际上既有运输合同法律关系、也具有委托代理法律关系，被告北京博奥物流有限公司的法律地位既是承运人，又是代理人。

原告杨永协依据托运单中“委托收取货款”“提付”事项约定及结算单要求被告北京博奥物流有限公司返还代为收取的货款，被告北京博奥物流有限公司承认其公司曾开具托运单及结算单，但以其并未实际收到收货人给付的货款为由抗辩其不应承担给付义务，故本案争议的焦点为托运单中“委托收取货款”及“提付”事项的含义及结算单的性质，这就需要对合同条款做必要的解释。依照《合同法》第125条第1款的规定：“当事人对合同条款的理解有争议的，应当按照合同所使用的词句、合同的有关条款、合同的目的、交易习惯以及诚实信用原则，确定该条款的真实意思。”因“委托收取货款”和“提付”在被告北京博奥物流有限公司向原告杨永协出具的托运单上同时进行了记载，照通常理解，“提付”的含义应理解为购货人（收货人）向被告北京博奥物流有限公司提货的同时，被告北京博奥物流有限公司应履行原告杨永协已委托其收取货款的义务，向购货人（收货人）收取全部货款。也就是说，购货人（收货人）向被告北京博奥物流有限公司提货的前提是必须支付货款。

此外，因被告北京博奥物流有限公司在庭审中陈述其已将货物交付购货人，但又不能提交购货人签收货物的手续，也无证据证明其有正当理由未向购货人收取货款。依照《最高人民法院关于民事诉讼证据的若干规定》第2条的规定：“当事人对自己提出的诉讼请求所依据的事实或者反驳对方诉讼请求所依据的事实有责任提供证据加以证明。没有证据或者证据不足以证明当事人的事实主张的，由负有举证责任的当事人承担不利后果。”以及该规定第76条的规定：“当事人对自己的主张，只有本人陈述而不能提出其他相关证据的，其主张不予支持。但对方当事人认可的除外。”因此，法院对其抗辩事由不予认可。

现原告杨永协持有被告北京博奥物流有限公司为其开具的金额共计为15 044元的托运单和结算单，被告北京博奥物流有限公司应当按照约定向原告杨永协支付原告杨永协委托其收取的货款，依照《合同法》第107条的规定：“当事人一方不履行合同义务或者履行合同义务不符合约定的，应当承担继续履行、采取补救措施或者赔偿损失等违约责任。”故原告杨永协要求被告北京博奥物流有限公司给付代收货款15 044元的诉讼请求，得到了法院的支持。

案例三

李培青诉河南中原铁道物流有限公司、河南中原铁道物流有限公司郑州东分公司货运代理合同纠纷案

【案例提示】

本案是由货损而引发的货运代理合同纠纷，由于被告已经按照合同约定完成了委托义务，而原告主张的请求，因证据不足不能得到支持。通过本案我们具体分析了物流活动中法律适用的特点，即在物流活动中法律适用具有综合性和多样性、广泛性和复杂性，具有较强的国际性和技术性。同时，《合同法》是调整整个物流活动的最重要、最基本的法律，广泛适用于物流活动各个环节和整个过程。通过本案我们也分析和探讨了在不同的物流活动中《合同法》的具体适用问题。

【案情介绍】

原告：李培青，男，1967 年生，汉族，住河南省开封县××乡××村××组。

被告：河南中原铁道物流有限公司，住所地：郑州市××区交通路××号。

法定代表人李晋，公司董事长。

被告：河南中原铁道物流有限公司郑州东分公司，住所地：郑州市××街××号。

代表人蔡敬锋，分公司经理。

案由：货运代理合同纠纷

2010 年 5 月 10 日，李培青与周菊华签订了一份花生米购销协议，李培青为供方，双方约定通过铁路运输方式将花生米运至周菊华所在地，运费由李培青承担。2010 年 5 月 20 日，李培青委托河南中原铁道物流有限公司郑州东分公司代办铁路集装箱运输，但未签订书面合同。双方约定采用 20 吨（20 英尺）型号的集装箱进行运输，到站为城厢（成）站，收货人为成都市鑫华运运输有限公司，记事栏内需标注“转周菊华”。2010 年 5 月 20 日，物流分公司用车将空集装箱（箱号 TBJU5286269）拉至李培青处，由李培青负责将花生米装箱。装箱完毕后，物流分公司将装箱后的集装箱拉至郑州东车站，进行检斤，郑州东车站出具了“集装箱检斤卡片”。随后，郑州东车站按照郑州市铁路局货运系统反恐（危险货物运输）安全卡控措施的规定，对集装箱及箱内

货物进行了拍照，照片显示箱内货物已装满。拍照后，车站对集装箱进行了施封。2010 年 5 月 26 日，该批集装箱到达城厢站，城厢站向收货人成都市鑫华运运输有限公司正常交付了该批集装箱，成都市鑫华运运输公司经检查未发现该批集装箱有异状，遂将该批集装箱接收并运至周菊华仓库。2010 年 8 月 3 日，李培青以货物部分丢失为由向法院起诉。

李培青诉称，2010 年 5 月 21 日，原告与二被告约定，由物流分公司承运 402 件花生米，采用集装箱装载，运送至原告在四川省成都市的客户周菊华处，并于当日双方一同称重、查验、封箱。2010 年 5 月 26 日，货运至周菊华处后，周菊华与送货人一同开箱验货，清点货物仅有 377 件，缺失 25 件，造成原告损失 11 250 元。故诉至法院，请示判令二被告：1. 赔偿原告损失 11 250 元；2. 承担本案的诉讼费用。

物流公司、物流分公司辩称：1. 双方没有约定承运花生米的具体件数是 402 件，约定的运输方式是集装箱运输，该集装箱属于自装货物，集装箱运输是按照箱体所容重量及箱型收取费用，不是按箱内货物具体数量收取费用；2. 物流分公司向铁路部门交付完整，无任何过错；3. 到站成都铁路局城厢站在向收货人成都市鑫华运运输有限公司交付时，收货人对施封和箱体未提出任何异议，将该集装箱提走，证明运输过程无任何过错。

本案审理中，李培青主张与物流公司为多式联运合同关系，物流公司则认为双方为货运代理关系，李培青主张与物流分公司约定的收货人是周菊华，物流分公司称收货人是李培青提供的，即是货物运单上记载的“成都市鑫华运运输公司”。案件的争议焦点为：双方的合同关系与合同性质如何？关于双方约定的收货人是谁？双方是否约定了花生米的具体件数？二被告在受托办理运输过程中是否存在过错，是否应对原告承担赔偿责任？

【裁判与处理】

驳回原告李培青的诉讼请求。

本案案件受理费 40 元，由原告李培青负担。

（案例来源：郑州铁路运输法院（2010）郑铁民初字第 77 号）

【案例评析与法理分析】

本案是由于货损而引发的货运代理合同纠纷，通过对本案涉及的一系列法律问题的评析，我们也可以了解到物流活动中法律适用的一些特点以及《合同法》在物流活动纠纷中的具体适用问题，这对于物流经营者依法经营、正确处理物流活动中的各种法律关系、妥善处理各种物流活动争议和纠纷、维护自身合法权利具有重要的现实意义。

一、原被告之间是多式联运合同关系还是货运代理关系

本案中，李培青主张与物流公司为多式联运合同关系，并认为多式联运合同的收货人是周菊华。物流公司利用双方未签订多式联运合同的不足及合同分阶段运输的特点，混淆收货人为运输中某阶段的收货人成都市鑫华运运输公司（以下称鑫华运公司），以逃避责任。在集装箱货物运单中，托运人记载事项明确记载“转周菊华”，说明物流公司明确指示鑫华运公司将集装箱运至最终的收货人周菊华处，物流公司应对整个运输区间承担责任。物流公司则认为双方为货运代理关系，物流公司的义务是将集装箱拉到李培青处由其自行装箱后，再由物流公司将集装箱交付给铁路部门承运，双方的合同义务即告终结，本案不符合多式联运合同的特征。

从本案事实看，李培青与物流公司虽未签订书面合同，但物流分公司接收李培青货物后，拉至郑州东车站，进行检斤、安检拍照、施封，按照铁路集装箱运输规则将集装箱交给铁路承运部门。2010 年 5 月 26 日，货物运到城厢站后，集装箱箱封完好，交付给了货物运单和货票上记载的收货人鑫华运公司。根据我国《合同法》的相关规定，当事人订立合同，有书面形式、口头形式和其他形式。法律、行政法规规定采用书面形式的，应当采用书面形式。当事人约定采用书面形式的，应当采用书面形式。法律、行政法规规定或者当事人约定采用书面形式订立合同，当事人未采用书面形式但一方已经履行主要义务而对方接受的，该合同成立。李培青与物流公司虽未签订书面合同，但合同已经实际履行，并且也有货物运单和货票可以证明该事实。因此，可以认为双方形成了事实上的货运代理合同关系。

至于原告主张与物流公司为多式联运合同关系的问题。多式联运合同，一般除总承运人要承担部分运输责任外，还要与其他承运人签订运输合同，以将托运人的货物运送至目的地。如发生货损，总承运人不仅要对自己负责的运输阶段负责，还要对发生在其他运输阶段的货损承担责任。本案中，花生米运输是由物流公司提供所需集装箱，由李培青自行装载货物，并经铁路运输至城厢站，物流公司所收取的费用仅为自己所承担的短途运费及铁路运费。铁路运输收货人鑫华运公司收货后转运至周菊华处的运费是由其直接向周菊华收取的，现没有证据证实物流公司与鑫华运公司之间有合同关系，铁路货票及运单上所记载的收货人鑫华运公司也不能认定为是由物流公司自行指令。故李培青主张与物流公司之间为多式联运合同关系的依据不足，鑫华运公司在正常收取货物后，物流公司既完成了合同义务。

二、双方约定的收货人是谁

关于“双方约定的收货人是谁”的问题。李培青主张与物流分公司约定的收货人是周菊华。物流分公司称收货人是李培青提供的，即是货物运单上记载的“成都市鑫华运运输公司”，只要将集装箱交给成都市鑫华运运输公司即完成了委托代办运输的义务。

双方对此问题说法不一致，但根据相关事实可以认定，收货人鑫华运公司是李培青提供的。因为，货票和货物运单上记载的收货人均为鑫华运公司，且在记事栏内还记载有“转周菊华，增值税抵扣由周菊华申报”，作为委托人的李培青将收货人及记事栏的内容提供给受托人物流分公司是符合常理的，且李培青提供的鑫华运公司的货运单上显示“收费900元整”，该费用是鑫华运公司向买卖合同的实际收货人周菊华收取的，这也验证了物流分公司的责任范围是将货物交付给货票上记载的收货人鑫华运公司。物流分公司将集装箱运至城厢站交付给该收货人，就完成了双方之间的委托代办运输的义务。

李培青主张与物流分公司约定的收货人是周菊华，其主要目的在于试图将该合同解释为多式联运合同，从而让物流公司对整个运输区间承担责任。

三、双方是否约定了花生米的具体件数？是否存在货损以及责任承担问题

从本案事实看，物流分公司将20吨（20英尺）型号空集装箱拉至李培青家中，由李培青负责装箱，双方均确认将集装箱装满的状态，但对具体的所装花生米的件数产生分歧，李培青主张装了402件，但货运至周菊华处后，清点货物仅有377件，缺失25件，造成原告损失11 250元。物流分公司则称件数不明遂成纠纷。

关于双方是否约定了花生米的具体件数的问题。首先，从案件的事实证据看，双方之间并没有签认花生米具体件数的凭据，且从货物运单、货票、集装箱检斤卡等证据均看不出花生米的具体件数。李培青主张其和物流分公司约定了所运输花生米的具体件数是402件，缺乏具体的证据。其次，根据《铁路集装箱运输规则》的规定：“在铁路运输的集装箱，按箱型分为：1吨箱、5吨箱、10吨箱、20英尺箱、40英尺箱。20英尺以上的集装箱称为大型集装箱。托运的集装箱每箱总重不得超过该集装箱的标记总重。在对集装箱总重有限制规定的办理站间运输时，不得超过限制的总重。”也就是说，集装箱运输是按集装箱的箱型进行运输，箱内所装货物只要不超过箱上所标记的总重即可。所以，原告所主张的所运输花生米的具体件数是402件不能成立。

关于是否存在货损及货损具体数额问题。从本案事实看，物流分公司将20吨（20英尺）型号空集装箱拉至李培青家中，由李培青负责装箱，双方均确认将集装箱装满的状态，再由物流公司将集装箱交付给铁路部门承运，从集装箱检斤卡、货票及安检照片上看，充分说明集装箱在交付给铁路运输部门承运时，箱内货物堆码整齐、完整，物流公司对所装件数没有清点的义务，李培青在铁路承运单据上也未对所装件数进行记载。在所运输花生米的具体件数无法确定的情况下，现有证据表明，物流公司在向铁路运输部门交付该批货物时，装箱情况良好并加予施封。铁路运输收货人鑫华运公司在收取该批货物时，箱体完好，施封完整有效，鑫华运公司未提出任何异议。按照《铁路集装箱运输规则》的规定："承运人与托运人或收货人在车站货场交接集装箱时，重箱凭箱号、封印和箱体外状，空箱凭箱号和箱体外状。箱号、施封号码与货物运单记载一致，施封有效，箱体没有发生危及货物安全的变形或损坏时，箱内货物由托运人负责。收货人在接收集装箱时，应按货物运单核对箱号，检查施封状态，封印内容和箱体外状。发现不符或有异状时，应在接收当时向车站提出。"因此，本案应视为铁路运输部门已向收货人进行了正常交付。

另外，李培青提出是在鑫华运公司向周菊华交付货物时，才发现了货物缺少。因鑫华运公司是承担部分运输的单位，周菊华是与李培青有买卖合同关系的人，二者与本案均存在一定利害关系，李培青仅凭其陈述就认为已实际发生货损并向物流公司主张权利，在没有其他有效证据予以佐证的情况下，该主张亦缺乏依据。依照《中华人民共和国民事诉讼法》第64条第1款："当事人对自己提出的主张，有责任提供证据。"以及《最高人民法院关于民事诉讼证据的若干规定》第2条："当事人对自己提出的诉讼请求所依据的事实或者反驳对方诉讼请求所依据的事实有责任提供证据加以证明。没有证据或者证据不足以证明当事人的事实主张的，由负有举证责任的当事人承担不利后果。"

综上，李培青与物流分公司约定由物流分公司代为办理用集装箱运输花生米，物流分公司已将箱封完好的集装箱交付给了约定的收货人，完成了委托义务。李培青向物流公司主张权利的请求，因证据不足不能得到支持，因此，法院判决驳回原告李培青的诉讼请求。

四、物流活动中法律适用的特点分析

物流活动涵盖了物品从原材料形态经过生产环节的半成品、产品形态，最后通过流通环节到达消费者手上的全过程。同时，还包括物品的回收和废弃物的处理过程，涉及运输、储存、装卸、搬运、包装、流通加工、配送、信息处理等诸多环节。因此，调整物流的法律规范涉及运输、仓储、包装、配送、搬运、流通加工和信息管理等各个环节，在法律规范的表现形式上有法律、法规、规章和国际条约、国际惯例以及各种技术规范和技术法规等不同的层次。再加上物流活动本身有较强的技术性而且物流活动日益国际化。所以，与一般的经营活动相比，以上因素决定了在物流活动中法律适用具有以下几个特殊性。

（一）物流活动中法律的适用具有综合性和多样性

由于物流活动涉及运输、仓储、包装、配送、搬运、流通加工和信息管理等各个环节，在每个环节上都存在法律规范对其活动进行规范和约束，而且每个环节的法律规范在表现形式上又有法律、法规、规章和国际条约、国际惯例以及各种技术规范和技术法规等不同的层次，在每个环节的物流活动中，既有可能适用国家正式颁布的法律、最高行政机构发布的法规、各主管部委的规章和办法，也有可能适用有关的技术标准或技术法规。同时，物流活动有众多的参与者，大的物流项目，一般需要有外包的服务。物流活动的参与者涉及不同行业、不同部门，如仓储经营者、包装服务商、各种运输方式下的承运人、装卸业者、承揽加工业者、配送商、信息服务供应商、公共网络经营人等。所以，就物流活动的整体而言，其法律适用具有内容的综合性、层次的多样性的特点。比如，就物流活动中的运输环节来说，就分别有公路运输法律规范、铁路运输法律规范、水路运输法律规范、航空运输法律规范等不同领域的法律规范；而就铁路运输法律规范而言，就存在《合同法》《铁路法》等法律以及《铁路货物运输规程》等规章的不同层次、不同效力的法律规范。不但如此，如果采用集装箱运输，还应遵守《铁路集装箱运输规则》等。

（二）物流活动中法律的适用具有广泛性和复杂性

一方面，物流活动本身的环节众多，物流活动参与者众多，物流活动的市场管理者众多，所以在物流活动中，既有可能适用横向的民事法律规范，如运输合同、仓储合同、保管合同等合同法律规范；也有可能适用纵向的行政法律规范，如物流企业市场准入、物流市场监督管理等法律规范；在某些情况下还可能适用一些技术标准和技术规范，比如 GB 9174—1988 中一般货物运输包装通用技术条件的规定，GB 12463—1990 中危险货物运输包装通用技术条件的规定等。另一方面，物流活动参与者的广泛性，亦造成了物流法律关系的复杂性，而且物流服务提供者经常处于双重甚至多重法律关系中，这也造成了物流活动中法律的适用呈现出复杂性。比如在第三方物流服务合同中，第三方物流企业与其他企业约定，由第三方物流企业为后者进行物流系统的设计、负责后者整个物流系统的管理和运营，承担系统运营责任，而由后者向第三方物流企业支付物流服务费。在这种合同中，第三方物流企业提供的是一揽子服务，既要为物流需求者设计并管理物流系统，也要提供综合的物流服务，也可能提供具体的物流作业服务，因此在法律适用上就非常复杂。在适用《合同法》总则性规定的基础上，从物流系统的设计部分看，可以适用技术合同和技术开发合同的规定，而提供的具体物流作业服务部分，则根据服务的具体内容分别适用货物运输合同、加工承揽合同、仓储合同、保管合同的规定。同时，该合同还具有委托合同的性质，因此，相关规范没有规定的部分，也可以参照有关委托合同的规定。

（三）物流活动的国际化造成物流活动法律适用的国际性

随着国际物流的发展，物流活动跨越了区域性，跨国公司的物流供应链涉及多个国家，在物流活动中必然产生各国规范物流法律的适用问题，涉及物流的国际立法和各国对已有法律制度的协调、平衡等问题，也涉及在国际物流活动中，大量适用国际公约和国际惯例的问题。比如，在铁路运输方面，我国是《国际铁路货物联运协定》的缔约国，物流企业在办理国际铁路货物运输时要遵守该公约的规定；在国际航空运输方面，我国加入了《统一国际航空运输某些规则的公约》（即《华沙公约》）以及《海牙议定书》，我国的《航空法》中对国际航空货物运输的部分事项也做了特别的规定，中国民用航空总局还于2000年发布并实施了《中国民用航空货物国际运输规则》，专门对国际航空货物运输中的相关问题做了特殊规定，物流企业在办理国际航空货物运输时也要遵守这些规定。另外，1973年的《联运单证统一规则》以及1991年的《多式联运单证规则》都是民间规则，而不是强制性公约，但是当事人也可以选择适用。所以物流活动的国际化必然带来物流活动法律适用的国际化。现代物流是经济全球化、一体化发展的产物。国际物流的出现和发展，致使物流超越了一国和区域的界限，而走向国际化，与国际物流相适应，物流法亦呈现出国际化的趋势，表现在一些领域内出现了全世界通用的国际标准，包括托盘、货架、装卸机具、车辆、集装箱的尺度规格、条形码、自动扫描等技术标准以及物流技术标准和工作标准等。这种趋势也会带来物流技术标准和工作标准在法律适用上的国际化。

（四）物流活动中法律的适用具有技术性的特征

与普通法律不同，物流法是与物流技术、物流业务紧密联系的法律。由于物流活动是由运输、包装、仓储和装卸等技术性较强的多个物流环节组成，整个物流活动过程都需要运用现代信息技术和电子商务，所以物流活动自始至终都体现出较高的技术含量。而物流法作为调整物流活动、规范物流市场的法律规范，必然涉及从事物流活动的专业术语、技术标准、设备标准以及设备操作规程等，从而具有技术性的特点。例如，运输中货物的配载、积载、保管和照料；包装中的包装材料、包装方法的标准化；装卸搬运中的堆垛、拆垛作业和堆装、拆装作业；仓储中的仓库设置、货物保管、分拣等。这些技术性规范在物流活动中也成为物流经营者必须要遵守的技术法规，因此，在物流活动法律适用中会经常涉及物流技术性规范，这是物流活动法律适用的一个重要特征。

总之，在物流活动中法律适用具有综合性和多样性、广泛性和复杂性的特征，具有较强的国际性和技术性。市场经济就是法制经济，物流经营活动也必须遵照一定的规则来进行，所以了解物流活动法律适用的特殊性，对于物流经营者依法经营、正确处理物流活动中的各种法律关系、妥善处理各种物流活动争议和纠纷、维护自身合法权利具有重要的现实意义。

就本案来说，在认定二被告在受托办理运输过程中是否存在过错、是否应对原告承担赔偿责任的问题上，除了适用《合同法》的一般性原理外，对集装箱运输也要参照适用《铁路集装箱运输规则》的相关规定来认定被告是否有过错以及是否应承担责任的问题。从本案事实看，物流分公司将装箱后的集装箱拉至郑州东车站，进行检斤，郑州东车站出具了“集装箱检斤卡片”。随后，郑州东车站按照郑州铁路局货运系统反恐（危险货物运输）安全卡控措施的规定，对集装箱及箱内货物进行了拍照，照片显示箱内货物已装满。拍照后，对集装箱进行了施封。2010 年 5 月 26 日，该集装箱到达城厢站，城厢站向收货人鑫华运公司正常交付了该集装箱，鑫华运公司经检查未发现该集装箱有异状，遂将该集装箱接收并运至周菊华的仓库。整个过程并没有违反集装箱规则的情况发生，原告也缺乏证据支持其诉讼请求，因此其诉讼请求被法院驳回也是情理之中的事情。同时，本案的法律适用也体现了物流活动中法律适用具有综合性和多样性的特点。

五、关于《合同法》在物流合同纠纷中的具体适用问题

物流合同实质上是民商事合同，所以《合同法》是调整整个物流活动的最重要、最基本的法律，广泛适用于物流活动的各环节和整个过程。在具体适用《合同法》过程中，我们应该注意以下问题。

首先，要注意在不同的物流合同法律关系下，《合同法》总则和分则的适用问题。我国《合同法》第 124 条规定：“本法分则或者其他法律没有明文规定的合同，适用本法总则的规定，并可以参照本法分则或者其他法律最相类似的规定。”也就是说，如果《合同法》分则对某类有名合同做了具体的法律规定，则可以直接适用该规定；如果《合同法》分则对某些合同（即无名合同）没有做具体的法律规定，则适用总则的规定，并可以参照分则或者其他法律最相类似的规定。根据物流合同的特征和法律关系，物流合同纠纷在适用《合

同法》时的基本原则和方法是：（1）物流经营者自己完成物流合同所约定的内容，而且物流服务内容单一，或者虽然服务内容相对复杂，但法律关系容易确定，如运输、仓储、对托运的货物进行流通加工等，则当事人双方形成相应的法律关系，如运输法律关系、仓储法律关系、加工法律关系等。这时，物流合同当事人之间的权利、义务关系就可以直接适用《合同法》分则的具体规定来调整。如《合同法》第十五章“承揽合同”、第十七章“运输合同”、第二十章“仓储合同”等。（2）物流经营者提供的是综合性物流服务，比如在第三方物流合同中，第三方物流企业与其他企业约定，由第三方物流企业为后者进行物流系统的设计、负责后者整个物流系统的管理和运营，承担系统运营责任，而由后者向第三方物流企业支付物流服务费。在这种合同中，第三方物流企业提供的是一揽子服务，既要为物流需求者设计并管理物流系统，也要提供综合的物流服务，也可能提供具体的物流作业服务。这种情况下，很难将这种物流合同在《合同法》分则中找到对应的有名合同，在我们签订合同、解决纠纷时如单纯依据《合同法》规定的有名合同来解决，可能会感到茫然、无所适从。这种综合的物流服务合同，其法律性质应该是具有混合合同特征的无名合同，可以在适用《合同法》总则规定的基础上，从物流系统的设计部分看，可以适用技术合同和技术开发合同的规定，而提供的具体物流作业服务部分，则根据服务的具体内容分别适用货物运输合同、加工承揽合同、仓储合同、保管合同的规定。同时，该合同还具有委托合同的性质，因此，相关规范没有规定的部分，也可以参照有关委托合同的规定。（3）如果第三方物流经营者通过某种方式将物流作业分包他人或者仅仅提供媒介信息服务，那么第三方物流经营者可能处于代理人、居间人或行纪人的法律地位，其法律的调整则适用《合同法》第二十三章“居间合同”、第二十二章“行纪合同”以及《民法通则》中关于代理和《合同法》中关于委托合同的规定。

其次，要注意《合同法》与其他法律的适用关系问题。在物流服务合同法律关系下，《合同法》与其他法律是一般法与特别法的关系。按照特别法优于一般法的原则，当特别法与一般法规定相冲突时，适用特别法，当特别法没有规定时适用一般法。《合同法》第 123 条规定：“其他法律对合同另有规定的，依照其规定。”所以其他法律对物流合同有特别规定的，适用该特别规定。比如，我国的《航空法》中对国际航空货物运输的部分事项做了特别规定，《海商法》则专门调整海上货物运输合同，物流企业在办理相关运输业务时要遵守这些特殊规定。

就本案来说，李培青与物流分公司虽未签订书面协议，但双方形成了事实上的货运代理合同关系。这种对于合同是否成立和是否有效的法律认定，主要是适用《合同法》总则中关于合同订立的法律规定来认定，而对于该合同到底是多式联运合同还是货物代理合同的认定，除了基于案件事实的分析判断外，还要结合《合同法》分则中关于“委托合同”以及“运输合同”的相关规定，特别是要结合运输合同中的“多式联运合同”的相关规定来分析认定。由于合同当事人双方形成了事实上的货运代理合同关系，而并非多式联运合同，那么对于被告物流分公司而言，其已将箱封完好的集装箱交付给了约定的收货人，完成了委托义务，在整个委托义务履行中不存在过错，同时也没有证据表明货物损失是由被告造成的，那么其对原告主张的货损就不需要承担法律上的任何责任。

第二章

物流市场准入法律制度

本章导读

本章案例（事例）首先探讨我国物流市场准入法律制度的基本现状、存在的问题以及完善的对策，目前绝大多数物流企业采用有限公司或股份公司的组织形式。通过本章案例，我们重点介绍了与物流公司的设立、股权转让、组织机构与法人治理、解散等相关的公司法律制度，以期能够使读者学习和了解物流市场准入法律制度的基本概况，特别是物流公司的相关法律知识。

物流市场准入法律制度对于培育合格的物流市场主体、优化物流资源配置、促进物流企业转型和升级、促进物流业可持续发展具有重要意义。因此，分析我国物流市场准入法律制度的现状、存在的问题及其对完善对策，显得极为必要和迫切。

物流企业通常采用有限公司或股份公司的组织形式，随着经济的发展和利益的多元化，涉及公司的法律纠纷越来越复杂多样。纠纷类型主要包括：一是有关公司设立方面的纠纷，比如发起设立股份公司不成时，发起人如何承担设立费用和债务的问题；二是有关公司股权转让和股东身份方面的纠纷，比如有限责任公司的股权转让效力问题，隐名股东的股东身份问题等；三是公司组织机构和法人治理方面的纠纷，比如公司股东的决议效力问题，董事以及高级管理人员违反忠实义务、侵害公司利益问题等；四是有关公司解散纠纷，比如公司在何种情形下可以依法解散等。在本章案例中，我们有针对性地选择了涉及物流公司的相关司法案例，通过这些案例，分析和探讨了物流经营者常见的公司法律纠纷和相关的法律制度。

事例一

我国物流市场乱象何时休
——谈我国物流市场准入法律制度的完善

【事例提示】

目前我国物流市场准入立法层次较低，缺乏协调性，第三方物流等现代综合物流市场准入立法相对滞后，现有的物流市场准入规制不合理，缺乏明确的准入原则，外资物流企业准入制度不适应进一步对外开放的需要。因此，应当提高立法的层次和质量，加快现代综合物流市场的准入立法，提高物流企业的竞争力。同时要提高物流市场监管理念、明确市场准入原则，完善外资物流企业准入制度，以适应物流业快速发展和对外开放的需要。

【事例材料】

材料 1：三鑫物流公司一夜间“蒸发”

河南商报报道：（商报记者 张婷）一夜之间，一家在郑州市开有 5 家分店、分公司遍布全省 8 地的物流公司“蒸发”。物流公司的老板卷走货款，数百家受损的商户聚集各分店门口讨要说法。

2008 年 1 月 2 日下午 4 时，位于郑州圃田板材市场对面的郑州市三鑫物流货运部的门面房空空如也，四五个手拿托运单的商户围在门口不肯离去。

据附近商店的店主徐先生回忆，下午 2 时许，货运部门口聚集了几十位商户，场面混乱，房内的物品很快被情绪激动的人群哄抢一空。等派出所接到 110 报警电话赶来，局面才得到控制。

手持郑州三鑫物流托运单的商户施潮忠告诉记者，一周前，他在这家货运部托运了 2 万多元钱的货物。本来应该在 12 月 30 日取货款，但那天赶来却被货运部工作人员告知，公司要放元旦假，货款要等到今年 1 月 2 日来取。谁想到，三鑫货运部却人去楼空。

从众多商户口中记者获悉，从昨日上午 9 时起，同样的情形陆续发生在郑州市三鑫物流位于郑州市的 5 家分店和遍布全省的 8 家分公司。

商户陈精华告诉记者，从 2005 年起，他一直与这家货运部合作，采用的方式都是委托货运部发货，5~7 天货到后，再从货运部处领取货款。“不知道老板叫什么名字，也不了解公司的背景，因为郑州市的所有货运部都是采取这种运作形式，所以也没怀疑。”

记者看到，商户的每张托运单上，均盖有该物流货运部的公章，显示的公司全名为：郑州市金水区三鑫货运部。

随后，记者向郑州市金水区工商局注册科查询该货运部的注册资料，郑州市及金水区的企业工商登记中，均未查到三鑫货运部的任何信息。

——摘编自《三鑫物流公司一夜间“蒸发”经侦支队：商户可向法院起诉》，商报记者 张婷/文，来源：河南商报（2008 年 01 月 03 日）

材料 2：市场准入门槛过低成为无序源头，中原物流业现状令人忧

当今的物流业，已经取得了可喜的成绩，并一举成为与高科技、金融业并驾齐驱的三大朝阳产业之一。在我国，其规模也是空前的巨大，为我国市场经济的快速发展增添了无限生机，也为人们的就业起到了无以替代的作用。但不可否认的是，与现代物流业发展相匹配的法律法规的滞后和缺失成了十分严峻的问题，而这种缺失，在很大程度上放纵了物流市场的无序化，制约了物流企业的正规化，影响了物流行业的法治化。

近年来，不少非法物流公司的丑恶行为见诸报端，一些非法物流公司在损坏客户利益的同时，对正常的物流市场运作产生了很大冲击。一度被业内人士戏称为“三个一工程”的非法物流公司，只要有利可图他们就干。在物流业发展的初级阶段，他们趁市场机制不健全、法律法规不完善之机肆意胡为，扰乱了正常的物流经营秩序。

当然，成本压缩了，价格就低廉，这样看似有利于广大客户，但是，其托运风险和负面影响极大。郑州一家电子公司的王先生的遭遇就是一个例子。有一次，他委托郑州某货运部给外省的一个客户发了一批电子配件，然而，当该批货物到达客户手中时，却少了一箱，该箱货物价值 1740 多元。王先生为这事多次到该货运部讨说法，最后，货运部赔偿了他 300 元。认为赔偿额太低的王先生非常生气，却也无可奈何，怪只怪自己当时为了节省运费没有到规模相对大一些、正规一些的物流公司。

其实，类似王先生这样的情况，毕竟损失较小，对事主的影响也不是很大。而对那些托运大宗或珍贵货物的客户，货物一旦丢失，损失是致命的。那些在接受很多客户委托，积存大量货物之后，莫名其妙消失的物流公司就性质恶劣了。一位物流业内资深人士向记者透露了一些物流公司的内幕。据他讲，由于现在没有相关的赔偿规定，赔多少、怎么赔都是由物流公司自己来定的。有些非法物流公司接受货物委托后，竟私自将货物隐藏，然后对委托人说货物丢失了，按规定自己也赔不了多少，物流公司转手再把这批货物卖掉，“赚”

上一大笔钱；也有一些黑物流公司中途掉包、以假充真、以次充好从中获取暴利；甚至一些物流公司在拿到钱和货物后立即“蒸发”……非法物流公司的恶劣行径，不仅破坏了正常的行业规则，还给社会带来了诸多不安定因素。

据了解，那些“蒸发”的物流公司大致分三种：第一种是由于公司小，管理差，一旦出现托运货物丢失或损毁的问题，觉得自己无力赔偿时，就很容易玩蒸发、玩逃逸，我们暂且称之为“被迫型”；第二种是物流公司在收到足够量的货物后发现，如果把这些东西卖成钱，其数额巨大，是他们一辈子也赚不来的，他们经不起这种“诱惑”，于是把持不住就心生邪念选择消失，我们暂且称其为“沦落型”或“被勾引型”；第三种我们称为“主动型”，也就是说，这些公司在一开始就没安什么好心，开物流公司就是为了诈骗客户、狂敛钱财。据记者了解，这种蒸发案例，5年内郑州就有10余例。其中，卷走货物价值最多的逾千万元，最少的也有几十万元。是什么导致这些情况的发生？究其原因，市场准入门槛过低、行业监管不力是重要因素。

——摘编自《市场准入门槛过低成为无序源头 中原物流业现状令人忧》，龚海波、赵庐山、惠建华、叶泽永/文，来源：今日安报（2008年05月22日）

【事例评析与法理分析】

近几年来，物流业引起了各级政府和许多企业的高度关注，发展现代物流已成为人们的共识，这使得物流业持续升温。但是，我国物流市场准入制度存在许多不合法和不合理的地方，这也造成了我国物流市场一定程度上的混乱现象。

从事例提供的材料看，经常有部分不合格的物流企业在收到货主的货物或钱款之后，逃之夭夭，从此在人间“蒸发”；有的企业不停地改头换面，多次进出物流市场，这对物流企业设立之后的运作情况（包括变更情形）缺乏全程的监管，使得不合格的市场主体扰乱了物流市场秩序；有的企业不具备相关从业资格与能力，也没有配备相应的人员和设施、设备，在从事物流活动中酿成重大事故，造成严重的人身损害和财产损失等。

随着全球经济一体化进程的加快和科学技术的飞速发展，物流在国民经济建设中的作用变得越来越重要。物流业以其新的面貌成为21世纪经济发展中具有举足轻重地位的重要产业，被誉为经济领域的“黑土地”和企业的“第三利润源”。然而，我国的物流市场准入法律制度尚存在不少问题和缺陷，这已成为现代物流业快速发展的瓶颈。从理论上加强物流市场准入法律制度的研究，为建立和完善科学合理的物流市场准入法律制度提供理论支持，对于保障我国物流业健康有序地发展，增强物流业国际竞争力具有重要的现实意义和理论意义。建立和完善我国物流市场的准入制度既有必要又很迫切。因此，我们通过本事例重点探讨我国物流市场准入法律制度的问题。

一、物流市场准入法律制度的概念及其意义

市场准入，是对企业或其他主体进入某领域或地方的市场从事活动加以限制或禁止的规制或制度。市场准入是一种制度化安排，主要表现为法律制度，也即调整市场准入过程中形成的社会关系的有关法律规范❶。市场准入制度是国家对市场基本的、初始的干预，是政府管理市场、干预经济的制度安排，是国家管理经济职能的重要组成部分。

物流市场准入法律制度是指国家从整体利益出发，根据本国的法律、法规、公共政策以及国际条约的承诺，对相关主体进入物流市场从事物流活动应具备的条件、方式和程序予以规范的法律制度。该法律制度主要包括物流市场的入市条件、入市方式、入市程序、入市中的禁止事项和禁止行为、入市监管主体的监管权限与程序等内容，具有强制性、广泛性和权威性。

市场经济就是法制经济，离开完善的法律制度，任何行业或产业都不可能健康、持续发展，物流业更是如此。现代物流业的发展与兴盛依赖于统一、透明、公平和高效率的法律制度环境，包括物流市场准入法律制度。科学合理的物流市场准入法律制度对于现代物流业健康有序发展具有重要意义，具体体现在以下几个方面。

（一）有利于规范物流企业设立行为，培育合格的物流市场主体

科学合理的物流市场准入法律制度，可以规范和约束物流企业滥设的行为，避免“皮包公司”“图章公司”等出现。科学合理的物流市场准入法律制度为进入物流市场的各种主体设置了“门槛”，可以将不合格的投资者拒之门外，为合格的商事主体顺利进入市场提供保障。培育多元而独立的物流市场主体是政府经济立法的首要任务，政府培育物流市场主体的法律表现形式就是物流市场准入法律制度。物流市场准入法律制度首要目的就是保证物流市场主体的质量，为构建和谐的物流市场竞争秩序创造条件。

（二）有利于优化物流资源配置，促进物流企业转型和升级

创办物流企业需要人、财、物等条件，而这些资源是有限的，滥设物流企业往往占用有限的资源，效益低下，造成资源浪费。科学合理的物流市场准入制度通过准入条件、程序及方式的设计，使具备物流经营能力的经济组织和具有丰富物流经验的人员进入物流市场，降低交易成本，提高物流市场的竞争活

❶ 潘静成，刘文华．经济法［M］．3版．北京：中国人民大学出版社，2008：127-128.

力和整体效益，淘汰落后的物流产能，防止低效率、重复性的投资，优化整合物流资源，促进物流企业的转型和升级。

（三）有利于政府依法有效监管，促进物流业可持续发展

一方面，政府的规制和监管是为了解决市场失灵的问题，但政府规制也存在着失灵的情况，也“有可能提高物流企业的市场进入壁垒，容易形成物流产业的行业垄断，同时为地方保护主义提供借口，从而不仅不能降低社会物流成本，反而增加了企业负担，抑制了物流产业的发展势头。”[1]而健全的市场准入法律制度明确了政府的监管权限与程序，有利于依法行政和防止权力滥用。另一方面，物流市场准入法律制度又为政府有效监管物流产业健康发展提供了法律依据，从而可以阻止不符合产业政策、影响物流效率与安全以及造成环境污染的企业进入物流市场，保障物流业可持续发展。

二、我国物流市场准入法律制度的基本现状

从适用范围上看，我国的《公司法》《合伙企业法》《独资企业法》以及《中外合资经营企业法》《中外合作经营企业法》《外资企业法》等法律，因其并非是针对物流市场准入的专门立法，可以视为一般的物流市场准入立法；而专门规定进入特定物流市场从事活动所必需的条件和程序的法律，如《道路运输条例》《外商投资民用航空业规定》等，可以视为特殊的物流市场准入立法。

从投资者角度看，我国现行物流市场准入立法可以分为内资物流企业市场准入立法和外资物流企业市场准入立法。前者如《水路运输管理条例》《国内投资民用航空业规定》，后者如《外商投资道路运输业管理规定》《关于进一步对外开放道路运输投资领域的通知》《外商投资国际海运业管理规定》《关于开展试点设立外商投资物流企业工作有关问题的通知》，等等。

从我国物流市场准入法律制度涉及的主要领域看，现行物流市场准入立法主要涉及交通运输业（含公路运输、铁路运输、航空运输、水路运输、海上运输等）、站场管理以及货物运输代理等方面，如《道路货物运输及站场管理规定》《外商投资国际货物运输代理企业管理办法》等。同时，政府也逐步重视综合物流的发展，相继制定了一些促进现代物流业发展的产业政策，如《关于促进我国现代物流业发展的指导意见》《物流业调整和振兴规划》等，这些规定属于政策性文件，并没有上升为法律规范，但对于我国物流市场准入法律制度具有宏观引导作用。

---

[1] 舒辉．政府对物流产业管制问题的探讨［J］．商业研究，2004（23）：180.

三、我国物流市场准入法律制度存在的问题

我国现有的物流市场准入法律制度，和我国物流领域的其他立法一样，存在着立法层次较低、缺乏系统性和协调性的问题。因为物流市场准入方面的法律法规分散于企业立法、交通运输、货物代理、快递等法律规范中。这些立法涉及铁路、民航、邮政、交通、商务等众多部门，形成多头而分散的局面，进而导致法规之间缺乏统一性，甚至出现相互冲突的现象。另外，还存在以下几个主要问题。

（一）现代综合物流市场准入立法相对滞后

我国现行的物流市场准入法律规范主要集中在公路、铁路、水路、航空、海运等交通运输领域，以及货物代理、邮政快递等领域。但是，现代物流业经过充分的发展，已经与最初状况大为不同了，“现代物流是指原材料、产成品及其相关信息从起点至终点有效流动的全过程，它将运输、仓储、装卸、加工、整理、配送、信息等各个环节有机结合，依靠先进的理念和技术，形成完整的供应链，为用户提供多功能、一体化的综合服务。”[1]在这个过程中，具有独立市场主体地位的第三方物流等现代综合物流企业迅速发展并方兴未艾。而我国目前尚没有针对第三方物流等现代综合物流的市场准入法律制度，仅仅出台了《关于促进我国现代物流业发展的指导意见》等产业政策文件来指导现代物流发展。这种现状不利于传统运输、仓储、货代、快递企业加快向现代物流企业转型，不利于推进物流服务的社会化和专业化。同时，也造成我国物流市场集中度较低、物流企业良莠不齐，大型企业偏少、市场规范性差，物流服务差异化小，经营模式单一。

（二）物流市场准入规制畸宽畸严，缺乏明确的准入原则

一方面，目前我国某些物流领域不受特殊准入限制或者市场准入功能虚化、弱化。比如在仓储业，在申请人的资质、注册资本、从业人员等方面，未作特殊的准入规定。只需按照《公司法》等民商事法律中关于设立企业的规定，到工商行政管理机关申请设立登记并领取营业执照即可开业经营。这导致了仓储业物流基础设施薄弱，仓储企业平均规模偏小。而在公路运输业，《道路运输条例》以及《道路货物运输及站场管理规定》中也仅仅规定了运输车辆、驾驶人员和安全生产管理制度的要求，而对资本、管理人员资质以及技术标准未作具体要求。较低的市场准入“门槛”，造成我国“公路运输企业规模小、竞争力弱、服务范围狭小。在全国范围内没有一家具有影响力的货运企业，

---

[1] 陈金涛．完善我国现代物流法律制度的理论思考［J］．当代法学，2007（2）：119.

大多数企业在行政分割的因素下在本辖区内经营，提供的服务产品相似，产品结构单一。”❶另一方面，在铁路、航空运输等领域，垄断性又非常强，这些领域是政府严格管制的。铁路、航空部门既是监管主体，又是市场经营主体。比如，《铁路法》第3条第2款规定：“国家铁路运输企业行使法律、行政法规授予的行政管理职能。”

这种物流市场准入规制畸宽畸严的现象导致我国物流市场进入过度与进入不足并存，呈现出过度竞争和高度垄断并存的奇怪市场格局，有效竞争未能实现，很难保证市场竞争的公平性。产生上述现象的一个原因就是政府的准入规制缺乏明确的基本原则，未能处理好放松规制与加强规制的关系。没有基本原则的指导，各部门在物流企业准入方面就极易产生任意性，从而阻碍市场秩序的形成。

（三）外资物流企业准入制度不适应进一步对外开放的需要

我国物流业的对外开放过程是逐步进行的，并对物流业的开放采取了十分谨慎的态度。因此，也逐步形成了外商投资道路运输业、国际货物运输代理业、国际海运业、民用航空业等专门的外资物流企业准入法律制度，初步形成了内、外资物流企业准入分别立法的格局。但是，我国的外商投资物流企业准入制度还不能适应物流业进一步对外开放的需要。一是外商投资物流企业准入制度一般要求外资以合资、合作的方式投资，并对外资股权比例作了限制，而根据我国加入世界贸易组织（WTO）的有关承诺，基本上要在过渡期内逐步取消对外资的股权比例限制、并允许外资设立外资独资子公司。因此，部分外商投资物流企业准入制度与我国加入WTO的承诺相矛盾。二是除了投资方式、股权比例限制外，对外商投资物流企业注册资本额的要求也高于内资物流企业，而且在物流具体业务准入上，也区别对待内外资物流企业。比如设立外商投资国际货运代理企业注册资本最低限额为100万美元，高于内资国际货物运输代理企业的注册资本最低限额。这种体制容易造成歧视性待遇，不利于落实世界贸易组织的国民待遇原则。三是根据国务院批准的《内地与香港关于建立更紧密经贸关系的安排》及《内地与澳门关于建立更紧密经贸关系的安排》及相关的补充协议，在投资物流服务业上，香港特别行政区、澳门特别行政区投资者享有比其他外资更加优惠的待遇，如市场准入的时间缩短，允许设立独资公司，注册资本的数额参照内资企业执行等。由于香港特别行政区、澳门特别行政区也是世界贸易组织的成员，对香港、澳门的这种特殊安排可能会违背最惠国待遇原则，容易引发争议。另外，内、外资物流企业准入分别立

❶ 周哲，杨家其．我国交通运输业物流市场准入制度现状与问题探讨［J］．集装箱化，2003（8）：35.

法的体例，也增加了立法成本，容易造成内外资物流立法的不协调。

四、完善我国物流市场准入法律制度的对策

我国物流市场准入法律制度存在的问题，不利于建立统一开放、竞争有序的全国物流服务市场。因此，构建一个公开透明、科学合理的物流市场准入法律制度对于营造有利于物流业发展的法律环境、加快发展现代物流业具有重要意义。首先是要提高立法的层次和质量，增强立法的协调性和系统性，对于主要领域的重要物流市场准入立法，应当主要采用法律和行政法规的形式，由国家立法机关或国务院做出规定。其次，对现有的物流市场准入法律，也要进一步清理、补充、修改完善，增强立法的协调性和系统性，从而为维护法治的尊严和统一，为改革物流管理体制、促进物流服务的规范化、市场化和国际化提供坚实的法制基础。另外，可以采取的主要对策还有以下几方面。

（一）加快现代综合物流市场准入立法，提高企业的竞争力

目前，在现代综合物流领域，我国仅仅出台了《关于促进我国现代物流业发展的指导意见》《物流业调整和振兴规划》《关于开展试点设立外商投资物流企业工作有关问题的通知》等产业政策，尚没有上升为法律规范。而目前我国第三方物流等现代综合物流发展迅速，物流企业提供的服务正在从简单的仓储、运输等单项活动转为更广泛、更全面的物流综合服务。目前第三方物流等现代综合物流市场准入立法滞后和立法空白的现状不能适应现代物流业发展的需要。因此，应当建立和完善第三方物流立法，明确第三方物流的法律概念，规范企业名称，界定业务范围，规范第三方物流企业的组织形式、注册资本、技术设施标准、服务标准以及从业人员资质等问题，将服务能力低劣的物流供应商驱逐出市场，防止不具有物流能力的经营者鱼目混珠，破坏市场信用，从而达到大力发展第三方物流等现代物流，提高企业的综合竞争力的目的。

（二）提高物流市场监管理念、明确市场准入原则

应当继续深化铁路、公路、水运、民航、邮政、货代等领域的体制改革，按照精简、统一、高效的原则和决策、执行、监督相协调的要求，提高物流市场监管理念，完善政府的公共服务职能。改革现行物流业相关行业管理体制，打破部门间和地区间的分割和封锁，创造公平的竞争环境，应当明确物流市场准入的基本原则。

首先，放松规制与加强规制相结合，确立政府适度干预的原则。对于公路运输、仓储业等竞争过度的行业要适当提高准入门槛，对于铁路、航空等垄断性比较强的领域要适当放松规制，逐步引入非国有投资主体和外资投资主体，合理配置国有股和非国有股、中方股与外方股权的比例。总体而言，世界各国

政府规制改革的趋势是市场准入规制的放松，所以，放松规制，降低准入门槛是主流，在放松经济性规制的同时，应当加强基于环境保护、安全生产、技术进步等社会性规制。

其次，应确立公平竞争的原则，这就要求物流市场对于准入领域要严格限制，一般的竞争性领域应当全面开放、对国有投资主体和非国有投资主体一视同仁，公平对待。即使在必须实行准入的领域，也应当尽可能扩大准许进入的范围，缩小禁止进入的领域。必须消除基于部门、地方利益的市场准入规制，确保市场的公平竞争。

最后，要坚持市场准入法治化原则，落实依法行政。市场准入是一种市场壁垒，壁垒的主体主要是政府，这就要求必须坚持市场准入法治化原则，防止政府滥用行政权力，对市场准入的行政执法要加强司法审查和监督。

（三）改革和完善外资物流企业准入制度

对于外资物流企业的准入来说，应当坚持符合 WTO 规则和我国“入世”承诺的原则，在保障国家经济安全和利益的基础上进一步推进物流业对外开放。首先，要进一步清理和修正现有的外资物流企业准入的行政法规和部门规章，使之符合 WTO 规则和我国“入世”承诺，避免冲突和矛盾。其次，外商投资物流企业的准入制度要坚持国民待遇原则，既不对外资物流企业的市场准入给予歧视，也不给予特别优待，为内、外资物流企业创造公平的竞争环境。同时要妥善处理内地与香港、澳门地区在投资物流服务业上的特殊制度安排，使之尽可能符合 WTO 规则，避免引发争议。最后，应逐步改革内外资准入分立的立法体例。在进一步对外开放物流业的大背景下，我国应统一内外资从事同类物流服务的资本、技术标准和人员资质要求，带动内外资物流资源的整合和优化。因此，可以在条件成熟时，对我国现有的外资物流企业准入制度进行全面梳理，直接将其纳入相关的物流市场准入法律制度中，逐步改变内、外资物流企业准入分别立法的格局。

案例二

北京中远物流有限公司与北京京卫医院管理有限公司其他合同纠纷案

【案例提示】

本案是由于发起设立股份公司不成立而引发的设立费用分摊产生的纠纷，

发起人在公司不能成立时，对设立行为所产生的债务和费用负连带责任。本案当事人已经就设立费用的分摊办法做出了明确的约定，被告应当按照协议约定履行分摊设立费用的义务。同时，通过本案我们介绍了公司设立的立法体例、设立方式、设立条件、发起人责任等相关问题。

【案情介绍】

原告：北京中远物流有限公司（以下简称中远物流），住所地北京市朝阳区东三环北路×号幸福大厦×座×层。

法定代表人叶伟龙，执行董事。

被告：北京京卫医院管理有限公司（以下简称京卫医院），住所地北京市西城区高粱桥路×号×号楼××（德胜园区）。

法定代表人刘爱国。

案由：其他合同纠纷

2006年6月2日，原告中远物流与被告京卫医院签订《合作备忘录》，约定双方出资成立合资公司，作为拟筹备北京市医疗器械物流配送中心项目立项审批的立项主体及未来项目的运营主体，出资比例为中远物流占50%（人民币500万元），京卫医院及其引入的2~3家民营医疗器械企业占50%（人民币500万元）。双方指派专人共同推进完成合资公司的筹备成立工作。双方还约定项目前期的立项审批、业务开发等工作的相关费用先由原告中远物流垫付，如项目最终未获审批，前期的立项和业务相关费用按项目各方拟定的出资额分担。

2006年11月22日，原告中远物流与被告京卫医院签订《股份有限公司发起人协议》，双方约定共同发起成立北京中远京卫股份有限公司，公司的注册资本为1000万元。公司的注册形式是股份有限公司。股东的出资额及公司的股权构成：中远物流出资500万元，占公司注册资本的50%；京卫医院出资500万元，占公司注册资本的50%，双方各自以出资额为限对公司承担有限责任。协议还约定，若公司设立不成，其投入的费用经审计师事务所确认后，双方各承担50%。公司筹备组由双方派人联合组建，筹备组的费用由中远物流前期垫付（房租、人员工资、办公费用等）。

2008年1月4日，被告京卫医院向中远物流公司出具“关于结算合作筹备医疗器械物流项目有关费用的确认函”。确认函的内容为：中远物流“关于请尽快结算合作筹备医疗器械物流项目有关费用的函”收悉，京卫医院原则同意终止合作，同意中远物流提出的需双方分摊的费用总额419 256元和分摊方案，同意在2008年3月31日前与中远物流签署终止合作协议，签署终止合作协议后即支付153 638元以一次性结算清应由中远物流承担的合作期间相关费用。被告京卫医院当时的法定代表人白洁在函件上签署“同意”二字。另查，京卫医院于2006年4月13日成立，2008年10月12日，京卫医院在北京市工商局办理变更登记，法定代表人由白洁变更登记为刘爱国。

【裁判与处理】

一、解除原告北京中远物流有限公司与被告北京京卫医院管理有限公司签订的《股份有限公司发起人协议》；

二、被告北京京卫医院管理有限公司于本判决生效后10日内偿还原告北京中远物流有限公司153 638.00元。

案件受理费3372.00元，由被告北京京卫医院管理有限公司负担。

（案例来源：北京市西城区人民法院（2009）西民初字第3993号）

【案例评析与法理分析】

一、关于公司设立的立法体例

公司设立是指公司设立人依照法定的条件和程序，为组建公司并取得法人资格而必须采取和完成的法律行为。

关于公司设立的程序问题，从历史上看，在公司设立上先后实行过四种不同的原则，即自由设立原则、特许设立原则、核准设立原则和准则设立原则。在公司法学中，这四个原则被分别概括为自由设立主义、特许设立主义、核准主义和准则主义。公司设立原则的不同，决定了公司这种市场主体设立的基本程序的不同。

自由设立主义，意指政府对公司的设立不施加任何干预，公司设立完全依设立者的主观意愿进行；特许设立主义是指公司须经特别立法或基于国家元首的命令方可设立；核准主义也称行政许可主义或核准登记主义，指公司的设立需首先经过政府行政机关的审批许可，然后再经政府登记机关登记注册方可设立；准则主义也称登记准则主义，是指法律规定公司设立要件，公司只要符合这些要件，经登记机关依法登记即可成立，而无须政府行政机关的事先审批或核准。

比较四种设立主义，除了自由设立原则几乎已经不存在以外，显然准则主义应该是最为放松的设立方式。而我国的设立方式恰恰经历了一个从行政许可主义向准则主义的转变过程，这也体现了我国在准入程序要件方面放松规制的趋势。我国《公司法》在修改前对设立有限责任公司基本上采取准则主义，对设立股份有限公司则采取核准主义。这是《公司法》于1993年制定时基于当时的背景采取的防止滥设公司的政策，其初衷是为了避免滥设公司导致社会经济秩序混乱。这在当时的立法背景下是可以理解的。但是，经过多年的发展，再采取此种公司设立的立法体例显然已经不合时宜。尽管严格的准则主义和核准主义可以预防少数违法者的行为，却为多数投资者设立公司带来了不便，不利于鼓励交易，不利于社会经济的发展，也不符合市场经济要求的自由企业制度。所以，《公司法》修改以方便投资者设立公司，新政策取代了防止滥设公司为主旨的立法政策，其最突出的体现就是对公司设立采取准则主义和核准主义相结合的方式。我国《公司法》第6条规定："设立公司，应当依法向公司登记机关申请设立登记。符合本法规定的设立条件的，由公司登记机关分别登记为有限责任公司或者股份有限公司；不符合本法规定的设立条件的，不得登记为有限责任公司或者股份有限公司。法律、行政法规规定设立公司必须报经批准的，应当在公司登记前依法办理批准手续。"

不仅如此，在公司设立的条件、方式、程序等方面也充分体现了自由设立公司和方便设立公司的立法主旨。例如，2013年12月《公司法》修改进一步放宽注册资本登记条件。除法律、法规另有规定外，取消了有限责任公司最低注册资本3万元、一人有限责任公司最低注册资本10万元、股份有限公司最低注册资本500万元的限制。同时，也不再限制公司设立时股东（发起人）的首次出资比例和缴足出资的期限。这表明我国政府对市场主体进入市场的管制正在由严格规制向放松规制转变。

二、关于公司的设立方式

公司设立的方式基本分为两种，即发起设立和募集设立。

发起设立，又称"同时设立""单纯设立"等，是指公司的全部股份或首期发行的股份由发起人自行认购而设立公司的方式。有限责任公司只能采取发起设立的方式，由全体股东出资设立。股份公司也可以采用发起设立的方式。我国《公司法》第77条明确规定，股份有限公司可采取发起设立的方式，也可以采取募集设立的方式。发起设立在程序上较为简便。

募集设立，又称"渐次设立"或"复杂设立"，是指发起人只认购公司股份或首期发行股份的一部分，其余部分对外募集而设立公司的方式。我国《公司法》第77条第3款规定："募集设立，是指由发起人认购公司应发行股份的一部分，其余股份向社会公开募集或者向特定对象募集而设立公司。"所以，募集设立既可以是通过向社会公开发行股票的方式设立，也可以是不发行股票而只向特定对象募集而设立。这种方式只作为股份有限公司设立的方式。由于募集设立的股份有限公司资本规模较大，涉及众多投资者的利益，故各国公司法均对其设立程序进行严格限制。如为防止发起人完全凭借他人资本设立公司，损害一般投资者的利益，各国大都规定了发起人认购的股份在公司股本总数中应占的比例，我国的规定比例是35%。

本案中，原告中远物流与被告京卫医院签订《股份有限公司发起人协议》，双方约定共同发起成立北京中远京卫股份有限公司，公司的注册资本为1000万元。中远物流出资500万元，占公司注册资本的50%；京卫医院出资500万元，占公司注册资本的50%。从原、被告的协议看，该拟成立的股份公司设立形式为发起设立，即由两个发起人——中远物流与京卫医院认购公司应发行的全部股份而设立公司。

三、关于公司的设立条件

我国《公司法》第2条规定："本法所称公司是指依照《公司法》在中国境内设立的有限责任公司和股份有限公司。"因此，我国《公司法》只适用有限责任公司和股份有限公司这两种类型的公司。有限责任公司，是依照《公司法》设立的，股东以其认缴的出资额为限对公司承担责任，公司以其全部资产对公司的债务承担责任的企业法人。股份有限公司，是指依照《公司法》在中国境内设立的，其全部资本分为等额股份，股东以其认购股份为限对公司承担责任，公司以其全部资产对公司的债务承担责任的企业法人。

有限责任公司的设立条件：（1）股东符合法定人数。有限责任公司应由50个以下股东共同出资设立。（2）有符合公司章程规定的全体股东认缴的出资额。根据《公司法》第26条规定，有限责任公司的注册资本为在公司登记机关登记的全体股东认缴的出资额。法律、行政法规以及国务院决定对有限责任公司注册资本实缴、注册资本最低限额另有规定的，从其规定。（3）股东共同制定公司章程。公司章程对公司、股东、董事、监事、高级管理人员具有约束力。（4）有公司的名称，建立符合有限责任公司要求的组织机构。（5）有公司住所。

股份有限公司的设立条件：（1）发起人符合法定人数。设立股份有限公司，应当有2人以上200人以下为发起人，其中须有半数以上的发起人在中国境内有住所。（2）有符合公司章程规定的全体发起人认购的股东总额或者募集的实收股东总额。（3）股份发行、筹办事项符合法律规定。（4）发起人制定公司章程，采用募集方式设立的经创立大会通过。（5）有公司名称，建立符合股份有限责任公司要求的组织机构。（6）有公司住所。

本案中，原告中远物流与被告京卫医院签订《股份有限公司发起人协议》约定共同发起成立北京中远京卫股份有限公司，公司的注册资本为1000万元。中远物流出资500万元，京卫医院出资500万元，各占公司注册资本的50%，双方各自以出资额为限对公司承担有限责任。从其约定的内容来看，该协议关于设立股份公司的发起人人数、注册资本（注：2013 年修改前的《公司法》规定股份有限公司注册资本的最低限额为人民币五百万元。）等约定是符合当时我国《公司法》关于股份公司设立的基本条件的。

但是需要注意的是，法律、行政法规以及国务院决定对有限责任公司注册资本实缴、注册资本最低限额另有规定的，从其规定；比如在设立国际货物运输代理企业时，按照《中华人民共和国国际货物运输代理业管理规定》规定，经营海上国际货物运输代理业务的，注册资本最低限额为 500 万元人民币；经营航空国际货物运输代理业务的，注册资本最低限额为 300 万元人民币；如果是外商投资，根据《外商投资国际货物运输代理企业管理办法》规定，设立外商投资国际货运代理企业注册资本最低限额为 100 万美元。因此，在设立物流企业时，还要遵守特定物流行业的特别市场准入要求。

四、关于发起人对设立股份有限公司的责任

在股份有限公司的设立过程中，发起人依法筹办公司设立的各种事务，发起人在公司设立的过程中如何行为，对公司设立的事务筹办得如何，将直接影响到公司能不能设立，以及成立以后公司的状况，所以发起人对设立股份有限公司应当承担责任。按照《公司法》规定，发起人对设立股份有限公司的责任主要有：（1）发起人在公司不能成立时应承担的责任。发起人在公司不能成立时，对设立行为所产生的债务和费用负连带责任，对认股人已缴纳的股款，负返还股款并加算银行同期存款利息的连带责任。（2）发起人对自己的过失行为应当承担的法律责任。在公司设立过程中，由于发起人的过失而使公司利益受到损害时，主观上有过失的发起人应当负责赔偿公司受到的损失。（3）股份有限公司成立后，发起人未按照公司章程的规定缴足出资的，应当补缴，其他发起人承担连带责任。股份有限公司成立后，发现作为设立公司出资的非货币财产的实际价额显著低于公司章程所定价额的，应当由交付该出资的发起人补足其差额，其他发起人承担连带责任。

本案中，原告中远物流与被告京卫医院共同发起成立北京中远京卫股份有限公司，但最后公司设立不成功，终止了合作协议。但是，在公司筹备过程中已经发生了房租、人员工资、办公费用等费用以及其他债务，按照法律规定，应当由两个发起人中远物流与京卫医院承担连带责任。

五、关于本案中公司设立费用的承担

本案中，中远物流与京卫医院之间签订的《合作备忘录》《股份有限公司

发起人协议》以及被告京卫医院出具的“关于结算合作筹备医疗器械物流项目有关费用的确认函”系当事人的真实意思表示，其内容不违反我国现行法律法规，应属合法、有效。至于被告法定代表人的变更，根据《合同法》相关规定，合同生效后，当事人不得因姓名、名称的变更或者法定代表人、负责人、承办人的变动而不履行合同义务。故不影响被告合同义务的承担。

双方发起设立的公司不能成立，京卫医院同意终止合作，故中远物流要求解除与京卫医院签订的《股份有限公司发起人协议》的诉讼请求，应当被支持。按照协议约定，若公司设立不成，其投入的费用经审计师事务所确认后，双方各承担50%。由于公司筹备的费用由中远物流前期垫付（房租、人员工资、办公费用等），被告应当按照协议约定承担公司设立产生的费用。因此，法院据此做出京卫医院应分摊在公司设立过程中所产生的费用153 638元的判决是合理合法的。

案例三

徐向一与大连吉远轮船有限公司、香港万通国际物流有限公司股权转让纠纷案

【案例提示】

本案是一起因有限责任公司股权转让引发的股东资格纠纷，原告本来是大连吉粮海运有限公司的隐名股东，但由于原告已经将其在公司中的股权合法转让，同时又不能证明自己是香港万通国际物流有限公司的登记股东，也不能证明是其隐名股东，因此败诉。通过本案我们也分析和探讨了本案所涉及的关于隐名股东的法律问题、有限公司股权转让的法律问题以及涉外民商事纠纷的法律适用问题等。

【案情介绍】

上诉人（原审原告）：徐向一。

被上诉人（原审被告）：大连吉远轮船有限公司（以下简称吉粮公司）。

被上诉人（原审被告）：香港万通国际物流有限公司（以下简称香港万通公司）。

案由：股权转让纠纷

大连吉粮轮船有限公司成立于2000年，性质为有限责任公司，登记股东由大连吉粮海运有限公司和李锋等49名自然人组成。2004年4月20日，吉粮

公司更名为吉远公司，登记的股东变更为刘宗立、王国建、张明轩、戈同新、王剑、刘长顺、胡长胜等7人。

香港万通公司是由吉远公司部分自然人发起设立的、在香港注册的有限责任公司，成立于2003年2月28日，股东为张明轩、盛梓永、赵凤桐。

2003年5月30日，香港万通公司在大连召开董事会，决定购买虹源大厦（大连市中山区人民路23号30层）作为其办公场所。2003年10月9日，吉远公司与大连虹源大厦有限公司签订房屋买卖补充协议，2003年11月，吉远公司与其出资人王国建、张明轩、戈同新、刘长顺签订委托购房代理协议，约定，由上述四人以个人名义办理贷款事宜，确认购房主体为吉远公司。吉远公司为上述四人担保，取得贷款后，由吉远公司负责支付房款及装修等费用。2006年6月，吉远公司取得虹源大厦30层的房屋产权证书。

2002年12月24日，徐向一向吉粮公司出具转股协议书，载明：徐向一将所持有的公司股权内部转让给王剑，自退转之日起，不再享受吉粮公司以前及其存续期间的任何权益和清算利益分配，转由被转让股东享有所有权益。

2003年，徐向一与吉远公司签订了退股协议书，载明：徐向一自愿根据吉远公司的企业章程将所持有的公司股权申请退股，股本总额人民币2万元，转让价格为人民币2万元，自退转之日起，不再享受吉远公司存续期间的任何权益和清算利益分配。上述退股协议签订后，吉远公司向徐向一支付退股款人民币2万元。徐向一并非吉远公司、香港万通公司的登记股东；但徐向一向吉粮公司实际出资，并参加了吉粮公司的红利分配，吉远公司及其他股东对该事实亦予以承认。

原审原告徐向一向大连市中级人民法院提起诉讼，要求撤销退股协议书，确认其在吉远公司、香港万通公司股东身份。理由是：2000年1月由大连吉粮海运公司出资100万元、企业员工185人出资438万元（工商登记为李锋等49名显名股东，其余为隐名股东，包括徐向一）合计注册资本538万元，成立了吉粮公司。2003年李锋等185个实际出资人（包括徐向一）授权7名董事在香港注册成立了香港万通公司，后将股东人数由7人改为3人，其既是吉远公司又是万通公司的股东。吉远公司及万通公司故意隐瞒真实财务情况或故意提供不正确的信息，导致股东基于不实信息做出了股权转让行为，万通公司现已清盘，资产扩展了15倍，从2006年4月到清盘仅用了4个月的时间，吉远公司的资产多了一层楼，万通公司的资产多了近5个亿，而退股的股东仅是原本或一倍退回了出资。因此，应当认定转让行为无效或可撤销。

原审法院认为，徐向一要求撤销退股协议书，确认其在吉远公司、香港万通公司股东身份的诉讼请求缺乏事实及法律根据，不予支持。徐向一不服大连市中级人民法院的一审判决，向辽宁省高级人民法院提起上诉，要求撤销原判，依法改判支持上诉人的诉讼请求。

【裁判与处理】

驳回上诉，维持原判。

二审案件受理费100元，由上诉人徐向一承担。

（案例来源：辽宁省高级人民法院（2009）辽民三终字第51号）

【案例评析与法理分析】

一、关于隐名股东问题

隐名股东就是实际出资购买公司股权，但是在公司章程、股东名册和工商登记中却记载为他人的投资者。与隐名股东相对应就是显名股东。由于经济的快速发展，公司大量出现，隐名股东的案例也大量出现。

从隐名股东产生的原因看，主要有两种情况：一是规避相应法律禁止性规定。比如，旧的《公司法》对股东人数的规定及最低注册资本的规定。旧的《公司法》规定：有限责任公司股东为2人以上50人以下，虽然后来的《公司法》允许设立一人有限责任公司，但规定一人有限责任公司的注册资本最低额为10万元，而一般有限责任公司的最低注册资本为3万元，直到2013年《公司法》修改方最终取消了注册资本最低额的相关规定。这些原有的股东人数及最低注册资本的规定，都是当时的隐名股东想规避的规定。再比如，《公务员法》对公务员不得私自经商的禁止性规定。《公务员法》规定公务员不得私自经商，有些公务员通过借用亲戚、朋友名义经商以规避相应法律之禁止性规定。二是隐名股东为了其他方面的原因，也会借用显名股东的身份开办企业，例如不想被人知道自己的家产等。

随着经济的快速发展，隐名股东纠纷越来越多，但我国《公司法》对隐名股东没有针对性的规定，为了解决这一问题，《最高人民法院关于适用中华人民共和国〈公司法〉若干问题的规定（三）》中第24条规定："有限责任公司的实际出资人与名义出资人订立合同，约定由实际出资人出资并享有投资权益，以名义出资人为名义股东，实际出资人与名义股东对该合同效力发生争议的，如无《合同法》第五十二条规定的情形，人民法院应当认定该合同有效。前款规定的实际出资人与名义股东因投资权益的归属发生争议，实际出资人以其实际履行了出资义务为由向名义股东主张权利的，人民法院应予支持。名义股东以公司股东名册记载、公司登记机关登记为由否认实际出资人权利的，人民法院不予支持。”该司法解释一定程度了弥补了法律规定的空白。

从以上规定可以看出，我国在司法实践中是认可隐名股东各种合法权益的。隐名投资者虽未被记载于工商登记中，但其在公司内部是一种得到认可的投资主体。“认可”的表现形态在公司实务中比较繁杂，较为典型的有股东名册的明确记载、直接参与公司的决策和管理、从公司直接享有投资利益分配权、构成对公司的实际控制、存在内部投资协议或约定、其他股东及公司本身对其投资法律关系完全明知或推定其应当明知，公司对隐名投资者已经形成默认等。所以，工商登记虽然对外具有公示的效力，但就股东内部而言，工商登记并非确定股东地位的唯一依据。是否是公司的股东，要看是否实际履行了出资义务及是否实际参与了公司的管理并享有了公司法规定的股东权益。在公司实际运作中，如果显名股东对隐名股东存在的事实确知，并且隐名股东在公司中实际起到了股东的作用，那么，隐名股东的权利是受法律保护的。即使是发生了诉讼，法院首先进行的将是确权之诉，即先确定隐名股东的股东地位，然后才对具体问题进行审理。也就是说，工商登记是一个证权程序，并非设权程序。公司登记材料是证明股东资格的表面证据，在出现出资、股权确认等纠纷时，股东的确认不能仅依靠工商登记为准，应区别不同情况来对待。

本案中，徐向一是否是吉粮公司的隐名股东？从案件情况看，2000 年 1 月由大连吉粮海运公司出资 100 万元、企业员工 185 人出资 438 万元（工商登记为李锋等 49 名显名股东，其余为隐名股东，包括徐向一）合计注册资本 538 万元，成立了吉粮公司。之所以会出现企业员工 185 人出资但工商登记为李锋等 49 名股东，是因为我国《公司法》规定的有限公司股东人数为 50 人以下，所以包括徐向一在内的其他员工在公司登记中不存在。但是徐向一向吉粮公司实际出资，并参加了吉粮公司的红利分配，吉远公司及其他股东对该事实亦予以承认，应当确认其隐名股东身份。

二、关于有限公司的股权转让

与股份公司的出资转让较为自由相比，有限责任公司的股权转让基于公司的人合性质，并非完全自由，而是受到一定的限制。

根据我国《公司法》的规定，有限责任公司的股东之间可以相互转让其全部或者部分股权。股东向股东以外的人转让股权，应当经其他股东过半数同意。股东应就其股权转让事项书面通知其他股东并征求其他股东同意，其他股东自接到书面通知之日起满 30 日未答复的，视为同意转让。其他股东半数以上不同意转让的，不同意的股东应当购买该转让的股权；不购买的，视为同意转让。经股东同意转让的股权，在同等条件下，其他股东有优先购买权。两个以上股东主张行使优先购买权的，协商确定各自的购买比例；协商不成的，按照转让时各自的出资比例行使优先购买权。公司章程对股权转让另有规定的，从其规定。另外，人民法院依照法律规定的强制执行程序转让股东的股权时，应当通知公司及全体股东，其他股东在同等条件下有优先购买权。其他股东自接到人民法院通知之日起满 20 日不行使优先购买权的，视为放弃优先购买权。

转让股权后，公司应当注销原股东的出资证明书，向新股东签发出资证明书，并相应修改公司章程和股东名册中有关股东及其出资额的记载。对公司章程的该项修改不需再由股东会表决。

实践中存在争议的，主要是股东名册变更和工商登记变更对股权转让合同效力的影响。股权转让合同属于债权合同，其效力应依据合同法的相关规定确认，《合同法》第 44 条第 1 款规定："依法成立的合同，自成立时生效。"因此股权转让合同成立即生效。股东名册的目的在于调整公司和股东之间的关系，是股东资格被公司接受的依据，股东可以依股东名册行使股东权利。变更股东名册属于股权转让合同的履行内容，而非其生效要件。同样，股权转让合同的效力并不受工商登记是否变更的影响。《公司法》第 32 条第 2 款规定："公司应当将股东的姓名或名称向公司登记机关登记；登记事项发生变更的，应当办理变更登记。未经登记或者变更登记的，不得对抗第三人。"

因此，工商登记的变更是公示行为，不办理工商登记的变更手续，不能对抗善意第三人。因此，有限责任公司的股权转让，受让股东应该依据股权转让合同要求公司进行公司章程、股东名册的变更，并在 30 日内申请工商登记的变更。受让方非公司原股东的，还需要股东会同意该股权转让协议。在股东名册变更后，受让方才能取得股权，才能享有并行使股东权利。工商登记变更后，才能对外起对抗效力。

本案中，2002 年 12 月 24 日徐向一向吉粮公司出具转股协议书，载明：徐向一将所持有的公司股权内部转让给王剑，自退转之日起，不再享受吉粮公司以前及存续期间的任何权益和清算利益分配，转由被转让股东享有。2003 年，上诉人与吉粮公司签订了退股协议书，吉粮公司也向徐向一支付了退股款。但根据 2002 年 12 月 24 日的转股协议书，上诉人的股权在股东内部进行了转让，所谓的退股协议实质上是股权转让协议。而公司法律规定允许有限责任公司的股东之间相互转让股权，如果没有法定无效或可撤销事由，该协议应为有效。如果该协议有效，则视为上诉人已于 2002 年 12 月 24 日将其全部股权转让，故上诉人自转股协议生效后即丧失了吉粮公司股东资格。

三、上诉人徐向一要求确认其在吉远公司、香港万通公司的股东身份的诉讼请求能否成立

关于上诉人在吉远公司的股东身份问题，如前所述，徐向一向吉粮公司实际出资，并参加了吉粮公司的红利分配，吉远公司及其他股东对该事实亦予以承认，应当确认其隐名股东身份。但根据2002年12月24日的转股协议书，上诉人的股权在股东内部进行了转让，如果该协议有效，则视为上诉人已于2002年12月24日将其全部股权转让，故上诉人自转股协议生效后即丧失了吉粮公司股东资格。

关于上诉人在香港万通公司的股东身份问题，根据《最高人民法院关于适用中华人民共和国〈公司法〉若干问题的规定（三）》第22条规定：当事人之间对股权归属发生争议，一方请求人民法院确认其享有股权的，应当证明以下事实之一：（一）已经依法向公司出资或者认缴出资，且不违反法律法规强制性规定；（二）已经受让或者以其他形式继受公司股权，且不违反法律法规强制性规定。但是，上诉人未能证明其向香港万通公司实际出资，香港万通公司的章程及股东名册上也未记载上诉人为股东，上诉人也未能证明其在香港万通公司实际享有股东权利。因此，上诉人确认其具有香港万通公司股东资格的请求缺乏法律和事实依据。

关于退股协议是否属于可撤销合同的问题。上诉人请求撤销退股协议的理由是吉远公司及万通公司隐瞒资产，存在欺诈、胁迫行为。但是，需要注意几点：一是退股协议系上诉人与吉远公司更名前的吉粮公司签订，故万通公司是否存在欺诈、胁迫行为与该请求无关。二是吉粮公司购买虹源大厦的事实发生在2003年10月，即上诉人转让股权之后，上诉人没有提供吉粮公司在其转让股权时故意告知虚假情况或故意隐瞒真实情况以及胁迫转让股权的证据。三是案涉退股协议书项下的股权已经发生变动和转移，吉远公司亦全额支付了约定的对价，履行了退股协议书项下的义务，同时也实际享受了该股份的相应股东权利和义务。徐向一收到吉远公司支付的退股款后，已实际退出了吉远公司，此后既未享受过股东权利，也未承担过股东义务。退股协议已经得到实际履行。退股协议书的内容没有违反法律、行政法规的强制性规定，是双方的真实意思表示，故上述协议依法成立并生效。因此，徐向一要求撤销退股协议书的理由不能成立。

综上，上诉人请求确认其股东地位，没有事实及法律根据，所以两审法院均不支持其诉讼请求。

案例四

A 有限公司诉被告王某、B 代理有限公司关于公司高级管理人员损害公司利益赔偿纠纷案

【案例提示】

本案是一起公司高级管理人员损害公司利益赔偿纠纷案，本案被告任职期间的行为尽管不构成自我交易，但由于其行为涉及关联交易，依照公司高级管理人员的忠实义务，其应当向公司报告和披露该交易而没有履行该义务，构成对忠实义务的违反。通过本案，我们具体分析董事、高级管理人员等对公司的注意义务、忠实义务及其法律责任。

【案情介绍】

原告：A 有限公司。

委托代理人：贺某，上海某律师事务所律师。

委托代理人：廖某，上海某律师事务所律师。

被告：王某。

被告：B 代理有限公司。

两被告共同委托代理人：陈某，上海市某律师事务所律师。

案由：公司高级管理人员损害公司利益赔偿纠纷

原告 A 有限公司诉称：原告系有限责任公司，1998 年 4 月 1 日至 2009 年 4 月 21 日，被告王某任 A 公司副总裁。2005 年 3 月，被告王某以其丈夫崔某等人的名义设立了被告 B 代理有限公司（下简称 B 公司）。2005 年 3 月至 2009 年 4 月，被告王某利用其职务上的便利促使被告 B 公司与原告建立运输代理合同关系，并通过该系列交易非法获利人民币 683 997. 51 元（以下币种同）。为此，原告认为，根据《公司法》第 149 条[1]第 1 款第 4 项的规定，公司高级管理人员不得未经股东会同意与本公司进行交易，而被告上述行为明显违反了该项规定，因此，请求确认被告王某于 2005 年 3 月 16 日至 2009 年 4 月 21 日在 A 公司任职期间违反对公司的忠实义务，同时请求判令被告王某向原告返还违法所得 683 997. 51 元，及被告王某、B 公司共同赔偿原告为本次

[1] 最新《公司法》第 148 条。

诉讼支出的律师费损失 2 万元。

被告王某、B 公司共同辩称：B 公司系其法定代表人朱某与案外人冯某及被告王某的丈夫崔某共同投资设立的有限责任公司，该公司与被告王某不存在任何资金上、人事上的法律关系，故 B 公司与原告发生交易不能视为被告王某与原告交易。另外，原告作为从事外贸代理的企业，长期接受案外人上海 C 有限公司（下简称 C 公司）的委托与国内的运输公司建立货物运输关系，与 B 公司发生货物运输交易也是根据 C 公司的指令，原告仅是代为付款而已，因此，货物运输合同实际上在 C 公司与 B 公司间产生效力，与原告无关，也并非由被告王某利用职权促成。再者，原告所主张的 683 997.51 元系 B 公司在本次交易中的利润，并非被告王某的非法所得。综上，请求驳回原告的诉讼请求。

根据原、被告的诉、辩称意见，并结合双方的举证、质证意见，法院确认如下法律事实：原告 A 公司系国内合资的有限责任公司。1998 年 4 月至 2009 年 2 月 14 日被告王某在 A 公司任副总裁，自 2008 年 7 月 11 日起王某分管公司的进出口贸易业务。2005 年 3 月 16 日，王某的丈夫崔某与朱某及案外人冯某共同投资设立了被告 B 公司，其中朱某任法定代表人。自 2005 年 1 月起原告与被告 B 公司间存在着运费支付关系，在王某的审批下原告共计向 B 公司支付运费 14 560 134.84 元，期间 B 公司向原告开具了运费发票。根据 B 公司的审计报告显示，该公司 2005 年至 2008 年的利润额为 683 997.51 元。另查明：原告分别于 1988 年 2 月及 1995 年 11 月参股设立了物流公司及货运公司，两公司的经营范围与 B 公司基本一致。根据原告关于调整公司领导机构的文件，自 2009 年 2 月 14 日起王某不再担任公司的副总裁。

【裁判与处理】

一、确认被告王某于 2005 年 3 月 16 日至 2009 年 2 月 14 日期间违反了对原告 C 有限公司忠实义务；

二、驳回原告 A 有限公司其他诉讼请求。

案件受理费人民币 10 920 元，由原告 A 有限公司及被告王某各半承担。

（案例来源：上海市卢湾区人民法院）

【案例评析与法理分析】

一、董事、高级管理人员义务与责任的法理分析

董事、高级管理人员作为公司业务的决策者和管理者，拥有《公司法》

和公司章程赋予其经营管理公司的各项权力，同时董事、高级管理人员又享有公司为其提供的报酬和各种福利的权利。正因为董事、高级管理人员拥有的权力和享有的权利，法律为其设定了相应的义务和责任。董事、高级管理人员必须履行这些义务，否则就要承担由此引起的法律责任。

通常在学理上把董事、高级管理人员的义务分为注意义务和忠实义务。

（一）董事、高级管理人员的注意义务

董事、高级管理人员的注意义务，是指董事、高级管理人员有义务对公司履行其作为董事、高级管理人员的职责，履行义务必须是诚信的，行为的方式必须是为了公司的最佳利益并尽普通谨慎之人在类似的地位和情况下所应有的合理的谨慎和技能来为公司服务。

从各国有关董事、高级管理人员注意义务的立法、学说与判例来看，尽管各国对注意义务及其衡量标准的立法模式和具体表述方式有所不同，但大多数国家都对董事、高级管理人员的注意义务及其衡量标准做出了明确的界定。在英美法系国家中，董事、高级管理人员义务还经历了从判例法到公司法典直接确定其行为标准的过程。1986 年，英国颁布统一的《破产法》，该法第 214 条第 4 款规定：“公司董事须具备合理勤勉之人所具有的：（a）人们可以合理地期待于履行同样职能之人的一般知识、技能和经验；（b）该董事所实有的一般知识、技能和经验。”《美国标准公司法》第 35 条规定：“董事应忠诚地、以其有理由认为是符合公司最高利益的方式，并以一位处于同样地位和类似情形的普通人处事的谨慎态度来履行其作为董事的职责。”《联邦德国股份公司法》第 93 条 1 款规定：“董事会成员在领导业务时，应当具有一个正直的、有责任的业务领导人的细心。有关公司的机密数据和秘密，特别是那些他们在董事会工作中了解到的经营或商业秘密，他们必须做到守口如瓶。”我国《公司法》第 147 条第 1 款规定：“董事、监事、高级管理人员应当遵守法律、行政法规和公司章程，对公司负有忠实义务和勤勉义务。”这里的“勤勉义务”可以理解为对注意义务的规定。

这里简单介绍一下经营判断原则。经营判断原则是美国法院发展出来的关于董事、高级管理人员免于就合理性的经营失误承担责任的一项法律原则。其含义是：董事、高级管理人员的经营决策只要是出于善意、并且已尽合理的注意，即根据合理信息和合乎理性的判断做出的商业决议，股东不得仅仅因为董事、高级管理人员们的经营决策失误而主张损害赔偿或主张董事、高级管理人员的决策无效。即使这样的决议从公司的角度来看是有害的，甚至是带有灾难性后果的。在此种情况下，董事会的决议还是有效的、具有拘束力的。而且股东不能因为决议对公司不利而不承认该决议，并以此为由要求董事、高级管理人员承担责任。总之，经营判断原则是对注意义务，尤其是谨慎责任的完善和补充。

（二）董事、高级管理人员的忠实义务

董事、高级管理人员的忠实义务，是指董事、高级管理人员在经营公司业务时，忠诚于公司利益，积极保护公司的利益，始终以最大限度地实现和保护公司的利益作为衡量自己执行董事、高级管理人员职务的标准，其自身利益（包括与自己有利害关系的第三人的利益）一旦与公司利益发生冲突，董事、高级管理人员必须以公司的最佳利益为重，不得将自身利益或与自己有利害关系的第三人的利益置于公司利益之上。

董事、高级管理人员的忠实义务的具体表现是多种多样的，通常来说，主要包括以下几种义务类型：

1. 自我交易之禁止

董事、高级管理人员的自我交易是指作为公司经营管理者，董事、高级管理人员与自己所任职的公司之间进行的交易。法律为了保护公司的利益，往往禁止或者限制董事、高级管理人员进行自我交易，这就是所谓的自我交易之禁止。早期的《公司法》对于董事、高级管理人员的自我交易持严格禁止的态度，现代各国公司立法普遍对董事、高级管理人员与公司的交易规定了有条件的许可，而不是绝对禁止。《日本商法典》第 265 条关于“董事与公司间的交易、利益相反的交易”的规定：“董事受让公司的制品和其他财产、向公司转让自己的制品和其他财产、由公司借出金钱、和其他为自己或第三者与公司进行的交易，须得到董事会的同意。”我国《公司法》也把董事、高级管理人员违反公司章程的规定或者未经股东会、股东大会同意，与本公司订立合同或者进行交易列为禁止行为。

2. 竞业禁止

竞业禁止，就是禁止或限制董事在与所任职公司具有竞争性业务的其他公司或企业任职。各国法律对董事的竞业行为大都给予了禁止或限制，只不过禁止或限制的范围和程度不同。《日本商法典》第 264 条关于“董事的避免、停止营业竞争义务”的规定：“董事为自己或为第三者进行属于公司营业范围的交易时，须在董事会公开出示该交易的重要事实，并取得同意；进行前项交易的董事，须立即就该交易的重要事实向董事会报告；董事违反规定进行为自己的交易时，董事会可将该交易视为为公司所作。”我国台湾地区“公司法”、《联邦德国股份公司法》都做了竞业禁止的规定。我国《公司法》也把董事、高级管理人员未经股东会或者股东大会同意，自营或者为他人经营与所任职公司同类的业务看作违反对公司忠实义务的行为。

3. 篡夺公司机会之禁止

篡夺公司机会之禁止是指公司董事等经营管理人员不得利用职务便利为自己或他人侵占或接受本应属于公司的商业机会。公司机会理论，本来是英美法系公司法中的一个重要理论，英美法系国家也有大量的判例援引公司机会理论并有逐步法典化的趋势。随着法律制度的相互融合，公司机会理论逐渐也被大陆法系的国家所接受，现在已成为大多数国家公司法律制度中对董事义务的一项基本要求。我国《公司法》也把董事、高级管理人员未经股东会或者股东大会同意，利用职务便利为自己或者他人牟取属于公司的商业机会列为禁止行为。

4. 滥用公司财产之禁止

董事、高级管理人员忠实义务要求董事、高级管理人员支配公司财产只能是以公司及股东的最大利益为目的，不得利用在公司的地位和职权为自己牟取私利。因此，法律有必要规定较为具体的董事滥用公司财产的禁止义务。我国《公司法》规定了比较全面的禁止滥用公司财产的义务，比如，不得利用职权收受贿赂或者其他非法收入，不得侵占公司的财产，不得挪用公司资金，不得违反公司章程的规定，未经股东会、股东大会或者董事会同意，将公司资金借贷给他人或者以公司财产为他人提供担保，等等。

5. 保守秘密

董事、高级管理人员必须保守公司的秘密也是一项忠实义务。所谓公司秘密，通常是指董事、高级管理人员在任职期间所获得的涉及本公司的商业秘密。为了保护公司利益，维护社会公正，法律规定董事、高级管理人员未经公司同意不得泄露公司秘密。董事、高级管理人员违反这一忠实义务应当对公司承担民事责任，赔偿因其行为给公司造成的经济损失。我国《公司法》董事、高级管理人员也把擅自披露公司秘密看作违反对公司忠实义务的行为。

6. 违反对公司忠实义务的其他行为

这是一种概括性规定，即除了上述情况或法律明确规定的情况之外，其他违反忠实义务的行为。我国《公司法》第148条第1款第8项将公司董事、监事及高级管理人员违反法律未明示的对公司忠实义务的行为归纳为“违反对公司忠实义务的其他行为”，该项规定实际上赋予了司法机关根据案件的实际情况及公序良俗的法律原则来认定董事、监事及高级管理人员违反忠实义务的行为。

（三）董事、高级管理人员的责任

董事、高级管理人员的责任源自其对公司所负的各种义务，当董事、高级管理人员不能履行法律规定的义务而没有适当的免责事由时，董事、高级管理人员就必须承担法律规定的相应责任。董事、高级管理人员违反法定义务的法律责任主要有民事责任、行政责任、刑事责任三种。在此，我们主要介绍民事责任。

董事、高级管理人员的民事责任可分为赔偿责任、连带赔偿责任、恢复财产状态责任等。赔偿责任是指公司经营者不履行法定义务，给公司或权利相对人造成损害时，以其个人财产予以赔偿的一种财产责任方式。如我国《公司法》第 149 条规定："董事、监事、高级管理人员执行公司职务时违反法律、行政法规或者公司章程的规定，给公司造成损失的，应当承担赔偿责任。"我国《证券法》中还明确规定了经营者的连带赔偿责任，如《证券法》第 69 条规定，"发行人、上市公司公告招股说明书、公司债券募集办法、财务会计报告、上市报告文件、年度报告、中期报告、临时报告以及其他信息披露资料，有虚假记载、误导性陈述或者重大遗漏，致使投资者在证券交易中遭受损失的，发行人、上市公司应当承担赔偿责任；发行人、上市公司的董事、监事、高级管理人员和其他直接责任人员以及保荐人、承销的证券公司，应当与发行人、上市公司承担连带赔偿责任，但是能够证明自己没有过错的除外；发行人、上市公司向控股股东、实际控制人有过错的，应当与发行人、上市公司承担连带赔偿责任。"恢复财产状态责任是指公司经营者对其通过违法行为所实现的财产状态，必须予以纠正，使其恢复到行为之前的状态之下。如董事、高级管理人员违反前述的忠实义务规定所得的收入应当归公司所有。

对于董事、高级管理人员民事责任的追究，直接关系着公司的切身利益，也间接关系着股东的合法权益。董事、高级管理人员违反其义务造成对公司利益的损害，就应当承担相应的民事责任，若董事、高级管理人员拒绝向公司承担责任，公司可以决定对该董事、高级管理人员提起诉讼。

若公司怠于通过诉讼追究董事、高级管理人员责任时，具备法定资格的股东还可以依法行使代表诉讼提起权——即所谓的股东代表诉讼或者叫股东代位诉讼。股东代表诉讼是指当公司的正当权益受到他人侵害，特别是受到有控制权股东（包括母公司）、董事和管理人员的侵害，公司拒绝或怠于行使诉讼手段来维护自己的利益时，法律允许股东以自己的名义为公司的利益（代位公司）对侵害人提起诉讼，追究其法律责任。我国现行《公司法》第 149 条和第 151 条也规定了股东代表诉讼制度：董事、监事、高级管理人员执行公司职务时违反法律、行政法规或者公司章程的规定，给公司造成损失的，应当承担赔偿责任。有限责任公司的股东、股份有限公司连续 180 日以上单独或者合计持有公司 1% 以上股份的股东，可以书面请求监事会或者不设监事会的有限责任公司的监事向人民法院提起诉讼；监事会、不设监事会的有限责任公司的监事收到前款规定的股东书面请求后拒绝提起诉讼，或者自收到请求之日起30日内未提起诉讼，或者情况紧急、不立即提起诉讼将会使公司利益受到难以弥补的损害的，前款规定的股东有权为了公司的利益以自己的名义直接向人民法院提起诉讼。

二、王某的行为是否构成对公司忠实义务的违反？

本案中，当事人双方对王某在原告A公司的任职情况以及原告与B公司间存在运费支付关系并无异议。所争议的是，原告主张王某违反对公司的忠实义务，进而要求其将所获的收益归入公司，而两被告辩称王某并不存在违反对公司忠实义务的行为，因此，本案首先需要解决的法律问题是王某的行为是否构成对公司忠实义务的违反？

首先，王某是否有自我交易的行为？为了最大限度地保护公司的利益，我国《公司法》要求公司的董事、监事及高级管理人员必须在法律法规与公序良俗的范围内，忠诚于公司的利益，以最大的限度实现和保护公司利益作为衡量自己执行职务的标准，简而言之，董事、监事及高级管理人员在其任职期间，对公司所承担的基本义务即是忠实义务。本案中，原告援引《公司法》第149条第1款第4项的规定，主张王某未经公司股东会的同意与原告进行自我交易，进而认为其行为违反了对公司的忠实义务。然而，从B公司的股权结构来看，王某与该公司并不存在投资或人事关系，本案亦尚无其他证据证明王某系B公司的隐名股东或实际控制人，因此，B公司若与原告进行交易，也仅在两者间产生法律关系，与王某无涉。原告将此项交易视作为与王某进行交易，缺乏事实依据。

其次，王某是否存在违反对公司忠实义务的其他行为？庭审中两被告认为，原告与B公司建立货物运输关系是由C公司指定，原告仅是代C公司支付B公司运费，进而主张交易关系实际在C公司与B公司间产生。然而，该运输业务的发票是由B公司向原告出具，所对应的运费也是由原告向B公司支付，故而，从法律角度而言，该运输合同关系理应约束原告与B公司。既然认定原告与B公司建立货物运输合同关系，本案随之所面临的是，在合同的履行过程中被告王某是否存在构成违反忠实义务的行为，而解决该项问题的前提是厘清原告与B公司之间的关系。

按照公司法的原则，具有关联关系的公司之间进行关联交易，必须受法律特别的规制。《公司法》第216条所称的关联关系，是指公司控股股东、实际控制人、董事、监事、高级管理人员与其直接或者间接控制的企业之间的关系，以及可能导致公司利益转移的其他关系。此处所指的“可能导致公司利益转移的其他关系”，在实务中包括公司的高级管理人员与其他企业股东间存在身份上的关系。本案中，王某作为高级管理人员担任原告副总裁要职，同时分管着公司的外贸业务，而其丈夫崔某又投资设立了B公司，鉴于双方特殊的关系，原告与B公司当属关联关系，所产生的交易属关联交易。以本质上而言，关联交易仍视为一种商事法律行为，所不同是其交易双方的关系决定了它与一般的商事法律行为存在着差异。在一般的商事法律关系中，交易主体之间的法律地位是平等的，依据彼此真实的意思表示而为交易，基本上能达到双方认可的公平结果。而关联交易中双方当事人地位不平等，一方对另一方的经营决策能够直接或间接控制，从而会在己方与对方之间产生利益的不公平、不均衡，因此，法律对关联交易作了特别的规制，要求关联交易在其产生过程中必须履行特殊的程序。具体而言，关联交易的缔约人必须将该项关联关系向公司股东会披露、报告，由股东会批准决定是否进行交易，唯有充分的信息披露，才能保障关联交易公正与公平。

本案中，原告与B公司间涉及货物运输的关联交易，无论是否由被告王某利用职权促成，王某作为公司的副总裁，同时又分管公司的外贸进出口业务，当然负有将此项关联关系向公司股东会报告的义务。然而，本案尚无证据证明王某履行了报告义务，因此，其行为构成对公司忠实义务的违反。值得一提的是，原告要求确认王某违反忠实义务的期限截止日为2009年4月21日。由于王某自2009年2月14日起已不再担任公司的高级管理人员，因而也不具备法定忠实义务的主体资格，所以，确认王某违反忠实义务的期限应至2009年2月14日截止。

综上，被告王某尽管不存在违反公司章程规定的行为或者未经股东会、股东大会同意，与原告订立合同或者进行交易之行为，但是，鉴于原告与某公司间涉及货物运输的关联交易，即存在着“可能导致公司利益转移的其他关系”，王某有向公司股东会报告的义务而没有履行该义务，可以确认被告王某在2005年3月16日至2009年2月14日期间违反了对原告中国A有限公司忠实义务。

最后，关于利益返还和律师费承担问题。原告请求判令被告王某向原告返还违法所得683 997.51元，及被告王某、B公司共同赔偿原告为本次诉讼而支出的律师费损失2万元。按照《公司法》的相关规定，公司高级管理人员违反忠实义务，应将所获的收益归入公司。但原告所主张的683 997.51元系B公司的经营利润，并非王某的收益，故而原告要求将该款项归入其公司，缺乏法律依据。同样，原告要求两被告赔偿其律师费2万元，由于律师费并不属于受损方必然的损失，所以法院最终没有支持这两个诉讼请求。

如果由于被告王某在2005年3月16日至2009年2月14日期间违反了对

原告中国A有限公司忠实义务而造成了公司的利益损失，根据《公司法》第149条规定："董事、监事、高级管理人员执行公司职务时违反法律、行政法规或者公司章程的规定以及给公司造成损失的，应当承担赔偿责任。"原告需要证明被告王某执行公司职务时存在违反法律、行政法规或者公司章程规定以及给公司造成损失的行为并提供相关事实证据，另行起诉王某承担赔偿责任。

案例五

孙某诉被告上海某国际物流有限公司等公司解散纠纷案

【案例提示】

本案是一起由于股东之间的冲突和对立而引发的公司解散纠纷，由于孙某和朱某签订的某公司章程对于公司解散的情形做出了约定，并做出了具有法律效力的股东会决议，符合法律关于解散公司的规定，故法院支持了原告股东请求解散公司的请求。通过本案我们也分析了公司章程的意义和法律效力、有限公司股东会会议的决议效力以及公司解散的法律规定和司法解释的相关规定。

【案情介绍】

原告：孙某。

被告：上海某国际物流有限公司。

第三人：朱某。

案由：公司解散纠纷

原告孙某诉称：原告和第三人朱某均系被告上海某国际物流有限公司（下简称"某公司"）股东，原告持有公司52%股份，朱某持有公司48%股份。2004年11月起，朱某利用其担任公司执行董事的职务独揽公司财、物、人事等权力，并向原告隐瞒公司实际经营情况，又自2008年起与公司个别经理以各种方式侵占公司财产。原告于2008年5月23日至9月13日期间按公司章程规定召开股东会，形成了撤销朱某执行董事的职务并对公司进行全面审计的股东会决议，但朱某拒不履行，至今仍不当控制公司。原告多次积极要求解决公司所存在的严重问题，但朱某置之不理，反而继续其损害公司的侵权行为。现公司已面临亏损，股东利益受到重大损害，原告对朱某已丧失信任，故请求判令解散某公司。

被告某公司及朱某辩称：原告与朱某系夫妻关系，两人在某公司的股份应属夫妻共同财产。截至2009年12月30日，某公司的未分配利润将近人民币350万元，所有者权益约1200万元，故某公司的经营状况良好。原告所称的朱某及其他个别经理侵害公司权益的主张已另行提起诉讼，可通过该案解决。原告提出公司解散的理由不符合《公司法》的规定，故不同意原告的诉讼请求。

经法院审理查明：原告与朱某原系夫妻关系，2009年3月10日经上海市南汇区人民法院调解离婚。

某公司于2001年5月经工商行政管理部门核准登记成立。经过历次股权变更和增资，自2007年1月起，原告持有公司52%的股权，第三人持有公司48%的股权，公司注册资金为500万元，第三人为工商行政管理部门核准登记的法定代表人，原告担任公司监事。双方于2007年1月8日签订的公司章程中约定：公司有下列情形之一，可以解散：（一）公司营业期限届满；（二）股东会决议解散；（三）因公司合并或者分立解散；（四）依法吊销营业执照、责令关闭或者被撤销；（五）人民法院依照《公司法》的规定予以解散。

2008年7月2日，原告与朱某召开股东会，会议主要内容为：孙某于2008年6月14日发出召开股东会临时会议通知，股东朱某收到该通知。孙某在会议上提出了三个议题：1. 撤销原执行董事，任命新的执行董事；2. 变更公司法定代表人；3. 对公司财务、业务进行全面审计。股东孙某同意通过上述三个议题，股东朱某不同意通过议题一、议题二，同意通过议题三，股东同时同意由孙某选择推荐专门的审计师事务所，由股东共同决定聘请审计师事务所。2008年7月27日，原告和朱某再次召开股东会，朱某代理人黄某参加。会议内容为：1. 更换执行董事为卢杰；2. 更换法定代表人为卢杰；3. 就股权转让事宜进行协商。形成的决议内容为：1. 更换执行董事为卢杰，卢杰同时为公司法定代表人；2. 公司进行审计；3. 双方同意由孙某收购朱某股份或解散公司。以上事项表决结果为：孙某同意第1项决议，朱某不同意第1项决议，孙某和朱某均同意第2、3项决议。之后，因原告与朱某对审计部门的选定存有争议，对某公司实际未进行审计。又因双方对于股份收购价格无法达成一致意见，孙某亦未收购朱某的股份。2009年2月，孙某以朱某等人为被告，以被告方侵占公司财产为由，向上海市南汇区人民法院提起损害公司利益赔偿纠纷一案，该案尚在审理过程中。

另查明：某公司2006年度的净利润为3 291 234.33元，2007年度的净利润为1 236 933.85元，2008年度的净利润为1 892 815.76元，2009年度的净利润为410 114.21元。

法院在审理中曾主持各方当事人进行调解，提出由孙某或者朱某收购对方股份的调解方案，但经多次协商，由于两人对于股份收购价格的意见分歧较大，最终未能达成一致。

【裁判与处理】

准许解散被告上海某国际物流有限公司。

本案受理费46 720元，由被告负担。

（案例来源：上海市青浦区人民法院）

【案例评析与法理分析】

一、关于公司章程及其法律效力

公司章程是指规范公司的宗旨、业务范围、资本状况、经营管理以及公司与外部关系的公司准则。公司章程是组建公司的必备的和核心的法律文件，必须提交政府的登记部门核准并备案。根据英国和德法等国的《公司法》规定，公司章程里还应包括内部细则，在向注册登记部门递交公司法律文件时，必须同时提交公司章程和内部细则。我国《公司法》第11条规定："设立公司必须依法制定公司章程。公司章程对公司、股东、董事、监事、高级管理人员具有约束力。"

应该说，公司章程具有非常重要的意义。首先，公司章程是公司设立的最基本条件和最重要的法律文件。公司的设立程序以订立章程开始，以设立登记结束。没有章程，公司就不能获准成立。其次，公司章程是确定公司权利、义务关系的基本法律文件。公司依章程享有各项权利，并承担各项义务，符合公司章程的行为受国家法律保护；违反章程的行为，就要受到干预和制裁。最后，公司章程是公司实行内部管理和对外进行经济交往的基本法律依据。公司章程规定了公司组织和活动的原则及细则，它是公司内外活动的基本准则。它规定的股东的权利义务和确立的内部管理体制，是公司对内进行管理的依据。同时，公司章程也是公司向第三者表明信用和相对人了解公司组织和财产状况的重要法律文件。

公司章程一经生效，即发生法律约束力。公司章程的社团规章特性，决定了公司章程的效力及其对公司及股东成员，同时对公司的董事、监事、经理具有约束力。我国《公司法》第11条规定，公司章程对公司、股东、董事、监事、经理具有约束力。其法律效力主要体现在：

第一，公司章程使公司受约束。公司章程是公司组织与行为的基本准则，公司必须遵守并执行公司章程。

第二，公司章程使股东受约束。公司章程是公司的自治规章，每一个股东，无论是参与公司初始章程制定的股东，还是以后因认购或受让公司股份而加入公司的股东，公司章程对其均产生契约的约束力，股东必须遵守公司章程的规定并对公司负有义务。股东违反这一义务，公司可以依据公司章程对其提出诉讼。

第三，公司章程使股东相互之间受约束。公司章程一般被视为已构成股东之间的契约关系，使股东相互之间负有义务，因此，如果一个股东的权利因另一个股东违反公司章程规定的个人义务而受到侵犯，则该股东可以依据公司章程对另一个提出权利请求。

第四，公司章程使公司的董事、监事、经理受约束。作为公司的高级管理人员，董事、监事、经理对公司负有诚信义务，因此，公司的董事、监事、经理违反公司章程规定的职责，公司可以依据公司章程对其提出诉讼。

本案中，股东孙某与朱某于 2007 年 1 月 8 日签订的公司章程中约定：公司有下列情形之一，可以解散：（一）公司营业期限届满；（二）股东会决议解散；（三）因公司合并或者分立解散；（四）依法吊销营业执照、责令关闭或者被撤销；（五）人民法院依照公司法的规定予以解散。也就是说，公司章程中对公司解散的情形已经做出了具有法律效力的约定，该约定可以作为解决公司解散纠纷的法律依据之一，即如果公司出现章程约定的解散事由，公司就可以解散。

二、关于有限公司股东会会议及其决议的效力

根据我国《公司法》规定，有限责任公司股东会由全体股东组成。股东会是公司的权力机构，股东会行使下列职权：（1）决定公司的经营方针和投资计划；（2）选举和更换非由职工代表担任的董事、监事，决定有关董事、监事的报酬事项；（3）审议批准董事会的报告；（4）审议批准监事会或者监事的报告；（5）审议批准公司的年度财务预算方案、决算方案；（6）审议批准公司的利润分配方案和弥补亏损方案；（7）对公司增加或者减少注册资本做出决议；（8）对发行公司债券做出决议；（9）对公司合并、分立、解散、清算或者变更公司形式做出决议；（10）修改公司章程；（11）公司章程规定的其他职权。

股东会会议分为定期会议和临时会议。定期会议应当依照公司章程的规定按时召开。代表十分之一以上表决权的股东，三分之一以上的董事，监事会或者不设监事会的公司的监事提议召开临时会议的，应当召开临时会议。

股东会会议由股东按照出资比例行使表决权；但是，公司章程另有规定的

除外。股东会的议事方式和表决程序，除《公司法》有规定的外，由公司章程规定。股东会会议做出修改公司章程、增加或者减少注册资本的决议，以及公司合并、分立、解散或者变更公司形式的决议，必须经代表三分之二以上表决权的股东通过。

本案中，原告孙某和第三人朱某均系被告上海某国际物流有限公司（下简称“某公司”）股东，原告持有公司52%股份，第三人持有公司48%股份。2008年7月27日，原告和第三人召开股东会，会议内容为：1. 更换执行董事为卢杰；2. 更换法定代表人为卢杰；3. 就股权转让事宜进行协商。形成的决议内容为：1. 更换执行董事为卢杰，卢杰同时为公司法定代表人；2. 公司进行审计；3. 双方同意由孙某收购朱某股份或解散公司。以上事项表决结果为：孙某同意第1项决议，朱某不同意第1项决议，孙某和朱某均同意第2、3项决议。由于原告持有公司52%股份，其提议召开临时股东会议符合法律规定，另外，在股东会会议决议上，孙某和朱某均同意由孙某收购朱某股份或解散公司，应视为该决议经全体股东一致通过，也符合有限责任公司股东会关于公司解散的决议，必须经代表三分之二以上表决权的股东通过的法律规定。因此，股东孙某和朱某关于由孙某收购朱某股份或解散公司的决议是具有法律效力的。

三、关于公司解散的法律问题

公司的解散就是公司法人资格的消灭，即公司实体不再存在。

公司解散分自愿解散和强制解散两类。自愿解散是指依照公司章程的规定或股东会的决议自动解散公司；强制解散是指政府主管机关命令解散或法院判决解散公司的法律行为。我国《公司法》规定了以下公司解散的原因：（1）公司章程规定的营业期限届满或者公司章程规定的其他解散事由出现，但这种情况可以通过修改公司章程而使公司存续。依照前款规定修改公司章程，有限责任公司须经持有三分之二以上表决权的股东通过，股份有限公司须经出席股东大会会议的股东所持表决权的三分之二以上通过。（2）股东会或者股东大会决议解散。（3）因公司合并或者分立需要解散。（4）依法被吊销营业执照、责令关闭或者被撤销。

另外《公司法》第182条还规定：“公司经营管理发生严重困难，继续存续会使股东利益受到重大损失，通过其他途径不能解决的，持有公司全部股东表决权百分之十以上的股东，可以请求人民法院解散公司。”近年来，股东依据该条请求人民法院解散公司的案件越来越多，为了准确适用法律，《最高人民法院关于适用〈中华人民共和国公司法〉若干问题的规定（二）》第1条第 1 款规定：“单独或者合计持有公司全部股东表决权百分之十以上的股东，以下列事由之一提起解散公司诉讼，并符合《公司法》第 182 条规定的，人民法院应予受理：（一）公司持续两年以上无法召开股东会或者股东大会，公司经营管理发生严重困难的；（二）股东表决时无法达到法定或者公司章程规定的比例，持续两年以上不能做出有效的股东会或者股东大会决议，公司经营管理发生严重困难的；（三）公司董事长期冲突，且无法通过股东会或者股东大会解决，公司经营管理发生严重困难的；（四）经营管理发生其他严重困难，公司继续存续会使股东利益受到重大损失的情形。”

该司法解释还规定，股东提起解散公司诉讼应当以公司为被告。原告以其他股东为被告一并提起诉讼的，人民法院应当告知原告将其他股东变更为第三人；原告坚持不予变更的，人民法院应当驳回原告对其他股东的起诉。原告提起解散公司诉讼应当告知其他股东，或者由人民法院通知其参加诉讼。其他股东或者有关利害关系人申请以共同原告或者第三人身份参加诉讼的，人民法院应予准许。

人民法院审理解散公司诉讼案件，应当注重调解。若当事人协商同意由公司或者股东收购股份，或者以减资等方式使公司存续，且不违反法律、行政法规强制性规定的，人民法院应予支持。当事人不能协商一致使公司存续的，人民法院应当及时判决。经人民法院调解公司收购原告股份的，公司应当自调解书生效之日起六个月内将股份转让或者注销。股份转让或者注销之前，原告不得以公司收购其股份为由对抗公司债权人。人民法院关于解散公司诉讼做出的判决，对公司全体股东具有法律约束力。

本案就是一起关于公司解散问题的纠纷，本案中，原告孙某由于股东之间发生纠纷，不能有效合作经营公司，请求解散公司，被告为应当列被请求解散的公司，即上海某国际物流有限公司，另一股东（即朱某）应当列为第三人。

如前所述，孙某和朱某签订的公司章程对于公司解散的情形做出了约定，股东会决议解散为其中之一。该约定符合《公司法》的规定，应确认为有效。孙某和朱某在 2008 年 7 月 27 日召开的股东会上形成决议，约定由孙某收购朱某股份或公司解散。该股东会的召开和表决符合法律、公司章程的规定，应该具有法律效力。但又因双方对于股份收购价格无法达成一致意见，孙某亦未收购朱某的股份。庭审中，法院主持各方当事人进行调解，提出由孙某或者朱某收购对方股份的调解方案，但经多次协商，由于两人对于股份收购价格的意见分歧较大，最终未能达成一致。因双方对于股权转让的价款无法达成一致意见，致使该项约定无法完成，在这种情况下，公司继续存续对公司和股东的利益有可能造成重大损失，所以公司应予解散。综上，人民法院判决准许解散被告上海某国际物流有限公司，该判决对公司全体股东具有法律约束力。

值得注意的是，根据《公司法》的规定，公司解散的，应当在解散事由出现之日起15日内成立清算组，开始清算。有限责任公司的清算组由股东组成，股份有限公司的清算组由董事或者股东大会确定的人员组成。逾期不成立清算组进行清算的，债权人可以申请人民法院指定有关人员组成清算组进行清算。人民法院应当受理该申请，并及时组织清算组进行清算。另外根据《最高人民法院关于适用〈中华人民共和国公司法〉若干问题的规定（二）》的相关规定，有下列情形之一，债权人申请人民法院指定清算组进行清算的，人民法院应予受理：（1）公司解散逾期不成立清算组进行清算的；（2）虽然成立清算组但故意拖延清算的；（3）违法清算可能严重损害债权人或者股东利益的。公司解散应当在依法清算完毕后，申请办理注销登记。

第三章

货物运输法律制度

本章导读

货物运输法律制度主要涉及货物运输合同法律制度、陆运物流法律制度、水运物流法律制度（主要涉及国内水路运输法律制度，国际海洋运输在其他章节论及）、空运物流法律制度、多式联运物流法律制度、货物运输代理法律制度。

本章案例主要围绕以下内容展开：货物运输合同中承运人、托运人、收货人的权利义务，货物运输合同中承运人的赔偿责任；公路汽车货物运输法律规则；铁路货物运输法律规则；国内水运货物运输法律规则；国际航空货物运输公约；国际货物多式联运法律规则；货物运输代理法律规则。

通过本章案例，能够使读者学习和了解不同的运输法律法规，国内运输法主要有《中华人民共和国合同法》《中华人民共和国公路法》《中华人民共和国铁路法》《中华人民共和国海商法》《中华人民共和国民用航空法》及与之配套实施的《汽车货物运输规则》《铁路货物运输管理规则》《国内水路货物运输规则》《中国民用航空货物国际运输规则》《国际货物运输代理业管理规定》《外商投资国际货运代理业管理办法》等。同时，我国的货物运输法律制度也涉及《国际公路货物运输合同公约》（CIM）《统一国际航空运输规则的公约》《海牙议定书》《瓜达拉哈拉公约》《联合国国际货物多式联运公约》等国际公约。

案例一

河南腾达物流有限公司与张英公路货物运输合同纠纷案

【案例提示】

货物运输合同是规范承运人、托运人、收货人之间的权利义务关系的合同。关于承运人责任，主要法律根据有《合同法》第311条规定“承运人对运输过程中货物的毁损、灭失承担损害赔偿责任，但承运人证明货物的毁损、灭失是因不可抗力、货物本身的自然性质或者合理损耗以及托运人、收货人的过错造成的，不承担损害赔偿责任”；交通部《汽车货物运输规则》第五章“运输责任的划分”和第七章“货运事故和违约处理”的相关规定。承运人责任的归责原则是属于无过错责任，较合同其他当事人的责任要重，是法律为保护托运人、收货人，赋予承运人的一项特别职能或义务。货物丧失或毁损，承运人即使无过失，除法定可以免责的事由以外，亦不得推卸其责任。本案中河南腾达物流有限公司是承运人，张英是实际承运人，在运输途中发生火灾导致货物受损。在河南腾达物流有限公司作为承运人已经向托运人承担了货损责任之后，河南腾达物流有限公司起诉实际承运人张英行使追偿权，本案涉及的货损责任追偿，判断责任的标准仍然是承运人责任。

【案情介绍】

原告：河南腾达物流有限公司（以下简称腾达物流），住所地：郑州市××区××路车管所北300米。

被告：张英，女，汉族，43岁。

案由：汽车货物运输合同责任追偿纠纷

2010年4月23日，原告腾达物流与被告张英雇佣的司机张××签订一份《河南腾达物流有限公司委托运输协议》，协议约定：装货地址郑州，到货地址太原；运输车辆车号晋K47851，货物名称百货，总运费2800元货到付款；承运人应正确审核货物件数、包装、品名数量是否与实际货物相符。如因交通事故及车辆不善引起的车上货物受损以及车上货物被盗、抢，承运人应承担全部责任。协议还约定，如发生纠纷，在郑州市二七区人民法院诉讼解决。协议所附的货物清单载明有发货人、收货人、电话、货物名称、票号和货号等货主信息。协议签订当日被告开始启运，次日上午8点27分，当车辆行驶至G208国道祁县东观镇牛家堡村附近，货车发生火灾，经被告司机张××及祁县公安消防中队抢救，火被扑灭。2010年4月25日祁县公安消防中队出具了证明，主要内容是：到现场经现场火情侦察发现，该车辆整体已处于猛烈燃烧状态；在灭火处置过程当中发现，该货车装载有服装、印刷品、日用百货、食品、装饰材料、药品等；经过近一小时的处置，我中队将险情彻底排除；经我中队初步勘验，起火位置为货箱中部左前侧。同年5月23日晋中市祁县公安消防大队向被告出具了祁公（消）认字［2009］第1号《火灾原因认定书》，表述火灾基本情况是：接警后，祁县消防中队迅速派出灭火力量到现场处置；到现场后发现，该车辆整体已处于猛烈燃烧状态，货箱中有大量燃烧的火柴。火灾烧毁晋 K47851 大货车，车上运载的大部分货物是服装、印刷品、日用百货、火柴、食品、装饰材料、化学制品等。无人员伤亡。该认定书对火灾的原因认定如下：根据现场勘验和对有关人员的调查询问情况，确认起火部位位于货箱右侧前部，距离驾驶室 2 米左右的地方。由于在救火过程中现场破坏严重，货物清单与车载货物不相符，货物自燃的可能性不能排除。故认定该起火灾起火原因不明。被告张英不服该认定书申请重新认定，同年 6 月 16 日晋中市公安消防支队出具了晋公（消）审［2010］第 1 号《晋中市公安消防支队火灾原因（事故责任）申请重新认定不予受理决定书》以原火灾事故现场已被破坏为由，不予重新认定。事故发生后原告腾达物流对部分托运人的损失进行了理赔，找被告张英追偿无果，提起诉讼。

原告腾达物流要求被告张英赔偿货物损失 309 505 元和承担诉讼费用。理由是：1. 起火不是由货物自燃引起，系车辆自身原因引起的可能性不能排除。张英车辆虽检验合格，但不代表车辆不出现故障。张英货车连夜行驶 8～9 个小时，中间没有歇息，加上山区等难免会引起刹车车片起火或线路打火，从而引起油箱或篷布起火等，故也不能排除是车辆自身原因引起的失火。2. 张英存在检验不实的过错，腾达公司不存在申报不实的过错。腾达公司是物流公司，按照目前物流行业惯例，收取客户货物时，均不拆箱验货，一般都由客户申报货物名称，以物流运输协议单的内容为准，故不存在隐瞒货物实际情况、申报不实的过错。根据《委托运输协议》约定，张英在装车时，有核对与货物清单物品是否一致的义务。张英完全可以选择运输及检验，提前防范，确保安全运输。张英存在疏忽、检验货物的过失。

被告张英答辩称：1. 腾达公司对托运货物申报不实、遗漏重要情况，存在明显过错。本案中，由于腾达公司未能尽到货物审查义务以及对承运人的告知义务，才导致托运货物带有火柴易燃危险品，腾达公司明显过错，才导致张英无法选择是否承运该批货物或者应当采取何种防范措施。2. 货物的损失和发生与火柴自燃之间存在直接因果关系。张英车辆良好、手续合法，符合营运的各项要求。因此，不存在自燃的可能性。3. 货物的损失是由于货物本身的自然性质以及托运人的过错造成，承运人不应当承担赔偿责任。由于腾达公司的过错，导致承运人无法得知货物中有火柴，无法采取针对性的防范措施或者做出拒绝运输该危险品的选择，最终引起火灾，造成货物和车辆的损失。根据《合同法》第 311 条规定，张英不应当对腾达公司的损失承担赔偿责任。

【裁判与处理】

一审法院审理后认为，原、被告签订的《委托运输协议》是有效协议。关于本案火灾的原因公安机关的认定书明确指出货箱中有大量燃烧的火柴，结论是“货品清单与车载货物不相符，货物自燃的可能性不能排除”。而原告交给被告的运输清单中没有“火柴”的记载，属申报不实并遗漏重要情况，原告有过错，其要求被告承担赔偿责任，证据不足，本院不予支持。判决驳回原告河南腾达物流有限公司的诉讼请求。案件受理费5940元，由原告腾达物流负担。原告不服原判，上诉至河南省郑州市中级人民法院。郑州市中级人民法院经审理，判决驳回上诉，维持原判。

（案例来源：河南省郑州市中级人民法院（2011）郑民三终字第280号）

【案例评析与法理分析】

一、关于对托运货物查验的义务确认

腾达公司与张英签订的《委托运输协议》意思表示真实，且内容不违反法律及行政法规的强制性规定，故为有效协议。张英在运输过程中因货箱失火造成腾达公司委托其托运的服装等毁损，为此腾达公司要求张英承担赔偿责任。案件责任承担的关键是对托运货物查验的义务分担。第一，根据交通部1999年第5号文件《汽车货物运输规则》第60条规定：承、托双方应履行交接手续，包装货物采取件交件收，集装箱重箱及其他施封的货物凭封志交接，散装货物原则上要按主磅收或采用承托双方协商的交接方式交接。交接后双方应在有关单证上签字。张英作为承运人，对托运方交付的包装货物采取件交件收的方式进行交接符合法律规定，在交接验收问题上没有任何过错和责任。第二，根据《合同法》第304条的规定，托运人办理货物运输，应当向承运人准确表明收货人的名称或者姓名或凭指示的收货人，货物的名称、性质、重量、数量、收货地点等有关货物运输的必要情况。因托运人申报不实或者遗漏了重要情况，造成承运人损失的，托运人应当承担损害赔偿责任。《合同法》第307条规定，托运人托运易燃、易爆、有毒、有腐蚀性、有放射性等危险物品的，应当按照国家有关危险物品运输的规定对危险物品妥善包装，做出危险物品标志和标签，并将有关危险物品的名称、性质和防范措施的书面材料提交承运人。

本案中，由于腾达公司未能尽到货物审查义务以及对承运人的告知义务，导致托运货物带有火柴易燃危险品，腾达公司明显过错，才导致张英无法选择是否承运该批货物或者应当采取何种防范措施。

二、关于承运人的合同赔偿责任

货运合同依法成立后，双方当事人必须以诚实信用为原则履行各自的义务。任何一方不履行、不完全履行、不适当履行或履行迟延，或者由于义务人的原因导致不能履行，均应依照法律、法规承担法律责任。货运合同之违约主要是指承运人的违约。我国《合同法》第311条规定：“承运人对运输过程中货物的毁损、灭失承担损害赔偿责任，但承运人证明货物的毁损、灭失是因不可抗力、货物本身的自然性质或者合理损耗以及托运人、收货人的过错造成的，不承担损害赔偿责任。”

第一，归责原则。承运人的赔偿责任属于无过错责任，较合同其他当事人的责任要重，是法律为保护托运人、收货人赋予承运人的一项特别职能或义务。原因在于运输合同订立后，托运人即需转移物的占有权，将物交付承运人；同时，由于运输业不发达、工具和手段落后、运输过程漫长，托运人无法得知和证明承运人运送期间是否具有灭失、毁损运送物的故意或过失。根据无过错责任原则，无论承运人是否具有违约的故意或过失，只要客观上造成了损害，除法定可以免责的事由以外，承运人均应承担损害赔偿责任。

第二，责任期间。托运人与承运人签订货物运输合同并将托运货物提交给承运人起，至承运人将货物交付给收货人时止，托运货物处于承运人的实际控制之下，对于此期间所发生的货物毁损、灭失，承运人应当承担损害赔偿责任。

第三，赔偿范围。货运合同承运人承担损害赔偿责任之前提条件是货物发生毁损、灭失。我国法律对货物毁损、灭失的损害赔偿范围不尽相同。我国铁路运输规则规定货物灭失的按货物的价格赔偿，损坏的，按损坏货物所降低的价格赔偿；公路运输规则规定，货物损失赔偿费包括受损失货物的价格、运费和其他杂费，赔价以起运地承运当日价格为准，保价运输的按所保价赔偿；水上运输规则规定，由于承运人责任造成的货物损失，保价运输的按声明价内的实际损失赔偿，不保价运输的货物另行计算，水运中还“实行保险与负责运输相结合的补偿制度”。据此，法律对承运人的赔偿责任范围予以限制，并不实行完全赔偿原则。承运人仅在物之价值范围内予以赔偿物价的计算方法有多种，依次是：（1）以运送物应达目的地和应达时间为准计价，此方法的目的在于使托运人获得假想运送物安全及时到达并依约交付时所能获得的利益，有利于保护托运人。（2）以托运时装运地之价值为标准，此标准为国际铁路运输所采用，主要是由于跨国铁路运输的货物因跨国和其他费用如关税等较高，会造成货物原价的数倍增长，如由承运人负担明显过重。（3）以发票价值加运费及其他必要费用、利润而计算。此方法与第一种方法类同，有利于保护托运人。

第四，免责事由。《德国商法》第429条规定："运送人自运送物受领时起至交付时止，因其间丧失毁损或迟到所生之损害，负其责任但丧失毁损或迟到，系出于以通常运送人之注意，不能避免之事由者，不在此限。"以过失为承运人责任构成要件，并由承运人负举证责任。在司法实践中，承运人举证责任不能免除，承运人无法证明其无过错的，推定其有过错，在责任后果上与无过错责任并无区别。

根据《合同法》规定，即使货物发生了毁损、灭失的事实，承运人也可以免除责任。（1）不可抗力即无法预见、不能避免和不能克服的客观情况。如地震、海啸等自然灾害。不可抗力作为人力所不能抗拒的法定免责条件，也同样适用于货物运输合同中货物的毁损、灭失情形。（2）货物的自然属性或合理损耗。货物的自然性质是指货物的内在属性。由货物的成分、品质决定，并使货物呈现出不同的特性。如液体货物在运输过程中的自然挥发等。属于货物本身的自然性质或者因货物自然特性和运输特性不可避免的合理损耗所造成的货物的毁损、灭失，与承运人的运输行为没有关系，所以不应当由承运人承担责任。（3）托运人、收货人的过错。将危险物品按照普通物品包装等属于托运人、收货人的过错造成的货物的毁损、灭失，与承运人的运输行为无关，所以也不应当由承运人承担责任。

结合本案，火灾的原因在公安机关的认定书中明确指出货箱中有大量燃烧的火柴，结论是"货品清单与车载货物不相符，货物自燃的可能性不能排除"。而腾达公司交给张英运输清单中没有"火柴"的记载，属申报不实、遗漏重要情况，腾达公司有过错，其要求张英承担赔偿责任，证据不足。由于腾达公司的过错，导致承运人无法得知货物中有火柴，无法采取针对性的防范措施或者做出拒绝运输该危险品的选择，最终引起火灾，造成货物和车辆的损失。所以，货物的损失是由于货物本身的自然性质以及托运人的过错造成的，承运人不应当承担赔偿责任。

三、关于货物的损失与火柴自燃之间是否存在因果关系

张英车辆良好、手续合法，符合营运的各项要求，不存在自燃的可能性。根据消防部门现场勘察，火灾起火部位在货箱的右侧前部，距离驾驶室2米左右的地方，该部位既非油箱所在部位也不是刹车片起火位置，而且发生火灾后，车辆能正常急刹车，因此，进一步说明起火原因不是车辆本身，而是货箱内货物发生自燃，导致车辆燃烧。根据国家《危险货物物品表》，火柴为易燃

固体，应当采取特殊的包装和运输方式，但由于张英的知情权被剥夺，无法事先采取防范措施，火柴在运输过程中，由于长期摩擦发生自燃，导致火灾的发生，消防部门出具的决定书明确指出不能排除货物自燃的可能性，而火灾发生的货箱部位正是火柴所摆放的部位。应该认定货物的损失与火柴自燃之间存在直接因果关系。

案例二

北京物华货物运输有限公司与北京路倍安交通设施科技有限公司运输合同索赔案

【案例提示】

本案是一起货物运输合同的货损赔偿案，此案的关键是对于托运人的损失，货运公司是应当按照《邮政法》还是《合同法》进行赔偿？如果适用《邮政法》第47条的规定，对于未保价的邮件，邮政公司的赔偿一般不超过邮资的3倍；如果适用《合同法》的相关规定，则应当按照托运人的实际损失进行赔偿。实质是按照货物的实际价值赔偿还是按照货物运输合同的限制赔偿额来计算，法律适用上是适用《合同法》第113条、第312条的完全赔偿原则还是《邮政法》第47条，理论和实务中认识不一。

在运输纠纷合同中，如何计算货损责任是业务操作和司法实践的难题，是按照货损的实际价值赔偿，还是按照运输格式合同约定的几倍运费来计算，由于各地司法实践掌握标准不统一，各地判决不一致，导致托运人和承运人之间利益冲突不断，也成为频频见诸报端的社会热点新闻，如《男子快递3800元手机丢失获赔500元》（摘自2008年7月7日《民主和法制时报》）《快递六台电脑换成石头货主获赔1000元》（摘自2012年10月31日《齐鲁晚报》）等新闻报道。

【案情介绍】

上诉人（原审被告）：北京物华货物运输有限公司（以下简称物华公司）。

被上诉人（原审原告）：北京路倍安交通设施科技有限公司（以下简称路倍安公司）。

案由：汽车货物运输合同责任赔偿纠纷

2011年8月24日，路倍安公司的法定代表人王某与物华公司签订物华公司0104223号托运单，该托运单载明："发站北京、到站成都、托运人王某、收货人黄东升、货物名称移车器8件及支架2件、件数10、运费350元、结算方式现付、备注送货。协定事项：托运人必须如实填写货物名称、件数、重量及收货人的详细地址和电话，并出具托运货物的合法手续；托运人托运的货物应上全额保险，如有货物损坏丢失，按照有关规定和损坏的程度确定赔偿金额，但最高赔偿额不能超过保险金额，没按规定上全额保险的，责任由托运人自负，如遇特殊原因需赔偿的，按运费的5倍赔偿。"托运人处有王某签字，该托运单加盖物华公司章。在运输中，双方当事人确认该托运单上载明的货物在运输途中因火灾而毁损。路倍安公司主张该损失应由物华公司承担，但物华公司一直未向路倍安公司支付赔偿费用，事故发生后原告路倍安公司对货物的损失找被告物华公司追偿无果，故路倍安公司向法院提起诉讼。

路倍安公司在一审中起诉称：2011年8月24日，路倍安公司委托物华公司将价值7520元的汽车迁移器（含摆放支架）托运至成都市。物华公司运输车辆在途中起火，致使路倍安公司全部货物毁损。其诉讼请求为：1. 判令物华公司向路倍安公司赔偿货物损失7520元；2. 判令物华公司赔偿路倍安公司应向收货人支付的违约金1504元；3. 判令物华公司退还运费350元。

物华公司在一审中答辩称：不同意路倍安公司的诉讼请求，认可路倍安公司陈述的货物损失情况，但物华公司应当按照运费5倍的限额进行赔偿，理由如下：1. 2011年8月24日，王某以个人名义与物华公司建立运输合同关系，物华公司并不知道其系路倍安公司的法定代表人，路倍安公司不是本案适格原告；2. 王某多次与物华公司签订运输合同，清楚托运单中的限赔条款，物华公司询问其采取何种方式运输并告知应办理货物运输保险，否则出现货损等情况仅按运费5倍的限额进行赔偿，但王某为节省运费及保费，不申报货物价值，也不选择保价运输，选择普通运输方式，物华公司收取相应费用，符合合同权利义务相一致原则；3. 依照《合同法》第304条的规定，托运人在办理货物运输时应当向承运人准确表明货物的名称、规格、数量等必要情况，本案中王某仅明确运输货物为移车器及支架，证明王某自愿选择了限赔条款。

【裁判与处理】

一审法院审理后认为，路倍安公司与物华公司之间的运输合同关系，系双方当事人的真实意思表示，且不违反国家相关的法律法规，合法有效。路倍安公司委托物华公司承运货物并支付了运费，物华公司有保障运输过程中货物安全的义务，现物华公司认可在其运输过程中货物毁损的事实，其应承担相应赔偿货物损失的违约责任。路倍安公司提交的证据足以证明其托运货物的出售价格为7520元，对路倍安公司要求物华公司支付货物损失7520元的诉讼请求，该院予以支持。对物华公司主张按照运费5倍的限额进行赔偿的抗辩意见，该院认为，托运人未给托运的货物上保险，并不能构成承运人减免赔偿责任的原因，物华公司在其托运单上载明的“按运费的5倍赔偿”的协定事项，明显减除了物华公司作为承运人应当承担的责任，故该院对上述抗辩意见不予支持。对路倍安公司要求物华公司赔偿路倍安公司应付的1504元违约金的诉讼请求，因路倍安公司未提交证据证明其已支付上述违约金，现有证据不能证明该损失已实际发生，故该院对该项诉讼请求不予支持；对路倍安公司要求物华公司退还350元运费的诉讼请求，该院予以支持。综上所述，依据《中华人民共和国合同法》第107条、第113条、第311条、第312条、第314条之规定，判决：

一、物华公司支付路倍安公司货物损失七千五百二十元（于判决生效之日起十日内履行）；

二、物华公司退还路倍安公司运费三百五十元（于判决生效之日起十日内履行）；

三、驳回路倍安公司的其他诉讼请求。被告不服原判，上诉至北京市第一中级人民法院。北京市第一中级人民法院经审理，判决驳回上诉，维持原判。

（案例来源：北京市第一中级人民法院民事判决书（2013）一中民终字第537号）

【案例评析与法理分析】

一、物流合同的货损责任认定

对于合同违约赔偿责任，我国法律规定了实际损失的赔偿原则，《合同法》第113条第1款规定：“当事人一方不履行合同义务或者履行合同义务不符合约定，给对方造成损失的，损失赔偿额应当相当于因违约所造成的损失，包括合同履行后可以获得的利益，但不得超过违反合同一方订立合同时预见到或者应当预见到的因违反合同可能造成的损失。”因此，物华公司没有按约履行合同义务，造成递送的物品毁损，应当向路倍安公司赔偿全部损失。

关于格式条款，《合同法》第39条第1款规定：“采用格式条款订立合同的，提供格式条款的一方应当遵循公平原则确定当事人之间的权利和义务，并采取合理的方式提请对方注意免除或者限制其责任的条款，按照对方的要求，对该条款予以说明。”第40条规定：“格式条款具有本法第52条和第53条规定情形的，或者提供格式条款一方免除其责任、加重对方责任、排除对方主要权利的，该条款无效。"《消费者权益保护法》第26条第2、3款规定："经营者不得以格式条款、通知、声明、店堂告示等方式，做出排除或者限制消费者权利、减轻或者免除经营者责任、加重消费者责任等对消费者不公平、不合理的规定，不得利用格式条款并借助技术手段强制交易。格式条款、通知、声明、店堂告示等含有前款所列内容的，其内容无效。"本案中，《托运单》中5倍运费的限额赔偿的条款有违公平合理原则，物华公司也未采取合理的方式提请倍路安公司注意该条款，且该5倍运费赔偿责任限额的格式条款明显排除了合同当事人按照实际损失要求赔偿的合同权利，应属无效，物华公司应当承担全额赔偿责任。

关于货物运输中货损责任的认定，第一，有保价的全部损毁按照保价额进行赔偿，部分损毁按照保价额与邮件全部价值的比例对邮件的实际损失进行赔偿。第二，无保价的如果在订立合同之前以合理的方式提请对方注意限制性赔偿条款按照实际损失而最高额又不高于限制性赔偿条款进行赔偿，如果没有履行提示义务，则要按照交付或者应当交付时货物的到达地的市场价格进行赔偿。第三，若损失是由于承运人故意或者重大过失造成的，不适用赔偿限额的规定。

二、各种物流合同的赔偿限额法律规定和立法建议

我国现行立法中也有关于赔偿限额的相关规定。《侵权责任法》第77条规定："承担高度危险责任，法律规定赔偿限额的，依照其规定。"

根据我国现行的有效规定，"法律规定赔偿限额"的主要有：我国《海商法》第56条将有关国际公约的内容转化为国内法，规定承运人责任限金额按照货物件数或者其他货运单位数计算，为每件或每单位货物单位为666.67计算单位，或按货物毛重每公斤计算单位计算，以两者中赔偿限额较高的为准。《国内航空运输承运人赔偿责任限额规定》（2006）第3条规定："国内航空运输承运人应当在下列规定的赔偿责任限额内按照实际损害承担赔偿责任，但是《民用航空法》另有规定的除外：对每名旅客的赔偿责任限额为人民币40万元；对每名旅客随身携带物品的赔偿责任限额为人民币3000元；对旅客托运的行李和对运输的货物的赔偿责任限额，为每公斤人民币100元。"《铁路交通事故应急救援和调查处理条例》（2012）第33条规定："事故造成铁路旅客人身伤亡和自带行李损失的，铁路运输企业对每名铁路旅客人身伤亡的赔偿责任限额为人民币15万元，对每名铁路旅客自带行李损失的赔偿责任限额为人民币2000元。铁路运输企业与铁路旅客可以书面约定高于前款规定的赔偿责任限额。"《国务院关于核事故损害赔偿责任问题的批复》（国函〔2007〕64号）

第 7 项规定："核电站的营运者和乏燃料贮存、运输、后处理的营运者，对一次核事故所造成的核事故损害的最高赔偿额为 3 亿元人民币；其他营运者对一次核事故所造成的核事故损害的最高赔偿额为 1 亿元人民币。核事故损害的应赔总额超过规定的最高赔偿额的，国家提供最高限额为 8 亿元人民币的财政补偿。"总之，我国国内铁路、公路和水上运输承运人赔偿责任问题相当复杂，缺乏规范和统一，明显不利于保护相对方的利益。

立法中对赔偿限额的设计是与当时的经济发展水平、消费水平等紧密相关的，随着社会经济的发展，消费水平的提高，赔偿限额的设计必然需要适应社会经济的变迁做出适时调整。例如，《国内航空运输承运人赔偿责任限额规定》中关于赔偿限额的数额从原来的 7 万元提到了 40 万元，并且明确规定了相应的调整机制，其中第 4 条规定："本规定第三条所确定的赔偿责任的调整，由国务院民用航空主管部门制定，报国务院批准后公布施行。"这种充分考虑到社会经济发展，而设计赔偿限额的变动性规则的做法是值得肯定的。1979 年 7 月 16 日国务院批准发布的《火车与其他车辆碰撞和铁路路外人员伤亡事故处理暂行规定》和 1994 年 8 月 13 日国务院批准发布的《铁路旅客运输损害赔偿规定》也随着《铁路交通事故应急救援和调查处理条例》自 2007 年 9 月 1 日起的施行而废止。但是该条例仍然存在着赔偿限额较低的问题，如对每名铁路旅客人身伤亡的赔偿责任限额为人民币 15 万元，对每名铁路旅客自带行李损失的赔偿责任限额为人民币 2000 元。

三、邮递行业的行业标准、规范不应作为货运公司限制其赔偿责任的依据

关于《邮政法》第 33 条中关于赔偿限额的法律适用。依照《邮政法》第 34 条的规定，有下列情形之一的，邮政企业不负赔偿责任：（1）平常邮件的损失；（2）由于用户的责任或者所寄物品本身的原因造成给据邮件损失的；（3）除汇款和保价邮件以外的其他给据邮件由于不可抗力的原因造成损失的；（4）用户自交寄给据邮件或者交汇汇款之日起满一年未查询又未提出赔偿要求的。依照《邮政法》第 33 条的规定，邮政损失赔偿的范围具体是：（1）非保价的给据邮件实行最高限额赔偿。如国内非保价邮件应按实际损失赔偿，但最高赔偿金额不超过所付邮费的二倍；国内特快专递邮件逾限的，应按照所收邮费予以赔偿（保价费不退）。（2）保价邮件按保价额赔偿。根据《邮政法》第 33 条第（二）项的规定，丢失或者全部损毁的，按照保价额赔偿；内件短少或者部分损毁的，按照保价额同邮件全部价值的比例予以赔偿。保价邮件的赔偿并不是对邮件损失实际赔偿，因为保价额并不完全等于保价邮件的全部实

际价值，更何况不包括间接损失。赔偿数额不能超过保价额，这就是限额赔偿原则所决定的。

尽管《邮政法》《邮政法实施细则》《快递服务邮政行业标准》等相关法规、行业标准规定了邮递服务保价赔偿和限额赔偿的原则，但是，这些规定不应成为快递公司推托其赔偿责任的理由和依据。

首先，我国《邮政法》第84条中规定：“邮政企业，是指中国邮政集团公司及其提供邮政服务的全资企业、投股企业。”显然，货运公司或者快递公司不属于《邮政法》所述的邮政企业，不能适用《邮政法》关于赔偿限额的规定。本案中，货运公司系非邮政快递企业，其寄递的快件不属邮件范畴，提供的邮寄服务也不属邮政服务，故货损的赔偿只能适用《合同法》的一般规定。因此，货运公司对托运人的损失必须承担赔偿责任。

实践中，有很多的货物快递公司并没有到邮政管理部门办理批准手续，而只是办理普通的工商注册登记手续。货物快递公司一方面力主其不属于邮政服务的范畴以规避行业审批和监管；另一方面在面对消费者索赔的时候，又拿所谓的邮政服务的行规来作为挡箭牌。

其次，1986年出台的《邮政法》和1990年出台的《邮政法实施细则》，都是邮政改革前政企不分时代出台的法律规范，带有强烈的部门利益色彩。类似的限制赔偿的部门立法（如铁路、民航等），其本身即缺乏合理性，在市场化日趋发达的现代社会，已经受到了人们越来越多的质疑。

最后，《邮政法》和《邮政法实施细则》限额赔偿的规定，由于与此后出台的《合同法》的实际损失赔偿的原则相违背，按照新法优于旧法的法律适用原则，也不应继续适用，根据《邮政法》第45条第2款，邮政普遍服务以外的邮件损失赔偿适用于有关的民事法律规定，这意味着，未报价遭遇快件损失，消费者有权按照民事法律规定主张“照价赔偿”。同时《快递服务邮政行业标准》只是一个行业规范，不具有法律强制性效力。

四、原告诉讼资格的适格问题

王某作为路倍安公司的法定代表人，其向物华公司托运的货物为路倍安公司的货物，该行为代表路倍安公司，应视为职务行为，故路倍安公司是本案适格原告。

案例三

中国太平洋财产保险股份有限公司与中远航运股份有限公司、第三人海南分公司海南一汽海马汽车销售有限公司水路货物运输合同货损赔偿纠纷案

【案例提示】

本案是一起国内水路货物运输合同的货损赔偿案，历经六年的审理，经海口中级法院、海南高级法院、最高人民法院三级法院，货损案值巨大，当事人争议激烈，其中焦点之一是国内水路货物运输合同的审判依据是《中华人民共和国合同法》（以下简称《合同法》还是《中华人民共和国海商法》（以下简称《海商法》）。整体上来说，水路货物运输法律法规有《合同法》《海商法》以及交通部颁布的《国内水路货物运输规则》。国内水路货物运输（包括沿海运输）适用《合同法》第17章“运输合同”和交通部《国内水路货物运输规则》的规定；国际海上货物运输则要适用《海商法》第4章“海上货物运输合同”的规定。

尤其是在法律适用中，一定要注意《海商法》作为特别法，优先适用于国际海上货物运输合同纠纷的审理。依照《海商法》第2条的规定，中华人民共和国港口之间的海上货物运输，包括内河货物运输和沿海货物运输，不能适用《海商法》第四章的规定，应当适用有关规定。

【案情介绍】

再审申请人（一审被告、二审上诉人）：中远航运股份有限公司（以下简称中远公司）。

再审被申请人（一审原告、二审上诉人）：中国太平洋财产保险股份有限公司海南分公司（以下简称太保海南公司）。

一审第三人：海南一汽海马汽车销售有限公司（以下简称海马销售公司）。

案由：水路货物运输合同货损赔偿纠纷

海马销售公司与金盘物流公司于2006年12月31日签订的《协议书》约定，海马销售公司将海马商品车的物流、仓储、运输等事项委托给金盘物流公司运营，金盘物流公司负责海马销售公司委托的海马商品车的物流、仓储、运

输等工作；金盘物流公司对海马销售公司经销的汽车产品进行投保，包括运输险和仓储险；在汽车产品运输、仓储期间发生保险事故的，由金盘物流公司开展索赔工作。2007 年 1 月 1 日，金盘物流公司与中远公司签订《车辆运输合作协议》，金盘物流公司指定中远公司作为承运车从海口至上海水路运输的承运商，由中远公司利用其滚装船为金盘物流公司实施海口至上海的承运车水路运输。该协议第 17 条第 8 项约定，因不可免责原因，中远公司违反协议致使金盘物流公司或承运车厂家遭受损失，金盘物流公司或承运车厂家有权提出索赔。第 22 条第 1 项规定，"承运车厂家"是指承运车的制造商或负责承运车销售管理的企业。根据《独家经销商协议》，海马销售公司是涉案车辆的所有权人。2007 年 12 月 16 日，金盘物流公司为涉案货物投保了水路运输基本险，太保海南公司为保险人，海马销售公司为被保险人，投保标的为海马牌轿车 610 辆，运输工具为"富源口"轮，起运港为海口秀英码头，目的港为上海海通码头。

2007 年 12 月 17 日，中远公司所属的"富源口"轮装载海马销售公司所有的海马牌轿车 611 辆（其中 1 辆为试验车），由海口运往上海。上述车辆均拥有车辆合格证，证明"富源口"轮承运车辆均为一汽海马汽车有限公司出厂的新车，其出厂前均经过严格的强制测试（包括路试等），对于行驶和运输途中可能产生的任何情况（包括可能的颠簸和震动等）均能保证安全。涉案船舶经《海事报告》及《航海日志》证明，2007 年 12 月 21 日约 9:50 时，当船航行至舟山群岛附近海域时，船上货舱发生火灾，船舶立即组织船员进行灭火，12 月 22 日约 8:23~8:35 时，经派船员下船舱探火，证实火已被扑灭，12 月 23 日 17:00 时船舶到达上海海通码头。涉案火灾燃烧范围广，船舶中心及其所影响区域温度高，甚至造成甲板产生变形。火灾共涉及 462 辆车，为便于事故处理和车辆检查，双方确认将所涉车辆运回到海口。之后，被保险人海马销售公司与保险人太保海南公司于 2008 年 4 月 10 日达成《保险赔付协议》，双方确认太保海南公司就涉案受损海马商品车向海马销售公司赔付 16 395 960 元，其中包括太保海南公司于 2008 年 2 月 3 日向投保人金盘物流公司预付赔款 1 000 000 元；协议生效前已发生的施救费用（清洗费、场地费、保管费、回运费）由太保海南公司另行支付给金盘物流公司；协议生效后，海马销售公司同意将向第三者追偿的权益转让给太保海南公司。2008 年 4 月 24 日，太保海南公司向海马销售公司转账支付 15 395 960 元，海马销售公司向太保海南公司出具了赔款收据。太保海南公司主张该损失应由中远公司承担，但中远公司一直未向太保海南公司支付赔偿费用，事故发生后原告太保海南公司对货物的损失找被告中远公司追偿无果，故太保海南公司向法院提起诉讼。

太保海南公司在一审中起诉称：2007 年 1 月 1 日，海南金盘物流公司代表海马销售公司，与中远公司签订了《车辆运输合作协议》。2007 年 12 月 17 日，中远公司“富源口”轮装运海马销售公司所有的海马牌商品车 611 台，由海口开往上海。海马销售公司同时就该批汽车向太保海南公司投保了水路运输保险。2007 年 12 月 23 日，当上述商品车到达上海时，发现大部分车辆严重受损。太保海南公司共向海马销售公司赔偿保险理赔款 16 395 960 元，并支付了其他相关费用 807 804 元。请求判令：1. 中远公司赔偿保险理赔款和其他费用损失及上述两项损失的利息；2. 中远公司承担本案诉讼费用以及因诉讼所支出的其他有关费用。

中远公司一审答辩称：1. 与中远公司签订水路运输合同的是金盘物流公司，而非海马销售公司，太保海南公司主体不适格，无权行使保险代位求偿权；2. 涉案火灾事故因汽车自燃引起，承运人无需承担责任；3. 太保海南公司诉称的货损金额不真实、不合理；4. 即使中远公司需承担赔偿责任，也只应在海事赔偿责任限制范围内承担责任。中远公司庭前向海口海事法院提出《海事赔偿责任限制申请书》，请求的赔偿限额为 7 900 000 元。

【裁判与处理】

一审法院海口市中级人民法院审理后认为，太保海南公司是本案所涉汽车的保险人，其已向被保险人海马销售公司支付了保险赔偿金及相关施救费用，有权行使代位求偿权向承运人中远公司提出索赔。对中远公司关于海马销售公司与中远公司之间不存在水路货物运输合同关系，因而太保海南公司无权向其行使代位追偿权及太保海南公司主体不适格的主张，不予支持。太保海南公司在本案中代位的是被保险人海马销售公司在水路货物运输合同项下的地位，故其应受该水路运输合同的调整。该运输合同，双方当事人意思表示真实，内容明确、规范，不违反国家法律、行政法规的强制性规定，依法确认有效。中远公司作为本航次货物运输的承运人，其责任期间为从货物装上船时起至卸下船时止。按照《国内水路货物运输规则》第 48 条和《中华人民共和国合同法》第 311 条的规定，沿海货物运输承运人承担的是一种较为严格的赔偿责任，除因不可抗力、货物本身的原因、托运人或收货人本身的过错所造成的货物损失外，承运人均应承担赔偿责任，并且承运人对其除外责任负有举证责任。“富源口”轮在运输途中，因船舱发生火灾事故，造成其承运的汽车受损，中远公司虽主张本案火灾事故是因托运人交付的汽车自燃引起，但不能举证证明本案火灾事故属于汽车自燃以及属于《国内水路货物运输规则》和《中华人民共和国合同法》规定的其他免责事项；且由于中远公司未能及时报告和申请公安消防机构进行调查、鉴定，导致本案火灾事故因时过境迁而无法查明其原因，中远公司的免责主张不成立。中远公司应对本案中太保海南公司所遭受的损失及其利息承担赔偿责任。“富源口”轮属于从事国内沿海运输的适航船舶，中远公司有权依据《中华人民共和国海商法》第11章有关海事赔偿责任限制及交通部《关于不满300总吨船舶及沿海运输、沿海作业船舶海事赔偿限额的规定》规定的赔偿限额赔偿损失。太保海南公司请求的超过赔偿限额部分的损失，不予支持。依照《中华人民共和国合同法》第311条、第403条和《中华人民共和国海商法》第11章、第240条第1款、第252条第1款、第277条的规定，一审判决：

一、中远公司赔偿太保海南公司经济损失8 243 897元；

二、驳回太保海南公司对中远公司的其他诉讼请求。

中远公司、太保海南公司均不服一审判决，向海南省高级人民法院提起上诉。

海南省高级人民法院二审判决：驳回上诉，维持原判。中远公司不服二审判决，向最高人民法院申请再审称：二审判决适用法律错误。本案为中华人民共和国港口之间的海上货物运输合同纠纷，而二审判决在认定“太保海南公司是否具备诉讼主体资格”“涉案火灾事故原因”等问题时，均适用了《中华人民共和国海商法》第4章的规定；二审判决对本案火灾原因、受损车辆损失金额的认定没有事实和法律依据，请求撤销一、二审判决，改判驳回太保海南公司的全部诉讼请求，并由太保海南公司承担一、二审诉讼费用。

最高人民法院提审后，认为二审判决适用《中华人民共和国海商法》第42条、第54条、第58条、第59条属于法律适用错误，应予纠正，但认定事实清楚，判决结果正确，判决维持海南省高级人民法院（2010）琼民三终字第2号民事判决。

（案例来源：最高人民法院民事判决书（2011）民提字第12号，本案摘自《最高人民法院公报》）

【案例评析与法理分析】

一、关于国内水路货物运输合同法律适用问题

本案系中远公司履行其签订的《车辆运输合作协议》，负责承运涉案车辆海上运输期间，因承运车辆损坏而引起的纠纷，属于海上货物运输合同货损赔偿纠纷，《海商法》作为特别法应当优先适用。但本案所涉运输为海口至上海，系中华人民共和国港口之间的海上运输。《海商法》第2条第2款规定：

"本法第四章海上货物运输合同的规定，不适用于中华人民共和国港口之间的海上货物运输。"故《海商法》第4章不适用于本案，本案应当适用《海商法》第四章之外的其他规定，《海商法》没有规定的，应当适用《合同法》的有关规定。

本案中海南省高级人民法院二审判决对本案"太保海南公司是否具备诉讼主体资格"进行认定时，适用《海商法》第42条关于托运人概念和范围的规定，认定海马销售公司属于委托他人为本人将货物交给与海上货物运输合同有关的承运人的人；对本案"涉案火灾事故原因"进行认定时，适用《海商法》第54条关于承运人对其他原因造成损坏应当负举证责任的规定，认定中远公司对火灾事故原因负有举证不能的责任；对本案"火灾造成的车辆损失"进行认定时，适用《海商法》第58条和59条的规定，认定中远公司有权享受海事赔偿责任限制。以上适用条款均为《海商法》第4章的规定。故二审判决适用法律明显错误，应当依法予以纠正，最高人民法院的法律适用是正确的。

二、关于太保海南公司的诉讼主体资格问题

海马销售公司与金盘物流公司于2006年12月31日签订《协议书》约定：海马销售公司将海马商品车的物流、仓储、运输等事项委托给金盘物流公司运营，金盘物流公司负责海马销售公司委托的海马商品车的物流、仓储、运输等工作。金盘物流公司与中远公司于2007年1月1日签订《车辆运输合作协议》第1条约定：金盘物流公司指定中远公司作为承运车从海口至上海水路运输的承运商，由中远公司利用其滚装船为金盘物流公司实施海口至上海的承运车水路运输。第17条第8项约定：因不可免责原因，中远公司违反协议致使金盘物流公司（含金盘物流公司各关联公司、托运人）或承运车厂家遭受损失，金盘物流公司或承运车厂家有权提出索赔。按照该协议的约定，中远公司在订立合同时，已经知道其所承运货物的托运人实际为"承运车厂家"，并且在协议中明确约定"承运车厂家"因中远公司违反运输合同而遭受损失时，具有向中远公司提出索赔的权利。该约定系协议当事人一致的意思表示，约定第三人可以直接向中远公司提出索赔，对各方当事人均具有约束力。该约定不属于《合同法》第64条规定的"当事人约定由债务人向第三人履行债务"的情形，中远公司主张海马销售公司无权依据《车辆运输合作协议》提起诉讼缺乏法律依据。《车辆运输合作协议》第22条第1项约定："承运车厂家"是指承运车的制造商或负责承运车销售管理的企业。根据《独家经销商协议》，海马销售公司为涉案车辆的销售管理企业和所有权人。故海马销售公司有权依据

《车辆运输合作协议》向中远公司提出索赔。保险人太保海南公司向海马销售公司支付保险赔偿后依法取得代位求偿权。太保海南公司应当具有合法的诉讼主体资格。

三、关于火灾事故原因的举证责任及货损赔偿责任

根据案涉"富源口"轮《海事报告》和《航海日志》的记载，"富源口"轮从海口至上海航行途中货舱发生火灾导致承运车辆受损。对此事实，各方当事人均无异议。本案不适用《海商法》第四章的规定，应当适用《合同法》第十七章运输合同的有关规定确定责任。《合同法》第 311 条规定："承运人对运输过程中货物的毁损、灭失承担损害赔偿责任，但承运人证明货物的毁损、灭失是因不可抗力、货物本身的自然性质或者合理损耗以及托运人、收货人的过错造成的，不承担损害赔偿责任。"该责任属于严格责任。因此，中远公司作为货物运输合同承运人，对运输过程中造成的货物损失应当承担赔偿责任，除非其举证证明存在法定免责事由。中远公司主张涉案火灾事故因汽车自燃引起，应当承担相应的举证责任。

为证明案涉火灾事故的原因，太保海南公司提交了中国检验认证集团上海有限公司出具的《鉴定报告》，中远公司提交了浙江出入境检验检疫鉴定所出具的《司法鉴定报告书》、上海悦之保险公估有限公司出具的《公估报告》和广州海正保险公估有限公司出具的《检验报告》。法院根据公安部《火灾事故调查规定》第 5 条规定，火灾事故调查由县级以上人民政府公安机关主管，并由本级公安机关消防机构实施；尚未设立公安机关消防机构的，由县级人民政府公安机关实施。公安派出所应当协助公安机关火灾事故调查部门维护火灾现场秩序，保护现场，控制火灾肇事嫌疑人。铁路、港航、民航公安机关和国有林区的森林公安机关消防机构负责调查其消防监督范围内发生的火灾。第 9 条规定：公安机关消防机构接到火灾报警，应当及时派员赶赴现场，并指派火灾事故调查人员开展火灾事故调查工作。因此，火灾事故调查和处理机构应当为公安消防机构，调查人员应当具备相应的岗位资格。中远公司和太保海南公司委托的机构并非公安消防机构，检验师和鉴定人均不具备火灾事故鉴定的岗位资质。火灾事故发生后，因中远公司并未向公安消防机构以及港务监督部门报告，造成火灾原因无法查明。中远公司不能提交充分证据证明其对火灾事故具有法定免责事由，法院判决由中远公司承担举证不能的不利后果，对火灾事故造成的损失承担赔偿责任并无不当。

四、关于回运协议法律性质的问题

2007 年 12 月 23 日“富源口”轮到达上海海通码头，因运输途中发生火灾导致承运车辆受损。中远公司与金盘物流公司经协商一致签署了车辆回运协议。该协议第 1 条约定：关于“富源口”轮 2007 年 12 月 21 日货舱起火一事的后续处理由双方通过友好协商或其他方式解决。第 2 条约定：事故中涉及的 462 辆商品车（包括目前暂存舱内的 72 台）由“富源口”轮重新运回海口。结合《海事报告》和《航海日志》的记载，该回运协议已经充分证明了火灾事故的发生以及车辆受损的后果。中远公司认为没有编制卸车交接记录就不能证明货损事实的主张缺乏事实和法律依据。回运协议第 5 条约定：车辆在卸货港交货后，中远公司从上海至海口段的运输责任即告终止，风险转移至金盘物流公司承担。中远公司认为该约定说明回运协议履行完毕，货物风险责任已经转移至金盘物流公司，中远公司不应承担赔偿责任。

回运协议所指的从上海至海口的水路运输确系独立的运输合同，但协议第 5 条约定的风险责任的转移仅仅是针对上海至海口段运输过程中可能产生的风险责任。该回运协议的签订以及回运的事实并不能视为金盘物流公司就火灾事故放弃对中远公司的索赔，也不能视为金盘物流公司对中远公司关于火灾原因系车辆自燃的主张表示默认。中远公司认为金盘物流公司的卸货行为和回运行为既证明运输合同履行完毕，也表明金盘物流公司愿意自行承担货损责任的主张缺乏充分的事实和法律依据。

五、关于车辆损失金额的问题

为证明车辆受损情况，中远公司提交了浙江出入境检验检疫鉴定所出具的《司法鉴定报告书》和广州海正保险公估有限公司出具的《检验报告》。浙江出入境检验检疫鉴定所的业务范围不包括价格鉴定，不具有商品价格鉴定资质。广州海正保险公估有限公司作为利害关系人在鉴定过程中并未回避，且其《检验报告》签署人蔡兆春在报告做出时并未取得相应鉴定资质，并拒绝在一审庭审笔录上签名。二审判决对上述两份鉴定检验报告不予采信并无明显不当。

太保海南公司为证明车辆受损情况，提交了海口市价格认证中心出具的《估价报告书》《车辆堆存协议》及发票、《车辆清洗协议》及发票、运输发票等一系列证据材料。为证明受损车辆的实际处理情况，根据中远公司的申请以及一审法院的要求，海马销售公司补充提供了案涉受损车辆经修复后实际处理的销售合同及其发票。太保海南公司委托的海口市价格认证中心具有价格司法鉴定资质和营业范围，二审判决对该《评估报告书》的证据效力予以认定并无不当。

本案受损车辆为新车，经过火灾事故的高温烘烤后，存在潜在质量风险，修复后的车辆价值相比新车有很大的差异。海口市价格认证中心出具的《估价报告书》采用市场法定损，相比中远公司主张的以修复价格确定损失更为符合实际，也更为合理。此外，结合海马销售公司提交的案涉受损车辆经修复后实际处理的销售合同及其发票，二审判决对《估价报告书》中关于车辆损失金额为16 797 902元的定损结论予以认定并无不当。中远公司并未提交充分的相反证据，其关于二审判决认定损失金额错误的主张缺乏充分的事实和法律依据。

六、关于适用海事赔偿限额的问题

中远公司应对本案中太保海南公司所遭受的损失17 093 848元及其利息承担赔偿责任。“富源口”轮属于从事国内沿海运输的适航船舶，本案无证据表明涉案货物损失是由于中远公司的故意或者明知可能造成损失而轻率地作为或者不作为造成的，根据《海商法》第58条和59条的规定，中远公司有权享受海事赔偿责任限制。依据《海商法》第210条第2款、《关于不满300总吨船舶及沿海运输、沿海作业船舶海事赔偿限额的规定》第4条以及法院查明的特别提款权的折算率，中远公司应对太保海南公司承担8 243 897元的赔偿责任。

案例四

钟智伟与中铁快运股份有限公司铁路货物运输合同纠纷上诉案

【案例提示】

本案是一起铁路货物运输合同的延迟索赔案，争议焦点是中铁快运公司是否要承担违约责任，还有收货人钟智伟的预期收益是否需赔偿？一审法院驳回收货人钟智伟全部诉讼请求，二审法院则判决中铁快运公司承担违约责任，同时赔偿收货人钟智伟的预期收益。两审法院截然不同的判决结果，主要是因为在铁路运输合同法律适用上存在差异。

在我国，铁路货物运输要受《铁路法》《合同法》《铁路货物运输管理规则》《铁路运输条例》《货物运单和货票填制办法》等相关规定的调整。在国际上，有关铁路运输的公约主要有两个，一个是奥地利、法国、德国等西欧国家1961年在瑞士首都伯尔尼签订的《关于铁路货物运输的国际公约》，我国没有加入。另一个是由前苏联、波兰、罗马尼亚等八个国家于1951年在华沙签订的《国际铁路货物联运协定》，我国于1954年加入《国际铁路货物联运协定》，受该公约约束。

【案情介绍】

上诉人（原审原告）：钟智伟。

被上诉人（原审被告）：中铁快运股份有限公司（以下简称中铁快运公司）。

案由：铁路货物运输合同责任赔偿纠纷

2006年12月11日，钟智伟以九鼎服务中心的名义与纳百川经营部签订《合作协议》，约定由该经营部将其承揽的一笔监控工程转交给该服务中心完成，工程配置为JK-218一体式防水摄像机等多种型号设备以及其他辅材、安装调试费，九鼎服务中心须在2006年12月20日之前向纳百川经营部提供本次工程所需机型的部分样机，如果样机不能在规定日期之前交付验收，纳百川经营部有权终止协议并收回全部订金，同时还约定了其他事项。同日，纳百川经营部付定金5000元。协议签订后，钟智伟与佳美康公司于2006年12月12日签订《销售合同》，约定了由钟智伟购买JK-218等多种型号设备、发货方式为“铁运（买方付运费）”等内容，同日钟智伟向佳美康公司付款2000元。

2006年12月12日，佳美康公司的陈均兴与中铁快运公司深圳营业部签订铁路货物运输合同，该合同的《中国铁路小件货物快运运单》上载明托运人为陈均兴，收货人为钟智伟，货物发送地深圳市，到达地西昌市，托运货物品名为配件，保价金额为2000元，运费总计69.80元，支付方式为收货人到付运费。该批货物于同年12月24日送达钟智伟处，逾期七日运到，钟智伟以中铁快运公司逾期运到为由，拒绝收货，也未付运费。因九鼎服务中心未能在前述《合作协议》约定的2006年12月20日前向纳百川经营部提供样机，该经营部已解除《合作协议》并收回定金5000元。还查明，九鼎服务中心企业性质为个人独资企业，投资人为钟智伟。中铁快运公司至今未交付该批货物，也未提供证据证明能够交付或能够予以提存。钟智伟主张该损失应由中铁快运公司承担，但中铁快运公司一直未向钟智伟支付赔偿费用，故钟智伟向法院提起诉讼。

原告钟智伟在一审中起诉称：中铁快运公司延迟履行铁路货物运输合同，

导致原告钟智伟与纳百川经营部之间的合作协议无法履行，原告钟智伟承担违约责任。所以，原告钟智伟要求中铁快运公司承担违约责任。其诉讼请求为：1. 判令被告赔偿因其违约给原告造成的既得利益损失 18 240 元；2. 判令被告赔偿原告为该笔订单所购样机的费用 2 390 元。

被告中铁快运公司在一审中答辩称：1. 原告不是本案货物运输合同的当事人，不是适格主体；2. 货物在运单上的保价金额为 2000 元，因此即使货物灭失，承运人也不应承担超过保价金额的责任；3. 对于原告的既得利益损失，被告在订立运输合同时，并不知晓原告可能获得的利益，故对原告提出的既得利益损失不应主张。

【裁判与处理】

一审法院审理后认为，鉴于本案当事人在合同中约定“运费到付”，中铁快运公司并未实际收到运费，故不宜要求该公司再向钟智伟支付逾期运到的违约金。钟智伟提出要求中铁快运公司赔偿货物损失 2390 元的请求，因钟智伟未提出证据证明货物毁损、灭失，故不予支持。钟智伟提出要求中铁快运公司赔偿既得利益损失 18 240 元及相关利息损失的请求，因其提供的证据系钟智伟所在西昌市九鼎安防技术服务中心与西昌市纳百川电脑经营部的《合作协议》及相关单据，钟智伟欲证明的事实是如《合作协议》履行完毕，该服务中心可能获得的利益，但钟智伟所举证据及其想要证明的事实均不属本案铁路货物运输合同纠纷范畴，与本案事实无关联性，这也不是中铁快运公司在签订合同时能够预见到的如违约逾期运到可能造成的损失，故对钟智伟的该主张不予支持。依照《中华人民共和国民事诉讼法》第 64 条第 1 款、《最高人民法院关于民事诉讼证据的若干规定》第 2 条第 2 款的规定，判决驳回钟智伟的诉讼请求。案件受理费 315 元由钟智伟承担。

原告不服原判，上诉至成都市中级人民法院。成都市中级人民法院经审理，认为原判认定事实不清，适用法律错误，上诉人钟智伟的上诉请求部分成立，本院依法予以改判。依照《合同法》第 107 条、第 113 条第 1 款、第 316 条、《铁路法》第 17 条第 1 款第（一）项、《最高人民法院关于当前形势下审理民商事合同纠纷案件若干问题的指导意见》第 10 条和《民事诉讼法》第 153 条第 1 款第（二）、（三）项的规定，判决如下：

一、撤销西昌铁路运输法院（2010）西铁民初字第 1 号民事判决；

二、中铁快运股份有限公司应于本判决生效后 10 日内向钟智伟赔偿货物损失 2000 元；

三、中铁快运股份有限公司应于本判决生效后 10 日内向钟智伟赔偿可得利益损失 2000 元；

四、驳回钟智伟的其他上诉请求，一审案件受理费 315 元、二审案件受理费 315 元，均由中铁快运股份有限公司承担 。

（案例来源：成都铁路运输中级法院民事判决书（2011）成铁中民终字第 4 号）

【案例评析与法理分析】

一、铁路货物运输合同的违约责任认定

本案系铁路货物运输合同纠纷，因一方当事人履行铁路运输合同义务不符合约定引起的索赔。钟智伟作为收货人，依法享有在合同约定的期限内收取货物的权利。中铁快运公司逾期七日运到货物，属违约行为，根据《铁路法》第 16 条、《合同法》第 107 条的规定，应当承担违约责任。钟智伟作为本案铁路货物运输合同的收货人，依法享有合同权利并承担合同义务，故其有权要求中铁快运公司承担违约责任。在收货人拒绝受领货物时，根据《合同法》第 316 条的规定，承运人可以提存货物，但在本案中，中铁快运公司既不能证明其已提存本案货物，也不能证明能够交付货物，因此，可认定该公司已实际不能向钟智伟交付本案货物，应视为该批货物发生灭失；同时，该批货物在签订铁路货物运输合同时办理了保价运输，保价金额为 2000 元，故依照《铁路法》第 17 条第 1 款第（一）项的规定，中铁快运公司应向钟智伟赔偿的货物损失为保价金额 2000 元。至于钟智伟提出的要求中铁快运公司赔偿样机费用 2 390 元的诉讼请求，对超出 2000 元的部分即 390 元，一是已超过保价金额，二是钟智伟未提供向销售合同相对方支付 390 元的证据，因此，法院对该 390 元的诉讼请求不支持。

二、关于上诉人钟智伟提出的可得利益损失问题

本案中，钟智伟分别与其他两家单位签订了《合作协议》与《销售合同》，该两份合同约定的主要标的物的设备型号、规格均一致，合同签订时间也具有连续性，足以证明签订《销售合同》的目的是为了履行《合作协议》；《销售合同》约定发货方式为“铁运（买方付运费）”，该合同卖方在钟智伟付款后也立即通过中铁快运公司采用铁路运输的形式向钟智伟发货并由钟智伟支付运费，也可证明本案铁路货物运输合同是履行《销售合同》卖方交付义务的一种方式。上述事实能够形成完整的证据锁链，《合作协议》《销售合同》

与本案铁路货物运输合同相互之间均具有关联性。由于中铁快运公司履行铁路货物运输合同违约，逾期七日才将货物运到，导致钟智伟不能按约履行《合作协议》，该协议最终被合同相对方解除，钟智伟未能取得相应的利益，根据《合同法》第 113 条第 1 款的规定，钟智伟有权要求中铁快运公司承担赔偿可得利益损失的违约责任。根据《合同法》第 113 条第 1 款："当事人一方不履行合同义务或者履行合同义务不符合约定，给对方造成损失的，损失赔偿额应当相当于因违约所造成的损失，包括合同履行后可以获得的利益，但不得超过违反合同一方订立合同时预见到或者应当预见到的因违反合同可能造成的损失"和《最高人民法院关于当前形势下审理民商事合同纠纷案件若干问题的指导意见》第 10 条的规定，应当扣除中铁快运公司不可预见的损失和钟智伟未付出的包括税收等成本。因此，法院酌情认定赔偿可得利益损失金额为 2000 元。

法学理论中，预期可得利益是一种已经预见在合同全面适当履行后可以实现和取得、但因一方的违约行为而未实际实现的财产利益，它具有未来性、期待性、现实性。司法实践中，预期可得利益由于举证的困难和认定的复杂，法院在判定赔偿预期可得利益时是谨慎的。因此，从民事证据规则的角度来讲，不可预见的损失应该由违约方来举证；人为扩大的损失也应该由违约方证明；因违约造成受害方获得了收益，应该由违约方来主张；必要成本要由受害方来举证，受害方有能力举证出必要成本。

案例五

上海振华港口机械有限公司诉美国联合包裹运送服务公司国际航空货物运输合同快递延误赔偿纠纷案

【案例提示】

本案是一起国际航空货物运输合同的快递延误索赔案，争议焦点是美国联合包裹运送服务公司如何承担违约责任？在我国，航空货物运输要受《民用航空法》《合同法》《中国民用航空货物国内运输规则》《中国民用航空货物国际运输规则》的调整。《中国民用航空货物国内运输规则》适用于出发地、约定的经停地和目的地均为我国境内的民用航空货物运输；《中国民用航空货物国际运输规则》适用于依照我国法律设立的公共航空运输企业使用民用航空器运送货物而收取报酬或者免费办理的国际航空运输。国际航空货物运输适用的国际公约有《统一国际航空运输某些规则的公约》（《华沙公约》）《海牙议定书》《瓜达拉哈拉公约》等。

【案情介绍】

原告：上海振华港口机械有限公司（以下简称振华有限公司）。

被告：美国联合包裹运送服务公司（简称 UPS 公司）。

案由：国际航空物资运输合同标书快递延误赔偿纠纷

原告振华有限公司于 1993 年 7 月 20 日上午电话通知被告 UPS 公司揽货员，表明 7 月 21 日需快递一份文件到也门共和国参加投标。当日下午，被告交给原告一份 UPS 公司运单，让原告填写。该运单背面印有“华沙公约及其修改议定书完全适用于本运单”和“托运人同意本运单背面条款，并委托 UPS 公司为出口和清关代理”等字样。7 月 21 日上午，被告到原告处提取托运物标书，并在 UPS 公司收件代表签字处签名，表示认可。被告收到原告标书后，未在当天将标书送往上海虹桥机场报关。直至 7 月 23 日晚，被告才办完标书的出境手续。该标书 7 月 27 日到达目的地。原告得知标书未在投票截止日 7 月 26 日前到达目的地后，于 7 月 27 日致函被告，要求查清此事并予答复。被告回函承认 UPS 公司在该标书处理上犯有未严格按收件时间收件（截止时间为 16 时，而原告标书到被告上海浦东办事处是 16 时 45 分）、未仔细检查运单上的货品性质、未问清客户有否限时送到的额外要求这三点错误，并表示遗憾。UPS 公司一直未向振华有限公司支付赔偿费用，故振华有限公司向法院提起诉讼。

原告振华有限公司在起诉中称：原告为参与也门共和国港务局岸边集装箱起重件投标业务，于 1993 年 7 月 21 日上午委托被告 UPS 公司办理标书快递，要求其于当月 25 日前将标书投递到指定地点，被告表示可以如期送达。但是，因被告经办人的疏忽，致使标书在沪滞留两天，延迟到同月 27 日下午才到达指定地点，超过了 26 日投标截止日期，使原告失去投标机会，蒙受较大经济损失及损失可能得到的利润。请求法院判令被告退还所收运费人民币 1432 元，赔偿直接经济损失 10 360 美元，并承担诉讼费用。

被告美国联合包裹运送服务公司辩称：被告与原告未就标书到达目的地的日期有过明确约定；被告为原告快递标书费时六天零五个小时，并未超过国际快件中国到也门四到七天的合理运输时间，无延误送达标书的事实。标书在上海滞留两天，系原告未按规定注明快件的类别、性质，以致被告无法报关，责任在原告。即使被告延误送达，应予赔偿，亦应按《统一国际航空运输某些规则的公约》（简称《华沙公约》）或《修改 1929 年 10 月 12

日在华沙签订的统一国际航空运输某些规则的公约的议定书》（简称《修改议定书》）规定的承运人最高责任限额赔偿。原告的诉讼请求无法律依据，法院应予驳回。

【裁判与处理】

一审法院认为这是国际航空货物运输合同的快递延误索赔案，UPS公司应当承担违约责任。法院判决：

一、被告美国联合包裹运送服务公司自判决生效后10日内一次赔偿原告经济损失2000法郎（折合人民币12 695.47元）。

二、原告其他诉讼请求不予支持。第一审判决宣判后，原告和被告均未提出上诉，被告已履行了判决。

（案例来源：上海市静安区人民法院民事判决书（1995）静民初字第344号）

【案例评析与法理分析】

一、国际航空运输快递合同的违约责任认定

被告UPS公司作为承运人，理应迅速、及时、安全地将原告振华有限公司所需投递的标书送达指定地点。《华沙公约》第19条规定，旅客、行李或者货物在航空运输中因延误引起的损失，承运人应当承担责任。但是，承运人证明本人及其受雇人和代理人为了避免损失的发生，已经采取一切可合理要求的措施或者不可能采取此种措施的，承运人不对因延误引起的损失承担责任。《华沙公约》第20条规定，经承运人证明，损失是由索赔人或者索赔人从其取得权利的人的过失或者其他不当作为、不作为造成或者促成的，应当根据造成或者促成此种损失的过失或者其他不当作为、不作为的程度，相应全部或部分免除承运人对索赔人的责任。旅客以外的其他人就旅客死亡或者伤害提出赔偿请求的，经承运人证明，损失是旅客本人的过失或者其他不当作为、不作为造成或者促成的，同样应当根据造成或者促成此种损失的过失或者其他不当作为、不作为的程度，相应全部或者部分免除承运人的责任。本条适用于本公约中的所有责任条款，包括第21条第1款。但是被告于1993年7月21日上午接受标书后，未按行业惯例于当天送往机场报关，直到23日晚才将标书报关出境，以致标书在沪滞留两天半，被告的行为违背了快件运输迅速、及时的宗旨，其行为属延误，应当承担相应的民事责任。原告虽未按被告运单规定的要求填写运单，但被告在收到原告所填运单后，未认真审核，责任在被告。被告提出的无延误送达标书的事实及致使标书延期出境的主要原因在于原告运单填

写不适当的理由不能成立。

二、国际航空运输快递合同的损失认定

《民法通则》第 142 条第 2 款规定：“中华人民共和国缔结或者参加的国际条约同中华人民共和国民事法律有不同规定的，适用国际条约的规定，但中华人民共和国声明保留的条款除外。”《华沙公约》和它的《修改议定书》，我国政府均已加入和批准。该公约修改议定书第 11 条第 2 项关于“在运载登记的行李和载运货物时，承运人的责任以每公斤二百五十法郎为限，除非旅客或托运人在交运包件时，曾特别声明在目的地交付时的利益并缴付必要的附加费”和“如登记的行李或货物的一部分或行李、货物中的任何物件发生遗失、损坏或延误，用于决定承运人责任限额的重量，仅为该一包件或该数包件的总重量”的规定，在被告运单背面书写明确，故应视为原告和被告双方均接受上述规定，被告应按《修改议定书》规定的承运人最高责任限额赔偿原告经济损失。标书运单上填写总重量为 8 公斤，被告美国联合包裹运送服务公司应当一次赔偿原告经济损失 2000 法郎（折合人民币 12 695. 47 元）。所以原告要求被告退还运费及赔偿直接经济损失，缺乏法律依据。

在司法实践中，关于国内航空运输快递合同的损失认定，主要依据是 2006 年 2 月 28 日，民航总局发布了《国内航空运输承运人赔偿责任限额规定》（以下简称《规定》）。第一，根据《规定》第 3 条的规定，对每名旅客的赔偿责任限额为人民币 40 万元。第二，根据《规定》第 3 条第 1 款第 2 项，“对每名旅客随身携带物品的赔偿责任限额为人民币 3000 元”。第三，统一并提高了托运行李和货物的赔偿限额。《规定》第 3 条第 1 款第 3 项则明确规定，“对旅客托运的行李和对运输的货物的赔偿责任限额，为每公斤人民币 100 元”。

案例六

杨艳辉诉中国南方航空股份有限公司、上海民惠航空服务有限公司航空客运合同纠纷案

【案例提示】

本案是一起航空客运运输合同的纠纷，旅客因不知晓机票上机场代码的含义而导致误机，航空公司应否承担责任。争议焦点是中国南方航空股份有限公

司、上海民惠航空服务有限公司是否全面地履行了合同的给付义务和随附义务。

【案情介绍】

原告：杨艳辉，女，27岁，上海市××律师事务所工作人员，住上海市××路。

被告：中国南方航空股份有限公司（以下简称南航公司）。

被告：上海民惠航空服务有限公司（以下简称民惠公司）。

案由：航空客运合同责任赔偿纠纷

被告民惠公司是机票销售代理商。原告杨艳辉在民惠公司购买被告南航公司的上海至厦门九折机票一张。机票载明：出发地是上海PVG，出发时间是2003年1月30日16时10分，票价770元，不得签转。机票上还载明航空旅客须知，其中有“在航班规定离站时间前2小时以内要求退票，收取客票价20%的退票费”等内容。杨艳辉到上海虹桥机场出示这张机票时，机场工作人员告知其应到上海浦东机场乘坐该航班。因已来不及赶赴浦东机场，杨艳辉要求签转，又被告知其所持机票是打折购买的机票，不得签转。15时零4分，杨艳辉在南航公司驻虹桥机场办事处办理了申请退票的手续，并以850元的价格购买了当日21时上海至厦门的全价机票。返回上海后，杨艳辉主张全额退还票款，南航公司让其到民惠公司退票，而民惠公司则表示要退票必须按票价的20%扣除手续费，要全额退还票款只能由出票人南航公司办理。杨艳辉认为南航公司、民惠公司的行为严重侵害了其合法权益，为此提起诉讼。

原告杨艳辉诉称：春节前为与校友聚会，我通过电话向被告民惠公司预订了一张去厦门的机票，并言明要在上海虹桥机场登机。民惠公司工作人员第二天送票上门时，没有特别说明登机的地点不是虹桥，机票上载明的出发地是“上海PVG”。当我按时赶到虹桥机场时，才发现此次航班是在浦东机场乘坐。我当即要求南航公司驻虹桥机场的办事处签转，办事处工作人员说这是九折购买的机票，不能签转，可以退票后改乘其他航班。不得已我申请退票，同时购买了当日另一航班的全价机票，在机场滞留了六小时之久才到了厦门。返回上海后，我到南航公司办理退票手续，又被告知按规定只能退还票面金额的80%。我认为，我退票和不得不在机场滞留六小时，完全是因被告不明确告知乘机地点造成的。二被告的行为严重侵害了我的合法权益。请求判令二被告给我退还全额机票款770元，赔偿我的经济损失700元，判令二被告在其出售的机票上标明机场名称。

被告南航公司辩称：按照中国民航总局的规定，南航公司的机票都是使用自动打票机填开。自动打票机无法在机票上打印中文机场名称，故用机场代码PVG标明。作为承运人，南航公司已尽到自己的义务，不同意原告的诉讼请求。

被告民惠公司辩称：本公司代销的机票上用代码PVG标明了机场名称，这是严格按照中国民航总局的规定进行的操作。机票上没有以中文标明机场名称，并非被告的责任。原告是上海人，应当知道上海有两个机场，机票上有PVG和SHA的区别。不知道PVG和SHA代表哪一个机场，可以通过电话询问。原告声称未乘坐此次航班，是因机票上没有机场的中文名称，但没有证据来证明这两件事之间的因果关系，故不同意原告的诉讼请求。

【裁判与处理】

上海市徐汇区人民法院经审理认为，杨艳辉与南航公司是该客运合同的主体。被告民惠公司只是根据代理合同为南航公司代销客运机票，并非客运合同的主体。原告杨艳辉持机场名称标识不明的机票，未能如期登机。参照迟延运输的处理办法，被告南航公司应负责全额退票，并对旅客为抵达目的地而增加的支出进行赔偿。

至于被告南航公司、民惠公司是否必须在其出售的机票上以我国通用文字标明机场名称，应由其上级主管部门加以规范，不属本案处理范围。判决：

一、被告南航公司于本判决生效之日起三日内，退还原告杨艳辉机票款770元；

二、被告南航公司于本判决生效之日起三日内，赔偿原告杨艳辉80元；

三、原告杨艳辉提出的其他诉讼请求，不予支持。案件受理费119元，原告杨艳辉负担55元，被告南航公司负担64元。第一审宣判后，双方当事人均未上诉，一审判决已经发生法律效力。

2003年4月28日，上海市徐汇区人民法院向中国民航总局发出司法建议书，建议："对同一城市存在两个或两个以上民用机场，航空公司及航空客运销售代理商填开机票标明出发地点、使用机场专用代号时，应使用我国通用文字附注或以其他适当方式说明，以保证客运合同的正确履行，提升我国民用航空行业良好的服务形象。"

（案例来源：上海市徐汇区人民法院民事判决书（2003）徐民初第158号，摘自《最高人民法院公报》2003年第5期）

【案例评析与法理分析】

一、关于被告民惠公司的诉讼适格问题

根据《合同法》第288条规定："运输合同是承运人将旅客或者货物从起运地点运输到约定地点，旅客、托运人或者收货人支付票款或者运输费用的合同。"第293条规定："客运合同自承运人向旅客交付客票时成立，但当事人另有约定或者另有交易习惯的除外。"原告杨艳辉为从上海赴厦门，购买了被告南航公司的客运机票，客运机票是客运合同成立的凭据。自杨艳辉取得南航公司的客运机票时起，杨艳辉与南航公司之间的客运合同即告成立，杨艳辉与南航公司是该客运合同的主体。被告民惠公司只是根据代理合同为南航公司代销客运机票，并非客运合同的主体。

二、关于航空承运人附随义务的问题

合同义务有给付义务和附随义务之分。给付义务是债务人根据合同应当履行的基本义务，附随义务是在给付义务以外，为保证债权人利益的实现而需债务人履行的其他义务。《合同法》第60条第2款规定："当事人应当遵循诚实信用原则，根据合同的性质、目的和交易习惯履行通知、协助、保密等义务。"这是《合同法》对附随义务做出的规定。在客运合同中，明白无误地向旅客通知运输事项，就是承运人应尽的附随义务。只有承运人正确履行了这一附随义务，旅客才能于约定的时间到约定的地点集合，等待乘坐约定的航空工具。上海有虹桥、浦东两大机场，确实为上海公民皆知。但这两个机场的专用代号SHA、PVG，却并非上海公民均能通晓。作为承运人的被告南航公司，应当根据这一具体情况，在出售的机票上以我国通用文字清晰明白地标明机场名称，或以其他足以使旅客通晓的方式做出说明。南航公司在机票上仅以"上海PVG"来标识上海浦东机场，以致原告杨艳辉因不能识别而未在约定的时间乘坐上约定的航空工具，南航公司应承担履行附随义务不当的过错责任。自动打票机并非不能打印中文，机票上打印的"上海""厦门"等字，便是证明。虽然中国民航总局曾于2000年4月下发《关于各航空公司2000年全部使用自动打票机填开旅客客票的通知》，要求国内各航空公司均应在2000年内安装BSP自动打票机，今后全部使用自动打票机填开旅客客票，废除手写机票。但是怎样根据当地具体情况去执行上级主管部门的规定，使执行规定的结果能更好地为旅客提供服务，更好地履行承运方在承运合同中的义务，却是作为承运人的南航公司应尽的职责。南航公司关于是"按照中国民航总局的规定使用自动打票机填开""自动打票机无法在机票上打印中文机场名称，故用机场

代码 PVG 标明”“作为承运人已尽到义务”的辩解理由，不能成立。

《合同法》第 299 条规定：“承运人应当按照客票载明的时间和班次运输旅客。承运人迟延运输的，应当根据旅客的要求安排改乘其他班次或者退票。”原告杨艳辉持机场名称标识不明的机票，未能如期履行。参照迟延运输的处理办法，被告南航公司应负责全额退票，并对旅客为抵达目的地而增加的支出进行赔偿。被告民惠公司不是客运合同的主体，原告杨艳辉无权要求民惠公司承担退票、赔偿的民事责任。

三、从焦点新闻美国“9·11”事件来分析旅客的航空运输安全民事赔偿问题

2001 年 9 月 11 日，恐怖分子劫持了美国航空公司四架民航客机，并驾驶这四架被劫持的客机撞击纽约世贸中心双塔楼、美国国防部五角大楼，而另一架客机则坠毁于宾夕法尼亚州。恐怖袭击造成了大量无辜平民死亡及巨额财产损失，震惊了整个国际社会，同时也给本来就处于不景气状态的国际航空运输业以重大的打击。为了打击恐怖主义，美国对涉嫌恐怖袭击的阿富汗塔利班及“基地”恐怖组织采取了军事行动。而另一方面，在美国国内，被劫持的四架飞机上的死者家属向美国航空公司索赔的工作，也在紧锣密鼓地进行着。据美国相关部门估计，美国航空公司这次的损失大约在 400 亿美元至 600 亿美元之间。航空公司的巨额损失主要由两大部分组成：一部分是航空器的损失，四架波音 757 及 767 客机的采购价格约为 3 亿至 4 亿美元间；另一部分则主要用于支付四架飞机上的死亡旅客、机组人员的赔偿金以及对地面所造成损害的赔偿金。虽然这些损失最终将由保险公司来支付，但这已经导致了整个国际航空旅客运输保险市场的崩溃。而与此同时，许多人对于航空公司将承担巨额的赔偿责任感到不解，认为劫机事件是一种犯罪行为，航空公司似乎不应当承担责任；也有人认为航空公司应当承担一定的责任。那么，航空公司是否应承担高达数百亿美元的责任？其承担责任的理论依据何在？

当前，航空旅客运输承运人的责任制度是建立在《华沙公约》体系基础之上的。订立于 1929 年的《华沙公约》是一部缔约国众多的统一法公约，迄今为止已有近 150 个国家成为其缔约国。虽然《华沙公约》是针对国际航空运输而制定的，但是由于它是一部有强制力的统一法公约，因此它对各个缔约国的国内航空立法有着深远的影响，作为缔约国之一的美国也概莫能外。因此，关于“9·11”恐怖袭击事件中美国航空公司责任的研究，对研究国际航空旅客运输中承运人的责任有着同样重要的意义。

《华沙公约》第 17 条明确规定：“承运人对旅客因死亡、人身伤害而蒙受

的损失应承担责任，只要引起死亡、伤害的事故发生在航空器上，或上、下航空器的操作过程中”。从第 17 条的规定中我们不难看出：航空旅客运输的承运人，对于旅客的死亡或受伤，承担的是一种推定过失责任。只有在旅客的死亡、受伤与“事故”有关时，承运人才承担责任。《华沙公约》第 17 条规定“事故”为承运人承担责任的基础。但对于什么是“事故”，公约却没有加以说明。目前，各国法学家在解释“事故”时，多引用美国最高法院的一个判例。在该案中，原告塞克斯女士搭乘法国航空公司的飞机飞往纽约，在飞机下降过程中，机组人员按照操作程序对客舱进行减压。由于大气压力变化，导致塞克斯女士的右耳失聪，塞克斯女士因而要求法国航空公司赔偿。法院在审理该案件时，首先对“事故”的概念进行了界定，并进而明确了“事故”的构成要件。美国最高法院法官认为“事故”的要件有三个：首先，事故是旅客自身以外的原因造成的；其次，事故必须是不可预料的；最后，事故必须是旅客所不能抗拒的。而在本案中，机组人员对客舱进行减压是飞行中的正常操作程序，而根本不是“不可预料的”，因此塞克斯女士的受伤不是由“事故”引起的，法国航空公司也不应承担责任。

通过这个经典案例，我们了解到，在航空旅客运输中，如果出现了旅客伤亡情况，而伤亡又与“事故”有牵连的话，承运人才应对损失承担责任。在国际航空旅客运输实践中，出于保护旅客利益的考虑，法院在审理涉及旅客伤亡的案件时，都尽可能地将引起旅客伤亡的事件认定为“事故”。因此，不可抗力及意外事故一般也被认定为“事故”。法院在审理这类案件时，出于保护旅客利益的目的，同样将劫机事件也认定为“事故”。这样一来，劫机事件中发生的旅客伤亡也应由承运人承担责任。“9·11”事件中死亡旅客的家属也正是基于劫机这一“事故”而向承运人索赔。

案例七

中国建材国际工程有限公司诉中国外运股份有限公司多式联运合同纠纷案

【案例提示】

本案是一起国际货物海陆多式联运合同纠纷案，我们主要探讨法院应如何解决多式联运经营人的认定、货物所有权转移和诉讼主体货物的关系、货物损失认定等法律问题。我国《合同法》和《海商法》对多式联运相关内容作了规定。1997年交通部和铁道部联合颁布了《国际集装箱多式联运管理规则》（已失效），专门对国际集装箱多式联运进行规范。国际货物多式联运国际公约主要有《联合国国际货物多式联运公约》和《联合国国际贸易和发展会议/国际商会多式联运单证规则》等。

关于多式联运经营人的赔偿责任，多式联运单据大多数均采取“网状责任制”。它是指多式联运经营人尽管对全程运输负责，但对货运事故的赔偿原则仍按不同运输区段所适用的法律规定，当无法确定货运事故发生区段时则按海运法规或双方约定原则加以赔偿。《联合国国际货物多式联运公约》采取“混合责任制”，多式联运经营人对全程运输负责，各区段的实际承运人仅对自己完成区段的运输负责。无论货损发生在哪一区段，多式联运经营人和实际承运人都按公约规定的统一责任限额承担责任。但如果货物的灭失、损坏发生于多式联运的某一特定区域，而对这一区段适用的一项国际公约或强制性国家法律规定的赔偿责任限额高于多式联运公约规定的赔偿责任限额时，多式联运经营人对这种灭失、损坏的赔偿应按照适用的国际公约或强制性国际法律予以确定。

【案情介绍】

原告：中国建材国际工程有限公司。

被告：中国外运股份有限公司。

案由：国际货物多式联运合同纠纷

2006年11月30日，原告与案外人ALTA'AFUF COMPANY FOR ELECTRICAL WORKS（STS）（以下简称“AL电气工程公司”）签订了工程分包合同，由AL电气工程公司将沙特阿拉伯AL-TRAIF地区的OPC/SRC水泥熟料厂工程项目（以下简称“水泥工程项目”）整体分包给原告。为从中国运送水泥工程项目所需材料至沙特阿拉伯，原告发出招标书，被告中标后于2007年7月10日与原告签订出口发运合同，约定被告负责将水泥工程项目所需的设备材料从中国天津、上海或连云港运输至沙特阿拉伯AL-TRAIF地区的施工现场，车板交货。运输内容包括中国港口至沙特阿拉伯达曼港的海上运输和达曼港至施工现场的陆路运输。2008年6月8日，水泥工程项目项下的第19船货物装船出运，原告向被告交付了5张上海弘祥国际船舶代理有限公司代为签发的提单，其中一张提单批注“货物锈蚀”。5张提单均记载租约并入提单，抬头空白。货物到达曼港后，被告委托AM重件运输和工程有限公司（ALMAJDOUIE HEAVY LIFT TRANSPORT & ENGINEERING CO. LTD.）通过公路运输将货物运至AL-TRAIF地区的项目现场。

涉案货物运抵水泥工程项目现场后，原告发现部分货物丢失、损坏。2008年11月11日，原告向被告发出索赔函，要求被告参加联合检验，并对货物损失予以赔付。被告于12月17日回复“已收到原件，实际情况待核查”。2009年8月4日，被告书面确认运输途中部分货物丢失、损坏，“第19船……的货物的整个国外段运输任务，为我司委托沙特达曼当地代理公司 ALMAJDOUIE HEAVY LIFT TRANSPORT & ENGINEERING 具体执行，现经过对该船国外收货陆运单的仔细核对，贵司国外现场所签收的货物件数确实少于实际发运件数，我司确认附件货差清单中显示的货物在运输途中丢失，且两件货物的货损也发生在国外内陆段的运输途中”。原告主张该损失应由被告承担，但被告一直未向原告支付赔偿费用，故原告向法院提起诉讼。

原告诉称，原告与被告签订出口发运合同，被告提供多式联运服务将货物从上海、天津或连云港运至沙特阿拉伯 AL-TRAIF 地区的项目现场。2008年6月，该合同项下第19船货物出运。被告将货物从上海港运至达曼港，又委托 AM 重件运输和工程有限公司通过公路运输将货物运至项目现场。收货人在收货时发现部分货物丢失、损坏，其中货物短少损失87 937美元，货损损失18 015.01美元，共计105 952.01美元。原告为此支付了检验费3895.72美元。故请求判令被告赔偿原告货物损失105 952.01美元、检验费3895.72美元及利息损失（按中国人民银行美元活期存款利率从起诉之日起计算至判决生效之日止），并承担本案诉讼费用。

被告辩称，原告未持有正本提单，涉案货物风险已转移，原告不是适格的诉讼主体；被告是涉案运输的货运代理人，不是承运人，与原告不存在海上货物运输合同关系；现有证据不能证明原告的损失真实存在；原告以海上货物运输合同纠纷为由起诉，已经超过诉讼时效。据此，请求驳回原告的诉讼请求。

【裁判与处理】

一审法院审理后认为，被告作为涉案货物运输的多式联运经营人，应按照合同的约定组织履行货物运输，按时、完好地将货物运至目的地。对于在其掌管期间发生的货物灭失，应承担相应的赔偿责任。依照《民法通则》第135条，《合同法》第312条，《海商法》第55条第1款、第102条、第103条、第104条，《民事诉讼法》第64条第1款之规定，判决如下：

一、被告中国外运股份有限公司应在本判决生效之日起10日内向原告中国建材国际工程有限公司赔偿货款损失54 127.18美元及上述费用的利息损失（按中国人民银行美元活期存款利率标准从2009年8月27日起计算至本判决生效之日止）；

二、对原告中国建材国际工程有限公司的其他诉讼请求不予支持。

（案例来源：北海海事法院民事判决书（2003）海商初字第019号）

【案例评析与法理分析】

一、多式联运法律关系的认定

关于被告的法律地位是多式联运经营人还是货运代理人，各方意见不一。原告认为，被告是涉案运输的多式联运经营人，负有妥善保管、照料和交付承运货物的义务，应对货物在运输过程中的灭失和损坏承担赔偿责任。被告认为，其是原告的货运代理人，代理原告办理订舱、报关等手续，未实际履行运输义务。但是，考察基本案件事实，根据原、被告签订的出口发运合同，被告的主要合同义务是将水泥工程项目所需的设备材料从中国天津、上海、连云港运输至沙特阿拉伯达曼港，并在达曼港负责组织车辆，将货物运至水泥工程项目的施工现场（车板交货）。其中包括了从中国港口至达曼港的海上运输和达曼港至施工现场的陆路运输。被告具体工作包括始发港仓库接货仓储、散货理货、订舱报关、配载装船、取得全套海运提单、海运、赴中转港接货、中转港报关完税及车辆运送至施工现场等事项。出口发运合同中关于被告义务的约定符合《海商法》规定的多式联运经营人的法律特征。根据《海商法》第102条和第104条的规定，多式联运合同是指多式联运经营人以两种以上的不同运输方式，其中一种是海上运输方式，负责将货物从接收地运至目的地交付收货人，并收取全程运费的合同。多式联运经营人负责履行或者组织履行多式联运合同，并对全程运输负责。本案被告组织了从中国港口至沙特阿拉伯项目现场的全程运输，虽未实际从事海运运输和国外陆运运输，但其委托各区段的实际承运人运输货物，并向原告收取海运段和国外陆运段的运输费用，应当认定为涉案运输的多式联运经营人。关于被告抗辩其工作中包括报关报检、订舱等货运代理事项，系被告履行出口发运合同的义务之一，不影响合同目的和合同性质的认定，对被告的抗辩法院不予采纳。所以在司法实践中，多式联运经营人的认定就是订立一个海陆等运输的合同；交纳一次费用，即全程运费；办理一次托运手续；组织安排全程运输。多式联运经营人可以是汽车、铁路、船舶、航空等运输公司，也可以是没有运输工具的承运人（如无船承运人）。被告即属于后者。

二、关于原告是否是适格诉讼主体的问题

被告认为，原告未持有正本提单，原告与案涉货物已无利害关系，且涉案

提单项下货物所有权已流转，收货人事后的声明不等于原告在起诉时享有诉权，原告不是适格诉讼主体。然而，本案是以多式联运合同货物损害赔偿纠纷作为案由起诉，故有关的分析或抗辩理应以货物运输合同作为出发点。原告依据双方签订的出口发运合同提起多式联运合同违约之诉。根据出口发运合同第6.6条，被告对收货后的报关、装船、海运、转运等过程中货物的丢失、灭失、损坏等货物损坏负有赔偿责任。原告作为合同当事人，有权利在被告履行多式联运合同义务不符合约定时，要求被告承担违约赔偿责任。根据原告与案外人AL电气工程公司签订的工程分包合同以及ALJOUF水泥公司出具的证明，原告承包了工程的所有项目，在交付工程之前，在建工程及所有建筑物料均由原告管理，原告负责采购、运输、供货及对工程现场的设备进行安全储存和保管。因此，原告有权依据出口发运合同向被告提起多式联运合同违约之诉。基于以上的认识，法院关于本案多式联运托运人原告是适格诉讼主体的判定，无疑是正确的。

三、关于损坏货物数额和利息的认定问题

原告提交了货损清单和修理费发票，以受损货物的修理费用来证明货物损失金额。但是，结合本案证据，由于货物装船出运时海运提单上有关于货物锈蚀的批注，修理方中国化学工程第十三建设有限公司出具的损坏清单和发票上均未写明修理内容，不能排除对货物出运前已存在的锈蚀一并修理的可能。原告负有证明运输途中货物损坏情况及损坏金额的举证义务，现原告未提交目的港检验报告等证据对此予以证明，涉案货损情况和货损金额无法查明，对此，法院认定原告应承担举证不能的后果。因此，对于原告主张的货物损坏金额，法院不予支持。

关于利息损失。原告主张的利息损失系因被告迟延履行债务造成的孳息损失，可予支持。原告请求按照中国人民银行公布的美元活期存款利率标准，从起诉之日开始计算利息至判决生效之日止，于法不悖，法院可予支持。

四、关于诉讼时效的问题

被告认为，海商法规定的海上货物运输合同项下向承运人要求赔偿的请求权，时效期间为一年。涉案货物于2008年7~8月交付，原告于2009年9月7日提起诉讼，已超过一年的诉讼时效。但是，原告提起的是多式联运合同损害赔偿之诉，时效期间不能适用《海商法》第257条海上货物运输的时效期间，而应适用《民法通则》第135条规定的诉讼时效。本案原告于2009年8月27日向本院递交诉状，未超过两年的诉讼时效期间。

案例八

上海市食品进出口国际货运公司等诉喀什安喀斯国际贸易有限公司等货运代理合同纠纷案

【案例提示】

本案是一起国际货物运输代理公司民事责任的纠纷案，涉及货物运输代理公司的过错行为认定和民事赔偿的范围等法律问题。世界绝大多数国家都允许国际货物运输代理公司接受承运人的委托，代为办理国际货物运输及相关业务。我国许多国际货物运输代理公司也都取得了经营国际铁路运输、国际航空运输销售代理业务的资格。我国《合同法》对委托合同相关内容作了规定。我国还有《国际货物运输代理业管理规定》《国际货物运输代理业管理规定实施细则》《外商投资国际货运代理业管理办法》等。

【案情介绍】

上诉人（原审被告）：上海市食品进出口国际货运公司（以下简称：食品进出口公司）。

被上诉人（原审原告）：喀什安喀斯国际贸易有限公司（以下简称：安喀斯公司）。

被上诉人（原审第三人）：上海新景程国际物流有限公司（以下简称：新景程公司）。

案由：国际货运代理合同纠纷

安喀斯公司通过新景程公司委托食品进出口公司出运一批货物，食品进出口公司为安喀斯公司填写签发运单，于2010年3月5日出运该批货物，运单上载明的集装箱号为CCLU403××××，货物名称为注塑机（BT260V－Ⅱ）、吸塑成型机（XSD－700/600）。载有相同集装箱号的报关单上记载：商品名称及规格型号为博创牌注塑机BT120V－Ⅱ，单价为14 000美元；博创牌塑料热成型机XSD－700/600，单价为29 300美元，该报关单所载批准文号为703896×××，出口日期为2010年3月17日。

2010年7月9日，食品进出口公司向国税局、外汇管理局及安喀斯公司出具一份《情况说明》载明，兹有安喀斯公司委托食品进出口公司发运一批货物，因在单据操作时，安喀斯公司与食品进出口公司之间没有及时进行相互沟通，造成报关所用数据提供不符，运单和报关单所载部分货物品种不一致。该《情况说明》还载明，除以上货物外，其余货物皆按照安喀斯公司提供的数据报关无误，食品进出口公司对由此为安喀斯公司造成的损失，以及为国税局、外汇管理局造成的麻烦感到万分抱歉。出于为客户减少损失的考虑，望国税局、外汇管理局协助对于其余正确报关的货物给予正常退税核销。因食品进出口公司代理报关时，未按照安喀斯公司提供的报关货物明细报关，导致出口报关单据货物明细错误，致使安喀斯公司因无法正常退税而遭受各项损失，安喀斯公司起诉食品进出口公司、新景程公司要求货运代理赔偿。

原告安喀斯公司诉称，2010 年 7 月 9 日的《情况说明》是食品进出口公司的真实意思表示，其应当承担相应责任。安喀斯公司提供的数据是正确的，事实是食品进出口公司在填制报关单时发生错误，所以食品进出口公司要承担民事赔偿责任。

被告食品进出口公司辩称，《情况说明》并非被告真实意思表示，而是应安喀斯公司及新景程公司请求为其工作失误给予帮助的协助行为。新景程公司实际是安喀斯公司的货运代理人。食品进出口公司认为系争报关单上的内容并无出错，而是运单上的内容出错，系争集装箱中含有原报关单中的货品。据此，请求驳回原告安喀斯公司的诉讼请求。

【裁判与处理】

一审法院审理后认为，被告作为涉案国际货物运输代理公司，因错误报关，导致原告多交税款，被告应承担相应的赔偿责任。判决如下：

一、食品进出口公司向安喀斯公司赔偿出口退税损失 36 423.08 元及利息损失；

二、食品进出口公司向安喀斯公司赔偿多缴增值税款共计 47 582.43 元和利息损失；

三、食品进出口公司向安喀斯公司赔偿多缴的企业所得税 10 902.03 元。

被告食品进出口公司不服，上诉到二审法院，二审法院判决：驳回上诉，维持原判。

（案例来源：上海市第二中级人民法院民事判决书（2012）沪二中民四（商）终字第 494 号）

【案例评析与法理分析】

一、关于国际货运代理合同法律关系的认定

对于安喀斯公司、食品进出口公司之间是否存在货运代理合同法律关系的

问题，食品进出口公司称其出具《情况说明》是因安喀斯公司自认单据操作失误，要求食品进出口公司按照安喀斯公司要求出具的证明材料，并不能代表食品进出口公司的意见。对此，安喀斯公司予以否认，而食品进出口公司对其解释亦未提供相应证据，故可以认定该《情况说明》是食品进出口公司的真实意思表示。《情况说明》中明确载明由安喀斯公司委托其发运一批货物，同时称“委托方与承托方之间没有及时进行相互沟通，造成报关所用数据提供不符”，这些足以说明食品进出口公司亦认可双方存在货运代理合同法律关系。安喀斯公司选择食品进出口公司发展业务，通过新景程公司转递之前留存材料的行为并不构成货运代理关系。食品进出口公司对其与安喀斯公司之间的货代基础法律关系予以否认，且并未提供合理有效证据予以证明，法院不予支持。所以，安喀斯公司、食品进出口公司之间货运代理合同法律关系依法成立，双方均应恪守履行义务。

二、关于因报关单制作错误的民事责任主体问题

报关单制作错误致安喀斯公司遭受损失，是否应由食品进出口公司承担赔偿责任的问题。食品进出口公司出具的《情况说明》中，列明食品进出口公司报关货物明细栏后，又载明安喀斯公司“提供合同、发票、装箱单正确的报关货物明细”，最后还称，除以上货物外，其余货物皆按照安喀斯公司提供的数据报关无误，并对其由此为安喀斯公司造成的损失表示抱歉等。从这些表述中可见，因食品进出口公司系长期从事进出口代理业务的单位，其对于出具《情况说明》可能产生的后果完全具有可预见性，然基于此，食品进出口公司仍出具了《情况说明》，足见其认可自身的过错。食品进出口公司并未提及过有其他责任主体存在，实际上已承认其就本案所涉货物报关数据错误问题上存在责任。而食品进出口公司辩称的安喀斯公司与新景程公司均存在过错，资料为新景程公司所填写，均无证据予以佐证。如果载有错误数据的报关单为安喀斯公司或新景程公司填写，该《情况说明》中则不会特意载明安喀斯公司提供“正确”的货物明细。如果安喀斯公司通过新景程公司递交给食品进出口公司的报关材料原本就存在错误，食品进出口公司就不可能制做出正确数据的运单。食品进出口公司认为存在不同合同的可能，但无法对其制做出了与报关单有相同集装箱号却货物明细数据不同的运单给出合理解释。食品进出口公司对安喀斯公司涉诉该笔交易真实性提出怀疑，但并无证据予以证明。故造成本案所涉货物报关数据错误，责任在于食品进出口公司，食品进出口公司应对因报关数据错误给安喀斯公司造成的损失予以赔偿。所以综合上述情况，法院确认本案系争报关单填制的过错在于食品进出口公司是正确的。

三、国际货运代理的法律风险控制

从国际货运代理的法律地位来看，我国法律规定，国际货运代理企业既可以作为进出口货物收货人的代理人，也可作为独立经营人从事货运代理业务。由此可见，国际货运代理公司的法律地位可分两类：第一类是指作为代理人的法律地位，第二类是指作为当事人的法律地位。货代所处的法律地位不同，其所承担的法律责任也就有着巨大的差异。简言之，当货代公司作为“纯正代理人”的角色，所担法律风险较小；作为“当事人”的角色，所担法律风险非常大。

货代公司在揽货过程中，到底是“纯正代理人”还是“当事人”呢？司法实践中，通常根据以下几个方面来综合考量。

（一）货代开展业务时使用的名义

根据我国《合同法》与《民法通则》中关于代理的规定，货代公司在办理业务时使用的名义不同，会对其法律地位认定造成影响。

1. 货代公司以委托人的名义，为委托人办理业务。当货代以客户的名义开展业务时，为代理人，其只能在委托人的授权范围内实施法律行为，其后果归属于客户。

2. 货代公司以自己的名义，为委托人办理业务。在这种情况下，货代公司有可能处于两种不同的法律地位，即货代可能是纯正代理人，也可能是当事人，要依情况判定：

（1）托运人与货代订立的是委托合同。在此，还需要考虑这里根据货代在与第三人交易时是否披露自己作为受托人的身份，又可分为：① 货代以自己名义办理货运，但表明代理人身份。此时只要货代公开自己的法律地位，无论是否披露委托人，均可构成代理关系，其法律地位仍是代理人。② 货代以自己名义办理货运，但不表明代理人身份。

（2）托运人与货代订立的是运输合同。此时，货代是这两个“背对背”合同中的当事人，如果发生纠纷首先要确定争议存在于哪一个合同中，再确定货代的角色与责任。

（二）货运代理是否签发了自己的全程运输单证

货代公司如果签发了自己的提单，会被认为是当事人。

（三）在收取报酬方面，是收佣金还是赚取运费差价

如果货代公司报自己的运价而不向客户说明其费用的使用情况，那么货代公司被认定为当事人，承担承运人责任。

（四）货运代理与客户以前的交易情况

实践中，有些客户与货代有长期合作关系，如果货代公司一直是当事人身份，那么当某一次交易中处于代理人法律地位时，出于保护第三人的信赖利益，法院将倾向于认定其是当事人。这时，货代就应当举证证明自己的代理人身份。这可成为法院在具体案件中判断货代公司是纯正代理人还是当事人的考虑因素。

（五）依据货代公司实施行为的标准

货代公司的义务只是遵守被代理人的指示，忠实和合理谨慎的选择承运人，辅助安排运输。货代一旦参与货运，则会被视为运输的当事人。货代从事仓储、包装业务；或使用自己的交通工具运送货物；或对不同货主的货物的拼箱、集运，都可能被认定为承运人，承担货损货差及延迟交货的责任。具体案件中，货代公司到底是“纯正代理人”还是“契约当事人”呢？司法实践中，合同约定、提单内容和货代具体业务活动内容往往被法官视为实质性认定标准，同时也是原告律师和被告律师辩论的焦点。而其他因素则被定性为辅助因素予以考虑。

案例九

王艺峰诉河南省顺丰速运有限公司运输合同纠纷一案

【案例提示】

本案是一起快递运输合同货损的纠纷。《邮政法》自2009年10月1日正式实施，经2012年修订，涉及快递运输合同货损的民事责任适用有关民事法律的立法精神。快递运输公司提供的快递单一般都会载明的“在托寄物派送过程中，如因本公司的疏忽导致出现托寄物被盗、遗失或破损等情况，本公司将赔偿被盗、遗失或破损托寄物实际价值，但赔偿金额最高不得超过托寄物运费的3倍”，因该条款系由快递运输公司预先印制，且实际上免除或减轻了承运人因运输过程中因其自身的重大过失造成托运人财产损失的民事赔偿责任，从而加重了托运人的义务，排除了托运人的主要权利，应当认定为无效条款。根据《中华人民共和国合同法》第39条、第40条关于格式条款效力的规定，《中华人民共和国合同法》第53条规定，因故意或重大过失造成对方财产损失的免责条款无效。快递运输公司的责任条款系无效条款，不得作为快递公司的免责条款。如果托运人选择了保价，快递运输公司按照保价金额赔偿。没有保价，快递运输公司按照实际损失赔偿，赔偿额的计算，可以依照《中华人民共和国合同法》第312条的规定，应当按照交付时货物到达地的市场价格计算。本案托运人选择了保价运输，快递运输公司应当按照保价金额赔偿货损。

【案情介绍】

原告：王艺峰，男，1980年生。

被告：河南省顺丰速运有限公司。

案由：运输合同纠纷

2010年初，原告王艺峰将该摄影设备（包括柯达 dos pro back 645 数码后背、相机机身、两个玛米亚镜头）以2.4万元的价格卖给浙江省义乌市人金旭丹。2010年1月28日，原告王艺峰委托被告顺丰公司将涉案摄影设备运送至浙江省义乌市人金旭丹，并填写了运单。原告王艺峰在运单中注明涉案摄影设备声明价值为2万元，并选择了保价，支付保价费用100元，运费44元。在运单背面的《快件运单契约条款》载明：寄件人须保证托寄物价值不高于2万元，托寄时本公司无审核托寄物品的实际价值的义务；若因本公司的原因造成托寄物毁损、灭失的，本公司将免除本次运费，若寄件人未选择保价，则本公司对月结客户在不超过运费九倍的限额内，非月结客户在不超过运费七倍的限额内赔偿托寄物损失的实际价值，若寄件人已选择保价，则本公司按托寄物的声明价值和损失比例赔偿，托寄物的声明价值高于实际价值的，按实际价值赔偿。被告在运输时，造成原告的摄影设备严重损坏。原告起诉要求赔偿。

原告王艺峰诉称，原告王艺峰与被告顺丰公司约定，由被告将原告的摄影设备和相关附件从河南省郑州市运输至浙江省义乌市，运费44元，原告选择了保价，声明价值为2万元，保价费用100元，所运输的货物实际价值为24 000元。由于被告原因，将原告托运的货物摔成两截，导致柯达 DCS pro back645M 数码后背的核心部件 ccd 成像模块摔碎无法使用，以至于货物到目的地后买主拒绝接受被退回。请求法院依法判令：被告赔偿原告货物损失24 000元；被告返还原告运输费和报价费用144元；诉讼费用由被告承担。

被告顺丰公司辩称，原、被告确实存在运输合同关系。运单签署后，考虑到相机及其配件为易碎品，顺丰公司只同意走陆运方式，由于原告王艺峰仅使用普通塑料纸作为内包装，顺丰公司认为不足以保护托寄物品安全，而免费提供外包装箱予以包裹并张贴“易碎”标志。顺丰公司及时履行了收件和派送义务，外包装完好无损，收件客户拆开包装后发现柯达数码后背玻璃破损，随即拒收。因原告拒领退回的托寄物品，目前该物品由顺丰公司保管。顺丰公司于3月份将柯达数码后背送至郑州市金水区瑞欣电子经营部进行维修，维修报价为500元，因原告王艺峰不同意维修，顺丰公司交纳20元定金的同时将维修物取回。请求法院驳回原告王艺峰的诉讼请求。

【裁判与处理】

河南省郑州市高新技术产业开发区人民法院经审理认为，涉案摄影设备系专业摄影设备，对核心部件柯达相机 dcs pro back645M 数码后背有较高的技术要求，现该数码后背无原厂配件，本院认定涉案摄影设备属于全部毁损，被告顺丰公司应当按照保价额进行赔偿。原告王艺峰在运单中声明价值为2万元，并交纳了100元保价费，故被告顺丰公司应当赔偿原告王艺峰2万元。原告要求被告赔偿原告货物损失24 000元，本院予以部分支持。因被告顺丰公司已按保价额赔偿原告，故涉案摄影设备（包括柯达 dos pro back 645 数码后背、相机机身、两个玛米亚镜头）的所有权归被告顺丰公司所有。关于原告要求被告返还原告运输费和保价费用144元的诉讼请求，本院认为，在《快件运单契约条款》约定，若因本公司的原因造成托寄物毁损、灭失的，本公司将免除本次运费。故原告要求被告返还运费44元，本院予以支持。但原告要求被告返还保价费100元，合同未约定，也无相关法律依据，本院不予支持。依照《中华人民共和国合同法》第60条、第114条、第331条，《中华人民共和国民事诉讼法》第64条第1款之规定，判决如下：

一、被告河南省顺丰速运有限公司于本判决生效之日起10日内支付原告王艺峰货物损失2万元。

二、被告河南省顺丰速运有限公司于本判决生效之日起10日内返还原告王艺峰运费44元。

三、驳回原告王艺峰的其他诉讼请求。

（案例来源：河南省郑州市高新技术产业开发区人民法院民事判决书2010郑高新区民初字第206号）

【案例评析与法理分析】

一、关于保价快递的民事赔偿问题

原告王艺峰委托被告顺丰公司托运物品并填写运单，被告顺丰公司予以接受，双方成立运输合同关系，该合同系原、被告双方真实意思表示，内容不违反法律、行政法规的强制性规定，应为有效合同。原告王艺峰向被告顺丰公司交纳了运费，被告顺丰公司应当安全及时地将托寄物品送至目的地，但被告顺丰公司在托寄过程中，将原告托运物品损坏，应当予以赔偿。根据《邮政法》第47条的规定，邮政企业对给据邮件的损失依照下列规定赔偿：保价的给据邮件丢失或者全部损毁的，按照保价额赔偿；部分损毁或者内件短少的，按照保价额与邮件全部价值的比例对邮件的实际损失予以赔偿。800 820 5528柯达技术服务中心电话接线员称柯达相机dcs pro back645M数码后背，现已停产，国内无配件。涉案摄影设备系专业摄影设备，对核心部件柯达相机dcs pro back 645M数码后背有较高的技术要求，现该数码后背无原厂配件，本院认定涉案摄影设备属于全部毁损，被告顺丰公司应当按照保价额进行赔偿。原告王艺峰在运单中声明价值为2万元，并交纳了100元保价费，故被告顺丰公司应当赔偿原告王艺峰2万元。因被告顺丰公司已按保价额赔偿原告，故涉案摄影设备（包括柯达dos pro back 645数码后背、相机机身、两个玛米亚镜头）的所有权归被告顺丰公司所有。关于原告要求被告返还原告运输费和保价费用144元的诉讼请求，在《快件运单契约条款》中约定，若因本公司的原因造成托寄物毁损、灭失的，本公司将免除本次运费。故原告要求被告返还运费44元，法院予以支持。但原告要求被告返还保价费100元，合同未约定，也无相关法律依据，本院不予支持。

二、关于货损价值的判断

被告顺丰公司辩称，其于3月份将柯达数码后背送至郑州市金水区瑞欣电子经营部进行维修，维修报价为500元，因原告王艺峰不同意维修，顺丰公司交纳20元定金的同时将维修物取回。法院认为，涉案设备系专用摄影设备，对相关零部件有较高的技术要求，应当以生产厂家柯达公司技术服务中心的回答为准，本院依此确认，因无原厂配件，涉案数码后背无法通过维修达到原技术水准。法院对被告顺丰公司的该项辩称不予采信是正确的。

三、快递运输货损的诉讼时效

我国《邮政法》仅规定一年的特殊诉讼时效适用于邮政企业，并不适用于快递企业，而《快递服务行业标准》无权就诉讼时效做出规定，因此快递运输货损的诉讼时效应适用于《民法通则》关于两年诉讼时效的规定。

第四章

其他物流环节（行为）法律制度

本章导读

物流其他环节（行为）法律制度除了货物运输法律制度之外，还有仓储与保管法律制度，流通加工法律制度，配送法律制度，货物装卸与搬运法律制度，货物包装法律制度，货物买卖与电子商务制度等。

本章案例主要围绕仓储合同中保管人的权利义务、仓单的法律性质，流通加工承揽合同法律规则，货物配送合同法律规则，货物装卸与搬运法律规则和港口作业合同，物流包装合同法律规则，货物买卖与电子商务合同法律规则。

通过本章案例，能够使读者学习和了解不同物流环节的法律法规，仓储与保管、涉外仓储法律制度主要有《合同法》第19章“保管合同”和第20章“仓储合同”、《海关法》《海关对保税仓库及所存货物的管理规定》《海关对出口监管仓库及所存货物的管理办法》。流通加工法律制度主要是《合同法》第15章“承揽合同”。货物搬运配送环节法律规范有《港口货物作业规则》《铁路装卸作业安全技术管理规则》等。物流包装环节法律规范主要体现在对包装标准的规定中，例如《危险货物运输包装通用技术条件》《一般货物运输包装通用技术条件》。物流活动中电子商务方面的法律规范有《电子签名法》《计算机信息系统安全保护条例》《计算机软件保护条例》等。

案例一

上海孟利实业有限公司与上海顿高物流发展有限公司仓储合同纠纷案

【案例提示】

本案是一起物流仓储的货损赔偿案。仓储是物流业的重要内容，仓储保管和装卸搬运成本约占物流总成本的25%，同时也是最容易发生法律纠纷的物流环节。与货物运输不同，仓储保管主要发生在物流网络的节点处。在货物整个物流过程中，仓储保管通常占相当长的时间，因此需要对货物进行保管养护、适当的进出库管理和仓库管理等，以防止出现交接差错、货物短少和货物变质等现象。不同物流企业参与仓储活动的方式不同，在司法实践中认定的法律地位不同。如仓储营业人仅仅为客户提供仓储服务，双方签订的合同是仓储合同，双方之间是仓储合同法律关系。如有的企业为客户提供包括仓储在内的综合物流服务，还有运输或者配送业务等，这类企业一般为综合性物流企业，双方签订的是物流服务合同法律关系。

【案情介绍】

上诉人（原审被告）：上海孟利实业有限公司。

被上诉人（原审原告）：上海顿高物流发展有限公司。

案由：仓储合同纠纷

2009年7月7日，被上诉人与上诉人下属上海孟利实业有限公司虹高仓储分公司（以下简称虹高仓储分公司）就上诉人委托虹高仓储分公司操作进出口货物仓储、拆换箱、贴换唛等业务签订仓储协议书一份，约定：被上诉人不限制虹高仓储分公司的仓库选址，由虹高仓储分公司负责被上诉人货物在仓库的安全问题，若因仓库工作人员操作不当或者管理不善，导致货物在仓库发生缺损现象，由虹高仓储分公司承担连带责任，因不可抗拒因素造成的损失不予以承担；货物必须放在托盘上，避免雨淋、潮湿、日晒，仓库必须整洁；在虹高仓储分公司保证上述仓储条件的前提下，被上诉人只根据本协议直接跟虹高仓储分公司核对货物并确认费用等，虹高仓储分公司跟仓库发生任何问题，由虹高仓储分公司自行承担，与被上诉人无关；被上诉人将货物送入虹高仓储分公司指定的仓库，如发生货物遗失，包装损坏，或由于不含被上诉人规定的仓储条件而导致货物变质，由虹高仓储分公司照原货值的100%赔偿。

协议书签订后，被上诉人于2009年9月将其客户南京恒润宏苏贸易有限公司的1350箱工业盐交由虹高仓储分公司存储。

2010年5月25日，虹高仓储分公司向被上诉人出具情况说明一份，内容为“我司于去年9月收到上海顿高物流发展有限公司送来的工业盐1350箱货物，根据客户需求，后来陆续出货5次，数据分别为300箱、100箱、125箱、80箱、500箱，故剩余库存应为245箱，由于公司在最后一次装箱过程中（2010年5月20日），将500箱一个大箱装成528箱一个大箱，提单号SHSM××××××00，目的港TORONTO，开船日期2010年5月25日，船名HANJINOSLO，船次0091E，我司现承诺此次装箱中工业盐一共装了528箱，比客户要求数据多装28箱，现请上海顿高物流发展有限公司在目的港收货中配合出具理货清单”。

另外，南京恒润宏苏贸易有限公司于2011年向上海市虹口区人民法院起诉被上诉人，以被上诉人保管不当致使其28箱工业盐灭失为由要求被上诉人赔偿货物损失76 160元及利息，法院支持南京恒润宏苏贸易有限公司诉讼主张。该案案号为（2011）虹民二（商）初字第677号。2011年11月，被上诉人通过银行转账方式已将76 160元损失和852元案件受理费支付南京恒润宏苏贸易有限公司。被上诉人认为上述经济损失系因上诉人的疏忽造成的，应当由上诉人赔偿，故诉至原审法院，请求判令上诉人赔偿损失77 012元。

被上诉人上海顿高物流发展有限公司一审诉称：本案系争的28箱货物存放在上诉人处，上诉人没有证据证明是因货物多发，或者因为被上诉人的原因造成货物灭失，故上诉人应对28箱货物灭失的损失承担责任。被上诉人在接到上诉人的通知后，已及时将信息转告给南京恒润宏苏贸易有限公司，南京恒润宏苏贸易有限公司在另案诉讼中已明确陈述该批货物没有理货单。被上诉人在整个过程中，已及时采取措施，避免损失的扩大。所以请求上诉人赔偿损失。

上诉人上海孟利实业有限公司一审辩称：在国内外物流行业，因各种原因造成货物误发、短缺、满溢、损毁等情况无法避免，相关的各方主体均有义务配合查明原因，及时妥善处理，将损失降到最低程度。本案中，上诉人及时查明货物发生满溢的情形并通知被上诉人，同时要求被上诉人作为国际货运代理人应尽到配合理货的义务，以妥善处置满溢货物。由于被上诉人的过错，没有取得目的港的理货凭证，无法证明28箱货物去向不明而发生损失的事实。本案中，上诉人因疏忽多发了28箱货物，属于合同履行过程中的瑕疵，其可就目的港理货费和满溢28箱货物的处置费用承担责任。对于因被上诉人严重过失或疏忽大意造成的扩大损失，上诉人不应当承担责任。上诉人请求驳回被上诉人的诉讼请求。

【裁判与处理】

一审法院认为，上海顿高物流发展有限公司与虹高仓储分公司签订的仓储协议书为双方真实意思表示，内容合法有效，法院对此予以确认。根据合同约定，如发生货物遗失、包装损坏或由于不合原告规定的仓储条件而导致货物变质，由上海孟利实业有限公司照原货值的100%赔偿。现因上海孟利实业有限公司原因致28箱货物去向不明，理应按照合同约定赔偿损失。因货物去向不明致上海顿高物流发展有限公司客户在另案中诉讼，上海顿高物流发展有限公司为此承担了货物损失76 160元及案件受理费852元，上述经济损失系因上海孟利实业有限公司而造成，故法院支持上海顿高物流发展有限公司诉讼主张。依照《中华人民共和国合同法》第394条第1款、《中华人民共和国公司法》第14条第1款及《中华人民共和国民事诉讼法》第128条的规定，做出如下判决：上海孟利实业有限公司于判决生效之日起十日内赔偿上海顿高物流发展有限公司损失77 012元。案件受理费1725元减半收取为862.50元，由上海孟利实业有限公司负担。

上海孟利实业有限公司不服一审，上诉到二审法院，二审法院审理后，判决：驳回上诉，维持原判。

（案例来源：上海市第二中级人民法院民事判决书（2012）沪二中民四（商）终字第52号）

【案例评析与法理分析】

一、关于对仓储货物损失认定的问题

仓储合同是保管人储存存货人交付的仓储物，存货人支付仓储费，保管人签发仓单，负责凭仓单发货的保管合同。仓储合同突出的重要性在于存放货物的占有权从货物交付时发生转移，即占有权从所有权人处转移至仓储保管人，即使是所有权人提货仍需凭保管人签发的仓单。租赁合同是出租人将租赁物交付给承租人占有、使用、收益，承租人支付租金的合同。结合本案，被上诉人与虹高仓储分公司签订的《仓储协议书》合法有效，对双方当事人均有法律约束力。《仓储协议书》签订后，被上诉人将其客户南京恒润宏苏贸易有限公司的1350箱工业盐交由虹高仓储分公司存储，在陆续出货后，最终有28箱去向不明。按照我国《合同法》第394条第1款之规定“储存期间，因保管人保管不善造成仓储物毁损、灭失的，保管人应当承担损害赔偿责任。”存货人上海顿高物流发展有限公司的28箱工业盐去向不明，上海孟利实业有限公司作为保管人应承担民事赔偿责任。同时，根据最高人民法院《关于民事诉讼证据的若干规定》第5条第1款规定“在合同纠纷案件中，主张合同关系成立并生效的一方当事人对合同订立和生效事实承担举证责任；主张合同关系变更、解除、终止、撤销的一方当事人对引起合同关系变动的事实承担举证责任。”本案中，上诉人称其在2010年5月20日装箱出口过程中，将500箱错发成528箱，但就其提供的证据看，《虹高仓储装脚单》为上诉人单方制作的凭证，没有被上诉人或者第三方的签字，而且装箱后上诉人直至5月25日才向被上诉人发出《情况说明》，上诉人仅凭现有证据不足以证明28箱工业盐去向不明与其所称错装事实之间存在必然的因果关系。从货物的流转环节看，被上诉人并未直接经手工业盐的装运工作。在收到上诉人的《情况说明》后，被上诉人已及时履行通知义务，将相关信息转告给货主南京恒润宏苏贸易有限公司，而目的港相关方没有配合出具理货单的责任也不能归咎于被上诉人。本案中，上诉人主张多装了28箱，但在诉讼中未提供有效书面证据予以证实，故其主张不能成立。据此，被上诉人对该28箱工业盐的去向不明不存在过错。按照《仓储协议书》的约定，发生货物遗失的后果，应由上诉人照原货值的100%赔偿。在本案诉讼之前，被上诉人也因28箱工业盐的去向不明涉讼，并向南京恒润宏苏贸易有限公司支付了赔偿款。所以法院支持被上诉人的货损主张是正确的。

二、关于分公司法律地位的认定

上海顿高物流发展有限公司与虹高仓储分公司签订的《仓储协议书》合法有效。按照我国《公司法》的有关规定，有限责任公司设立的分公司不具有企业法人资格，其民事责任由该有限责任公司承担，故虹高仓储分公司的民事责任应由上海孟利实业有限公司承担。在司法实践中，仓储合同的主体具有一定的特殊性，仓储保管人必须具有仓储营业的资格，具备仓储营业所需的场所及仓储设备且具备专业从事仓储服务业务的人员。

案例二

青岛新云利机械有限公司诉合肥海尔物流有限公司承揽合同纠纷案

【案例提示】

本案是一起关于流通加工的纠纷案，由于法院案由和物流环节的不衔接，在物流加工过程中发生法律纠纷，案由是“承揽合同纠纷”；在物流配送过程中发生法律纠纷，案由是“运输合同纠纷”。流通加工是物品在生产地到使用地的过程中，根据需要施加包装、分割、计量、分拣、刷标志、拴标签、组装等简单作业的总称。流通加工是在流通中进行加工，是现代物流企业提供的一项增值服务。流通加工的法律制度是《合同法》关于加工承揽合同的具体规定，也涉及《产品质量法》的相关规定。

【案情介绍】

原告：青岛新云利机械有限公司（以下简称：青岛机械公司）。

被告：合肥海尔物流有限公司（以下简称：海尔物流公司）。

案由：加工承揽合同纠纷

2005 年 9 月，被告（采购方，甲方）为海尔集团内各生产公司关于生产用零部件、原材料的指定供应商，依据原告（供货方，乙方）提交的各项资料，审查认定原告具有向被告供货的资格，与原告在平等自愿的基础上，为建立长期合作关系签订《基本供货合同》。约定乙方（原告）具体供货的品名、产品型号、数量等以甲方（被告）的订单为准。甲方每天通过 B2B 网络或者其他书面形式下达采购需求计划与采购单。甲方下达的订单具有法律效力，乙方应在 12 小时内或甲方订单要求的期限内确认或反馈意见，超期未确认或未反馈视同接收甲方订单，具体合同生效，无正当理由乙方不得拒绝接受订单。乙方根据甲方下达的订单从网上下载送货单，并按订单规定数量、时间进行 JIT 准时送货。结算：当月的供货，乙方应于货物正式验收合格后 10 个工作日内向甲方提交合格发票、甲方验收合格单及双方约定的其他材料以便甲方及时完成财务入账手续。结算数量以送货单双方确认的数量为准。合同第 5.5 条约定付款方式：乙方供货后，甲方自货物检验合格、发票入账后 90 天内支付相应货款。但乙方有义务在付款日前 15 天再次向甲方确认账号并提示甲方付款，乙方未履行此义务，则甲方付款时间可相应顺延一个月。合同第 5.6 条约定风险抵押金：乙方开始供货后，乙方同意将不低于正常供货三个月货款作为风险抵押金，当乙方货款不足以支付违约金、赔偿损失，不足部分由抵押金补足，抵押金不足部分从后续货款中优先补足，并一直保持在双方约定的金额之上。双方解除业务关系后，风险抵押金用于支付乙方因质量不良或其他原因而造成的赔偿，抵押金余额在乙方停止供货并向甲方申请办理《清户审批表》后并得到甲方同意后的 18 个月后退还乙方。合同第 18 条对风险抵押金数额未作约定。但该条约定了不应与第 5.6 条约定相冲突，如低于 5.6 条约定的余额，则 5.6 条自动适用。合同第 9 条约定了合同变更与解除的条件：1. 甲方变更、解除权约定，出现下述情况后，本合同可以变更或解除：甲方在经营困难时，可与乙方协商解除合同；乙方交付的任何一批货物的不合格率达到当批供货量的百分之一时，甲方有权解除合同；乙方无正当理由拒绝接受订单或不能按照订单供货时，甲方有权解除合同；乙方报价与真实价格严重不符或者其他商业欺诈行为时，甲方有权解除合同；乙方不从事正当交易行为，甲方有权解除合同；如乙方违反有关法律规定或合同约定，甲方有权变更或解除合同，乙方应赔偿因此而给甲方造成的损失；除以上约定外，乙方同意甲方有权以书面形式通知乙方变更或解除合同或双方签订的其他合同、协议，本合同自甲方发出通知之日起 30 天后变更或解除。2. 乙方解除权约定：若乙方解除本合同，应在提前三个月书面通知甲方，经协商同意后，清理完毕债权债务，并以书面形式解除本合同，乙方应归还甲方的技术信息资料及其他财产。合同第 10.13 条约定了逾期付款的违约责任：如甲方无正当理由逾期付款，乙方有权要求甲方按照当时有效的中国人民银行公布的存款利率赔偿乙方损失。

上述合同签订后，原告根据被告的订单陆续向被告送货。2008 年 7 月 30 日，经双方对账确认被告欠原告货款 5 375 831.59 元。原告起诉被告要求返还货款。

原告青岛机械公司诉称，原告与被告签订《基本供货合同》，由原告按照被告下达的订单生产零部件。原告依约履行了被告下达的订单，但被告并未履行付款义务。故请求法院依法判令被告支付欠款及承担本案诉讼费用。

被告海尔物流公司辩称，根据双方确认的对账单显示，原告起诉的货款金额不对。原告的利息从 2005 年计算到起诉之日有 5 年之久，对利息部分的主张大部分超过诉讼时效，即使被告存在拖欠货款的行为，也应当是存款利率而非贷款利率。根据双方合同第 5.6 条的风险约定，欠款 5 375 831 元中的 5 177 433 元为三个月的平均供货额，应作为风险抵押金，因双方业务没有结束，不应退还，且该款项在 18 个月之内不应计算利息。

【裁判与处理】

一审法院审理后认为，原、被告双方对 5 375 831. 59 元货款无异议，货款中的 5 177 433 元风险抵押金已失去存在的依据，不应扣除，被告应返还原告 5 375 831. 59 元货款，并根据合同约定按同期银行存款利率计付自应当付款之日的利息损失。根据《中华人民共和国合同法》第 8 条、第 60 条、第 107 条、第 114 条第 1 款之规定，判决如下：

一、被告海尔物流公司支付原告青岛机械公司货款 5 375 831. 59 元及相应利息；

二、驳回原告青岛新云利机械有限公司的其他诉讼请求。

（案例来源：山东省青岛市中级人民法院民事判决书（2010）青民二商初字第 34 号）

【案例评析与法理分析】

一、关于被告主张风险抵押金是否成立的问题

原、被告双方签订基本供货合同，是双方的真实意思表示，当事人应当按照合同的约定履行自己的义务。在基本供货合同的第 5. 6 条特别约定了风险抵押金，并约定了以不低于正常供货三个月的货款作为风险抵押金。被告主张的风险抵押金 5 177 433 元，结合本案，从合同本意看，被告（甲方）正是通过风险抵押金条款约束对方严格履行合同，以实现自己的权利。被告主张按 41 个月的正常供货额，风险抵押金应为 5 177 433 元。原告对被告主张的风险抵押金数额虽有异议，但无证据证明。对被告主张的风险抵押金数额，法院予以支持。

根据合同约定，风险抵押金必须是正常供货情况下三个月的供货额，即风险抵押金存在的前提是正常供货，现双方均承认自 2008 年 9 月后再无供货，在供货不正常的情况下，被告将三个月的供货额作为风险抵押金的约定已不成立。退一步讲，风险抵押金实际上就是被告为了控制原告履行合同的风险而设立的，双方自 2008 年 9 月至原告 2010 年 7 月 8 日起诉以来，停止供货已超过 18 个月，被告从未主张过供货存在质量、数量等问题，被告也没有证据证明原告有违约行为。在此情况下，供货的风险已不存在，风险抵押金作为支付供货违约金、赔偿金的使命已经完成，风险抵押金亦失去存在的依据。所以，法院判决被告返还风险抵押金是正确的。

二、关于利率计算是否超过诉讼时效的问题

被告辩称，从 2005 年发生供货业务至今，大部分欠款远超过两年的诉讼

时效，对超过诉讼时效部分不应支付利息。风险抵押金部分计算利率的时间是否应排除约定的 18 个月？法院认为，原告对被告的供货是一个连续的过程，从原告 2008 年 10 月 21 开具增值税发票至 2010 年 7 月 8 日起诉之日，并未超过两年的诉讼时效。故，被告关于主债权超过诉讼时效而不应支付利息的诉由不能成立。

根据合同约定，供货终止后，风险抵押金在得到被告同意的 18 个月后退还给原告。所以，货款中作为风险抵押金部分在供货终止 18 个月内不应计算利息。扣除风险抵押金后的货款 198 398. 59 元（5 375 831. 59 − 5 177 433 = 198 398. 59）应按合同约定支付利息。因双方合同约定自被告（甲方）发票入账后 90 天内支付相应货款，原告开具最后一次增值税发票的时间为 2008 年 10 月 21 日，入账时间是 2008 年 10 月 25 日，故作为风险抵押金的欠款 5 177 433 元应从 2010 年 7 月 26 日起（扣除风险抵押约定的 18 个月 + 入账后 90 天内付款的约定）计算利息；其余欠款 198 398. 59 元应从 2009 年 1 月 26 日起（入账后 90 天）计算利息。

三、关于计算损失方法的问题

原告主张，应以 5 375 831. 59 元为基数，按同期银行贷款利率赔偿损失，共计为 991 645. 33 元。被告主张依据合同约定，以当时有效的中国人民银行公布的存款利率赔偿乙方损失。法院认为，当事人可以约定一方违约时应当根据违约情况向对方支付一定数额的违约金，也可以约定因违约而产生的损失赔偿额的计算方法。双方在供货合同的第 10. 13 条约定，“逾期付款的违约责任：如甲方（被告）无正当理由逾期付款，乙方（原告）有权要求甲方（被告）按当时有效的中国人民银行公布的存款利率赔偿乙方（原告）的损失。”本条款系对因一方违约产生的损失赔偿额的计算方法的约定，是当事人的真实意思表示，应予支持。对本案返还 5 375 831. 59 元货款，原告主张以贷款利率赔偿损失的主张，因违反合同约定，法院不予支持。

在司法实践中，流通加工适用《合同法》“承揽合同”的规定。我国《合同法》第 251 条第 1 款对承揽合同所下定义为：“承揽合同是承揽人按照定作人的要求完成工作，交付工作成果，定作人给付报酬的合同。”在承揽合同中，完成工作并交付工作成果的一方为承揽人；接受工作成果并支付报酬的一方称为定作人。承揽合同最大的法律特征是以完成一定的工作并交付工作成果为标的。承揽合同是为了满足定作人的特殊要求而订立的，因而定作人对工作质量、数量、规格、形状等的要求使承揽标的物特定化，使它同市场上的物品有所区别，以满足定作人的特殊需要。在承揽合同中，承揽人必须按照定作人的要求完成一定的工作，但定作人的目的不是工作过程，而是工作成果，这是与单纯的提供劳务的合同的不同之处。按照承揽合同所要完成的工作成果可以是体力劳动成果，也可以是脑力劳动成果；既可以是物，也可以是其他财产。这是解决流通加工纠纷的重要出发点。

案例三

福建顶益食品有限公司诉中远集装箱运输有限公司、广州集装箱码头有限公司海上货物运输合同货损赔偿纠纷案

【案例提示】

本案是一起海上货物运输合同货损赔偿案。货损赔偿由承运人中远集装箱运输有限公司承担，还是由搬运和装卸经营者广州集装箱码头有限公司承担，这是本案的审判焦点，法律依据有《海商法》和《国际贸易运输港站经营人赔偿责任公约》。在物流实践中，货物的搬运和装卸是由承运人还是托运人承担，一般在货物运输合同中约定。承运人或者托运人承担货物的搬运和装卸，委托贸易运输港站经营人、搬运和装卸经营者进行搬运和装卸作业的，应当签订货物搬运和装卸合同。

【案情介绍】

原告：福建顶益食品有限公司。

被告：中远集装箱运输有限公司（以下简称中远公司）。

被告：广州集装箱码头有限公司（以下简称广州集装箱公司）。

案由：海上货物运输合同货损赔偿纠纷

2001 年 9 月 11 日，西帕公司与顶益（BVI）国际有限公司签订《买卖合同》约定，西帕公司向顶益（BVI）国际有限公司出卖 1 台一步法制瓶机（型号：ECS FX20/80HF）及相关设备，价格条件为 CIF 黄埔。2002 年 3 月 23 日，西帕公司将 1 台一步法制瓶机交由中远公司承运。中远公司签发了 COSU92423790 号提单。该提单记载：托运人为西帕公司，收货人为原告，通知人为广州顶益食品有限公司；货物为 7 个 40 英尺集装箱和 2 个 20 英尺集装箱装的第 11 号 ECS FX20/80HF 一步法制瓶机，重 127 021 公斤，承运船舶“皇后天空”轮，装货港为意大利热那亚，目的港为新加坡，从集装箱堆场到集装箱堆场。该提单的法律适用条款记载该提单适用中华人民共和国法律。提

单签发后，西帕公司致函中远公司将目的港变更为广州黄埔港。

2002 年 4 月 16 日，上述货物运抵广州黄埔港。中远公司委托广州集装箱公司为其安排靠泊、装卸及其他有关作业。同日，广州集装箱公司在吊卸货物过程中，CBHU920242/6 号集装箱一边突然脱落，另一边箱柱与箱体底梁折断，砸到另外一个 40 英尺集装箱的箱体上，斜靠在龙门吊 2 号陆侧机架上。经检验，货物毁损严重，并且修理费用超过该设备的价值。原告起诉被告要求赔偿港口装卸的货损。

原告福建顶益食品有限公司诉称，货物在二被告的责任期间发生损坏，二被告应承担货损的全部赔偿责任。请求判令被告中远公司、广州集装箱公司共同赔偿原告货物损失 1 218 400 美元。

被告中远公司辩称：1. 原告不是货物所有权人，不是适格的诉讼主体。2. 本案货物在广州黄埔港交付给收货人时，货物并没有损坏，原告诉称的货物损失不存在。3. COSU92423790 号记名提单记载“托运人自行装柜、自行点数”，原告没有证据证明货物在交运时品质良好，没有残损。4. 即使本案货物发生了损坏，也没有造成原告的损失。5. 中远公司在本次事故中没有故意和过失，不应对货损承担任何责任。6. 中远公司即使对货物损坏承担赔偿责任，也应依法享受单位责任限制，赔偿限额为 46 000 元的特别提款权。

被告广州集装箱公司辩称：1. 本案货物损坏发生在承运人的责任期间内，原告依据提单只能起诉承运人。2. 原告与广州集装箱公司不存在任何合同关系，广州集装箱公司在本案中只是作为中远公司的受雇人，为其安排靠泊、装卸及其他有关作业，因此，原告无权向广州集装箱公司提起本案诉讼。3. 根据原告与顶益（BVI）国际有限公司的《买卖合同》的约定，原告对本案货物应在安装验收后凭验收文件付款，且对海运过程外发生的货物损坏不承担责任。本案货物损坏不是发生在海运过程中，原告作为买方不应承担责任，且原告亦没有付款，故原告对本案货物不具有所有权，无权向广州集装箱公司提起侵权诉讼。4. 本案所涉事故是由于货物包装不良、标志欠缺不清引起的，广州集装箱公司可以免责。5. 如果需负赔偿责任，广州集装箱公司可援用《中华人民共和国海商法》第 56 条的规定限制赔偿责任。

【裁判与处理】

一审法院审理后认为，原告依据海上货物运输提单，以海上货物运输合同为诉因提起本案诉讼，诉讼请求依法给予支持。依照《中华人民共和国海商法》第 46 条第 1 款、第 56 条第 1 款的规定，判决如下：

一、被告中远公司赔偿原告福建顶益食品有限公司货物损失 65 275. 84

美元。

二、驳回原告福建顶益食品有限公司对被告广州集装箱公司的诉讼请求。

（案例来源：广州海事人民法院民事判决书（2003）广民海初字第134号）

【案例评析与法理分析】

一、关于原告诉讼主体适格的问题

根据《海商法》第78条第1款的规定："承运人同收货人、提单持有人之间的权利、义务关系，依据提单的规定确定。"原告通过与顶益（BVI）国际有限公司签订买卖合同，取得COSU92423790号记名提单，并且是该提单的记名收货人。因此，原告有权依据该提单向承运人就货物运输过程中造成的货物损失提起索赔请求。原告与顶益（BVI）国际有限公司之间买卖合同的约定，并不影响原告作为提单持有人和收货人的权利义务，故中远公司关于原告不是货物所有权人、对本案货物损失没有请求权的主张，没有法律依据。

二、关于装卸货损的认定

2002年4月16日，CBHU920242/6号集装箱在广州黄埔港卸货吊装过程中坠落，中远公司提供的由中国进出口商品检验广东公司出具的《残损鉴定报告》和原告提供的由西帕公司狄克·桑制作的《福州新设备损伤情况》均记载CBHU920242/6号集装箱所装载的货物发生损坏，且二者关于货物损坏的情况认定并不矛盾。尽管中国进出口商品检验广东公司对货物进行鉴定的时间是2002年8月26日，地点是福州，客观上存在2002年4月16日至2002年8月26日期间由于其他原因导致货损的可能，但在中远公司未能提供反证的情况下，应认定该CBHU920242/6号集装箱货物损坏是因集装箱坠落造成的。我国《海商法》第46条第1款规定：承运人对集装箱装运的货物的责任期间，是指从装货港接收货物时起至卸货港交付货物时止，货物处于承运人掌管之下的全部期间。本案货物的货损发生在被告中远公司交付货物前，在其承运货物的责任期间内，且货物在卸货吊装过程中因坠落损坏，不属于《海商法》第51条第1款规定的承运人免责的事由。因此，中远公司应对本案货物的损坏承担赔偿责任。

三、关于货物损坏的赔偿额

根据《海商法》第55条第1款和第2款的规定，货物损坏的赔偿额，按照货物受损前后实际价值的差额或者货物的修复费用计算，货物的实际价值，按照货物装船时的价值加保险费加运费计算。西帕公司销售经理罗伯特·卡苏和项目经理迈斯莫·布迪做出的关于货物损失金额的意见函，因西帕公司并非我国法定的货损检验机构，其作为本案货物的卖方和提单的托运人，与本案货物有利害关系，且原告没提供该两意见函的原件，其关于货物损失金额的认定意见没有其他材料可以印证，对方当事人又不予确认，故该两份意见函关于货物损失金额的认定不能采信作为认定事实的根据。原告依据两份意见函的认定意见主张本案货物损失金额为 1 218 400 美元，不予支持。本案受损的制瓶机吹瓶段，原告未提供其购买该部分货物或同类货物价款的证据，该吹瓶段受损前的实际价值无从确定。原告也未对受损的吹瓶段进行变卖处理，该吹瓶段受损后的实际价值亦不能确定。原告未对该受损的吹瓶段进行修复，其修复费用也无从确定。因此，对该受损吹瓶段的具体损失金额无法确定。在这种情况下，作为我国法定检验机构的中国进出口商品检验广东公司，根据该吹瓶段在整套吹瓶机的结构构成及其所起的作用以及受损状况对该吹瓶段所占整套设备的价值比例和残值率做出的鉴定意见，在原告没有提供足够相反证据推翻的情况下，该鉴定意见可以作为认定本案受损吹瓶段损失金额的依据。根据中国进出口商品检验广东公司的鉴定意见，该受损吹瓶段的价值约占整套设备价值的 25%～35%，残值率约为 20%，法院按该吹瓶段的价值占整套设备价值的 35% 认定，可计算得出本案货物损坏的赔偿金额为 664 693. 68 美元。

四、关于赔偿限额赔偿的问题

本案货物损失不是由于中远公司的故意或者明知可能造成损失而轻率地作为或者不作为造成的，中远公司有权依据《海商法》第 56 条规定的赔偿限额赔偿损失。根据《海商法》第 56 条第 1 款的规定，承运人对货物的灭失或者损坏的赔偿限额，按照货物件数或者其他货运单位数计算，每件或者每个其他货运单位为 666. 67 计算单位，或者按照货物毛重计算，每公斤为 2 计算单位，以二者中赔偿限额较高的为准。本案提单载明受损的 CBHU920242/6 号集装箱货物为 1 件，重 23 000 公斤，未载明该集装箱货物的价值。因此，该集装箱货物损坏的赔偿限额，按照货物件数计算为 666. 67 计算单位，按照货物毛重计算为 46 000 计算单位，依法应按照 46 000 计算单位为准确定。《海商法》中所称计算单位是指国际货币基金组织规定的特别提款权。根据国际货币基金组织 2003 年 6 月 18 日公布的特别提款权对美元的比率计算，该 CBHU920242/6 号集装箱货物的赔偿限额为 65 275. 84 美元。原告请求的超过赔偿限额部分的损失，法院不予支持。

五、关于广州集装箱公司是否承担责任

广州集装箱公司接受中远公司的委托对本案货物进行装卸作业，虽然其在装卸作业过程中造成了货物损失，但其不是本案海上货物运输合同的当事人，不应承担运输合同的责任。原告以侵权向广州集装箱公司提出的诉讼，与原告向中远公司就同一货物损失提起的诉讼，不属于《民事诉讼法》第 53 条第 1 款规定的共同诉讼。在原告已选择以海上货物运输合同向承运人中远公司对货物损失提起本案诉讼情况下，原告与广州集装箱公司之间的纠纷不能在本案中合并审理，原告可另行予以解决。

六、关于准据法的适用

原告依据海上货物运输提单，以海上货物运输合同为诉因提起本案诉讼，故本案属于海上货物运输合同纠纷。根据《海商法》第 269 条的规定，当事人可以选择处理合同争议所适用的法律。本案原告和被告中远公司、广州集装箱公司均选择适用中华人民共和国法律解决本案纠纷，故本案应适用中华人民共和国法律解决。

案例四

上海启顺国际货运代理有限公司与上海外经贸国际货运有限公司等货运代理合同货损纠纷案

【案例提示】

本案是一例因包装毁损导致串味污染的货运代理合同货损案，法律主体众多，法律关系复杂，导致两审法院认定截然不同。双源公司托运的大蒜油，类别是可燃液体，毒性为分级中毒，易挥发，属于危险品。在货物运抵目的港拆箱后，发现大蒜油的外包装破损，集装箱内弥漫着大蒜油散发的气味，导致集装箱内的其他货物受到严重的大蒜油气味侵蚀污染的影响，启顺公司已经履行了色织布和黄体酮两个货主提出的索赔要求。经过二审终审，一审认为，货物在承运人上海启顺国际货运代理有限公司（以下简称启顺公司）掌管期间发生非因货物自身属性或包装缺陷所致的损害，承运人应自行承担货损赔偿责任，判决驳回原告启顺公司的诉讼请求；二审法院在货损发生的原因和责任承担上做出了截然相反的判决，外经贸公司、双源公司连带赔偿启顺公司的货

损。本案涉及危险品包装与货损发生的原因之间的关系，我国国内法规有《危险货物运输包装通用技术条件》，国际公约有《国际海运危险货物规则》，但是目前世界上并没有专门规定商品包装的国际公约，国际贸易和国际运输领域的公约《联合国国际货物买卖公约》《汉堡规则》中包含着对商品包装的规定。

【案情介绍】

上诉人（原审原告）：上海启顺国际货运代理有限公司（以下简称启顺公司）。

被上诉人（原审被告）：上海外经贸国际货运有限公司（以下简称外经贸公司）。

被上诉人（原审被告）：上海双源进出口有限公司（以下简称双源公司）。

案由：货运代理合同货损纠纷

2008 年 5 月，双源公司委托案外人上海亚运物流有限公司（以下简称亚运物流）出运一批大蒜油，从中国上海运往法国勒阿弗尔港。亚运物流接受委托后，又将涉案业务以订舱单的形式委托给外经贸公司，外经贸公司于 2008 年 5 月向启顺公司出具委托单，委托启顺公司办理涉案大蒜油的拼箱、装船出运业务。该委托单载明，托运人为亚运物流，收货人为中外运（荷兰）公司，通知方同收货人，装港中国上海，交货地勒阿弗尔港，货物品名大蒜油，件数 20 桶，保质期至 2010 年 2 月 10 日，运输方式 CFS-CFS，运费预付，要求安排 5 月 15 日的船期。启顺公司接受委托后，于 2008 年 5 月 12 日安排拼箱，将大蒜油和色织布、黄体酮、锁芯、链轮等 10 种货物一并装入编号为 CCLU3358793 的集装箱内。2008 年 5 月 15 日，启顺公司作为承运人为该集装箱中的其他货物签发了提单，涉案货品大蒜油，启顺公司并未签发提单，而是由亚运物流向双源公司签发的货运提单。

2008 年 6 月 7 日，涉案货物运抵法国后，色织布和黄体酮两票货物被发现遭大蒜油污染。启顺公司赔偿了色织布和黄体酮货主的索赔之后，起诉外经贸公司和双源公司连带赔偿货损责任。

原告启顺公司诉称，在二被告的责任期间货物发生损坏，二被告应承担货损的全部赔偿责任。请求判决外经贸公司和双源公司连带赔偿启顺公司货损人民币 401 776. 91 元及利息损失。

被告外经贸公司答辩：1. 启顺公司以自己的名义委托承运人出运涉案货物，故启顺公司与外经贸公司是运输合同关系。2. 其委托启顺公司拼箱装运涉案货物没有过错，该委托行为与涉案货物外包装破损而造成的货损没有因果关系，且启顺公司向双源公司的索赔函中明确系外包装破损造成损失。3. 其向启顺公司交付涉案货物时外包装良好，外包装破损发生在海上货物运输途中，与外经贸公司没有关系。请求驳回原告诉讼请求。

被告双源公司答辩：1. 启顺公司起诉时主张货代合同关系。2. 启顺公司认为双源公司提供 CTC 提单没有依据，双源公司与启顺公司没有运输和货代合同关系。3. 启顺公司的损失与双源公司没有关系。4. 即使大蒜油是危险品，但与涉案货物串味没有关系，且串味是由于外包装破损引起。请求驳回原告诉讼请求。

【裁判与处理】

一审法院审理后认为，启顺公司是实际承运人。启顺公司接受外经贸公司的委托，按其要求为双源公司所有的大蒜油办理货物的拼箱、装船出运等事宜。虽然启顺公司并未出具提单，但其以自己的名义，将其自行拼箱、装运的货物委托中海公司运输，并接受了其签发的提单。该提单的托运人为启顺公司，所载明的箱内货物包含了大蒜油以及色织布、黄体酮等由其自行安排装入编号为 CCLU3358793 的集装箱内的所有货物。启顺公司的行为已表明，其为涉案货物的契约承运人。

大蒜油托运时外包装完整。外经贸公司向启顺公司委托订舱时，启顺公司在接受货物时并没有对货物的包装、气味等提出异议，应认定外经贸公司交付货物时，大蒜油是处于包装完好、没有串味的现状。在启顺公司于 2008 年 10 月 9 日向双源公司出具的索赔函中，自认货损原因是大蒜油的外包装破损。且启顺公司无证据证明大蒜油的外包装破损系由于包装自身的原因所致。启顺公司作为承运人负有安全收受、载运和保管货物的义务，货物在承运人掌管期间发生非因货物自身属性或包装缺陷所致的损害，承运人应承担货损赔偿责任。判决驳回原告启顺公司的诉讼请求。

启顺公司不服一审判决，上诉到二审法院。二审法院认为，启顺公司与外经贸公司之间存在货运代理合同关系。外经贸公司是委托人，启顺公司是代理人，双方的权利义务应在委托合同的法律关系框架下进行考察。

涉案货损是由于大蒜油与其他货物串味引起，故本院推定涉案货损主要是由于大蒜油在运输前的气密性包装不符合要求导致，气密包装属于内包装，故涉案货物在运输途中外包装破损并非导致涉案货损发生的原因，与货物串味之间也不具有法律上的因果关系。

大蒜油为危险品，外经贸公司和双源公司瞒报为普通商品，这一过错行为是导致涉案货损的主要原因，故二审法院认定该两公司应对货损承担 70% 的责任。启顺公司作为专业拼箱的货运代理人，在面对敏感货物大蒜油运输时，未要求委托人或货主提供专业的货物包装良好并适合拼箱运输的检验报告，轻易相信保函的承诺，将涉案货物与纺织品和药品混合拼箱，未尽一名专业代理人的谨慎义务，对涉案货损的发生亦负有相应过失，应该承担本案货损30%的责任。二审法院判决，依据《中华人民共和国民法通则》第106条第2款、《中华人民共和国合同法》第107条、第403条、第407条，《中华人民共和国民事诉讼法》第64条第1款、第153条第1款第（三）项、第158条之规定，判决如下：

一、撤销上海海事法院（2009）沪海法商初字第635号民事判决；

二、被上诉人上海外经贸国际货运有限公司和上海双源进出口有限公司连带应向上诉人上海启顺国际货运代理有限公司赔偿经济损失人民币275 013.26元及利息损失（按照中国人民银行同期企业活期存款利率，从2010年6月4日起计算至本判决生效之日止）。

（案例来源：上海市高级人民法院民事判决书（2010）沪高民四（海）终字第218号）

【案例评析与法理分析】

一、关于启顺公司法律主体地位的问题

本案涉及合同的性质以及各方当事人间的法律关系。本案中，一审法院认为，启顺公司接受外经贸公司的委托，按其要求为双源公司所有的大蒜油办理货物的拼箱、装船出运等事宜。虽然启顺公司并未出具提单，但其以自己的名义，将其自行拼箱、装运的货物委托中海公司运输，并接受了其签发的提单。该提单的托运人为启顺公司，所载明的箱内货物包含了大蒜油以及色织布、黄体酮等由其自行安排装入编号为CCLU3358793的集装箱内的所有货物。启顺公司的行为已表明其为涉案货物的契约承运人。故启顺公司与外经贸公司和双源公司的海上货物运输合同依法成立，双方均应依法履行各自的权利义务。

但是，结合本案相关证据，启顺公司提供了委托书、保函、装箱清单、CTC电放提单、承运人电放提单和其他拼箱货提单等证据，形成一组证据链，可以证明双源公司是托运人，亚运物流是契约承运人，双源公司与亚运物流建立了运输合同法律关系。亚运物流接收货物后，再委托外经贸公司安排货物出运事宜，故外经贸公司是亚运物流的货运代理人。外经贸公司接受亚运物流委托后，再以自己名义将涉案货物委托启顺公司订舱、拼箱出运，并将双源公司出具的保函和电放指令传递给启顺公司。启顺公司接受委托，将涉案货物拼箱

后，再委托实际承运人中海公司出运。启顺公司虽然为其他货主的拼箱货物黄体酮等签发提单，但其就涉案货物大蒜油的运输并没有出具过提单，也没有收取过海运费，故二审法院认为，外经贸公司与启顺公司之间建立了货运代理法律关系，该法律关系的性质亦与外经贸公司在原审庭审中确认其与启顺公司存在货运代理合同纠纷一致。故二审院认定启顺公司与外经贸公司之间存在货运代理合同关系。外经贸公司是委托人，启顺公司是代理人，双方的权利义务应在委托合同的法律关系框架下进行考察。一审法院认为启顺公司是实际承运人，缺少事实和证据的支持。二审法院认定外经贸公司是委托人，启顺公司是代理人是正确的。

二、关于货损原因的认定

本案涉及货损发生的原因和责任承担。一审认定涉案货物外包装破损造成污染，各方当事人对此均无异议。双源公司系涉案货物大蒜油的货主，但其并非将货物直接交付启顺公司的托运人，启顺公司也没有出具提单，将双源公司列为托运人，双源公司与启顺公司之间并无任何合同关系。双源公司所有的大蒜油虽被列为危险品，但并无证据证明双源公司的大蒜油包装不符合国际海运危险货物规则的要求，也无证据证明货物损失系由于大蒜油的本身属性或其包装不符合规定所致。故启顺公司的损失与双源公司未声明大蒜油属危险品并无因果关系，双源公司不应承担对启顺公司损失的赔偿责任。

二审法院认为所谓外包装破损，一般是指装货纸箱和塑料袋破损，而针对本案货物大蒜油而言，不能仅凭外包装破损来解决气密性问题。涉案货损是由于大蒜油与其他货物串味引起的，故二审法院推定涉案货损主要是由于大蒜油在运输前的气密性包装不符合要求导致，气密包装属于内包装，故涉案货物在运输途中外包装破损并非导致涉案货损发生的原因，与货物串味之间也不具有法律上的因果关系。二审法院认定是由于大蒜油内包装不合格导致的串味，外经贸公司和双源公司承担连带赔偿责任，二审法院的认定是符合我国关于危险品包装的强制性要求的。

三、关于危险品运输的责任划分

在物流实务中，涉案运输的货物系大蒜油，大蒜油的闪点在60~70℃，国际民航组织将大蒜油列明为航空运输第三类危险品，国际危规将包括闪点在61℃以下的液体列入危险品，必须按照危险品程序申报出运。由于大蒜油是一种强刺激性液体，且处于危险品与非危险品之边缘，故在海运实务中，对该类货物的运输，均持特别谨慎态度。在货物出运前，货主或委托方应该出具专业检验机构有关货物包装合格且适合运输的专门检验报告。然而，涉案货物在出运前，双源公司和外经贸公司均未提供相关的检验报告，不仅如此，外经贸公司还向启顺公司递交了双源公司出具的涉案大蒜油的包装密封良好不会串味、并表示愿意承担因串味导致货损的书面保函，致使启顺公司将涉案货物与其他货物拼箱出运，并导致串味货损事故。外经贸公司作为货运代理合同的委托人，其对于委托的货物包装良好、安全且适合运输负有默示担保义务，违背此项义务导致货损，应向受托人启顺公司承担相应的民事责任。我国《合同法》也规定，受托人处理委托事务时，因不可归责于自己的事由受到损失的，可以向委托人要求赔偿损失。双源公司虽然与启顺公司没有直接的合同关系，但由于其系货主，且通过外经贸公司向启顺公司出具了书面保函，该保函最终到达了启顺公司手中，并作为启顺公司提交的证据呈递法庭，故该保函中的承诺有效，对双源公司具有法律拘束力，故双源公司应就保函中所作的承诺向启顺公司负赔偿责任。外经贸公司和双源公司的过错是导致涉案货损的主要原因，故二审法院认定两公司应对货损承担70%的责任。

启顺公司作为专业拼箱的货运代理人，在面对敏感货物大蒜油运输时，未要求委托人或货主提供专业的货物包装良好并适合拼箱运输的检验报告，轻易相信保函的承诺，将涉案货物与纺织品和药品混合拼箱，未尽到一名专业代理人的谨慎义务，对涉案货损的发生亦负有相应过失，应该承担本案货损30%的责任。

四、物流中危险品运输包装的法律风险

2013年2月1日上午9时许，连霍高速公路河南三门峡段发生烟花爆竹运输车辆爆炸引至桥梁坍塌事故。事故已造成9人死亡，11人受伤。中央联合工作组根据初步调查，事故是因为运输烟花爆竹车辆发生爆炸造成桥梁坍塌。联合工作组要求，各地要全面整治烟花爆竹等危险品的安全隐患，大力加强安全监管，进一步加强执法检查力度，坚决防止此类重大安全事故再次发生，确保人民群众度过一个平安、祥和的春节。2013年春节期间的新闻“河南高速大桥因烟花爆炸崩塌”，事故损失巨大，危险品运输安全问题引人深思。透过这则重大责任事故的新闻报道，我们深知物流中危险品运输是物流的关键环节之一，其中危险品包装的强制性、标准性、技术型也是物流法律法规关注的重点。

货物包装通常由货主负责，它已成为物流经营者从事增值服务的一个重要内容。由于包装影响到货物的保护和有效利用运输工具，也影响到仓储、运输

安全性以及使用的方便性，因此有关销售、运输、仓储的法律法规和国际公约对货物的包装均有相应规定，尤其是危险物品的包装属于强制性法律法规，如我国《食品安全法》《一般货物运输包装通用技术条件》《危险货物运输包装通用技术条件》《危险货物包装标志》等，这些标准都是强制性的，是必须遵守的技术规范。国际公约中的《国际海运危险货物规则》是由国际海事组织（IMO）制定的关于海运危险货物的统一规定，以保障船舶载运危险货物和人员生命财产安全、防止海洋污染。本规则对船舶运输的危险货物的定义、分类、包装、检验及托运程序等一系列问题都作了详细的规定。这些都是在物流中危险品运输包装需要遵循的规则。

案例五

衣念（上海）时装贸易有限公司诉杜国发、浙江淘宝网络有限公司侵犯商标专用权纠纷案

【案例提示】

本案是一起在淘宝网上卖家出售侵犯商标专用权商品的案件，该案件入选最高人民法院发布的“全国法院 2011 年知识产权保护十大典型案例——知识产权民事案件（一）”，对于判定网络交易平台如“淘宝网”等的注意义务和侵权责任，很有典型意义和示范意义，法院最后判定网络交易平台如“淘宝网”和卖家一起承担连带侵权责任。在网络用户利用网络交易平台销售侵犯商标权的商品时，如何确定平台提供者的责任是知识产权领域较新颖、同时也是争议较大的问题。在本案中，确定了网络交易平台服务提供者承担帮助侵权责任的过错判断标准，即网络服务提供者对于网络用户的侵权行为一般不具有预见和避免的能力，并不因为网络用户的侵权行为需当然承担侵权赔偿责任，但如果网络服务提供者明知或者应知网络用户利用其所提供的网络服务实施侵权行为，而仍然为侵权行为人提供网络服务或者没有采取适当的避免侵权行为发生的措施，则应当与网络用户承担共同侵权责任。网络交易平台经营者是否知道侵权行为的存在，可以结合权利人是否发出侵权警告、侵权现象的明显程度等因素综合判定。网络交易平台经营者是否采取了必要措施避免侵权行为发生，应当根据网络交易平台经营者对侵权警告的反应、避免侵权行为发生的能力、侵权行为发生的几率大小等因素综合判定。在电子商务领域，侵犯商标专用权的案件高发，最高人民法院把该案作为典型案件公布，对于司法审判有着

重要的指导意义，也和《侵权责任法》关于网络侵权的立法精神相契合，《侵权责任法》第36条第1款规定：“网络用户、网络服务提供者利用网络侵害他人民事权益的，应当承担侵权责任。”（过错归责原则）第2款规定网络服务提供者的连带责任：“网络用户利用网络服务实施侵权行为的，被侵权人有权通知网络服务提供者采取删除、屏蔽、断开链接等必要措施。网络服务提供者接到通知后未及时采取必要措施的，对损害的扩大部分与该网络用户承担连带责任。”（提示原则）第3款规定网络服务提供者的连带责任：“网络服务提供者知道网络用户利用其网络服务侵害他人民事权益，未采取必要措施的，与该网络用户承担连带责任。”（明知规则）

关于当事人的侵权案件，在“北大法宝数据库”很容易查到的上海市杨浦区人民法院2010年审理的10起“衣念（上海）时装贸易有限公司诉卖家××、浙江淘宝网络有限公司侵犯商标专用权纠纷”，判决结果都是“卖家××应立即停止在淘宝网上销售侵犯原告衣念（上海）时装贸易有限公司注册商标独占使用许可权的商品，并立即停止在淘宝网上发布上述商品的信息，并且赔偿经济损失。浙江淘宝网络有限公司不承担侵权责任。”[1] 从2010年上海市杨浦区人民法院的“被告淘宝公司作为网络服务提供者在本案中已尽合理义务，不承担民事责任”的10个民事判决，到2011年上海市第一中级人民法院的“淘宝公司和卖家承担连带责任”的终审判决，我国司法机关对于电子商务中频频发生的侵犯商标专用权案件从司法政策上趋向于“从严”。淘宝公司作为国内最大的网上购物平台，是经营性互联网信息服务商，业务覆盖范围是专业BBS消费购物类，即能提供电子公告服务。根据《互联网电子公告服务管理规定》，电子公告服务是指在互联网上以电子布告牌、电子白板、电子论坛、网络聊天室、留言板等交互形式为上网用户提供信息发布条件的行为。简单来说，淘宝公司通过其开办的淘宝网为其用户发布信息提供技术服务，完全有能力管理网络用户的违规行为，然而淘宝公司对于衣念公司的多次投诉仅作删除

---

[1] 2010年衣念（上海）时装贸易有限公司诉华倩、浙江淘宝网络有限公司侵犯商标专用权纠纷案；衣念（上海）时装贸易有限公司诉莫双、浙江淘宝网络有限公司侵犯商标专用权纠纷案；衣念（上海）时装贸易有限公司诉宋玉婷、浙江淘宝网络有限公司侵犯商标专用权纠纷案；衣念（上海）时装贸易有限公司诉王轶莹、浙江淘宝网络有限公司侵犯商标专用权纠纷案；衣念（上海）时装贸易有限公司诉周玲、浙江淘宝网络有限公司侵犯商标专用权纠纷案；衣念（上海）时装贸易有限公司诉唐珺、浙江淘宝网络有限公司侵犯商标专用权纠纷案；衣念（上海）时装贸易有限公司诉林乐、浙江淘宝网络有限公司侵犯商标专用权纠纷案；衣念（上海）时装贸易有限公司诉陆秀萍、浙江淘宝网络有限公司侵犯商标专用权纠纷案；衣念（上海）时装贸易有限公司诉刘玉侠、浙江淘宝网络有限公司侵犯商标专用权纠纷案；衣念（上海）时装贸易有限公司诉林建力、浙江淘宝网络有限公司侵犯商标专用权纠纷案。

商品信息处理，未进一步采取适当措施，如果其能严格按照其制定的规则对侵权用户进行处罚，可以制止卖家的违规行为。这个终审判决提高了电子商务交易平台对合理审慎义务和管理义务的重视，电子商务交易平台在注重商业利益的同时，更应该注重知识产权的保护，不断完善电子商务的管理规则。这一判决同时也打击了电子商务中商标专用权违法侵权案件的高发现象，有助于电子商务健康、持续地发展，也有利于我国在电子商务新领域中对知识产权的司法保护。

【案情介绍】

原告：衣念（上海）时装贸易有限公司（以下简称衣念公司）。

被告：杜国发，淘宝网卖家。

被告：浙江淘宝网络有限公司（以下简称淘宝公司），法定代表人马云，该公司董事长。

案由：侵犯商标专用权纠纷

原告衣念公司诉称：韩国依兰德有限公司（E. LAND LTD）是第1545520号注册商标和第1326011号注册商标的权利人，依兰德有限公司将上述商标的独占许可使用权授予原告。原告生产的TEENIE WEENIE等品牌服装拥有很高的知名度，曾获得“2009年度上海名牌”称号。被告杜国发在淘宝网销售的服装中使用了TEENIE WEENIE等商标，侵犯了原告享有的注册商标专用权。根据杜国发在淘宝网上的成交记录，其在2009年12月1日至2010年2月1日两个月时间内就成交仿冒产品20余件，成交价格共计人民币3077元（以下币种相同）。原告正品的价格是仿冒产品的5~10倍，杜国发给原告造成直接损失15 000~30 000元，侵权仿冒品给正品造成的品质减损影响则无法估测。被告淘宝公司是淘宝网的运营商。自2009年9月开始，原告就淘宝网上存在的大量侵权商品问题向淘宝公司提出警告，并要求其采取事先审查、屏蔽关键词等有效措施控制侵权行为的蔓延，但淘宝公司未采取合理措施。自2009年9月开始，原告针对杜国发的侵权行为，曾7次发函给淘宝公司，要求其删除杜国发发布的侵权商品信息。淘宝公司对原告举报的侵权信息予以删除，但未采取其他制止侵权行为的措施。淘宝公司不顾原告的警告和权利要求，在知道杜国发以销售侵权商品为业的情况下，依然向杜国发提供网络服务，故意为侵犯他人注册商标专用权的行为提供便利条件，继续纵容、帮助杜国发实施侵权行为。故原告请求法院判令：杜国发、淘宝公司共同赔偿原告经济损失3万元；杜国发、淘宝公司共同赔偿原告支出的合理费用，包括公证费4800元、户籍信息查询费用100元、律师费5万元，共计54 900元；杜国发、淘宝公司在搜狐、新浪或其他同级别门户网站、《新闻晨报》及淘宝网上刊登说明告示并向原告致歉，说明淘宝网曾销售过侵犯原告商标专用权的产品。

被告杜国发辩称：其所销售的商品是从其他网站上订购的，其不知这些服装是侵权商品。原告衣念公司只举证证明其中的一件服装是假货，原告主张的经济损失及合理费用过高，没有依据。故请求驳回原告的诉讼请求。

被告淘宝公司辩称：被告淘宝公司系互联网信息发布平台的服务提供商，淘宝网上的店铺开设、商品信息上传、商品销售均由淘宝卖家自行完成，被告淘宝公司除对淘宝网上的卖家进行身份审核外，在《淘宝网服务协议》《商品发布管理规则》中明确要求淘宝卖家不得销售侵犯他人合法权益的商品或发布侵犯他人合法权益的商品信息。淘宝公司认为：1. 原告衣念公司滥用权利。早在 2006 年 8 月，原告就开始针对淘宝网上出售的商品向淘宝公司提出投诉。在历经 4 年的投诉过程中，淘宝公司一直积极删除原告所指认的涉嫌侵权的信息，并始终按淘宝网当时适用的知识产权投诉规则，对涉嫌侵权人予以处理。原告投诉量巨大，仅以 2009 年 9 月 29 日至 11 月 3 日这段期间为例，原告投诉涉嫌侵权的商品信息累计达 105 643 条。根据淘宝公司的统计，原告投诉的数十万条商品信息中，约有 20% 的投诉是错误投诉。原告的轻率投诉引起了相关淘宝网用户的大量异议，并对淘宝公司的商誉造成损害。本案所涉及的投诉仅是原告数十万投诉信息中的个案。原告认定侵权的理由不充分，仅以低价、未经授权销售为由认定侵权。原告除要求淘宝公司删除涉嫌侵权的信息外，还要求淘宝公司采取事先审查、屏蔽关键词以及永久删除用户账号等措施。2. 淘宝公司采取了合理审慎的措施，保护原告的合法权益。淘宝网为防止用户侵犯他人知识产权采取了合理的保护措施，包括对卖家用户的真实身份采取了合理的审查措施、组建团队及时删除权利人投诉的涉嫌侵权的信息、制定并不断完善知识产权保护规则。3. 淘宝公司未侵犯原告的注册商标专用权。原告针对被告杜国发的 7 次投诉中有 4 次不涉及原告主张的第 1545520 号注册商标和第 1326011 号注册商标。原告向淘宝公司主张杜国发侵权的 7 次投诉均未附任何证据，没有任何证据的投诉是不适格的投诉，淘宝公司可以不予接受。但考虑到如果不予删除链接，可能导致原告的权益受到损害，为了平衡原告和被投诉人之间的合法利益，淘宝公司暂时采取了只删除信息但不予处罚的措施。淘宝公司采取了善意的删除行为，并不能就此推定淘宝公司明知杜国发及其他被投诉人存在屡次重复侵权而怠于采取任何措施。在本案中，原告也只是公证购买了杜国发销售的一件商品并鉴定为假货，不能由此认定其他 7 次投诉的商品为仿冒品，也不能由此认定杜国发销售的其余商品为仿冒品。综上，淘宝公司并不构成侵权，请求驳回原告的诉讼请求。

【裁判与处理】

一审法院上海浦东新区人民法院审理认为，原告衣念公司认为淘宝网上有大量卖家发布侵权商品信息。衣念公司利用淘宝网提供的搜索功能，通过关键字搜索涉嫌侵权的商品，再对搜索结果进行人工筛查，并通过电子邮件将侵权商品信息的网址发送给被告淘宝公司，同时衣念公司向淘宝公司发送书面通知函及相关的商标权属证明材料，要求淘宝公司删除侵权商品信息并提供卖家真实信息。淘宝公司在收到衣念公司的投诉后，对衣念公司提交的商标权属证明进行核实，对衣念公司投诉的商品信息逐条进行人工审核，删除其中淘宝公司认为构成侵权的商品信息，并告知衣念公司发布侵权商品信息的卖家的身份信息。因衣念公司认定的淘宝网上的侵权商品信息非常多，衣念公司几乎在每个工作日都向淘宝公司投诉，每天投诉的商品信息少则数千条，多则数万条。根据统计，自2009年9月29日至2009年11月18日，衣念公司向淘宝公司投诉的侵权商品信息有131 261条，淘宝公司经审核后删除了其中的117 861条。2010年2月23日至2010年4月12日，衣念公司向淘宝公司投诉的商品信息有153 277条，淘宝公司经审核后删除了其中的124 742条。淘宝公司删除的商品信息数量约占衣念公司投诉总量的85%。衣念公司的投诉涉及TEENIE WEENIE、Eland等14个商标品牌。淘宝公司根据衣念公司的投诉删除商品信息后，有的卖家会向淘宝公司提出异议，并提供其销售的商品具有合法来源的初步证据。淘宝公司会将卖家的异议转交给衣念公司。衣念公司有时会撤回投诉，撤回投诉的原因，有些确实属于因错误投诉而撤回投诉，有些则是由于其暂时无法判断是否侵权而撤回投诉。上述投诉中，包含了衣念公司于2009年9月29日至2009年11月11日期间针对被告杜国发的7次投诉，其中有3次涉及TEENIE WEENIE商标，4次涉及依兰德有限公司的另一个注册商标SCAT。淘宝公司接到衣念公司投诉后即删除了杜国发发布的商品信息，杜国发并未就此向衣念公司及淘宝公司提出异议，淘宝公司也未对杜国发采取处罚措施。直至2010年9月，淘宝公司才对杜国发进行扣分等处罚。

在7次有效投诉的情况下，淘宝公司应当知道杜国发利用其网络交易平台销售侵权商品，但淘宝公司对此未采取必要措施以制止侵权，杜国发仍可不受限制地发布侵权商品信息。淘宝公司有条件、有能力针对特定侵权人杜国发采取措施，淘宝公司在知道杜国发多次发布侵权商品信息的情况下，未严格执行其管理规则，依然为杜国发提供网络服务，此是对杜国发继续实施侵权行为的放任、纵容。其故意为杜国发销售侵权商品提供便利条件，构成帮助侵权，具有主观过错，应承担连带赔偿责任。

一审法院判决依照《中华人民共和国民法通则》第130条，《中华人民共和国商标法》第 52 条第（二）项、第（五）项、第 56 条，最高人民法院《关于贯彻执行〈中华人民共和国民法通则〉若干问题的意见（试行）》第 148 条第 1 款，最高人民法院《关于审理商标民事纠纷案件适用法律若干问题的解释》第 16 条第 1 款、第 2 款、第 17 条，《中华人民共和国商标法实施条例》第 50 条第（二）项的规定，于 2011 年 1 月 17 日判决如下：

一、被告杜国发、淘宝公司于判决生效之日起 10 日内共同赔偿原告衣念公司的经济损失人民币 3000 元和合理费用人民币 7000 元；

二、驳回原告衣念公司其余诉讼请求。

本案受理费人民币 1922 元（已由原告预交），由原告衣念公司负担 922 元，由被告杜国发、淘宝公司负担 1000 元。

淘宝公司不服一审判决，上诉到二审法院。二审法院认为上诉人淘宝公司明知道原审被告杜国发利用其网络服务实施商标侵权行为，但仅是被动地根据权利人通知采取没有任何成效的删除链接之措施，未采取必要的、能够防止侵权行为发生的措施，从而放任、纵容侵权行为的发生，其主观上具有过错，客观上帮助了杜国发实施侵权行为，构成共同侵权，应当与杜国发承担连带责任。

上诉人淘宝公司提出被上诉人衣念公司涉案的 7 次投诉，4 次投诉与被上诉人在本案中主张的商标权利无关，其余 3 次均未提供判断侵权的证明，7 次投诉未针对同一商品不同时间发布，不是有效投诉。二审法院认为，商标权利人向网络服务提供者发出的通知内容应当能够向后者传达侵权事实可能存在以及被侵权人具有权利主张的信息。对于发布侵权商品信息的卖家，无论是一次发布行为还是多次发布行为，多次投诉针对的是同一商品还是不同商品，是同一权利人的同一商标还是不同商标，均能够足以使网络服务提供者知道侵权事实可能存在，并足以使其对被投诉卖家是否侵权有理性的认识。因此，本案被上诉人的 7 次投诉足以向上诉人表明了原审被告杜国发存在侵权行为的信息，上诉人的前述上诉理由不能成立，不予采信。

上诉人淘宝公司提出被上诉人衣念公司投诉量大、投诉准确率差，且未作重复投诉标注，导致其无法发现重复投诉的情况。二审法院认为，本案证据证明自 2009 年 9 月 29 日至 2009 年 11 月 18 日，被上诉人投诉的侵权商品信息有 131 261 条，上诉人删除了其中的 117 861 条。2010 年 2 月 23 日至 2010 年 4 月 12 日，被上诉人投诉的商品信息有 153 277 条，上诉人删除了其中的 124 742 条。被上诉人如此大量的投诉以及上诉人如此大量的删除更加证明了上诉人仅采取删除措施并未使淘宝网上侵权现象有所改善。同时，被上诉人大量的投诉以及投诉准确率会影响到上诉人审查被投诉信息所耗费的人力和时间，但与上诉人是否能够发现重复投诉并无多大关联。因此，上诉人的该项上诉理由亦不能成立，不予采信。

上海市第一中级人民法院依照《中华人民共和国民事诉讼法》第153条第1款第（一）项之规定，于2011年4月25日判决如下：驳回上诉，维持原判。二审案件受理费人民币800元，由上诉人淘宝公司负担。

（案例来源：上海市第一中级人民法院（2011）沪一中民五（知）终字第40号民事判决书）

【案例评析与法理分析】

本案涉及网络交易平台服务提供者的法律责任问题。近些年来，由于在淘宝网等网络交易平台上出现了不少侵权假冒商品，许多权利人起诉网络交易平台服务提供者，要求其与直接销售侵权产品的在线商户承担共同侵权责任。目前在立法中，对于网络交易平台服务提供者商标共同侵权的责任认定，在《民法通则》和《侵权责任法》中有原则性规定，同时在《信息网络传播权保护条例》中对于网络交易平台服务提供者的著作权共同侵权责任有明确的规定，可供参考。

一、被告杜国发的销售行为是否侵犯涉案注册商标专用权

原告衣念公司经依兰德有限公司许可，享有第1545520号注册商标和第1326011号注册商标独占许可使用权。原告享有的注册商标专用权受法律保护，他人不得销售侵犯注册商标专用权的商品。《商标法实施条例》规定，使用注册商标，可以在商品、商品包装、说明书或者其他附着物上标明"注册商标"或者注册标记。本案中，第1545520号商标核定使用商品为服装，被告杜国发销售的商品与该商标核定使用的商品相同。经比对，杜国发销售的涉案商品上熊头图案与第1545520号商标图案在脸型、五官、头戴饰品及形态上都极为相似，以相关公众一般注意力为标准，两者在视觉上基本无差别，构成相同商标。第1326011号商标核定使用的商品为夹克（服装）、短裤、工作服、汗衫、衬衫、内衣、围巾、短统袜、帽子、运动鞋。杜国发销售的涉案商品与该商标核定使用的商品不同，但两者在功能、生产部门、销售渠道等方面基本相同，按照相关公众的一般认知，两者应为类似商品。杜国发销售的涉案商品吊牌上有与第1326011号商标相同的Teenie Weenie文字和心型图案，不同之处在于该吊牌的心型图案中多了两行英文："Fly To Dreams"和"CHARACTER STUDIO"。因Teenie Weenie文字和心型图案构成了涉案服装吊牌图案的主要内容，足以导致消费者对商品来源产生误认，故构成近似商标。结合本案，杜

国发销售的涉案商品应认定为侵犯第1545520号和第1326011号注册商标专用权的商品。杜国发辩称，其销售的产品有合法来源，且不知销售的商品侵犯了他人的注册商标专用权。《商标法》第60条的规定，销售不知道是侵犯注册商标专用权的商品，能证明该商品是自己合法取得并说明提供者的，由工商行政管理部门责令停止销售。杜国发不能举证证明其销售的商品有合法来源，且在衣念公司多次投诉、被告淘宝公司多次删除其发布商品信息后，杜国发应当知道其销售的商品侵犯他人注册商标专用权，故其抗辩意见不能成立，应当依法承担侵权责任。

二、关于淘宝公司事前的审查义务

衣念公司主张，当网络商店申请卖物品时，网络服务商应审查其身份；审查其所售商品的商标注册证或商标权人授权许可其销售的证明；制定售假制裁规则并在显著的地方予以公布。另外，该公司还认为：

1. 关于对网络商店的身份审查义务。这其实是上述《互联网信息服务管理办法》规定的网络服务商义务的应有之义。根据该办法的规定，互联网信息服务提供者在发现九项禁止传输的信息时除进行删除，还须保存有关记录并向国家有关机关报告。为履行其报告义务，网络服务商必须对网络商店的身份进行审查，掌握其真实的身份情况。

2. 关于对网络商店所售商品的商标合法性进行审查的义务。衣念公司认为，网络服务商与网络商店的关系类似于商场与专柜的关系，由于商场通常会对其专柜销售的商品的注册商标或商标权人的授权许可证明进行审查，网络服务商也应有此审查义务。

然而，结合本案，法院认为，第一，网络服务商与网络商店的关系不同于商场与专柜的关系。在商标侵权诉讼中，无论是消费者还是法院都会将专柜的销售行为视为商场的行为，商场对外承担责任。为自身利益计，商场往往约定其有权对专柜所售商品商标的合法性进行审查。不同于商场与专柜的关系，网络服务商仅仅为网络商店提供网上交易的平台。2005年6月9日的《淘宝网服务条款》规定，淘宝网仅作为用户物色交易对象、就货物和服务的交易进行协商、获取各类与贸易相关的服务的地点；并不作为买家或卖家的身份参与买卖行为本身。在这种情况下，淘宝网的用户不会将网络商店的销售行为视为网络服务商的行为。网络商店的销售行为在法律上也不应视为网络服务商的行为。第二，履行该项审查义务超出网络服务商的能力范围。由于网络的容量近乎无限，网络商店及其销售的商品数量是惊人的。例如，截至2005年12月30日，淘宝网在线商品数量超过1400万，截至2006年5月其注册会员为

2050万。而且，由于网络延伸空间的全球性，网络服务商不可能对网络商店所售商品商标的合法性进行当面审查。在这种情况下，要求网络服务商对每一个网络商店销售的每一种商品的商标合法性负责，超出了其能力范围。从学术界的通说来看，也认为网络平台对网络商店所售商品的商标合法性没有审查的义务。

三、被告淘宝公司是否知道网络用户利用其网络服务实施侵权行为

首先，在案证据证明原告衣念公司从2006年起就淘宝网上的商标侵权向被告淘宝公司投诉，而且投诉量巨大，然而直至2009年11月，淘宝网上仍然存在大量被投诉侵权的商品信息，况且在淘宝公司删除的被投诉商品信息中，遭到卖家反通知的比率很小，由此可见，淘宝公司对于在淘宝网上大量存在商标侵权商品之现象是知道的，而且也知道对于衣念公司这样长期大量的投诉所采取的仅作删除链接的处理方式见效并不明显。

其次，衣念公司的投诉函明确了其认为侵权的商品信息链接及相关的理由，虽然衣念公司没有就每一个投诉侵权的链接说明侵权的理由或提供判断侵权的证明，但是已经向淘宝公司提供了相关的权利证明、投诉侵权的链接地址，并说明了侵权判断的诸多理由，而且向淘宝公司持续投诉多年，其所投诉的理由亦不外乎衣念公司在投诉函中所列明的几种情况，因此，淘宝公司实际也知晓在一般情况下的衣念公司投诉的侵权理由类型。淘宝公司在处理衣念公司的投诉链接时，必然要查看相关链接的商品信息，从而对于相关商品信息是否侵权有初步了解和判断。因此，通过查看相关链接信息，作为经常处理商标侵权投诉的淘宝公司也应知道淘宝网上的卖家实施侵犯衣念公司商标权的行为。

再次，在案的公证书表明衣念公司购买被控侵权商品时原审被告杜国发在其网店内公告："本店所出售的部分是专柜正品，部分是仿原单货，质量可以绝对放心……"，从该公告内容即可明显看出杜国发在销售侵权商品，淘宝公司在处理相关被投诉链接信息时对此当然是知道的，由此亦能证明其知道杜国发实施商标侵权行为。

最后，判断侵权不仅从投诉人提供的证据考查，还应结合卖家是否反通知来进行判断，通常情况下，经过合法授权的商品信息被删除，被投诉人不可能会漠然处之，其肯定会做出积极回应，及时提出反通知，除非确实是侵权商品信息。故本案中淘宝公司在多次删除杜国发的商品信息并通知杜国发被删除原因后，杜国发并没有回应或提出申辩，据此完全知道杜国发实施了销售侵权商品行为。

四、被告淘宝公司是否采取了合理、必要的事后措施以避免侵权行为的发生

（一）淘宝公司对于个体卖家的管理规定和投诉流程

被告淘宝公司是淘宝网的经营管理者，淘宝公司为用户提供网络交易平台服务。淘宝网交易平台分为商城（即 B2C）和非商城（即 C2C），没有工商营业执照的个人也可以申请在淘宝网开设网络店铺（非商城），被告杜国发即属于非商城的卖家。非商城的卖家和买家通过淘宝网实现交易时，淘宝网不收取费用。淘宝网对个人卖家实行实名认证，卖家先要在淘宝网注册一个账户，注册时需输入真实姓名、身份证号码、联系方式等信息。淘宝公司通过公安部身份证号码查询系统等途径核实卖家填写的身份信息的真实性，淘宝网用户只有通过实名认证后才能开设网络店铺。卖家可在该店铺发布待售的商品信息，包括价格、尺码、颜色、商品图片等信息。根据淘宝公司提供的数据，2009 年上半年，淘宝网共实现交易额 809 亿元，会员数达 1.45 亿。

被告淘宝公司制定并发布了《淘宝网服务协议》《商品发布管理规则》《淘宝网用户行为管理规则》等规则，这些规则多次提到禁止用户发布侵犯他人知识产权的商品信息，并制定了相关处罚措施。2009 年 9 月 15 日生效的《淘宝网用户行为管理规则（非商城）》规定：淘宝网用户在商品名、商品介绍等信息或载体中侵犯他人知识产权即属于违规行为；侵犯他人知识产权的违规行为包括所有违反《禁止及限制交易物品管理规则》有关条款或《商标法》《著作权法》《专利法》等法律法规的行为。此外，该规则还规定了相应的处罚措施：淘宝网用户有商标侵权、专利侵权等违规行为，将受到限制发布商品 14 天、下架所有商品信息、公示处罚（警告）14 天的处罚，同时记 6 分。淘宝网用户违规行为记分是为了记录用户在淘宝网违规行为的一种方式。违规行为记分按每一自然年为周期（1 月 1 日至 12 月 31 日）。违规记分扣满 12 分，淘宝公司将对账户做冻结处理，用户只有通过考核后，淘宝公司才会解除冻结。用户在学习期后才可以参加考核，学习期按记分周期内的冻结次数乘以 3 计算，例：首次冻结 1×3＝3 天，第二次冻结 2×3＝6 天。账户冻结后该用户可以登录淘宝网，但限制发布商品信息，下架用户的所有商品信息。对于情节特别严重的违规行为，淘宝公司有权对用户作永久封号处理。2010 年 6 月 10 日，淘宝公司发布了同时适用商城和非商城的《淘宝网用户行为管理规则（修订版）》，对淘宝网用户的违规行为进行了细化，并调整了处罚措施。其中对侵犯他人知识产权的违规行为规定了三级处罚措施，一级为有确切证据证明卖家出售假冒商品且情节特别严重的，扣 48 分；二级为有确切证据证明卖

家出售假冒商品的，扣12分；三级为所发布或使用的商品、图片、店铺名等店铺内容侵犯商标权、著作权、专利权，或者存在误导消费者情况的，扣4分。当扣分达到或超过12分但未达到24分时，会员将被同时处以店铺屏蔽、限制发布商品、限制发送站内信、限制社区所有功能及公示警告7天；当扣分达到或超过24分但未到48分时，会员将被同时处以店铺屏蔽、限制发布商品、限制发送站内信、限制社区所有功能及公示警告14天；当扣分达到或超过36分但未到48分时。会员将被处以下架所有商品且同时并处限制发布商品、限制发送站内信、限制社区所有功能、关闭店铺及公示警告21天；当扣分达到或超过48分时，会员将被处永久封号。

淘宝网公布了知识产权侵权投诉途径，权利人可通过电话、信函、电子邮件等途径向被告淘宝公司进行投诉。在本案审理过程中，淘宝公司以商标侵权为例解释了其对知识产权侵权投诉的处理流程。

1. 权利人投诉。权利人投诉应该提供以下资料：（1）权利证明以及身份证明；（2）侵权链接；（3）判断侵权成立的初步证明或者充足的理由；（4）对某个卖家重复投诉的，还要标注重复投诉的具体时间、重复投诉的次数。其中，判断侵权成立的初步证明可以是网页上明显的侵权信息、公证购买证据、卖家在聊天中的自认。判断侵权的理由必须是法定的侵权成立的理由，而不能以价格、未经授权销售等为理由。权利人通过款式等判断被投诉产品非其生产，只要做单方陈述即可作为判断侵权的证明。

2. 侵权成立后的处理。权利人提供完整的投诉资料后，淘宝公司会对相关资料进行下列形式审查，包括：（1）商标权是否存在，并有效存续；（2）权利人的主体资格是否有效存续；（3）权利人提供的判断侵犯商标权的理由及（或）证据是否初步成立；（4）权利人判断侵犯商标权的理由与其提供的链接结果（即指认侵权的对象）间是否存在对应关系。通过上述四步骤形式审查后，采取以下措施：（1）删除涉嫌侵权的链接；（2）如果权利人为进一步通过司法程序主张权利提出需要涉嫌侵权人的信息，淘宝公司可以提供涉嫌侵权会员的姓名、联系方式和身份证号码；（3）对被投诉的卖家进行处罚。

（二）本案中淘宝公司是否实施了必要的事后措施

《民法通则》第130条规定，二人以上共同侵权造成他人损害的，应当承担连带责任。《商标法实施条例》第57条第（六）项规定，故意为侵犯他人商标专用权行为提供便利条件，帮助他人实施侵犯商标专用权行为的属侵犯注册商标专用权的行为。网络用户能够删除自己发布的信息，网络服务商作为用户发布信息的技术支持者，也能对这些信息予以删除。如果网络服务商明知其用户销售侵犯他人注册商标权的商品，仍不删除相关信息以消除侵权后果，无疑属于故意为侵犯他人注册商标权行为提供便利条件，构成共同侵权。以下法规及规章对该义务有明确规定。《互联网信息服务管理办法》第 15 条规定了互联网信息服务提供者不得制作、复制、发布、传播的九项信息，其中第（九）项起包底作用，即除前八项外含有法律、行政法规禁止的其他内容的。第 16 条规定，互联网信息服务提供者发现其网站传输的信息明显属于上述九项内容之一的，应当立即停止传输，保存有关记录，并向国家有关机关报告。用户为销售侵犯他人注册商标专用权的商品发布的信息不属于第 15 条前八项的内容，但无疑属于第九项的内容。

网络用户利用网络实施侵权行为的，被侵权人有权通知网络服务提供者采取删除、屏蔽、断开链接等必要措施。被告淘宝公司辩称，其系互联网信息发布平台的服务提供商，对用户发布的信息并不进行事前审查。事后，被告淘宝公司在接到原告的投诉后，根据原告的要求，暂时保留涉嫌侵权信息，并提供了被告杜国发的身份信息。被告淘宝公司删除了涉嫌侵权信息。被告淘宝公司已经尽到了合理的注意义务。

结合本案，在 2009 年 9 月 29 日至 2009 年 11 月 11 日期间，原告衣念公司发现被告杜国发通过淘宝网销售侵权商品后，先后 7 次向淘宝公司发送侵权通知函，被告淘宝公司审核后先后 7 次删除了杜国发发布的商品信息。淘宝公司认为，其已经采取了必要的措施。法院认为，网络服务提供者接到通知后及时删除侵权信息是其免于承担赔偿责任的条件之一，但并非是充分条件。网络服务提供者删除信息后，如果网络用户仍然利用其提供的网络服务继续实施侵权行为，网络服务提供者则应当进一步采取必要的措施以制止继续侵权。哪些措施属于必要的措施，应当根据网络服务的类型、技术可行性、成本、侵权情节等因素确定。具体到网络交易平台服务提供商，这些措施可以是对网络用户进行公开警告、降低信用评级、限制发布商品信息甚至关闭该网络用户的账户等。淘宝公司作为国内最大的网络交易平台服务提供商，完全有能力对网络用户的违规行为进行管理。淘宝公司也实际制定并发布了一系列的网络用户行为规则，也曾对一些网络用户的违规行为进行处罚。淘宝公司若能够严格根据其制定的规则对违规行为进行处理，虽不能完全杜绝网络用户的侵权行为，但可增加网络用户侵权的难度，从而达到减少侵权的目的。就本案而言，淘宝公司接到衣念公司的投诉通知后，对投诉的内容进行了审核并删除了杜国发发布的商品信息。根据淘宝网当时有效的用户行为管理规则，其在接到衣念公司的投诉并经核实后还应对杜国发采取限制发布商品信息、扣分直至冻结账户等处罚措施，但淘宝公司除了删除商品信息外没有采取其他任何处罚措施。在 7 次有效投诉的情况下，淘宝公司应当知道杜国发利用其网络交易平台销售侵权商品，但淘宝公司对此未采取必要措施以制止侵权，杜国发仍可不受限制地发布侵权商品信息。淘宝公司有条件、有能力针对特定侵权人杜国发采取措施，淘宝公司在知道杜国发多次发布侵权商品信息的情况下，未严格执行其管理规则，依然为杜国发提供网络服务，此是对杜国发继续实施侵权行为的放任、纵容。其故意为杜国发销售侵权商品提供便利条件，构成帮助侵权，具有主观过错，应承担连带赔偿责任。

结合《侵权责任法》第 36 条第 3 款规定的网络服务提供者的连带责任："网络服务提供者知道网络用户利用其网络服务侵害他人民事权益，未采取必要措施的，与该网络用户承担连带责任。"网络服务提供者的明知规则，就是网络服务提供者明知网络用户利用其网络实施侵权行为，而未采取删除、屏蔽或者断开链接必要措施，任凭网络用户利用其提供的网络平台实施侵权行为，对被侵权人造成损害，对于该网络用户实施的侵权行为就具有放任的间接故意。网络服务提供者的这种放任侵权行为的行为，在侵权行为造成的后果中，就有网络服务提供者的责任份额，其应当承担连带责任。

五、关于赔偿数额

原告以涉案商品销售价格乘以已销售的和库存的商品数量计算赔偿数额，因该计算方式缺乏法律依据，法院不予认可。经综合考虑涉案商标具有较高知名度和杜国发网店经营规模较小、获利不多等因素，法院酌情确定经济损失赔偿额为 3000 元是正确的。原告主张律师费、公证费、查档费等开支，法院综合考虑被告侵权行为的性质、情节、被告的经营规模、原告商标的知名程度等因素，根据开支的真实性、关联性、必要性和合理性，酌情支持其要求的合理费用 7000 元。因被告侵犯原告的商标专用权，并不涉及人格利益，故原告要求被告赔礼道歉的诉讼请求，法院不予支持也是正确的。

第五章

物流保险法律制度

本章导读

保险是现代生活的必要组成部分，是分散风险和消化损失的手段。广义的物流保险囊括了物流过程所涉及的全部保险，既包括货物运输保险又包括责任保险。狭义的物流保险是责任保险，是相对于货运保险体系之外的另一个保险体系。责任保险相对于其他保险险种产生较晚，是指以被保险人对第三者依法应负的赔偿责任为保险标的的保险。物流责任保险是责任保险在物流业的新发展，物流责任保险是指被保险人在经营物流业务过程中，对由于列明原因造成的物流货物损失，依法应由被保险人承担赔偿责任的，由保险人根据保险合同的约定负责赔偿。当前我国调整物流保险方面的法律制度主要依据是《民法通则》《合同法》《保险法》《海商法》以及其他运输法律、法规等。

通过本章案例，我们重点介绍和探讨保险、物流责任保险的基本知识，物流风险与物流保险合同的关系，责任保险与侵权法的关系以及海上、航空、陆上货物运输保险中的主要法规。通过对本章案例的分析，了解保险代位求偿的基本法律规定，了解海上货物运输保险的概念、种类、理赔程序等相关内容，了解海上货物运输合同与海上货物运输保险合同的区别。另外，也探讨了物流责任保险的建立与完善。最终目的是通过本章的学习，能够运用保险法律知识，减少物流活动中的风险。

案例一

杭州高尔运输有限公司与中国人寿财产保险股份有限公司浙江省分公司物流责任保险纠纷案

【案例提示】

本案是一起物流责任保险纠纷案件，通过对本案的分析，了解保险、物流责任保险的基本知识，理解责任保险与侵权法的关系。

【案情介绍】

原告：杭州高尔运输有限公司（以下简称高尔公司）。

被告：中国人寿财产保险股份有限公司浙江省分公司（以下简称人寿财险浙江公司）。

案由：物流责任保险纠纷

2009 年 3 月，人寿财险浙江公司业务员在物流责任保险投保单中的部分栏目填写了内容，投保人名称为高尔公司，本年度预计物流业务收入 80 万元，其中运输占 70%，储存占 10%，流通加工、包装占 10%、装卸、搬运占 10%，物流地域范围在中国大陆境内，运输方式为公路，自有车队，每次事故责任限额 50 万元，累计责任限额 250 万元，保险期间共 12 个月，自 2009 年 4 月 2 日零时起至 2010 年 4 月 1 日二十四时整，保险合同争议解决方式选择诉讼。其余空白处未填写内容。高尔公司在“投保人声明”处加盖公章，业务员也签了名。

2009 年 3 月 31 日，人寿财险浙江公司出具物流责任保险单，载明“鉴于投保人已向本保险人投保物流责任保险，并按本保险单约定交付保险费，保险人同意按《物流责任保险条款》的约定承担保险责任，特立本保险单为凭。与本保险有关的附加条款、特约条款、批单以及投保单是本保险单不可分割的组成部分”。在明细表中载明投保人为高尔公司，物流流域范围为中国大陆境内，主险：预计物流业务营业收入 80 万元整，每次事故责任限额 50 万元整，累计责任限额 250 万元整，保险费率 46.25‰，保险费 37 000 元整，追溯期起始日自 2009 年 4 月 1 日起，总预付保险费 37 000 元，保险期限自 2009 年 4 月 2 日零时起至 2010 年 4 月 1 日二十四时止，保险费预付时间为 2009 年 4 月 17 日前一次交清保险费，保险合同争议解决方式为诉讼，特别约定：1. 被保险人运输的下列货物不在本保单承保范围：蔬菜、水果、鲜货、活物、特别易碎品（玻璃、陶瓷、石膏及其制品）、国家有关部门规定的易燃、易爆、剧毒危险品及金银、珠宝、玉器、首饰、古玩、古书、古画、邮票、艺术品、稀有金属和枪支、弹药、放射性物质、核燃料等；2. 被保险人在每次货物起运前须书面通知保险人，并将发货清单（或货运合同）传真给保险人，包括装载工具（车辆牌照、船舶资料）、发运地、目的地、保险金额、货物名称、数量等。

人寿财险浙江公司物流责任保险条款载明：本保险合同所称物流货物是指被保险人接受委托进行物流的物品，同时对保险责任、责任免除、责任限额、保险费、保险期间、投保人（被保险人）义务、赔偿处理、争议处理及其他事项等进行了明确。

人寿财险浙江公司业务员在庭审中明确表示投保单由其执笔填写，对“自有车队”以及非高尔公司车辆发生事故不予赔偿并未作过解释和说明，免责条款中仅就运输玻璃造成损失不予理赔进行过说明。

2009 年 7 月 10 日，朱国兴驾驶浙 A63017 重型普通货车（车辆行驶证表明该车并非高尔公司自有车辆）运输钱江公司发往杭州银都餐饮设备有限公司的压缩机至杭州绕城公路，车辆货物倾斜并挤压右侧护栏，造成车损、交通设施（护栏）、车上货物受损的交通事故，交警部门出具的事故认定书认定朱国兴驾车未注意，负交通事故的全部责任。2009 年 7 月 23 日，鉴定人浙江出入境检验检疫鉴定所应人寿财险浙江公司的要求赴现场勘查，确定该次事故造成的货物损失金额为 71 882. 2 元。

2009 年 8 月 15 日，段反修驾驶皖 KC0202 皖 KN585 挂重型半挂车运输申江公司冷轧钢板，在杭甬高速公路，车辆冲出路基外，造成车辆车头、底盘、部分货物及护栏损坏的后果，交警部门出具的事故认定书认定段反修在高速公路上行驶过程中，未确保安全行驶，负事故的全部责任。2009 年 9 月 11 日鉴定人浙江出入境检验检疫鉴定所应人寿财险浙江公司的要求现场勘查，确定该次事故造成的货物损失金额为 171 098 元。

2009 年 9 月 30 日，王家善驾驶浙 A32369 重型普通货车运输钱江公司发往杭州博阳公司的压缩机至杭州绕城公路，车辆碰撞右侧护栏翻车，造成车辆及车上货物受损的交通事故，交警部门出具的事故认定书认定王家善驾车操作不当，负交通事故全部责任。2009 年 10 月 9 日，鉴定人浙江出入境检验检疫鉴定所应人寿财险浙江公司的要求赴现场勘查，确定该次事故造成的货物损失金额为 117 825 元。

因人寿财险浙江公司拒绝理赔，高尔公司依据浙江出入境检验检疫鉴定所对2009年7月10日事故损失所作鉴定结论及其与托运人就2009年8月15日事故和9月30日事故损失所达成的赔偿协议向本院提起诉讼，要求人寿财险浙江公司支付保险金465 519.2元。

【裁判与处理】

法院依照《中华人民共和国合同法》第60条、《中华人民共和国保险法》第17条、第23条之规定，判决如下：

一、中国人寿财产保险股份有限公司浙江省分公司于本判决生效后10日内向杭州高尔运输有限公司支付保险赔偿金360 805.2元。

二、驳回杭州高尔运输有限公司其他诉讼请求。

案件受理费8283元，减半收取4141.5元，由杭州高尔运输有限公司负担932元，中国人寿财产保险股份有限公司浙江省分公司负担3209.5元。

（案例来源：杭州市下城区人民法院民事判决书（2010）杭下商初字第397号）

【案例评析与法理分析】

一、保险概述

保险是现代生活的必要组成部分，是分散风险和消化损失的手段。保险是指投保人根据合同约定，向保险人支付保险费，保险人对合同约定的可能发生的事故因其所造成的财产损失承担赔偿保险金责任，或者当被保险人死亡、伤亡、疾病或者达到合同约定的年龄、期限时承担的给付保险金的商业保险行为。

相对于其他保险险种，责任保险产生较晚，是指以被保险人对第三者依法应负的赔偿责任为保险标的的保险。在日常的生产、生活中，被保险人由于故意或过失对第三者造成损害，或依法律规定向第三者承担赔偿责任，由保险人承担。

（一）责任保险的特征

1. 责任保险的承保标的。责任保险承保的标的是各种损害赔偿责任，是一种民事责任。被保险人以自己对第三者承担的损害赔偿责任向保险人投保。在投保时，这种责任的发生与否是不确定的，而当危险发生时，必然会造成被保险人在经济上有所付出而受到损失。

2. 责任保险的赔偿限额。在责任保险的合同中，保险人与被保险人约定保险金额，当损失发生时，以保险金额为限由保险人给付保险金。在实际中，保险人会对每一种责任保险规定若干等级限额，由被保险人自己选择，被保险人选定的赔偿限额便是保险人承担的赔偿责任的最高限制。同时，保险人对被保险人承担的给付保险金的责任以被保险人实际承担的赔偿责任为限。这符合财产保险以实际损失为准的损害填补原则。

3. 责任保险的第三人性。责任保险是为了第三人的利益订立保险合同。在责任保险中，虽然是为了补偿被保险人所承担的赔偿责任，但这种赔偿责任是因为第三者所受的损失而承担的。没有第三者的损失，也就没有被保险人的赔偿责任。责任保险的目的在于分散和转移被保险人对第三人应当承担的赔偿责任，是为第三人利益，性质上是为第三人保险。

4. 责任保险的赔偿替代性。责任保险的受害人在被保险人对其造成损害时，只能向被保险人请求赔偿。而被保险人根据责任保险合同，可以向保险人提出赔偿请求。从这个意义上，责任保险人承担被保险人的赔偿责任，其居于代被保险人向受害人赔偿的地位，这就是责任保险的赔偿功能的替代性。

（二）责任保险的分类

以保险标的为标准，可以将责任保险分为公众责任保险、雇主责任保险、产品责任保险、职业责任保险等。公众责任保险是以公众责任为保险标的的责任保险，其承保的危险属于过错责任；雇主责任保险以雇主责任为标的；产品责任保险是指以产品的生产者和销售者因生产或销售的产品给第三人造成人身伤害和财产损失所应承担的损害赔偿责任为保险标的责任保险，其承保的属于无过错责任；职业责任保险是各种专业技术人员（医生、律师、会计师、工程师等）在从事职业活动中给他人人身或财产造成损害所应承担的赔偿责任为保险标的责任保险。

以保险合同产生的基础为标准，可以将责任保险分为自愿责任保险和强制责任保险。自愿责任保险是投保人与保险人在平等自愿的基础，由双方协商一致而订立的责任保险。投保人可以自主决定是否投保、与谁投保、投保的险种、期限等内容。强制责任保，又称法定责任保险，主要有汽车责任保险、雇主责任保险、民用航空器责任保险、物流责任保险等。

以保险的适用范围为标准可分为企业责任保险、专业责任保险和个人责任保险。企业责任保险是以被保险人从事各种商业活动发生损害而引起的赔偿责任为承保对象；而个人责任保险是指以非商业活动为目的的任何个人行为引起的赔偿责任为承保对象的责任保险。

（三）责任保险制度与侵权行为法的关系

有的学者认为责任保险制度引发了侵权行为法的危机，甚至会取代侵权行为法而存在。因为侵权行为法的主要功能是补偿和惩罚。责任保险制度将侵权行为所产生的损害赔偿后果转嫁于保险人，从而很大程度上保证了受害人获得赔偿，增强了侵权行为法的补偿功能。但是同时，责任保险也削弱了侵权法的惩罚功能，加害人只付出少许的保险费，就可以极大程度地减轻其应承担的责任，使得侵权法的强制作用和教育作用严重削弱了。

但是我们不能夸大责任保险制度对侵权法的影响。首先，责任保险制度是使得被保险人在经济付出方面减少了，但被保险人仍然承担法律上的侵权责任，并且对保险人不予承保的责任和承保范围之外的侵权责任还要自己负担。其次，责任保险制度是侵权行为法的派生法。责任保险的存在前提是有赔偿责任的存在。也就是说，先有侵权责任的认定，才有责任保险的实施。同时，责任保险制度随着侵权法的发展而发展，如责任保险的险种是随着侵权行为种类的增多而逐渐增多的。最后，保险赔偿金不能完全弥补受害人的损害。保险赔偿金是根据保险人和被保险人所签订的保险合同的具体规定而定的，保险人不会对被保险人的责任进行完全赔偿。要想更好地保护受害人的利益，就必须要求被保险人承担起保险赔偿以外的赔偿金额。对这部分赔偿金的请求权的依据仍是侵权责任法。

总之，我们既应该重视又不能夸大责任保险制度对侵权行为法的促进作用，要合理地利用责任保险制度，更加充分地保护公民的权利。

二、物流责任保险概述

物流责任保险是责任保险在物流业的新发展。物流保险一般是指对物流活动过程当中各个主要环节运作风险的保障和理赔。从社会角度来看，物流保险是分散物流风险，消化损失的一种经济制度；从法律角度来看，物流保险是一种契约或是因契约而产生的权利义务关系，这种契约即是物流保险契约。广义的物流保险囊括了物流过程中涉及的全部保险，既包括货物运输保险又包括责任保险。狭义的物流保险是责任保险，是相对于货运保险体系之外的另一个体系的保险。

货物保险投保人和受益人都是货方，而物流保险投保人和受益人都是物流企业。货物保险标的是货物本身，物流保险标的是物流经营人的责任。因此，真正意义上的物流保险应当是物流责任险。

我国保险公司为物流业提供的保险险种主要有财产保险和货物运输保险。财产保险是承保机器设备、厂房、仓储材料等固定资产的自然灾害和意外事故的风险。而货物运输保险是以运输过程中的货物作为保险标的，保险人承担因自然灾害或意外事故造成损失的一种保险。这两种保险都是针对物流过程某个单一环节的，物流保险被物流的各个环节肢解了，所以物流经营人不得不按环节投保。这种相对独立的保险产品割裂了现代物流的各个环节，与现代物流功能整合的理念背道而驰。比如，物流经营人要完成一项物流活动，就不得不在运输环节投保货物运输险、在仓储环节投保货物仓储险等。多次办理保险手续意味着多次保险谈判、保单缮制、费用支付等，程序的复杂既延长了物流活动的时间，又增加了多环节保险的费用，给物流经营人带来不便。

2004年，中国人民保险公司正式推出了“物流责任保险”条款。该条款规定，“物流责任保险”是指被保险人在经营物流业务过程中，对由于列明原因造成的物流货物损失，依法应由被保险人承担赔偿责任的，由保险人根据保险合同的约定负责赔偿。除物流责任基本险外，还有“附加盗窃责任保险”“附加提货不着责任保险”“附加冷藏货物责任保险”“附加错发错运费用损失保险”“附加流通加工包装责任保险”“附加危险货物第三者责任保险”等附加险供物流企业选择投保。

上述物流责任基本险及附加险的出现，为广大物流企业通过保险方式分散、转嫁责任风险创造了条件。推行物流责任基本险对物流业产生了积极意义：首先，它填补了我国物流企业综合责任保险的空白；其次，它覆盖了物流服务的各个环节，初步满足了我国物流企业的基本责任保险需求；再次，它简化了物流企业投保责任保险的手续，节约了保险费用，减少了索赔理赔的环节和成本；最后，它丰富了保险产品品种，有利于我国物流保险市场的开拓和发展。

三、调整物流责任保险的法规

当前我国调整物流保险方面的法律制度主要依据《民法通则》《合同法》《保险法》《海商法》及其他运输法规。

1.《保险法》。最直接、最明确调整物流保险关系的法律就是《保险法》，《保险法》第50~51条对责任保险作了专门规定，这是物流责任保险以及其他责任保险得以承认和发展的坚实基础。

2.《民法通则》与《合同法》。《民法通则》是调整平等主体间民事关系的重要法律，物流责任保险关系作为民事关系的一种，应该受到该法的规范。此外，物流企业与客户之间是一种物流服务合同关系，物流企业与保险公司之间是一种保险合同关系，《合同法》的规定同样适用于物流服务合同和物流责任保险合同。

3.《海商法》及其他运输法规。《海商法》是调整海上保险关系的重要法律文件，海上运输责任保险应该首先适用《海商法》的规定，《海商法》没有规定的则适用《保险法》的规定。除《海商法》外，《铁路法》《民用航空法》等也是开展物流责任保险的重要依据。如《民用航空法》只在第105条规定公共航空运输企业应当投保地面第三人责任险。此外，《海事诉讼特别程序法》也是海事法院审理海上运输责任保险案件的重要程序法。

总之，上述法律法规对物流保险活动有序进行起到了规范的作用，但这些法规对物流保险的规定比较简单，过于原则和笼统。物流保险法律制度应当适应现代物流业的发展，根据物流保险的特殊要求不断完善。

四、高尔公司承运的货物因交通事故造成损失是否属于物流责任保险范围

本案中，人寿财险浙江公司的物流责任保险条款载明：本保险合同所称物流货物是指被保险人接受委托进行物流的物品，同时对保险责任、责任免除、责任限额、保险费、保险期间、投保人（被保险人）义务、赔偿处理、争议处理及其他事项等进行了明确。从该条规定可知：高尔公司承运的货物因交通事故造成损失，属于案涉物流责任保险条款中保险责任范围，人寿财险浙江公司应当依照保险条款的约定予以赔偿。

五、人寿财险浙江公司以非高尔公司自有车辆发生事故造成损失不予赔偿的主张不予支持

《保险法》第17条规定，订立保险合同，采用保险人提供的格式条款的，保险人向投保人提供的投保单应当附格式条款，保险人应当向投保人说明合同的内容。对保险合同中免除保险人责任的条款，保险人在订立合同时应当在投保单、保险单或者其他保险凭证上做出足以引起投保人注意的提示，并对该条款的内容以书面或者口头形式向投保人做出明确说明；未作提示或者明确说明的，该条款不产生效力。

从举证的角度考虑，上述说明义务是保险人应尽的法定义务，按照证据规则的规定，对于合同义务是否履行发生争议的，由负有履行义务的当事人承担举证责任。因此，采用书面形式告知，经由投保人签字盖章确认，不失为一种有效的风险防范措施，便于保全证据。

本案中人寿财险浙江公司业务员在办理保险业务时并未就承保的车辆只限于高尔公司“自有车队”向高尔公司征求意见，且保险单正本以及保险条款的“责任免除”条款中也并无“非高尔公司自有车辆发生事故造成损失不予赔偿”的约定，故人寿财险浙江公司以非高尔公司自有车辆发生事故造成损失不予赔偿的主张不予支持。

六、高尔公司要求人寿财险浙江公司支付保险金 465 519.2 元不予支持

保险条款明确约定“保险人的赔偿以仲裁机构裁决的或法院判决的或经赔偿请求人、被保险人双方协商并经保险人认可的应由保险人承担的赔偿责任为依据”。而高尔公司与托运人间就事故损失所达成的赔偿协议中涉及的赔偿金额未经人寿财险浙江公司认可，并且与人寿财险浙江公司委托鉴定机构对事故损失所作鉴定不一致，故对高尔公司就 2009 年 8 月 15 日事故和 9 月 30 日事故所主张的损失金额不予支持，该部分损失应以鉴定机构出具的鉴定报告中确定的金额为准，对高尔公司主张的损失赔偿金额中的合理部分予以支持。因此，对高尔公司要求人寿财险浙江公司支付保险金 465 519.2 元不予支持。人寿财产保险浙江省分公司应向杭州高尔运输有限公司支付保险赔偿金 360 805.2 元。

案例二

华泰财产保险股份有限公司上海分公司与中国东方航空股份有限公司保险代位求偿权纠纷案

【案例提示】

本案属于保险代位求偿权纠纷。通过对本案相关内容的分析，了解保险代位求偿的基本法律规定。

【案情介绍】

上诉人（原审原告）：华泰财产保险股份有限公司上海分公司（以下简称华泰保险上海分公司）。

被上诉人（原审被告）：中国东方航空股份有限公司（以下简称东方航空公司）。

案由：保险代位求偿权纠纷

2007 年 8 月 31 日，华泰保险上海分公司与骐驰科技有限公司（以下简称骐驰公司）签订“货物运输保险单”，载明被保险人为骐驰公司，货物为生物电信号处理系统，提单号为 160-23853395，计费重量 3 公斤，总保险金额 9 868.10 美元，装载工具空运 CX250，起运时间 2007 年 8 月 31 日，启运地伦

敦，目的地西安，中转地香港，承保条件包含《航空运输货物保险条款》和《航空运输货物战争险条款》等。保险单背面所附条款为海洋运输条款。

2007年8月30日，国泰航空公司签发了不可转让空运单，号码为160-23853395；空运单载明，托运人为骐驰公司，收件人为陕西中电公司，货物为生物电信号处理系统一台，合约号为SID17070，起运机场为伦敦希思罗机场，至香港后由港龙航空公司运至中国西安咸阳机场，第一承运人为国泰航空公司，货运申报价值栏载明未申明价值。上述货物2007年9月2日运抵咸阳机场后，由航空运输承运人的代理人东方航空公司下属西北分公司确认后将货放在东方航空公司所属监管仓库指定的货位。上述货物于2007年9月3日在海关进行了报关。2007年10月11日，东方航空公司西北分公司向陕西中电公司出具丢失证明，内容为“贵公司运单号为160-23853395的一件货物2007年9月2日KA940航班到达西安咸阳机场，经我处工作人员和搬运队确认后此货放在了指定的货位，当天此货情况正常。9月6日货主提货时在我处到达库房内未找到此票货物。现已确定货物在我处库房内丢失。”陕西中电公司就此向东方航空公司索赔。2007年12月5日，华泰保险上海分公司向被保险人骐驰公司支付了保险赔偿款9 868.1美元后，向法院起诉，请求判令东方航空公司赔偿8 971美元（暂按2007年9月2日美元对人民币汇率7.53计算为人民币67 551.63元）。

【裁判与处理】

依照《中华人民共和国合同法》第60条第1款、《中华人民共和国保险法》第45条、《中华人民共和国民用航空法》第125条、《最高人民法院关于民事诉讼证据的若干规定》第2条之规定，驳回华泰保险上海分公司的诉讼请求。一审案件受理费1 488元，由华泰保险上海分公司承担。

（案例来源：上海市第一中级人民法院（2009）沪一中民三（商）终字第44号）

【案例评析与法理分析】

本案是骐驰公司就涉案货物向华泰保险上海分公司投保货物运输险，货物在东方航空公司所有的仓库发生灭失，华泰保险上海分公司依据保险合同向骐驰公司理赔后，以东方航空公司侵权为由代位骐驰公司请求赔偿的纠纷。主要涉及以下保险法律问题：

一、保险代位求偿权概述

保险代位权是指因第三者对保险标的的损害而造成保险事故的，保险人自向被保险人赔偿保险金之日起，在赔偿金额范围内代位行使被保险人对第三者请求赔偿的权利。保险代位权是债权的转移，在债权转移之前是被保险人与第三人之间特定的债的关系，与保险人没有直接的法律关系。被保险人将其享有的债权——损害赔偿请求权转移给保险人后，原债权关系的内容不变，但债权人则变更为保险人。因此，保险人作为新的独立的债权人，应以自己的名义向其债务人即负有赔偿责任的第三人求偿。保险代位权的行使，是保险人实现其求偿权的手段。保险人向第三人行使保险代位权应当具备四个条件：被保险人对第三人享有损害赔偿请求权；保险人已向被保险人给付保险金；请求的范围以给付的保险金为限；损害赔偿的标的必须一致。

本案是一起保险代位求偿权案件。华泰保险上海分公司提出，东方航空公司在保管涉案货物期间，导致货物灭失，构成侵权，因此，应向其承担赔偿损失的责任。华泰保险上海分公司作为涉案航空运输合同的保险人，在其向被保险人支付保险赔偿金后，具备代位求偿权行使的条件，享有代位求偿权，其代位的是被保险人在航空运输合同项下的法律地位，故其应受该航空运输合同的调整。

二、赔偿责任主体

本案的赔偿责任主体是承运人，而不是东方航空公司。

从涉案货物的空运单来看，涉案货物由第一承运人国泰航空公司从伦敦希思罗机场运至香港后，由港龙航空公司再运至西安咸阳机场，放入承运人的机场代理东方航空公司所有的仓库。因此，本航空运输的承运人为国泰航空公司及港龙航空公司，东方航空公司并不是承运人，涉案货物虽放入东方航空公司的仓库，但仍在机场内，属航空运输期间，处于承运人掌管之下，尚未交付。东方航空公司与骐驰公司之间无合同关系，故涉案货物灭失对骐驰公司承担责任的应是本次航空运输的承运人。

从代理法律关系来看，涉案货物在航空运输期间，承运人对货物具有保管义务。东方航空公司作为承运人的地面代理人，其保管货物的义务正是来源于承运人保管货物的义务。尽管涉案货物是在东方航空公司的库房内灭失，但根据我国法律规定，代理人的行为后果直接归属于被代理人即承运人。因此，应由承运人对涉案货物灭失承担责任。承运人可以根据代理法律规定再向东方航空公司追究责任。

基于以上原因，华泰保险上海分公司以东方航空公司侵权的法律关系提起诉讼，缺乏依据，法院不予支持。

三、货物运输合同中承运人的举证责任的分配

货运保险代位求偿时，保险人往往认为运输过程中货物的毁损、灭失，托

运人（货主）享有《合同法》第122条规定的因违约与侵权竞合而产生的选择权，致使保险人在代位侵权之诉还是代位合同违约之诉间纠结。但无论是违约还是侵权，都涉及举证责任的分配问题。

（一）违约的举证责任

货运保险中，保险人选择合同违约损害赔偿时，承运人承担货物损害赔偿责任不以承运人主观上是否存在过错为要件，因而保险人代位货主向承运人求偿时，只要证明货物毁损、灭失的事实，无需证明承运人有过错。但有时保险人还需证明承运人属于《保险法》第45条的第三人。当承运人因自身责任造成货损事故时，保险人应当承担赔偿责任的保险事故，取得代位权后，保险人有义务区分保险事故的种类和性质，保险事故的发生是出于自然原因还是人为因素，即保险人应当证明承运人属于《保险法》第45条的第三人。

承运人要求免责的，其必须证明免责事由的存在。如果是非承运人自身原因造成的货损事故，如交通肇事引起的货物毁损、灭失的情形下根据2000年1月1日实施的交通部《汽车货物运输规则》第81条的明确规定，承运人应先行向托运人赔偿，再由其向肇事的责任方追偿。因而保险人代位托运人向承运人追偿时，由承运人负举证责任。但保险人愿意选择交通事故的肇事方作为追偿的对象，则按照侵权的损害赔偿负担举证责任。

（二）承运人承担侵权责任与举证责任分配

如果托运人（货主）选择侵权的损害赔偿，由于运输中货物的毁损、灭失并不属于特殊侵权，托运人将按照一般侵权的归责原则负担相应的举证责任。

因东方航空公司与本案被保险人没有合同关系，保险公司代位货主向东方航空公司提出侵权之诉。按照一般侵权的归责原则，保险公司不仅要证明货物灭失，还要证明东方航空公司主观上的过错。

案例三

乐清市江南海运有限公司与中国太平洋财产保险股份有限公司船舶损失赔偿纠纷案

【案例提示】

本案是船舶损失赔偿纠纷案件。通过对本案的分析，了解海上货物运输保险的概念、种类、理赔程序等相关内容。

【案情介绍】

原告（上诉人）：乐清市江南海运有限公司（以下简称江南海运）。

被告（被上诉人）：中国太平洋财产保险股份有限公司（以下简称太保公司）。

被告（被上诉人）：中国太平洋财产保险股份有限公司浙江分公司（以下简称太保浙江分公司）。

案由：船舶损失赔偿纠纷

2004年11月16日，江南海运为“南侠9”轮向太保浙江分公司投保船舶一切险。太保浙江分公司向江南海运签发了太保公司抬头的格式保险单，记载内容为：“杂货船、2004年建造、5000载重吨、中国近海及内河A、B级航行范围……保险期限从2004年11月18日0时起至2005年11月17日24:00止……”保险单背面条款保险责任第1条全损险约定：“由于下列原因造成保险船舶发生的全损，本保险负责赔偿。一、八级以上（含八级）大风、洪水、地震……”除外责任第3条约定：“保险船舶由于下列情况所造成的损失、责任及费用，本保险不负责赔偿：一、船舶不适航，船舶不适拖（包括船舶技术状态、配员、装载等……）；四、被保险人及其代表（包括船长）的故意行为或违法犯罪行为……”

2005年10月3~6日，涉案货物精矿粉陆续运至营口港兴仓储有限公司露天码头堆场待运。10月14日“南侠9”轮停靠鲅鱼圈港区装货。此前，鲅鱼圈于10月7日和13日分别降水12.6毫米和1.9毫米。“南侠9”轮办理出港签证后，于14日19:00驶往马鞍山，次日凌晨3时15分沉没于长兴岛海域。事发时该海域西南风6到7级，阵风8级，浪高3到3.8米，浪向为西南。17日，太保浙江分公司向“南侠9”轮船长、大副、二副和一名水手进行了调查询问，上述人员均反映该航次所载精矿粉湿度明显高于上一航次，船舶是先倾斜后沉没。

营口海事局在对“南侠9”轮进行水下探摸后出具报告称：“沉船侧卧在海底，左倾约90。驾驶台向西，左侧基本接近泥面，船底向东，基本是正南北方向。该船舱盖板全部散落，矿砂溢出。该船右舷压浪以上未发现破洞和裂缝，左舷无法判断是否破损……”

次日，营口海事局向船舶所有人发出打捞该轮的通知。江南海运向太保公司转述了该通知并要求及时理赔。太保浙江分公司要求江南海运提交经海事主管机构签证的海上事故责任认定书等文件，并表示对“南侠9”轮拟按全损处理，且放弃对该轮的所有权利。

此后，由于海事局未对沉船原因做出认定结论，江南海运无法提交海上事故责任认定书，太保公司和太保浙江分公司拒绝理赔。

另查明，交通部在1988年《关于发布〈海运精选矿粉及含水矿产品安全管理暂行规定〉的通知》（现已失效）中，对精选矿粉及含水矿产品的特性有如下表述："含水精选矿粉以及大量含水的散矿货物，在海上运输时产生矿、水游离现象，当矿粉及矿产品含水率达到或超过8%时，矿粉及含水矿产品受船舶航行摇摆、振动后，会在货物面上产生大量泥水而形成一个自由液面，降低船舶稳性，甚至导致船舶倾侧、翻沉，以往国内外在海运中均发生过这类事故，教训是深刻的。"《海运精选矿粉及含水矿产品安全管理暂行规定》（现已失效），以下简称《安全管理暂行规定》的内容主要是托运人、起运港和船方在精选矿粉及含水矿产品的托运、堆存、装载等方面各自应做的工作和需注意的问题，包括：托运人应向起运港和船方提供由装船口岸地方产品质量监督检验部门签发的关于含水率的证明文件；起运港应检查其含水率是否超过可运含水率，如超过应不予装船或承运；船方应认真计算船舶稳性，装船前应用简易方法检验含水率是否符合运输要求，发现问题应及时通知货方申请重新检验；使用一般货船装运的，含水率不得超过可运含水率，一般可按不超过8%的标准执行，超过可不予承运。

【裁判与处理】

二审法院依照《民事诉讼法》第153条第1款第（三）项、第158条、《海商法》第237条之规定，判决撤销原判，改判由江南海运成立保险合同的太保浙江分公司支付保险金及相应利息。

【案例评析与法理分析】

一、海上保险概述

海上保险是保险人和被保险人通过协商，对船舶、货物及其他海上标的所可能遭遇的风险进行约定，被保险人在交纳约定的保险费后，保险人承诺一旦上述风险在约定的时间内发生并对被保险人造成损失，保险人将按约定给予被保险人经济补偿的商务活动。海上保险属于财产保险的范畴，是对由于海上自然灾害和意外事故给人们造成的财产损失给予经济补偿的一项法律制度。

（一）海上保险的种类

海上保险主要有五种：（1）船舶保险。以船舶为保险标的，当船舶在航行或其他作业中受到损失时，予以补偿，包括船舶定期保险、航程保险、费用保险、修船保险、造船保险、停航保险等。（2）运费保险。以运费为保险标的，只按航程保险，通常以全损为投保条件，海损后船舶所有人无法收回的运费由保险人补偿。（3）保障赔偿责任保险。船舶所有人之间相互保障的一种保险形式，主要承保保险单不予承保的责任险，对船舶所有人在营运过程中因各种事故引起的损失、费用、罚款等均予保险。（4）海洋运输货物保险。以海运货物为保险标的，主要有平安险，负责赔偿因自然灾害发生意外事故造成保险货物的全部损失；水渍险，除负责平安险的全部责任外，还负责因自然灾害发生意外事故所造成的部分损失；一切险，负责保险条件中规定的除外责任以外的一切外来原因所造成的意外损失。（5）石油开发保险。以承保海上石油开发全过程风险为标的。属于专业性的综合保险。此种保险的保险期很长。

（二）理赔

理赔是保险人在知悉发生保险事故并调查确认法律责任归属后，审查索赔材料，做出赔付、部分赔付或拒赔等决定的法律行为。理赔是保险人应尽的保险义务，也是保险人完善经营管理的重要措施。海上保险的理赔应遵循一些基本原则：

（1）以海上保险合同为依据的原则。海上事故发生后，是否属保险责任范围、是否在保险期限内、保险赔偿金额多少、免赔额的确定、被保险人自负责任等等均依据保险合同确定的责任。

（2）合理原则。海上保险人在处理保险赔偿时，要以保险合同为依据并注意合理原则，因为海上保险合同条款不能概括所有情况。

（3）及时原则。海上保险的主要职能是提供经济补偿，保险事故发生后，保险人应迅速查勘、检验、定损，将保险赔偿及时送到被保险人手中。

理赔的主要手续包括：

（1）损失通知。当发生保险事故或保险责任范围内的损失时，被保险人应立即通知保险人。损失通知是保险理赔的第一项程序，在船舶保险中，如其事故在国外，还应通知距离最近的保险代理人。

（2）查勘检验。保险人或其代理人获悉损失通知后应立即开展保险标的损失的查勘检验工作。

（3）核实保险案情。保险人收到代理人或委托人的检验报告后，还应向有关各方收集资料，并加以核实、补充和修正赔案的材料。

（4）分析理赔案情，确定责任。保险人应判断原因是否属保险责任，是否发生在保险期限内，索赔人是否具有可保利益，审查的有关单证如保险单证、事故检验报告、保险事故证明、保险标的施救和修理等方面文件。

（5）计算赔偿金额，支付保险赔偿。保险赔偿的计算，保险人通常依据索赔清单。保险赔偿的计算可以由保险人自身进行，也可由其代理人计算或委托海损理赔人理算。

（三）除外责任

除外责任指保险不予负责的损失或费用，一般都有属非意外的、非偶然性的或须特约承保的风险。为了明确保险人承保海运保险的责任范围，海商法规定：(1) 对于被保险人故意造成的损失，保险人不负赔偿责任。(2) 下列原因造成货物损失免责任：航行迟延、交货迟延或者行市变化；货物的自然损耗、本身的缺陷和自然特性；包装不当。(3) 下列原因造成保险船舶损失免责：船舶开航时不适航，但是在船舶定期保险中被保险人不知道的除外；船舶自然磨损或者锈蚀。

二、船舶沉没的原因

从本案的以下事实可以认定“南侠9”轮沉没的原因是遭遇8级大风所致。

第一，在遭遇8级风以后发生沉没事故，是已经查明的事实。

第二，营口海事局确认，“南侠9”轮开航前，该局鲅鱼圈海事处对其提交的签证材料进行了严格审核，在船员适任、船舶适航的情况下为其办理了出港签证。因此，该轮是适航船舶。

第三，根据江南海运提供的《入库单》《证明》和《营口海事局“南侠9”轮沉没事故调查报告》等证据认定，“南侠9”轮所载精矿粉的含水量不超过8%。这说明该案没有可供采信的证据证明“南侠9”轮沉没是基于开航前船舶不稳所致。

基于以上事实应认定，“南侠9”轮沉没的主要原因是遭遇8级大风，次要原因是大风浪中船员操纵不当。保险人应根据《海商法》的相关规定和保险单的约定负赔偿之责。

三、举证责任

保险人依据除外责任主张拒赔，应对此主张承担举证责任。本案中，两被上诉人称船载精矿粉的含水率超过8%，但其举证并不充分，故难以认定。

四、交通部关于运输的精矿粉含水率不得超过可运含水率的规定是托运人的义务

交通部关于运输的精矿粉含水率不得超过可运含水率、如果超过8%承运人可以拒载的规定，是托运人的一项义务。托运人应提交水分含量不超过8%的检测报告。该规定不是承运人的一项强制义务，而是赋予承运人拒载选择

权。即使本案中承运人在要求托运人出具水分含量检测报告等方面存在过失，两被上诉人也未证明该过失属于《海商法》和涉案保险单所规定的免责事由，同时，保险人也不能仅因为存在免责事由的可能性而拒绝赔付。

案例四

中国抽纱公司上海进出口公司与中国太平洋保险公司上海分公司海上货物运输保险合同纠纷案

【案例提示】

本案属于海上货物运输保险合同纠纷，通过对本案的分析了解海上货物运输合同与海上货物运输保险合同的区别。

【案情介绍】

原告：中国抽纱公司上海进出口公司（以下简称抽纱公司）。

被告：中国太平洋保险公司上海分公司（以下简称保险公司）。

案由：海上货物运输保险合同纠纷。

原告抽纱公司与被告保险公司于1997年7月4日签订了海上货物运输保险合同2份，约定：被保险人抽纱公司，保险标的物为9127箱玩具，保险金额计550 508美元，险别为中国人民保险公司海上货物运输保险条款及海上货物运输战争险条款（1981年1月1日）规定的一切险和战争险，保险费率按1.01%计共为5560.13美元；开航日期根据提单，航程为上海至圣彼得堡，责任起讫期间为仓至仓，即自被保险货物运离保险单所载明的起运地仓库或储存处所开始运输时生效，包括正常运输过程中海上、陆上、内河和驳船运输在内，直至货物到达保险单所载明目的地收货人的最后仓库或储存处所或被保险人用作分配、分派或非正常运输的其他储存处所为止；如未抵达上述仓库或储存处所，则以货物在最后卸载港全部卸离海轮后满60天为止。保险公司据此签发了保险单，抽纱公司按约定支付了保险费。

货物于1997年7月15日装船，华夏船务有限公司作为承运人银风公司的代理，为原告抽纱公司签发了上海至圣彼得堡的全程提单。提单载明：托运人抽纱公司，收货人凭指示，通知人为与抽纱公司签订贸易合同的LINSTEK公司（以下简称买方）。货物由上海运至韩国釜山，后转装二程船运至俄罗斯东方港，再由东方港改由铁路运输，9月初运抵目的地圣彼得堡。9月13日至

14日，买方持二程海运提单（釜山—东方港）和铁路运单（东方港—圣彼得堡）要求提货。因买方是这两个单证上的收货人，承运人便在未收回全程正本提单的情况下放货，买方办理完清关手续后将货物提走。

原告抽纱公司在贸易合同中与买方约定的付款方式是付款寄单，因见买方迟迟没有支付货款，遂派人持正本提单至圣彼得堡提货。抽纱公司因提不着货物，于1998年8月10日向被告保险公司提交了索赔单据和涉案货物在圣彼得堡报关的材料，要求赔偿，此后，双方经多次协商不成，抽纱公司提起诉讼。

根据保险公司的《主要险种条款汇编》介绍，中国人民保险公司的海上运输保险条款中的一切险，在保险公司业务习惯上包括“偷窃、提货不着险”在内的11种普通附加险，“提货不着”指“整件提货不着”。

上海海事法院于2000年1月19日判决：被告保险公司向原告抽纱公司赔偿损失450 431.49美元及其利息。保险公司不服一审判决，向上海市高级人民法院提起上诉。

【裁判与处理】

上海市高级人民法院于2001年3月20日判决：撤销第一审民事判决。对被上诉人抽纱公司的诉讼请求不予支持。二审案件受理费共计人民币65 712.16元，均由被上诉人抽纱公司负担。

【案例评析与法理分析】

一、如何理解提货不着险

“提货不着险”条款，来源于英国海上保险中的“Non-delivery”（“交货不能”或“没有交货”）条款，中文的“提货不着”，不仅包括“Non-delivery”文义中因承运人“交货不能”所致的“提货不着”，还包括其他原因所致的“提货不着”，如因货物本身形体的绝对损坏或灭失而造成的提货不着，因货物脱离所有人而造成的提货不着等。

因保险合同是格式合同，因此，根据《保险法》第30条规定，对于保险合同的条款，保险人与投保人、被保险人或者受益人有争议时，人民法院或者仲裁机关应当作有利于被保险人和受益人的解释。

虽然本案保险单上没有明文将“偷窃、提货不着险”约定为保险合同中应予赔偿的一种风险，但在保险公司的《主要险种条款汇编》一书中，已经将一切险解释为包括“偷窃、提货不着险”。投保人在订立保险合同时，没有对该条款作过其他解释或附加其他条件。抽纱公司投保的是一切险和战争险，因此应当认为包括“偷窃、提货不着险”。只要被保险的货物“整件提货不着”，保险人将按现有中文条款文义承担责任。

二、提货不着是否属于保险责任赔偿范围

1. 保险责任范围

保险责任范围包括平安险、水渍险及一切险三种。被保险货物遭受损失时，按照保险单上订明承保险别的条款规定，负赔偿责任。

（1）平安险包括：① 货物在运输途中由于恶劣气候、雷电、海啸、地震、洪水自然灾害造成整批货物的全部损失或推定全损。当被保险人要求赔付推定全损时，须将受损货物及其权利委付给保险公司。被保险货物用驳船运往或运离海轮的，每一驳船所装的货物可视作一个整批。推定全损是指被保险货物的实际全损已经不可避免，或者恢复、修复受损货物以及运送货物到原定目的地的费用超过该目的地的货物价值。② 由于运输工具遭受搁浅、触礁、沉没、互撞、与流冰或其他物体碰撞以及失火、爆炸意外事故造成货物的全部或部分损失。③ 在运输工具已经发生搁浅、触礁、沉没、焚毁意外事故的情况下，货物在此前后又在海上遭受恶劣气候、雷电、海啸等自然灾害所造成的部分损失。④ 在装卸或转运时由于一件或数件整件货物落海造成的全部或部分损失。⑤ 被保险人对遭受承保责任内危险的货物采取抢救、防止或减少货损的措施而支付的合理费用，但以不超过该批被救货物的保险金额为限。⑥ 运输工具遭遇海难后，在避难港由于卸货所引起的损失以及在中途港、避难港由于卸货、存仓以及运送货物所产生的特别费用。⑦ 共同海损的牺牲、分摊和救助费用。⑧ 运输契约订有“船舶互撞责任”条款，根据该条款规定应由货方偿还船方的损失。

（2）水渍险除包括上列平安险的各项责任外，还负责被保险货物由于恶劣气候、雷电、海啸、地震、洪水自然灾害所造成的部分损失。

（3）一切险除包括上列平安险和水渍险的各项责任外，还负责被保险货物在运输途中由于外来原因所致的全部或部分损失。

2. 海上货物运输保险合同中的风险

海上货物运输保险合同中的风险是指货物在运输过程中因外来原因造成的风险，既包括自然因素造成的风险，也包括人为因素造成的风险。提货不着虽然是本案海上货物运输保险合同中约定的一种风险，但并非所有的提货不着都应当由保险人承担赔偿责任。只有具备不可预见性和责任人不确定性的特征的风险才属于保险责任赔偿范围。

托运人、承运人、收货人等利用接触、控制保险货物的便利，故意毁损、

丢弃或无单放行以至提货不着，是可以预见的事故。

持有正本提单的抽纱公司提货不着的直接原因是承运人银风公司无单放货造成。这种提货不着不具有海上货物运输保险的风险特征，故不属于保险合同约定承保的风险。

本案提货不着的真正原因是作为收货人的买方提货后不付货款，这是出口信用保险的承保范围。

三、本案责任主体的认定

1. 海上货物运输合同

海上货物运输合同是指承运人收取运费，负责将托运人托运的货物经海路由一港运至另一港的合同。海上货物运输合同中，承运人有四项必须承担的义务，即适航、管货、不做不合理绕航和应托运人请求签发提单。这四项义务被称为“承运人的最低法定义务”。除这四项义务外，还可以再增加承运人的其他义务。

很多情况下承运人将运输任务转给其他人，于是出现承运人与实际承运人的责任分担问题。承运人，是指本人或者委托他人以本人名义与托运人订立海上货物运输合同的人。实际承运人，是指接受承运人委托，从事货物运输或者部分运输的人，包括接受转委托从事此项运输的其他人。如果承运人将运输的部分或全部委托给实际承运人履行，承运人仍须按照法律规定对全程运输负责。对实际承运人承担的运输，承运人应当对实际承运人的行为或者实际承运人的受雇人、代理人在受雇或受委托的范围内的行为负责。但如果在海上货物运输合同中已经明确规定了特定部分的运输由特定实际承运人承担，合同可以同时规定，承运人对这一部分运输期间货物的事故不负责任。

2. 海上货物运输保险合同

海上货物运输保险合同是指被保险人支付保险费，由保险人按照合同规定的承保范围、对被保险人遭受保险事故造成保险标的之损失以及产生之责任进行赔偿的合同。

海上货物运输保险合同的当事人为保险人和被保险人。保险人是保险合同中收取保险费，并在合同约定的保险事故发生时，对被保险人因此而遭受的约定范围内的损失进行补偿的一方当事人。被保险人指在保险范围内的保险事故发生时受到损失的一方当事人。

本案涉及两个法律关系：海上货物运输合同与海上货物运输保险合同。抽纱公司与承运人之间签订的是海洋货物运输合同，抽纱公司与保险公司签订的是海上货物运输保险合同。当承运人故意违约无单放货时，抽纱公司应当根据海洋货物运输合同的约定，追究承运人银风公司的违约责任，不应以“提货不着是约定的风险”为由起诉保险公司，否则将导致应承担无单放货违约责任的银风公司免受追偿，其结果也不符合公平、正义的法律原则。

第六章

物流环境保护法律制度

本章导读

随着现代经济的飞速发展，物流活动的规模不断扩大，物流竞争愈加激烈，物流活动对环境造成的污染也成为一个重要的问题。物流活动对环境的负面影响，又叫物流活动的非绿色因素，具体表现在运输、储存、流通加工、包装以及装卸搬运等物流活动之中。绿色物流战略的实施是一项系统工程，要想迅速培育、发展绿色物流事业，除了需要通过相关知识的普及、专家型管理者的引入等手段外，还必须通过制订适宜的绿色物流产业政策，完善绿色物流法制，加强执法力度，从而推动我国绿色物流的发展。为了驱使企业实施绿色物流，必须将《环境保护法》的基本原则及各项制度融入物流法制建设中，并加强绿色物流相关法规的制定与完善。

通过对本章案例的学习，使读者能够了解环境保护法基本原则、基本制度在物流领域的实施的具体措施；了解环境保护法律制度与绿色物流建设的关系；理解环境侵权责任的承担的基本知识；认识船舶污染损害赔偿制度、物流环境责任保险制度等在物流有关的污染控制与防范、环境侵权纠纷处理中的重要作用。

案例一

上海市环境保护局与 Sekwang Shipping Co.，Ltd.（大韩民国）申请设立海事赔偿责任限制基金案

【案例提示】

本案海事赔偿责任限制基金设立所涉及的海损事故导致700余吨剧毒、易燃、易爆、易挥发的强污染化学物质苯乙烯溢流入我国沿海。这是世界上迄今为止发生的最大的苯乙烯泄漏污染海洋事故，涉及多个国家、地区的当事人及相应船东保赔协会的利益，案件的审理受到国际海事界相关各方的高度关注。本案是化学物质泄露引起的海洋环境污染案件，由于我国没有加入《国际海上运输有害有毒物质损害赔偿和责任公约》，我国《海商法》对本案化学物质引起的环境污染损害赔偿责任限制也没有规定，增加了人民法院审理的难度。上海市高级人民法院利用“海洋环境污染是由于船舶碰撞”造成这一事实，依据《海商法》第207条规定，巧妙地解决了这起纠纷。

【案情介绍】

上诉人：上海市环境保护局（以下简称上海市环保局）、农业部东海区渔政渔港监督管理局（以下简称东海渔监局）、中华人民共和国上海海事局（以下简称上海海事局）。

被上诉人：Sekwang Shipping Co.，Ltd.（大韩民国）（以下简称S公司）。

案由：申请设立海事赔偿责任限制基金

2001年4月17日，“大勇”轮（M. V.“DAE MYONG”）在长江口附近海域（离上海南汇三甲港、横沙岛只有几十海里的长江口“鸡骨礁”附近）与香港籍“大望”轮发生碰撞，导致“大勇”轮船载苯乙烯泄漏的重大海损事故，S公司应当承担行政责任。涉案船舶“大勇”轮总吨位为1999吨，于2001年6月15日更名为M. V.“BOGHIL”，S公司是“大勇”轮的船舶所有人。S公司向上海海事法院申请设立海事赔偿责任限制基金，上海海事法院依法向已知利害关系人发出通知，并通过报纸发布了公告。上海市环保局、东海渔监局、上海海事局在公告期间向上海海事法院提出异议称：碰撞事故引起船载苯乙烯泄漏并导致事发洋面受污和环境受损，由此引起的环境污染损害赔偿属非限制性债权，申请人应当承担行政法律责任；异议人作为国家有关行政职

能部门依职权采取了应急处置强制措施并对碰撞事故引起的环境污染进行了检测及分析评估，由此产生的相应费用属行政干预费用，依法不能作为海事赔偿责任限制的项目；申请人在船员配备上存在过失，其船长未经英语培训，“大勇”轮属不适航船舶。为此，请求驳回S公司设立海事赔偿责任限制基金的申请。上海海事法院依照《中华人民共和国海事诉讼特别程序法》（以下简称《海诉法》）第101条第1、3款、第106条第2款、第108条的规定，做出裁定：准许S公司设立海事赔偿责任限制基金的申请。上诉人不服一审裁决上诉至上海市高级人民法院。

【裁判与处理】

上海市高级人民法院依照《中华人民共和国海事诉讼特别程序法》第106条第3款、《中华人民共和国民事诉讼法》第158条的规定，裁定驳回上诉，维持原裁定。

（案件来源：上海市高级人民法院（2002）沪高民四（海）基字第1号）

【案例评析与法理分析】

本案是强污染的苯乙烯泄漏污染海洋事故，由于是船舶碰撞引起的，故属于物流领域的环境污染案件，需要用体现物流特点的相关环境法解决，因此，有必要对物流领域的环境法律制度有所了解。

一、物流领域环境法律制度概述

物流活动对环境的负面影响体现在物流活动的非绿色因素上。随着现代城市经济的飞速发展，物流活动的规模不断扩大，物流竞争愈加激烈。物流企业作为利益主体，一般只站在微观角度上以本企业获取最大利润为目标，在进行物流活动的过程中很少顾及对周围环境的影响。

（一）物流活动对环境的负面影响

物流活动对环境的负面影响，又叫物流活动的非绿色因素，具体表现在运输、储存、流通加工、包装以及装卸搬运等物流活动之中。

1. 运输中的非绿色因素

运输是物流活动中最重要、最基本的活动。其非绿色因素主要表现在交通工具本身产生的环境污染上，主要体现在以下三个方面：（1）大气污染。汽车尾气使空气长期处于污染状态，是大气污染的罪魁祸首。（2）噪声污染。公路运输网络的发达使得噪声污染影响到社会的每个角落；铁路及水运线作为一种移动污染源，随着运输频率的增加，已经逐步转化为线状噪声源；飞机起降时的噪声对机场附近的居民更是危害至深。（3）其他污染。如废弃的机油、柴油经常渗入到土壤和水体中，不可避免地造成土壤和水体污染；货物的装载和卸载、设备维修、燃料加注、解冻和清洗，油轮泄露等，都会造成环境污染。本案就是一起因船舶碰撞引起的海洋污染案件。

2. 储存中的非绿色因素

储存和运输一样，也是物流活动的基本功能，它解决商品生产与消费在时间上的差异。其非绿色因素主要表现在两个方面：（1）商品储存必须借助一些化学方法养护，如喷洒杀虫剂、杀菌剂，这对周边生态环境会造成污染；（2）一些商品，如易燃、易爆等危险化学品，由于储存方法不当而导致爆炸或泄漏也会对周边环境造成污染和破坏。本案就是作为移动的储存物体——船舶遭到破坏引起的化学物质泄漏而造成的海洋环境污染和破坏。

3. 流通加工中的非绿色因素

流通加工是流通过程中为适应用户需要而进行的必要加工，以完善商品的使用价值。流通加工的非绿色因素表现为加工中资源的浪费或过度消耗，加工过程中所产生的废气、废水和废物都对环境和人体构成危害。

4. 包装中的非绿色因素

包装具有保护商品品质、美化商品和便利销售及运输等作用。包装中的非绿色因素主要表现在：（1）包装材料的环境污染，如：塑料袋、铝制易拉罐等包装会给自然界留下长久污染；（2）使用一次性包装不仅造成资源的浪费，不利于可持续发展，同时也无益于生态经济效益。

5. 装卸搬运中的非绿色因素

装卸搬运是随运输和储存而附带产生的物流活动，贯穿物流的始终。装卸过程中的非绿色因素表现在装卸搬运时野蛮操作，发生货损，造成资源浪费和废弃，而这又易造成空气、水、土壤的污染。

（二）物流法律中环保体系的缺失

我国2001年颁布实施的《国家标准物流术语》对绿色物流的定义是："在物流过程中抑制物流对环境造成危害的同时，实现对物流环境的净化，使物流资源得到充分利用。"由此可见，绿色物流是以降低对环境的污染、减少资源消耗为目标，利用先进物流技术，规划和实施运输、储存、包装、装卸、流通加工等物流活动，其实质就是追求环境与人类和谐生存和发展。

绿色物流战略的实施是一项系统工程，要想迅速培育、发展绿色物流事业，除了需要通过相关知识的普及、专家型管理者的引入等手段外，还必须通过制订适宜的绿色物流产业政策，完善绿色物流法制，加强执法力度以推动我国绿色物流产业的发展。

尽管我国自20世纪90年代以来，治理环境污染方面的政策和法规颁布了不少，但针对物流行业的环境法规还不是很多，造成了物流法律中环保体系的缺失。主要体现在：（1）绿色物流立法滞后，许多物流环节无法可依的现象普遍存在，与绿色物流建设不适应。（2）运用到物流领域的环境法多是义务性规范，缺乏权利性规范，难以调动物流企业进行绿色物流活动的积极性。（3）绿色物流立法质量不高，政策性、原则性强，规范性和可操作性差。（4）法规之间欠协调。由于体制分割，致使我国物流立法分割甚至互相矛盾，各级政府在制定物流规划的时候只考虑本辖区的利益，忽略了全局效益；只考虑短期利益，忽略了长期效益，导致物流行业无序发展，造成了资源的巨大浪费和对环境的严重污染。（5）需加快加入环境保护的国际公约的步伐。迄今为止，关于国际环境保护的国际法文件已达100多个，我国参加的国际环境公约已超过60多项，为促进全球环境事业做出积极贡献，但还有些公约尚未加入，如在物流领域的海上运输方面涉及的《国际海上运输有害有毒物质损害赔偿和责任公约》，我国还未加入。

为了驱使企业实施绿色物流，必须将环境法的基本原则及各项制度融入物流法制建设中，并加强绿色物流相关法规的制定。

（三）绿色物流法制完善建议

绿色物流法律具有保护环境的功能，同时又有发展绿色物流产业的功能。如何将环境法的基本内容贯彻到物流产业中，建立绿色物流法，完善物流法律体系是发展绿色物流产业的关键。

绿色物流法制建设，除了考虑自身行业特殊性外，还应贯彻环境法的基本原则，实现环境法与物流法有效融合。

1. 协调发展原则在物流领域的贯彻

《环境保护法》第4条规定：“保护环境是国家的基本国策。国家采取有利于节约和循环利用资源、保护和改善环境、促进人与自然和谐的经济、技术政策和措施，使经济社会发展与环境保护相协调。”《环境影响评价法》第1条规定：“为了实施可持续发展战略，预防因规划和建设项目实施后对环境造成不良影响，促进经济、社会和环境的协调发展，制定本法”。这些环境法规都在体现着协调原则。反映了可持续发展理念的绿色物流的政策法规建设应当考虑环境和资源的承载能力，应在物流活动的各个环节将环境法有关协调发展的规定落到实处，以实现和促进两个利益的协调和平衡。

2. 预防原则在物流领域的贯彻

预防原则是对过去环境问题教训的一种总结，也是科学技术发展对环境认识的提高所提出的新要求。这项原则已在多部环境法中得到贯彻，并转化为各种制度措施，如总量控制、环境标准控制、环境影响评价制度、三同时制度、清洁生产制度等。我国在绿色物流建设中提出的改变原来的"末端治理"战略，加大预防措施的分量和力度，实施源头控制战略，就是预防原则的具体体现，今后还需在物流领域进一步落实各项环境制度。

3. 协同合作原则在物流领域的贯彻

协同合作原则以可持续发展为目标，在国家内部各部门之间、在国家之间重新审视既得利益与环境利益的冲突，实行广泛的技术、资金和情报交流与援助，联合处理环境问题。虽然该原则不具有法的拘束力，但由于环境问题引发的利益冲突涉及面极宽，利用协同合作原则处理这一问题是最行之有效的方式。

物流业的复杂性与环境问题有着相似之处，即一项物流活动要涉及物流各环节，涉及许多行业和部门，因此制订物流规划及法规要牵扯到多方利益，再将环境法贯彻到物流行业，情况更加复杂关系，只有贯彻协同合作原则才能处理好各职能管理部门关系，处理好社会各方面关系。因此，要建设好绿色物流法制就必须明确各部门职责分工，同时，分工不分家，各部门相互支持，协调行动。

4. 开发者养护、污染者治理原则在物流领域的贯彻

开发者养护、污染者治理原则是在我国借鉴国际社会普遍采用的"污染者负担原则"的基础上结合我国特色提出的。它是指在对自然资源和能源的开发和利用过程中，对于因开发资源而造成的资源的减少和环境的损害以及因利用资源和能源而排放污染物造成环境污染危害等的养护和治理责任，应由开发者和污染者分别承担。排污收费或征收污染税制度、废弃物品再生利用和回收制度、开发利用自然资源补偿费或税制度及环境保护的共同负担制度就是这项原则的具体体现。其中排污收费或征收污染税制度、废弃物品再生利用和回收制度应在物流活动中得到大力发展。例如，政府应对污染排放行为征税，起到限制造成负面外部效应的物流活动，如汽车运输带来的汽车尾气排放超标问题，可以根据污染者负担原则对其征税用以治理环境污染；征收道路使用税，可以起到鼓励企业选择铁路运输与水路运输的作用，对城市交通繁忙地带加收道路使用税，可以调节交通流、缓解交通拥挤，减少空气污染。

5. 公众参与原则在物流领域的贯彻

《环境影响评价法》第 11 条规定："专项规划的编制机关对可能造成不良环境影响并直接涉及公众环境权益的规划，应当在该规划草案报送审批前，举行论证会、听证会，或者采取其他形式，征求有关单位、专家和公众对环境影响报告书草案的意见。但是，国家规定需要保密的情形除外。编制机关应当认

真考虑有关单位、专家和公众对环境影响报告书草案的意见，并应当在报送审查的环境影响报告书中附具对意见采纳或者不采纳的说明。”这条规定是我国首次在从环境立法上明确规定公众参与的条款。此外，《环境保护法》《水污染防治法》《环境噪声污染防治法》《建设项目环境保护管理条例》也有相关的规定，这些规定为公众参与环境保护提供了法律依据，随着民主化进程在环境领域的推进，这项原则将不断完善。各项物流建设项目的规划、建设也应贯彻公众参与原则，使得各项物流活动在公众的参与下进行，以便对环境造成负面影响降低到最小化。

随着物流绿色化的政策法规和理论体系的建立和完善，环境法的基本原则将在物流领域的方方面面得到贯彻，绿色物流法制必将健全。

二、设立海事赔偿责任限制基金与获得责任限制权利的关系

在我国，对物流法律体系完善的研究还处在起步阶段，对绿色物流法的研究人们关注得更少，致使体现物流特点的环境法缺位，本案就是例子。对化学品泄漏引起的海事赔偿责任限制，我国没有加入《国际海上运输有害有毒物质损害赔偿和责任公约》，我国的物流环境法规也没有相关规定。然而，法院借助相关法律部门，依据《海商法》关于海事赔偿责任限制制度的规定，很好地处理了本案纠纷。

（一）海事赔偿责任限制基金概念

海事赔偿责任限制基金是被初步认为对海损事故负有责任并申请责任限制的人向海事法院申请设立的一项担保性质的基金，其主要目的是避免申请人的船舶等财产因海损事故遭到扣押或查封。

如何设立责任限制基金是一个重要的程序性问题，我国《海商法》作为一部实体法，第十一章只是原则性地规定了责任限制基金的设立以及基金设立以后禁止财产扣押，没有具体程序性的规范。《海事诉讼特别程序法》第九章对海事赔偿责任限制以及设立海事赔偿责任限制基金程序作了专门规定。

《海事诉讼特别程序法》关于设立海事赔偿责任限制基金程序规定，责任人要求依照本法规定限制赔偿责任的，可以在有管辖权的法院设立责任限制基金。船舶所有人、承租人、经营人、救助人、保险人在发生海事事故后，依法申请责任限制的，可以向海事法院申请设立海事赔偿责任限制基金。船舶造成油污损害的，船舶所有人、保险人或者提供财务保证的其他人，为取得法律规定的责任限制的权利，应当向海事法院设立油污损害的海事赔偿责任限制基金。

（二）设立海事赔偿责任限制基金与获得责任限制权利的关系

法院准予责任人设立责任基金并不意味着确认责任人享受责任限制的权利。对海事赔偿责任限制基金能否设立的审查应包括申请人和利害关系人主体资格、债权性质以及申请人是否丧失责任限制的条件。而责任人能否享受海事赔偿责任限制，则需通过实体审理才能确定。因此，海事赔偿责任限制基金的设立与享受责任限制之间并无必然的因果关系。

（三）本案是对申请设立海事赔偿责任限制基金的审查

本案中S公司申请的是设立海事赔偿责任限制基金。人民法院需要审查的是S公司是否具有设立海事赔偿责任限制基金的主体资格；船舶碰撞事故引发的有毒化工品泄漏造成污染损害侵权是否属于限制债权；申请设立基金的数额是否符合法律规定等问题。

上海市环保局、东海渔监局、上海海事局提出的化工品污染损害赔偿及行政机关的相关费用是否属限制性债权，以及涉案船舶是否适航等争议，属于实体审理范围，不属于设立海事赔偿责任限制基金程序的审查范围，因此，不影响本案海事赔偿责任限制基金的请求成立。

三、关于海事赔偿责任限制基金的主体资格

（一）海事赔偿责任限制概念

海事赔偿责任限制制度是指作为责任人的船舶所有人、救助人等在发生重大海损事故以后，可以依据法律的规定，将自己的赔偿责任限制在一定限度之内的法律制度。

海事赔偿责任限制制度与民法上的损害赔偿制度相背离，具有以下特点：

（1）海事赔偿责任限制制度允许责任人在因过失给他人造成重大损失时，只在法定的限额内承担赔偿责任。

（2）海事赔偿责任限制是法定的责任限制。有关海事赔偿责任限制的主体、条件、限额、程序等，都是由法律明文规定的，不能由当事人自行约定。

（3）海事赔偿责任限制适用于责任人的海事赔偿责任的总额超过法定限额的场合。对于没有超过限额的赔偿责任，责任人不得要求限制，仍然应该按照实际损失承担赔偿责任。

（二）海事赔偿责任限制主体

海事赔偿责任限制主体也称责任人，是指对海事赔偿请求负有责任并有权依法限制赔偿责任的人。根据《海商法》的规定，海事赔偿责任限制主体具体包括：（1）船舶所有人包括船舶承租人和经营人、救助人；（2）船舶所有人和救助人的雇员或代理人；（3）上述主体的责任保险人。

（三）S公司具备申请设立海事赔偿责任限制基金的主体资格

本案S公司是“大勇”轮船舶所有人，属于《海商法》规定的海事赔偿责任限制主体的范围，具备申请设立海事赔偿责任限制基金的主体资格。

四、关于本案海事债权是否属于限制性债权

（一）限制性债权概念

限制性债权是指责任主体可根据海事赔偿责任限制的法律进行限制的海事债权。我国《海商法》第207条规定了下列4类海事赔偿请求为限制性债权：

（1）在船上发生的或者与船舶营运、救助作业直接相关的人身伤亡或者财产的灭失、损坏，包括对港口工程、港池、航道和助航设施造成的损坏，以及由此引起的相应损失的赔偿请求。

（2）海上货物运输因迟延交付或者旅客及其行李运输因延迟到达造成损失的赔偿请求。

（3）与船舶营运或者救助作业直接相关的，侵犯非合同权利的行为造成其他损失的赔偿请求。

（4）责任人以外的其他人，为避免或者减少责任人依照本章规定可以限制赔偿责任的损失而采取措施的赔偿请求，以及因此项措施造成进一步损失的赔偿请求。

（二）非限制性债权概念

非限制性债权是指责任主体根据海事赔偿责任限制的法律不能进行限制的债权。根据《海商法》第208条规定，非限制性债权包括：

（1）对救助款项或者共同海损分摊的请求。

（2）中国参加的国际油污损害民事责任公约规定的油污损害的赔偿请求。

（3）中国参加的国际核能损害责任限制公约规定的核能损害的赔偿请求。

（4）核动力船舶造成的核能损害的赔偿请求。

（5）船舶所有人或者救助人的受雇人提出的赔偿请求，根据调整劳务合同的法律，船舶所有人或者救助人对该类赔偿请求无权限制赔偿责任，或者该项法律做了高于本章规定的赔偿限额的规定。

（三）本案海事债权属于限制性债权

苯乙烯属于有毒有害化学物质，此类损害引起的海事债权既未规定在《海商法》第207条中，也不属于《海商法》第208条列举的范围和我国参加的《国际油污损害民事责任公约》中规定的“油污”损害等情况。我国目前尚未加入《国际海上运输有害有毒物质损害赔偿和责任公约》。在法律空白的情况下，有毒有害化学物质泄漏引起的债权是否属于《海商法》规定的限制

性债权的问题存在一定争议。受案法院回避有毒有害化学物质泄漏引起的债权性质的归属，从债权的起因入手分析，发现本案是因船舶营运中发生碰撞导致的有毒有害化学物质污染损害，这种债权性质符合《海商法》第 207 条第 2 款规定的“与船舶营运或者救助作业直接相关的，侵犯非合同权利的行为造成其他损失的赔偿请求”的法律特征。因此，本案海事债权属于限制性债权。

五、关于申请设立海事赔偿责任限制基金的数额问题

（一）海事赔偿责任限制数额的规定

《海商法》第 210 条对海事赔偿责任限制的计算赔偿限额做了如下规定：

1. 关于人身伤亡的赔偿请求的规定

（1）总吨位 300 吨至 500 吨的船舶，赔偿限额为 333 000 计算单位；（2）总吨位超过 500 吨的船舶，500 吨以下部分适用本项第 1 目的规定，500 吨以上的部分，应当增加下列数额：501 吨至 3000 吨的部分，每吨增加 500 计算单位；3001 吨至 30 000 吨的部分，每吨增加 333 计算单位；30 001 吨至 70 000 吨的部分，每吨增加 250 计算单位；超过 70 000 吨的部分，每吨增加 167 计算单位。

2. 关于非人身伤亡的赔偿请求的规定

（1）总吨位 300 吨至 500 吨的船舶，赔偿限额为 167 000 计算单位；（2）总吨位超过 500 吨的船舶，500 吨以下部分适用本项第 1 目的规定，500 吨以上的部分，应当增加下列数额：501 吨至 30 000 吨的部分，每吨增加 167 计算单位；30 001 吨至 70 000 吨的部分，每吨增加 125 计算单位；超过 70 000 吨的部分，每吨增加 83 计算单位。

3. 依照第 1 项规定的限额，不足以支付全部人身伤亡的赔偿请求的，其差额应当与非人身伤亡的赔偿请求并列，从第 2 项数额中按照比例受偿。

4. 在不影响第 3 项关于人身伤亡赔偿请求的情况下，就港口工程、港池、航道和助航设施的损害提出的赔偿请求，应当较第 2 项中的其他赔偿请求优先受偿。

5. 不以船舶进行救助作业或者在被救船舶上进行救助作业的救助人，其责任限额按照总吨位为 1500 吨的船舶计算。总吨位不满 300 吨的船舶，从事中华人民共和国港口之间的运输的船舶，以及从事沿海作业的船舶，其赔偿限额由国务院交通主管部门制定，报国务院批准后施行。

（二）法院对申请人享受的赔偿责任限额的裁定符合法律规定

根据《海商法》第 210 条第 1 款第（二）项的规定及涉案船舶的吨位计算，S 公司就涉案海损可享受的赔偿责任限额应为 417 333 计算单位（特别提

款权)；原审法院裁定准许S公司设立海事赔偿责任限制基金的数额包括该本金及自事故发生之日起至设立之日止的利息，亦符合《海诉法》第108条第3款的规定。

《海诉法》仅规定设立海事赔偿限制基金可以提供现金或经法院认可的担保，对现金的具体币种等并无强制性规定。《海商法》第277条规定的是特别提款权换算成人民币的方法，适用于法院对实体纠纷做出判决等情况，并不必然适用于本案所涉海事赔偿责任限制基金设立的中间程序性裁定。因此，原审法院暂以美元作为海事赔偿责任限制基金设立的币种以及相应的换算方法于法不悖，该换算仅起暂定担保性质基金数额的作用，并未实际损害利害关系人的合法权益。

六、外籍船舶造成我国海域污染的法律适用问题

本案中海事赔偿责任限制基金的申请人是韩国公司，具有涉外因素，涉及法律适用问题。此案海损事故发生地及损害结果发生地均在我国海域内，根据我国《海商法》第273条规定，船舶碰撞的损害赔偿，适用侵权行为地法律，本案应适用我国法律。《海诉法》是规范我国领域内海事诉讼的特别程序法，《海商法》是调整海上运输关系和船舶关系的特别法，两部法律中有关海事赔偿责任限制基金的规定应适用于本案。

案例二

烟台东耀水产有限公司与联合远洋运输公司等船舶油污污染损害赔偿纠纷案

【案例提示】

船舶污染是海洋环境污染的重大污染源，是物流非绿色因素之一。防治船舶污染海洋环境，成为绿色物流的重要组成部分，建立健全的船舶污染损害赔偿制度也成为海洋环境保护立法的一项重要工作。本案是船舶油污污染损害案件，法院依据相关的船舶污染防治和损害赔偿制度的国际公约、法律、行政法规保护了受害人的合法利益。

【案情介绍】

原告：烟台东耀水产有限公司（以下简称东耀水产）。

被告：联合远洋运输公司（UNITED OCEAN SHIPPING SDN. BHD）（以下简称被告一）。

被告：西英船东互保协会（卢森堡）［THE WEST OF ENGLAND SHIP OWNERS MUTUAL INSURANCE ASSOCIATION（LUXEMBOURG）］（以下简称被告二）。

案由：船舶油污污染损害赔偿纠纷

1993 年 1 月 9 日，案外人牟平县武宁镇虾场（简称武宁镇虾场）与案外人台湾东耀实业有限公司（简称台湾东耀公司）签订了《中外合作经营烟台东耀水产有限公司合同》，双方约定，武宁镇虾场将其厂房、场地使用权、虾池及滩涂使用权等作为出资，移交给合作公司即原告东耀水产使用。2006 年，武宁镇虾场与台湾东耀公司签定了《合作经营东耀水产有限公司合同的补充条款》，双方约定：将原作为出资的厂房和海滩使用权不再作为出资，转由武宁镇虾场租赁给原告使用。原告取得上述海域使用权后，在该海域进行了海上池塘海参养殖和海参保苗生产，并在陆地生产车间进行了海参保苗的生产。

2007 年 3 月 4 日 20 时许，被告一所属、被告二承保的马来西亚籍化学品船“山姆”轮在烟台崆峒列岛的夹岛鳖砣礁石区发生触礁搁浅事故。“山姆”轮抵达烟台时，货油舱为空舱，船舶存有 180CST 燃料油 174 吨，轻柴油 40 吨。搁浅造成该轮船底大面积破裂，约有 130 吨燃油（其中燃料油约 90 吨，轻柴油约 40 吨）泄漏。泄漏的燃油迅速在周围扩散和蔓延。有少量溢油在养马岛原告的养殖海域海滩抵岸，造成了该区域的水质标准降低，使对依赖于洁净海水从事养殖生产的原告遭受相应的损失。经司法鉴定，此次“山姆”轮的溢油事故：一是导致了原告所属的海参养殖池塘和保苗场的水质因水源地海域的海水石油类含量超过《海水水质标准》规定的二类标准长达 19 天。二是造成原告所属的池塘养殖海参损失：由于风暴潮的影响导致 9#和 11#池塘部分堤坝的溃决，使池塘内水质直接受到外来海水的水质影响并造成一定程度的污染，污染时间最长持续 19 天，由于该水源水质恶化，导致海参养殖池塘中石油烃超标产生的慢性毒性作用影响和干扰了海参的正常生理活动，致其死亡率升高；另由于附近海区水源石油烃仍然超标导致较长时间内养殖池塘不能换水，对海参正常生理活动产生了一定的不利影响，从而对其生长产生影响，一定程度上也会导致其死亡率的升高。三是保苗生产受损：原告的育苗场的用水根据以上的调查结果，由于在北部海域的水质受溢油污染并持续超标 19 天的情况下，如果长时间限制换水，会使 7#池塘的水质恶化，直接影响到保苗当中的参苗正常的生理活动，从而对其生产产生不利影响，一定程度上导致其死亡率升高；如果换水，则含有石油烃类的污染海水进入保苗水池，会对参苗产生直接的毒性作用，也会导致其死亡率升高。

经司法鉴定，原告此次“山姆”轮的溢油事故给原告造成损失为：1. 海参养殖损失：养殖面积为942.54亩，其中9#和11#池塘面积为220.41亩、轻度污染受损率为15%，其余池塘722.13亩、因长时间不能换水导致损失率为10%；每亩损失金额为0.77万元；海参池塘养殖损失金额共计为81.05万元。2. 海参保苗损失：有效水体1649立方米、保苗密度为每立方米水体1公斤、成活率为60%、损失率为40%；每千克损失金额为350元，海参保苗损失金额共计55.41万元。原告损失金额共计为136.46万元。

【裁判与处理】

法院依照《中华人民共和国民法通则》第124条、第142条、第146条、《中华人民共和国海洋环境保护法》第90条、《中华人民共和国海商法》第208条、第268条、《中华人民共和国海事诉讼特别程序法》第116条、《1992年国际油污损害民事责任公约》（现已失效）第1条、第2条、第3条、第5条、第7条的规定，判决：

一、被告联合远洋运输公司、被告西英船东互保协会连带赔偿原告烟台东耀水产有限公司船舶油污污染损害损失人民币136.46万元，加自2007年3月4日起截至两被告实际付款之日止按银行同期贷款利率计算的利息；

二、上述债权属于限制性债权，原告应在两被告申请设立的基金中分配；

三、驳回原告烟台东耀水产有限公司的其他诉讼请求。

（案件来源：青岛海事法院民事判决书（2008）青海法烟确字第22号）

【案例评析与法理分析】

船舶油污污染损害赔偿性质属于物流环境民事责任，有必要了解物流环境民事责任制度的内容。

一、物流环境民事责任概述

物流环境民事责任是指物流主体在物品从供应地向接收地的实体流动过程中，因污染和破坏环境所造成的被害者人身、财产损害所应承担的民事法律责任。污染破坏环境的物流行为主要是三废污染（废水、废气、废渣）、噪声、固体废物、电磁辐射以及破坏自然因素等污染环境的行为。随着现代物流的发展，物流环境污染损害赔偿案件不断发生，鉴于此，必须基于国情，借鉴发达国家有关环境侵权救济的法律制度，对物流环境侵权的民事责任方式进行规范。

在物流环境侵权案件中，通常将污染损害行为分为不当物流环境行为和法律不禁止的物流环境行为。在不当物流环境行为情况下，尽管国际组织和各国政府往往制订了严格的规章制度，并准备了完善的预防措施，但物流主体还是经常出现违规操作造成储存、装卸和运输不当，发生泄漏事故，对环境造成无法挽回的影响。这类案件，案由清楚、因果关系明显、直接经济损失易于计算，因此能按照一般民事侵权责任的要求，正确、及时地追究物流主体的民事责任；然而在法律不禁止的物流环境行为情况下，物流主体通常处于常规排污状况，这种新型的民事侵权不同于一般民事侵权，如何进行公平、合理的民事赔偿，有待进行研究和探讨。

（一）物流环境民事责任与一般民事责任的不同

传统民法理论认为，一般的民事侵权责任由四个要件构成：违法行为、损害后果、因果关系、主观过错。符合民事责任构成要件才能承担赔偿责任，但法律不禁止的行为造成的物流环境污染损害，承担的民事责任则有别于一般侵权行为民事责任：

1. 不以行为的违法性作为构成要件

一般民事侵权责任中，加害行为的违法性是民事责任的构成要件，即物流主体违反法律法规及各种规章制度是承担民事责任的条件之一。在物流环境侵权案件中，这一规定只在不当物流环境行为情况下适用，不适用于法律不禁止的物流环境行为。因为现有的科学技术水平，无法彻底解决物流发展中所发生的污染问题，所以国家允许在一定范围内和一定限度内排放污染物。从行政法角度讲，凡在国家规定的范围和限度内的污染环境的行为，是被许可的、合法的行为。然而从民法的角度看，在法律不禁止的物流环境行为下，不论物流主体的行为是否符合国家防治污染的规则、标准，只要造成环境损害就需要承担民事责任。因此，界定某一行为是否符合物流环境侵权民事责任的构成要件，违法性只是对其中一部分物流行为起到判断作用，并不具有广泛性，不适合成为环境侵权民事责任的构成要件。

2. 不以直接因果关系作为构成要件

传统民法理论认为，行为人承担赔偿责任的一个必要条件是，损害事实与加害行为之间要存在必然的因果关系。在不当物流环境行为情况下，物流主体违规操作造成对他人及环境的损害，侵权行为发生，受害人能即刻感受到损害的存在。此时加害行为与损害结果、损害经过均比较明确，因此追究物流主体的侵权民事责任，要求加害行为与损害事实之间具有直接因果关系，并且要求受害人就因果关系的成立负举证责任。

但在法律不禁止的物流环境行为中，环境损害的原因与损害结果间的关系往往不够明确。一种物流行为可能造成多种后果，环境污染的后果也可能是由多种原因造成。同时，环境污染往往具有多种因素复合累积性、潜伏性、缓慢性等特点，取得因果关系的直接证据难度较大。如果完全按照传统的民事责任因果关系理论，要求加害行为与损害事实之间具有直接因果关系，且要求受害人就因果关系的成立负举证责任，就会造成受害人寻求法律保护的障碍。为此，在法律不禁止的物流环境行为下，污染环境的行为与损害事实之间不宜适用直接因果关系理论。

3. 不以主观归责原则作为承担赔偿责任的基础

传统民法理论认为，一般民事侵权责任实行主观归责原则，以客观归责原则为例外。客观归责原则又称无过错责任，是指因污染环境而给他人造成财产或人身损害的单位或个人，即使主观上没有故意或过失，也要对造成的客观损害承担赔偿责任。在不当行为情况下，物流主体违规操作造成环境污染属主观上有过错，但在法律不禁止的物流环境行为中，物流主体往往存在无故意排放污染源的过错。如果实行主观归责原则，受害人将会因无法证明对方过错而得不到赔偿。为确保受害人利益，多数国家在环境保护法中确立了客观归责原则。我国在环境立法中也采取这一原则。因此，物流环境民事责任也应采取这一原则❶。

（二）物流环境民事责任的构成

由于法律不禁止物流环境行为的民事责任有别于一般民事责任，为此，在设计物流环境民事责任的构成中，必须在传统民事责任理论的基础上，予以发展。基于此，笔者主张物流环境民事责任的构成要件应该包括以下三个方面，即：污染环境的行为、损害事实、污染破坏环境的行为与损害事实之间的推定因果关系。

1. 污染环境的物流行为认定

在污染环境的物流行为认定中，根据什么标准认定污染损害行为至关重要。一些学者从“有损害必有救济、有救济才有权利”的法律原则出发，提出“忍受限度论”“利益衡量论”等环境侵权民事责任理论来解决认定污染损害行为标准问题。“环境权的忍受限度”是指社会一般观念所承认的受污染者的忍受限度，即法官就受害者所受损害的性质（健康损害、精神损害、财产损害）的轻重，加害者方面的加害行为的社会评价（公共性、有用性）、损害防除设施的设置状况、管制法规的遵守等情况进行综合性考察，从而具体地判定损害的忍受限度，一旦环境行为所造成的损害结果超过社会的一般忍受限度

---

❶ 徐焕茹．环境污染损害赔偿立法及其发展动向［J］．法学评论（双月刊）2000（5）．

就认定为环境侵权，以此限度作为发生环境侵权行为的标准。这种方式可以避免我国目前在实践中以污染物排放标准作为对环境损害进行利益衡量带来的无法解决的违法性问题。我国在制定相关物流环境责任法规时可以运用“环境侵权的忍受限度”这类理论来判断物流行为是否侵害、污染环境[1]。

2. 环境污染损害事实认定

损害事实是构成物流环境民事责任的必要条件，是指对污染环境的行为所致环境损害程度的客观评估。由于物流活动本身具有流动性特点，因此，造成环境污染损害比其他行业造成的环境污染损害更加复杂，涉及范围更加广泛。表现在：① 受害面积广。某一物流环节一旦发生污染，随着物流活动的进行，环境因素的流动，污染面积会扩散到周边的地区甚至数个国家。② 受害对象广泛，由于物流是动态的，环境损害会在物流经过的地域内损害不特定多数人或物的多种利益。③ 损害结果严重。环境污染随着物流行为的进行可能会持续反复地作用于受害对象，一旦显现损害，后果则无法弥补和消除，甚至殃及子孙后代。

考虑到物流环境污染损害的上述特殊性，环境损害事实需要在一般侵权损害事实范围基础上扩大。目前，依照我国《环境保护法》第 24 条规定，我国环境污染的侵权仅限于排放废水、废气、废渣、粉尘等 9 种，没有明确规定光污染、废热污染，而且我国也尚无鉴定光污染和废热污染的手段和标准。物流活动中引起的这类损害，如果没有相应的鉴定手段和标准，受害人的环境权益则难以有效维护。

3. 物流污染环境的行为与损害事实之间的因果关系认定

由于物流污染环境的行为的复杂性、潜伏性和广泛性的特点，使得环境污染因果关系的认定较之普通侵权更加困难。许多国家用因果关系推定理论代替直接因果关系认定，出现了“盖然因果说”“流行病因果说”“事实推定说”“间接反证说”等一系列新的民事责任因果关系学说。因果关系推定理论被许多西方国家的环境司法实践所接受，我国法律对此尚未做规定，笔者认为，从保护受害人的角度考虑，物流环境民事责任的构成不应苛求环境污染行为与损害事实之间必须存在直接因果关系，只要被告不能否认污染行为与损害事实之间的关联，就推定两者之间有因果关系。

（三）物流环境民事责任法规的完善

1. 物流环境民事责任立法实践

对物流环境污染的民事责任，我国还没有专门的法律法规。在司法实践

---

[1] 汪劲，田秦等．绿色正义：环境的法律保护［M］广州出版社．2000.

中，认定和处理物流环境污染损害，依据的法律是《民法通则》《环境保护法》以及其他单行环境与资源保护法规等。1989年的《环境保护法》第41条规定：造成环境污染危害的，有责任排除危害，并对直接受到损害的单位或者个人赔偿损失。1982年通过并经1999年、2013年修订的《海洋环境保护法》第90条规定："造成海洋环境污染损害的责任者，应当排除危害，并赔偿损失；完全由于第三者的故意或者过失，造成海洋环境污染损害的，由第三者排除危害，并承担赔偿责任。对破坏海洋生态、海洋水产资源、海洋保护区，给国家造成重大损失的，由依照本法规定行使海洋环境监督管理权的部门代表国家对责任者提出损害赔偿要求。"此外，1984年通过、1996年、2008年修订的《水污染防治法》，1987年通过、1995年、2000年两次修订的《大气污染防治法》，以及1995年通过、2013年修订的《固体废物污染环境防治法》和1996年通过的《环境噪声污染防治法》的规定基本与《环境保护法》相似。

上述规定共同构成了环境污染损害赔偿的立法基础，为物流环境污染确立了环境赔偿依据。这些环境民事责任立法在认定责任归属和责任形式方面的共同点是：（1）要求造成环境污染的加害者负有条件的无过失责任。（2）侵权客体无论是财产权还是人身权，均适用相同的归责原则。（3）危险废物和放射性废物污染不要求行为人违法，其他污染要求行为人违法。

2. 完善物流环境民事责任法规的建议

我国立法虽然规定了污染环境要承担民事责任，但加害人承担环境民事责任的法律构成要件过于简单化，对如何承担民事责任规定得不够详尽。为此，在今后制定有关的物流法规中关于环境民事责任问题，应规定得尽可能明确、可操作、详尽。应明确规定物流环境民事责任由污染损害行为、污染损害后果及推定因果关系构成。在此基础上细化构成要件的内容：

（1）在物流环境民事责任要件中明确规定推定因果关系。从保护受害人的角度考虑，物流环境民事责任的构成不应苛求环境污染行为与损害事实之间必须具有直接的因果关系。审判实践中将"盖然因果说""流行病因果说""间接反证说"等新的民事责任因果关系理论运用到物流环境赔偿案件中，使因果关系推定规则不断规范、科学、合理，待时机成熟，将因果关系推定规则以立法形式纳入到相关法律法规中。

（2）明确规定举证责任倒置原则。既然环境污染赔偿责任适用客观归责原则来认定污染赔偿是否存在，那么举证责任的分配应实行举证责任倒置原则。目前我国现行立法对环境侵权诉讼均未做出举证责任倒置的规定，只在最高人民法院《关于适用〈中华人民共和国民事诉讼法〉若干问题的意见》（现已失效）的第74条中，对因环境污染引起的损害赔偿诉讼，做了转移举证责任的解释："对原告提出的侵权事实，被告否认的，由被告负责举证。"为了更好地保护物流环境民事诉讼中的受害者利益，应当将举证责任倒置原则明确写入相关法规中[1]。

（3）扩大环境民事侵权范围。在物流环境民事责任规定中应增加环境污染民事侵权范围，环境污染民事侵权不仅包括排放废水、废气、废渣、粉尘等9种，还应明确规定光污染、废热污染。不仅包括财产权益损害、人身权益损害（一定程度的身体不适应纳入人身权损害范畴）、精神损害，还应增加环境使用权的损害、环境知情权损害、参与权损害等，其中环境使用权主要包括采光权、宁静权、通风权、清洁空气权、清洁水权等[2]。这些权利与公民生产、生活密切相关，将这些权利规定在相关法规中，并尽快从物流技术角度明确鉴定新型污染的标准和手段，为物流活动中因上述问题引起的损害纠纷解决提供法律依据[3]。

（4）增加物流环境民事责任社会化因素。适用上述新型的环境民事责任构成要件，能够加强物流环境民事损害的受害者的民事救济，但是环境赔偿数额往往十分巨大，一些物流企业难以承受，损失赔偿将无法实现，这不仅不利于对受害者的保护，也不利于物流企业的发展，更不利于社会的稳定。基于此，有必要规定环境损害赔偿责任限制制度，同时允许将单个损害责任分散于社会各方承担，以减轻无过错企业的环境民事赔偿风险。物流环境民事责任立法中应考虑环境责任保险、环境民事损害赔偿金制度的相关规定。

任何一种法律制度的产生和发展都是社会物质生活条件的反映，物流环境民事责任立法的目的就是要通过对物流活动中造成污染损害追究民事赔偿责任，警示物流企业环境侵权行为，以达到减少环境侵权，保护、促进环境与资源可持续利用。为此，物流环境民事责任制度的设计必须既要传承传统的民事赔偿的制度，又要适应社会的变迁，不断吸收新的做法、新的理论，补充和完善环境民事责任制度。[4]

二、海洋环境污染损害赔偿制度的归责原则

海洋环境污染损害赔偿是物流环境民事赔偿制度在海洋环境领域的具体体现，本案的解决需要遵循物流环境民事赔偿制度的相关规定。

---

[1] 张明新．对环境民事责任无过错责任制度的法理分析［J］．徐州师范大学学报，2003（4）：231-232.

[2] 刘长兴．环境利益的人格权法保护［J］法学，2003.

[3] 时奇文．环境侵权民事责任若干问题研究［J］．英才高职论坛．2007（3）：22.

[4] 余耀军．侵权行为法应有"生态化"的价值取向［J］．法学．2003（9）.

（一）海洋环境污染损害赔偿制度

船舶污染是海洋环境污染的重大污染源，船舶倾倒、排放的污染物质等对海洋环境、生物多样性及海洋物种的生态平衡产生破坏与威胁。防治船舶污染海洋环境，成为与人类共同利益有关的重要专题，建立健全相应的船舶污染损害赔偿制度也成为海洋环境保护立法的一项重要工作。我国关于船舶污染防治和损害赔偿制度的现行法律体系，主要由国际公约、法律、行政法规三个层次构成，包括我国加入的《〈1969年国际油污损害民事责任公约〉1992年议定书》（以下简称1992CLC）《国际防止船舶污染公约》《2001年国际燃油污染损害民事责任公约》以及《中华人民共和国海商法》《中华人民共和国海洋环境保护法》《防治船舶污染海洋环境管理条例》等。

1992CLC明确了船舶油污损害赔偿的适用范围、赔偿责任主体、归责原则以及赔偿责任限额，并且规定了船舶油污强制责任险制度。

我国《海商法》专章对海事赔偿责任限制做出相应规定，明确了限制赔偿责任的范围。

《海洋环境保护法》确定了海洋环境污染损害赔偿制度的归责原则，规定了造成海洋环境污染损害的责任者，应当排除危害，并赔偿损失，即无过错责任原则；但是，能够证明完全由于第三者的故意或者过失，造成海洋环境污染损害的，则不承担赔偿责任。同时，《海洋环境保护法》对免责情形也作了规定，即在战争、不可抗拒的自然灾害，负责灯塔或者其他助航设备的主管部门在执行职责时的疏忽，或者其他过失行为等三种情形下，责任者经过及时采取合理措施，仍然不能避免对海洋环境造成污染损害的，免予承担责任。

为实施《海洋环境保护法》第五章“防止船舶对海洋环境的油污损害”以及其他条款的规定，国务院于1983年12月29日批准颁布了《防止船舶污染条例》（现已失效），条例根据《海洋环境保护法》有关海洋污染损害赔偿的规定，进一步明确了船舶污染损害赔偿制度的归责原则和免责情形，即造成海洋环境污染损害的责任者，应当排除危害，并赔偿损失；完全由于第三者的故意或者过失，造成海洋环境污染损害的，由第三者排除危害，并承担赔偿责任。同时，对免责情形也作了规定。

（二）海洋环境污染损害赔偿制度的归责原则

从上述法律法规的规定看，海洋环境污染损害适用无过错责任原则。本案是油污引起的海洋污染赔偿责任，油污责任当然适用无过错责任原则。

法院在审理此类案件时只需审查油污侵权行为的三个构成要件，即污染环境的行为、损害事实、污染环境行为与损害事实之间的因果关系，而无需考虑当事人的过错。

（三）污染损害赔偿因果关系举证问题

为了更好地保护物流环境民事诉讼中的受害者利益，《海洋环境保护法》《防止船舶污染条例》（现已失效）都规定被告如果提出否定该因果关系结论的证据，需举证倒置。

本案污染受害人的养殖损害与泄漏污染源“山姆”轮油污事故经鉴定构成因果关系，且根据污染损害赔偿因果关系举证倒置的法律规定，被告亦未提出否定该因果关系结论的证据。因此，对原告养殖物损害是由被告所属和承保的“山姆”轮油污造成的事实，法院予以确认，对原告要求被告赔偿海上养殖损失及利息的诉讼请求，法院予以支持。

三、外籍船舶造成我国海域污染的法律适用问题

本案是船舶油污污染损害赔偿纠纷，被告联合远洋运输公司和西英船东互保协会是外国法人，所以本案具有涉外因素，涉及法律适用问题。被告所属和承保的“山姆”轮在烟台海域触礁搁浅油料泄漏，给周围海域造成严重污染，原告的养殖损害与被告所属和承保的“山姆”轮油污事故经鉴定构成因果关系。根据我国《民法通则》第146条，侵权行为的损害赔偿，适用侵权行为地法律的规定，人民法院应适用中国法律作为解决本案争议的准据法。如果适用我国2012年4月1日施行的《涉外民事关系法律适用法》第44条关于侵权责任之规定，也应以中国法律作为解决本案争议的准据法。

本案赔偿请求为油污损害，我国是《1992年国际油污损害民事责任公约》的参加国，根据我国《海商法》第268条规定，中华人民共和国缔结或者参加的国际条约同本法有不同规定的，适用国际条约的规定，因此，本案同时适用《1992年国际油污损害民事责任公约》。

本案油污损害发生在我国海域，法院除适用《中华人民共和国民法通则》《中华人民共和国海商法》《中华人民共和国海事诉讼特别程序法》外，还适用《中华人民共和国海洋环境保护法》《防止船舶污染海域管理条例》（现已失效）的规定审理。

四、船舶油污的赔偿范围

（一）船舶油污事故

船舶油污事故是指船舶因排放油类残渣、冲洗油舱、排油溢油及海难泄油而造成的海洋环境污染事故。

有关船舶油污损害赔偿的国际公约主要有《国际油污损害民事责任公约》和《设立国际油污损害赔偿基金公约》。我国已加入的公约是《国际油污损害

民事责任公约》。

根据《国际油污损害民事责任公约》的有关规定，装有散装油类货物的任何远洋船舶和海上船艇（不包括军舰和执行非海上运输的公务船舶及空载航行的油轮）的船舶所有人或经营管理人对任何溢油事件均应承担赔偿责任，但因战争行为、敌对行为、内战、暴动或特殊的、不可避免、无法抗拒的自然现象而导致溢油，因纯属第三者有意造成损害的行为或不作为而导致溢油，因纯属负责灯塔或其他助航设备的政府或其他主管当局在执行其职责时疏忽或过失行为而导致溢油的除外。该公约所指油类，为任何持久性油类，如原油、燃料油、重柴油、润滑油、鲸油等，而不包括汽油、植物油等软性油。

（二）船舶油污的赔偿范围

我国相关法规没有就船舶油污的赔偿范围作出规定，由于我国是《国际油污损害民事责任公约》的参加国，可以适用公约的相关规定。按照公约的规定，船舶油污的赔偿范围包括：油污所造成的损害以及为防止、减轻或消除对沿海海域或有关利益产生严重的和紧急的油污危险或油污威胁所采取预防措施而造成的损失。但是对在缔约国领土或领海上发生的污染损害，对因采取预防措施的费用和由此措施所造成的损害，均可列入限制性债权，适用公约规定的责任限制原则。

（三）“山姆”轮的溢油事故引起船舶油污的赔偿范围

“山姆”轮的溢油事故导致了原告所属的海参养殖池塘和保苗场的水质因水源地海域的海水石油类含量超过《海水水质标准》规定的二类标准长达19天，成为原告所属的池塘养殖海参损失和保苗生产受损的主要原因，该污染事故属于公约规定船舶油污赔偿范围。因该污染事故发生在作为缔约国的我国领海上，应当列入限制性债权，适用责任限制原则，可申请污染赔偿责任限制基金。

案例三

钟永桂等与赵金华等运输途中因液氨泄漏导致的损害赔偿纠纷案

【案例提示】

物流企业承担着货物安全仓储、流通加工及运输的责任，一旦发生责任事故尤其是环境污染事故，物流企业将要支付巨额的赔偿金。企业不但会因巨额赔偿元气大伤，也根本没有能力治理和恢复环境。鉴于此，建立物流环境责任保险制度十分必要。本案是一起因液氨泄漏引起的环境污染损害赔偿纠纷，案发当时如果实施了物流环境责任保险，案件的审理将会变得简便。

【案情介绍】

原告：钟永桂等多人。

被告：赵金华、蔡正德、张冬生。

案由：运输途中液氨泄漏致损纠纷

2003 年 11 月 9 日，赵金华在温岭市泽国镇樟王村废旧物资调剂市场，经该市场的狄宝富介绍，通过电话向蔡正德（无危险化学品经营许可证）购买其存放在该市场出售的液氨，双方约定每吨 2000 元，货运到地（路桥化工市场）后场地费、运费、货款一并付清。尔后，狄宝富将一只液氨瓶交付给张冬生（无危险化学品运输资质和上岗资格证）承运。中午 12 时许，张冬生驾驶拖拉机途径峰江街道打网桥村时，液氨大量泄漏，造成钟永桂等多人中毒，附近村民追上张冬生与其发生纠纷，以致当日无法继续运输。次日，张冬生将液氨瓶送至路桥化工市场，赵金华经查验，发现重量不足，后与蔡正德达成减少货款 500 元的协议，赵金华实际支付货款 1040 元。钟永桂住院治疗 16 天，医生诊断为急性气体吸入性中毒等，共用去医疗费 7649.83 元。2004 年 2 月 9 日，钟永桂以赵金华、蔡正德、张冬生为共同被告，向法院提起诉讼，请求三被告共同赔偿医疗费、误工费、住院伙食补助费损失 8234.35 元。

被告赵金华辩称：我与被告蔡正德之间的液氨买卖合同系口头约定货运到地后付款，液氨运输途中发生泄漏，当时所有权尚未发生转移，其风险责任应由被告蔡正德承担。

被告蔡正德辩称：液氨瓶交付被告张冬生运输后，就完成了所有权的转移，其风险责任应由被告赵金华承担。

被告张冬生辩称：承运过程中，由于阀门松动发生液氨泄漏，造成原告损害属实，责任应由买卖双方承担。

【裁判与处理】

法院判决：

一、被告蔡正德于判决发生法律效力之日起 10 日内，赔偿原告钟永桂医疗费、住院伙食补助费合计 6375.83 元。

二、驳回原告的其他诉讼请求。

（案件来源：互联网）

【案例评析与法理分析】

物流环境责任保险是一种有效解决物流环境责任赔偿纠纷的办法，对危险品物流，应当实行物流环境责任保险制度。

一、物流环境责任保险制度概述

物流环境责任保险是基于物流环境污染赔偿责任而形成的一种保险，是指物流主体在物品从生产环节到消费环节流转过程（即运输、储存、装卸、搬运、包装、流通加工、配送）中发生的环境污染事故对第三者造成的损害依法应负的赔偿责任为标的的保险。

物流企业承担着货物安全仓储、流通加工及运输的责任，同时也承担着防止物流活动造成污染环境的责任。一旦发生责任事故尤其是环境污染事故，物流企业将要支付巨额的赔偿金。企业不但会因巨额赔偿元气大伤，也根本没有能力治理和恢复环境。鉴于此，建立物流环境责任保险制度是我国物流业发展过程中有待解决的问题。

（一）对建立物流环境责任保险制度必要性的法理分析

建立物流环境责任保险的根本原因在于传统民事赔偿理论、环境赔偿理论不能有效地解决因物流损害环境引起的赔偿。

随着物流产业的快速发展，物流活动的频繁化，物流活动的各元素的非绿色因素对环境造成的污染日益凸显，环境污染的受害人纷纷求助于民事侵权行为法、《环境法》等法律，但是这些法律并不能有效地解决物流环境污染中的一些特殊性问题：

1. 传统民事赔偿理论不能解决物流环境损害的特殊性问题

传统民事赔偿理论认为，违法行为、损害后果、因果关系、主观过错四个要件同时具备才能认定环境污染损害赔偿责任。然而物流活动中发生的环境污染损害明显有别于一般民事损害。

（1）物流环境污染行为具有合法和违法的双重属性。

物流污染环境的行为并非绝对具有违法性。由于现有的科技水平无法彻底地解决物流发展中所发生的污染问题，因此，国家规定物流企业在一定范围内和一定限度内排放污染物是合法行为。这一规定造成物流企业的行为即使符合国家防治污染的法规、标准的规定，但排放的污染物还是造成环境损害，从民法角度看，损害达到一定程度则要承担赔偿民事责任。因此，物流污染环境责任不能强求其违法性。

（2）物流环境侵权因果关系难以推定。

物流本身的运动性特点决定了其产生的环境污染损害后果具有复杂性、潜伏性、持续性、广泛性等间接性特点，要证明损害与结果之间的因果关系难度极大，如果拘泥于传统的直接因果关系理论，要求受害人就因果关系的成立负举证责任，将造成受害人寻求法律保护的障碍。

（3）受害者难以证明物流主体的过错。

传统民事赔偿理论认为，行为人主观上有过错是承担赔偿责任的前提，而在物流环境污染案件中，由于专业知识的限制，一般公民难以知晓某种污染物可能致害，要求受害人证明行为人的主观过错十分困难。

上述物流环境侵害独有的特点，是传统民事赔偿理论难以调整的，有必要制定一套适合其特点的法学理论和法律规范❶。

2. 环境赔偿理论难以使物流环境赔偿实现

针对物流活动中发生的环境污染案件特殊性，环境赔偿理论在传统民事赔偿理论基础上产生，该理论认为：环境赔偿责任不以违法性为构成要件，实行因果关系推定原则，实行“无过错责任原则”。❷

物流环境污染案件适用环境赔偿理论，解决了民事赔偿理论无法解决的问题，使得民事赔偿制度在环境领域、物流领域得到深化发展，然而环境赔偿理论在实际应用中有时难以真正实施，体现在：

（1）实行单纯的无过错原则容易造成经济实力本不雄厚的物流企业陷入困境，甚至破产；而且即使企业破产，也不足以偿还众多受害者的赔偿要求。环境损害赔偿与赔偿不能解决这对矛盾，既不利于物流企业的发展，也不利于社会的稳定，不能实现法的秩序、公平、效率价值。

（2）因果关系推定理论作为理论虽已确立，但在我国环境赔偿立法中尚未实施，受害人的利益还是难以落实，增加了受害人获得赔偿的风险，增强了侵害人逃避法律责任的侥幸心理，更与法的秩序、公平、效率价值背道而驰。

3. 物流环境责任保险制度为环境损害赔偿提供物质保障

为使环境赔偿能够得到实现，环境赔偿理论还应向社会化、多样化的方向发展，将责任保险、社会保险、损害赔偿基金等吸纳进来。物流环境责任保险制度则是环境责任保险在物流领域的具体应用。

设立物流环境污染责任保险的目的是为了转移、分散物流企业的风险和保护受害人的利益，为物流环境污染实施的无过错责任原则的实行提供赔偿保障。根据物流环境责任保险制度的相关规定，无论加害人主观上有无过错，只

---

❶ 汪新民，王龙胜．环境污染损害赔偿中的民事责任［J］．安庆师范学院学报（社会科学版），2002-09（21-5）：25-26.

❷ 张明新．对环境民事责任无过错责任制度的法理分析［J］．徐州师范大学学报（哲学社会科学版），2003-04（29-2）：131-134.

要污染环境致他人损害的事实和该污染行为间有因果关系，受害人就可以直接向保险人提出索赔请求，而不至因加害人无力承担或者不赔付而无法受偿。这种利用保险工具来参与物流环境污染事故处理方式，达到了损害赔偿社会化之目的，为根本实现环境损害赔偿提供了较为坚实的物质保障[1]。

4. 物流环境责任保险制度的建立是我国法律体系发展的必然

传统法律体系本身随着社会的发展、分工的细化，需要不断的细化、深层次变革。物流环境责任保险制度的建立正是法律体系发展的表现。环境责任保险制度是在传承民事法律基础上，融合《环境法》《保险法》内容而形成的。将环境责任保险制度运用到物流领域，不仅解决了物流活动中环境污染赔偿的落实问题，还实现了物流法律与民法、环境法、保险法的有机融合。部门法之间的这种有机联系对法律体系发展起到了促进和发展的作用。

（二）物流环境责任保险制度建立的立法基础

构建物流环境责任保险制度，离不开完善的法律规范的支持。目前发达国家环境责任保险制度产生发展的进程充分地证明了这一点。

1. 国外物流环境责任保险制度立法情况

目前，世界各主要发达国家已经建立了环境污染责任保险制度，美国、法国、德国、英国、瑞典等国还将环境污染责任保险制度写入环境保护法及相关法律制度中，依法保障环境污染责任保险实施。在这些法规中相当一部分涉及物流环节的环境责任保险的规定。

美国1970年颁布的《清洁水法》及《联邦水污染控制法》规定，所有进入美国的船只必须投保责任保险，以保障由于石油污染海洋而应负担的责任。1965年通过《固体废物处置法》，1976年通过《资源保护和回收法》，以及美国环保局颁布的《关于固体废物的联邦条例》在有关危险废物贮存、处理处置的法规中做出强制污染责任保险的规定。这里提到的船运及危险废物贮存都是物流活动的某一环节。

法国1998年5月27日颁布的《法国环境法》第218/2条规定，在法国港口注册、运输吨以上散装货物船舶之船主，如果无法证明他遵照上述公约规定为其船舶办理了足额或经济担保，不得允许其船舶在境内从事商贸活动。

印度于1991年1月22日通过的《公共责任保险法》第4条规定，任何从事“危险物质”的制造、加工、处理、包装、储存、运输、使用、收集、销毁、转化、销售、转让或者类似活动的所有权人，在其开始从事该活动之前，必须与保险公司签订保险合同并出示保险单；危险废物的所有权人还必须不时

[1] 徐焕茹．环境污染损害赔偿立法及其发展动向［J］．法学评论，2000（5）：129-136.

更新保险单，以确保保险在整个危险废物的从业期间始终处于有效状态。这里提到的包装、储存、运输则是物流活动的重要环节。

德国自1990年12月10日《环境责任法》通过和实施之后，要求其国内所有工商企业都要投保环境责任险，自然包括物流企业强制实行环境损害责任保险。

从目前各国物流环境责任保险制度的法律法规来看，物流环境责任保险具有以下特点：

（1）保险范围集中在特别重大环境风险的物流活动领域。

物流环境污染责任保险的适用范围大多集中在特别重大的环境污染风险领域。如印度明确规定，环境保险适用于风险重大的危险化学物质的加工、处理、包装、储存、运输、使用、收集、销毁、转化、销售环节。美国物流环境污染责任保险主要适用对象是危险物质和危险废物，物流对象是危险物质和危险废物的，则实行环境污染责任保险。多数国家在重大环境危险领域实行强制性环境污染责任险，并成为一种发展趋势。

（2）保险费率的个性化。

因被保险人状况千差万别，保险人需对每一承保标的进行实地调查和评估，单独确定保险费率以降低风险。

（3）赔付限额制。

一旦发生物流环境污染事故，物流环境责任保险将承担巨额赔付金。保险人为了自己的利益，在自愿保险中，总是设定一定的保险金额，以限定自己的最高赔偿责任。即使在法定强制保险中，也存在赔付限额的规定。

（4）保险索赔时效长。

由于环境责任险的保险利益具有不确定性。因此，环境污染责任保险的索赔时效比一般责任保险的索赔时效要长。如美国保险索赔期最长为自保险单失效之日起最长30年。

（5）需要政府扶持。

由于物流领域发生的环境责任保险承担的赔付金额过大，承保的范围过窄，管理方式尚未成熟，保险机构经营物流环节的环境污染责任保险，需要政府及其环保部门的大力支持[1]。

2. 我国物流环境责任保险制度的立法情况

近些年来，随着我国保险市场的发展，以及相关法律制度的完善，物流责

[1] 熊英，别涛，王彬．中国环境污染责任保险制度的构想［J］．现代法学，2007-01（1）：90-100.

任保险已成为保险业的一种重要产品，在我国有了一定发展，但物流责任保险并不包括物流环境责任险。尽管环境污染责任保险制度在我国物流领域尚未拓展，但是已经得到政府的高度重视。国务院 2006 年 6 月 15 日发布的《关于保险业改革发展的若干意见》第五部分提出“大力发展责任保险，健全安全生产保障和突发事件应急机制”。国家环保总局和中国保监会于 2008 年联合发布了《关于环境污染责任保险的指导意见》，提出对生产、经营、储存、运输、使用危险化学品企业，易发生污染事故的石油化工企业和危险废物处置企业，特别是近年来发生重大污染事故的企业和行业开展环境污染责任保险试点工作。从规定看出，我国已开始从国家政策上重视物流业的环境污染责任保险问题。

健全的法律制度是环境责任保险产生的基础。尽管物流环境责任保险制度在我国还没有完全建立，但已有的环境赔偿法律法规已成为物流环境责任保险制度建立的法律前提。《民法通则》《环境保护法》《水污染防治法》《大气污染防治法》《固体废物污染环境防治法》和《环境噪声污染防治法》等成为我国处理物流活动中发生环境污染赔偿案件的重要法律依据，同时《保险法》的各项制度也为物流环境污染责任保险制度的建立提供了较为充分的法律保障。

值得注意的是，我国是《国际油污损害民事责任公约》的缔约国，为落实该公约的精神，我国《海洋环境保护法》规定，载运 2000 吨以上散装货油的船舶，应当持有效的油污损害民事责任保险。该法第 66 条第 1 款规定，国家完善并实施船舶油污损害民事赔偿责任制度；按照船舶油污损害赔偿责任由船东和货主共同承担风险的原则，建立船舶油污保险、油污损害赔偿基金制度。这是我国第一部对物流环境污染责任保险作出规定的法规，使得物流环境污染赔偿责任的落实有了法律保障。

（三）我国物流环境责任保险制度建立的对策

物流环境责任保险制度的建立需要借鉴国外经验，需要考虑我国国情。

1. 物流环境责任保险采取立法强制与政府引导结合的模式

目前各国环境责任保险模式大致分为两种，即自愿保险和强制保险，但在重大环境危险领域一般都实行强制保险。

就我国物流行业现状看，一方面，由于物流企业的保险意识普遍偏低，再加上物流企业可赚取的利润不高，如果单纯推行自愿物流环境责任保险，不利于保护受害人的利益，不利于社会公共安全，不利于物流业的发展；另一方面，若实行强制责任保险，又会剥夺部分污染较轻的物流企业的选择权，加重企业负担，从长远来说也不利于物流业的发展。

国务院发布的《关于保险业改革发展的若干意见》中指出“采取市场运

作、政策引导、政府推动、立法强制等方式发展环境污染责任等保险业务”。这一规定给我国物流环境责任保险的发展模式指明了方向。因此，根据该《意见》精神，借鉴其他国家的模式，物流环境责任保险应实行立法强制与政府引导相结合的模式。涉及环境污染和危害严重的行业货物的物流，实行强制责任保险；涉及污染较轻行业货物的物流，政府则积极引导，使物流企业自愿购买环境责任保险，这将是符合我国国情的模式❶。

2. 做好传统的保险原则与物流环境责任保险的衔接

传统保险有四大原则，即最大诚信原则、可保险利益原则、近因原则和赔偿责任原则。物流环境责任保险制度应当遵循这些原则，但要针对物流环境责任的特殊性做出特别规定。例如，传统的近因原则强调侵权行为与损害事实具有直接因果关系，但物流环境污染致害的间接性特点，使得环境损害赔偿在特定条件下应承认推定因果关系的效力，因此，近因原则在环境责任保险领域应做出特殊规定，允许特定条件下适用推定因果关系的存在。

3. 明确物流环境污染责任保险的适用范围

物流环境责任保险比一般责任保险的技术要求高、赔偿责任复杂。每一个物流企业的物流活动不同、流程各异，技术水平参差不齐，对环境造成污染的可能性和危害性都不一样。这就要求物流环境责任保险制度的承保范围不仅应包括突发性环境责任风险还包括累积性环境责任风险，这种做法普遍被发达国家接受。

考虑到我国物流环境责任保险所依托的相关法律规范还不够完善，责任保险还不发达，物流环境责任保险应先承保突发性环境责任风险，待条件成熟时再承保累积性环境责任风险。

4. 保险费率

环境责任保险制度技术要求高、赔偿责任大，再加上物流业的环节多、各环节的技术水平各异，对环境造成污染的可能性和危害性不同。因此，物流环境责任保险应根据不同行业、不同污染区域、排污程度，实行差别保险费率、浮动保险费。同时，为了鼓励物流行业积极采取环保措施，保险费率应采取激励机制，促使投保人积极采取预防措施，降低环境侵权的风险。

5. 赔偿数额的确定

为保证物流环境污染责任保险制度的顺利实施，一方面，赔偿数额应科学合理设计，如环境损害的计量方法、保险费如何计算、环境污染损失的评估和责任认定，应科学设计；另一方面，考虑到物流企业的利润小责任大的特点，

---

❶ 王振杰．环境保险借鉴社会保险费用负担方式初探［J］．中国海洋大学学报，2005（4）：92-93.

为了保护投保人的利益，还应合理地设置赔偿限额。

6. 物流环境责任保险人的代位权问题

根据《保险法》的代位求偿制度，保险人向受害人承担赔偿责任后，可以代位被保险人向加害人要求赔偿。在物流责任保险事故中，数个物流主体的环境污染造成他人环境权益的损害的情况常有发生，按照法律规定，应由数人共同承担赔偿责任。物流环境责任保险制度应明确规定，如果保险人为被保险人向受害人承担赔偿责任后，可以代位被保险人向其他共同加害人要求赔偿。

7. 环境污染责任保险需要专门化政策加以扶持

从目前外国环境责任保险制度的实际运行来看，承担的赔付金额过大，承保的范围又过窄，经营此类保险的风险要比其他商业保险高得多。为促进保险公司承保，使环境责任保险得到发展，政府对环境污染责任保险应给予财政支持和政策优惠，如减免税措施、设立保险基金、政府促使保险公司联合承保或再保险等。我国的物流环境责任保险可以借鉴这些做法，政府应给予专门化政策扶持[1]。

二、责任竞合问题

液氨是一种有毒及腐蚀性气体，属于危险化学品，本案原告吸入人体后发生中毒，因此提起赔偿之诉，法院将此案定性为环境污染损害赔偿纠纷，由于案件审理当时，没有实行物流领域没有实行环境责任保险制度，使得案件处理较为复杂，案件的焦点法律问题有三个：一是环境法律竞合，二是归责原则的并用，三是责任主体的认定。

（一）环境法律责任概述

环境法律责任是指违反环境法、破坏或者污染环境的单位或者个人所应当承担的责任。环境法律责任可以分为环境行政责任、环境民事责任和环境刑事责任三种。民事法律责任实现的目的在于补偿，行政法律责任实现的目的在于强制，而刑事法律责任实现的目的则是惩罚。

环境民事责任是指自然人、法人和其他组织因污染或破坏环境造成被害人人身或财产损失而应依法承担的民事方面的法律责任。《民法通则》第124条规定："违反国家保护环境防止污染的规定，污染环境造成他人损害的，应当依法承担民事责任。"《大气污染防治法》第62条规定："造成大气污染危害的单位，有责任排除危害，并对直接遭受损失的单位或者个人赔偿损失。"

环境资源行政责任，是指环境资源行政法律关系主体违反环境资源行政法

---

[1] 张丛军．对于建构我国环境责任保险制度中相关问题的理性思考［J］．商场现代化，2007（5）：278-279.

律规范，所应承担的否定性的法律后果。环境资源行政责任，适用违法责任原则，即环境污染行为人是否承担环境行政责任以其行为是否构成行政违法为条件，其中，行为违法包括形式上违反法律明示性规定和实质上违反法律的基本原则和立法精神。

（二）判断环境法律责任的原则

环境法律责任的判断和分析都是以事实为依据、以法律为准绳的，一般根据以下原则分析案件属于何种环境法律责任：

1. 公法责任和私法责任分别追究的原则。诸多环境案例显示，同一案例里同时存在环境民事责任、环境行政责任、环境刑事责任三种或其中两种，这时要公法责任和私法责任同时追究。如《民法通则》第 110 条规定："对承担民事责任的对公民、法人需要追究行政责任的，应当追究行政责任；构成犯罪的，对公民、法人的法定代表人应当依法追究刑事责任。"任何单位或者个人，如果其行为触犯了几个部门法，就要相应地承担几种法律责任，受到几种不同的法律制裁。

2. 不重复追究的原则。该原则是指性质、内容相同的具有可替代性的数种法律责任不可重复追究。如对同一个行政违法行为，不得就同一相对人处以两次以上的罚款。

3. 私法责任主体唯一的原则。该原则是针对法人的民事责任来说的，法人的民事责任只能由具备法人资格的主体承担，仅有法人名义但不具有法人资格而从事民事活动的主体，倘若造成他人环境民事权利和利益的损害的，民事责任应当还是由法人直接承担。

4. 公法责任中个人和单位分别追究的原则。在环境刑事责任和环境行政责任的承担上，对个人和单位分别追究。在对单位追究环境刑事责任和行政责任的同时，还要对单位主要负责人和直接责任人员追究公法责任。

（三）被告存在环境民事责任和环境行政责任竞合情况

我国对危险化学品的经营销售实行许可制度，对危险化学品的运输实行资质认定制度。《危险化学品安全管理条例》第 33 条规定，国家对危险化学品经营（包括仓储经营）实行许可制度。未经许可，任何单位和个人不得经营危险化学品。被告蔡正德明知液氨属于危险化学品，却在未取得许可证的情况下违法经销，客观上制造了事故的隐患，因此，被告蔡正德对损害的发生难辞其咎，应当承担赔偿责任。

《危险化学品安全管理条例》第 43 条规定，从事危险化学品道路运输、水路运输的，应当分别依照有关道路运输、水路运输的法律、行政法规的规定，取得危险货物道路运输许可、危险货物水路运输许可，并向工商行政管理部门办理登记手续。危险化学品道路运输企业、水路运输企业应当配备专职安全管理人员。被告蔡正德雇用无危险化学品运输资质的张冬生运送液氨，引起损害的发生，对此应当承担赔偿责任，对损害的发生事故，应承担环境行政责任。

《危险化学品安全管理条例》是我国环境行政法规的组成部分，蔡正德在承担环境民事赔偿责任的同时也违反了环境行政法规，根据公法责任和私法责任分别追究的原则，被告蔡正德在承担环境民事责任的同时还应承担环境行政责任。

根据私法责任主体唯一的原则，在环境民事责任纠纷中，张冬生不对受害人承担环境民事责任，不是本案的被告，但作为运输合同的承运人，张冬生既无危险化学品运输资质，亦无上岗资格证，其明知运送的液氨为有害气体，却未采取必要的安全防护措施，事发后，又未能及时采取应急措施致损害扩大，违反了《危险化学品安全管理条例》的规定，应承担环境行政责任。

三、关于环境责任归责原则

环境法律责任分为环境行政责任、环境民事责任和环境刑事责任三种。在归责原则上，三种环境责任的归责原则不同。环境民事法律责任实行无过错原则；环境行政法律责任实行违法原则；环境刑事法律责任则以过错责任为主，无过错责任为辅的归责原则以及适用严格因果关系原则为主，推定因果关系原则为辅的因果关系原则。

本案涉及的环境责任主要是民事赔偿责任和行政责任问题。因原告以环境民事赔偿提起诉讼，因此，根据无过错责任原则，应当由环境侵害的加害人承担赔偿责任，至于环境行政责任则应另案处理。

四、关于环境民事责任主体

环境污染的致害人是指实际控制污染源的客体并利用该客体牟取利益的人，包括客体的所有人和经营管理者，并不指具体操作或从事污染源客体的人（如运输有害物质的驾驶员）。环境污染致害人的环境侵权是一种不同于普通民事侵权的特殊侵权，因此，确认环境侵权加害人的规则与一般民事侵权规则不同。

本案是由化学品买卖涉及运输引起的环境侵权纠纷，如果按照一般民事责任的规定，根据物主承担风险的原则，化学品的所有人应承担赔偿风险责任。因此，应当引用合同法关于所有权转移的规定来认定化学品的所有人以确定加害人。然而，根据相关事实，本案已经被法院认定为环境侵权案件，法院认为，本案中液氨泄漏污染空气虽未经环境监测部门测定，但客观上已造成原告等多人急性中毒，说明有害气体在空气中已达到了污染的程度，应当属于环境污染损害赔偿纠纷，依法应由责任事故人承担民事责任。

根据环境法的原理，环境污染的致害人是指实际控制污染源的客体并利用该客体牟取利益的人，包括客体的所有人和经营管理者，并不指具体操作或从事污染源客体的人（如运输有害物质的驾驶员）。根据这一思路，承运人张冬生虽然是从事污染的操作者，但不是环境民事赔偿的主体。从本案事实看，实际控制液氨并利用其牟取利益的是被告蔡正德，并且蔡正德将液氨瓶交付给没有资质的承运人张冬生运输，才导致环境损害事故的发生，因此，应当认定蔡正德是责任事故加害人。

第七章

国际物流法律制度

本章导读

国际物流法律制度主要涉及海上货物运输的国际公约——《海牙规则》《维斯比规则》《汉堡规则》的基本内容；国际航空的国际公约——《华沙公约》《海牙议定书》；国际铁路的国际公约《国际货协》《国际货约》；《联合国国际多式联运公约》以及国际货物多式联运经营人的责任制度，WTO 规则中有关物流问题等。

本章案例主要围绕承运人无正本提单放货、倒签提单、接受保函引发的法律责任以及《海牙规则》《维斯比规则》《汉堡规则》中承运人的法律责任和免除责任条款、国际货物多式联运经营人的责任、保税货物仓储的法律责任。

海上货物运输作为国际货物运输中最重要方式，也是物流企业在国际物流中最常用的运输方式。物流企业在使用自有船舶或者租赁船舶进行国际海上货物运输时，从法律适用到权利、义务方面与进行国内水路运输并无区别。但是，在物流企业作为托运人与国际海上货物运输承运人签订海上货物运输合同时，无论是法律适用、运输单证、承运人的责任等方面，与国内水路运输规则都大相径庭。

通过本章案例，能够使读者学习和了解不同物流的国际公约，尤其是海上货物运输最重要的三个国际公约：《海牙规则》（1924 年《统一提单的若干法律规则的国际公约》）《维斯比规则》（1968 年《修订统一提单的若干法律规则的国际公约》）《汉堡规则》（1978 年《联合国海上货物运输公约》）。这三个提单公约都已生效，处于并存的状态，我国虽然没有参加任何一个提单公约，但是我国在《海商法》制定中参照并吸收了上述公约的合理内容。这是海上货物运输最重要的三个国际公约，作为物流企业和物流学习者应有所了解。

案例一

浙江纺织公司诉台湾立荣公司海上货物运输合同无单放货纠纷案

【案例提示】

本案是一起海上货物运输合同的无单放货纠纷，该案件入选《最高人民法院公报》，具有典型性。提单只是海上货物运输合同存在的证明，而且不是唯一的证明。当提单主体与海上货物运输合同主体不一致时，在没有书面合同的情况下，人民法院可以根据《海商法》第42条第（三）项规定的托运人，既可以是海上货物运输合同的缔约人，也可以是交货人，按照履行义务的实际情况来确定海上货物运输合同中的托运人。因无单放货使托运人不能收回货款，承运人应当向托运人承担赔偿责任。托运人在启运港持未经贸易流转的正本提单起诉承运人的，不存在海上货物运输合同关系中可以凭提单向承运人主张提货权利的第三人，不需要解决提单持有人有无提货权的问题。

【案情介绍】

原告：浙江省纺织品进出口集团公司（以下简称浙江纺织公司）。

被告：立荣海运股份有限公司（以下简称台湾立荣公司）。

案由：海上货物运输合同无单放货纠纷

2000年7月31日和2000年8月7日，原告浙江纺织公司与案外人K公司以传真方式分别签订了各20万套男、女生校服的售货确认书，之后作为该项贸易不可撤销可转让信用证的被转让受益人，收到了案外人HBZ FINANCE LIMITED出具的4份信用证项下文件。信用证项下文件规定，托运人为AL HOSAN FOR IMPORT AND EXPORT/AL FARIS FOR IMPORT，收货人为凭伊拉克高等教育和科研部（以下简称伊高教部）指示，货物标签上需显示AL HOSAN或AL FARIS或FAST根据买方安排。

原告浙江纺织公司按照售货确认书的要求组织服装货源。在信用证规定的货物出运期限及信用证有效期已过的情况下，浙江纺织公司仍在启运港分21批次向被告台湾立荣公司订舱出运全部校服，外销价合计2 602 562美元，国内含税收购价合计21 414 348.25元。按信用证要求，浙江纺织公司对出运货物履行了出具声明、船龄证明、货物质检等手续并支付了海运费后，通过前述各货运代理环节取得台湾立荣公司的代理人——上海联合国际船舶代理有限公司签发的21套正本海运提单，这些提单上的收货人均为凭伊高教部指示。在庭审中，台湾立荣公司确认其已收取了相关海运费。

涉案货物出运后，原告浙江纺织公司将全套贸易单证通过交通银行杭州分行向HBZ FINANCE LIMITED托收，因无人赎单，全套贸易单证最终由该行退还浙江纺织公司，退单背面均没有伊高教部的指示背书。被告台湾立荣公司确认其已将涉案货物运抵伊拉克并交付给该国政府指定的伊拉克国家水运公司，由后者向伊高教部交付所有货物，故涉案货物的正本海运提单均未收回。原告浙江纺织公司向被告台湾立荣公司提起诉讼，要求其承担无单放货的法律责任。

原告浙江纺织公司诉称：原告交被告承运的21批次学生校服，至今未收到货款。经查，被告已将这些货物在未凭正本提单情况下就交付给他人。原告既是这些货物的所有权人，也是这些货物的实际托运人。只是基于贸易方面的约定，原告才没有把自己列为提单上的托运人。被告给原告签发的提单，原告通过托收方式寄往国外后，因无人赎单而被银行退回。因此，原告现在是正当合法地持有这些提单，有权以托运人资格向被告主张因其无单放货造成的损失。请求判令被告赔偿原告的货款损失、退税损失、贴息损失、利息损失、律师费用、律师差旅费用等。

被告台湾立荣公司辩称：法律中没有“实际托运人”这一概念，司法实践中也未见有此认定。是不是托运人，必须看提单记载。不否认原告曾经享有涉案货物所有权，但在涉案提单签发后，由于提单中记载的托运人不是原告，原告对涉案货物不再享有所有权，因此不能以托运人主体资格对被告提起本案诉讼。涉案提单记载的收货人是伊高教部指示，原告现持有的提单背面均未经指示，因此其提单不合法。被告有证据证明，涉案提单中的货物已经按提单指示交付给伊高教部。被告履行了涉案提单项下承运人的义务，无论提单归谁持有，都不应承担错误交付货物的责任。原告未收到相关货款，是其在贸易合同中的轻率、疏忽行为所致。这是贸易合同项下原告与他人的争议，与被告无关，其诉讼请求应当被驳回。

【裁判与处理】

一审法院审理后认为，台湾立荣公司完全按照浙江纺织公司的要求，在签发提单时将三家国外公司记载为名义托运人，并向浙江纺织公司委托的货代公司交付了提单，也从货代公司处收取了浙江纺织公司交付的运费。这个事实足以证明，是浙江纺织公司与台湾立荣公司建立了事实上的海上货物运输合同关系。认定浙江纺织公司是海上货物运输合同的缔约人、涉案提单项下货物的托运人，并无不当。台湾立荣公司关于双方之间不存在海上货物运输合同关系的理由，没有事实根据和法律依据，不予采纳。

作为海上货物运输合同中的当事人，浙江纺织公司以托运人身份，在启运港持正本提单，有权起诉作为承运人的台湾立荣公司违约无单放货给其造成不能收回货款的损失，主张损害赔偿。如果否认托运人享有这一权利，等于让依约履行义务的托运人对承运人的违约后果负责，显然不符合公平原则，有悖于法律规定，不利于维护社会经济秩序。在涉案提单由托运人在启运港持有、未经贸易流转的情况下，不存在海上货物运输合同关系中可以凭提单向承运人主张提货权利的第三人，因此不需要解决提单持有人有无提货权的问题。台湾立荣公司关于浙江纺织公司非提单持有人、没有提货权等答辩理由，对浙江纺织公司的持单没有实际意义，也与本案的处理无直接联系，不予采纳。一审法院判决：

一、被告台湾立荣公司应在本判决生效之日起10日内，赔偿原告浙江纺织公司货款损失2 602 562美元，及该款自2001年1月1日起至2002年9月30日止按中国人民银行现行企业活期存款利率计算产生的银行利息；

二、被告台湾立荣公司应在本判决生效之日起10日内，赔偿原告浙江纺织公司退税款损失3 111 486.35元，及该款自2001年7月1日起至2002年9月30日止按中国人民银行现行企业活期存款利率计算产生的银行利息；

三、对原告浙江纺织公司的其他诉讼请求不予支持。

案件受理费149 541.02元，由原告浙江纺织公司负担17 030.95元，被告台湾立荣公司负担132 510.07元。

被告台湾立荣公司不服原判，上诉至上海市高级人民法院。经审理，二审判决驳回上诉，维持原判。

终审判决后，浙江纺织公司向台湾桃园地方法院申请认可上海市高级人民法院和上海海事法院的民事判决。2004年8月11日，台湾桃园地方法院以声字第1032号民事裁定书裁定，认可上海市高级人民法院的（2003）沪高民四（海）终字第39号民事判决和上海海事法院的（2001）沪海法商初字第441号民事判决。台湾立荣公司向“台湾高等法院”“台湾最高法院”提出抗告、再抗告，均被裁定驳回。

（案例来源：上海市高级人民法院（2003）沪高民四（海）终字第39号，来源于《最高人民法院公报》2005年第12期）

【案例评析与法理分析】

一、提单上托运人一栏中未列名的人能否以托运人主体资格提起本案诉讼

1978年3月在德国汉堡召开的联合国海上货物运输会议通过的《汉堡规则》，首次将海上货物运输中的托运人定义为：与承运人订立海上货物运输合同的人（简称缔约人）或是将货物实际交付承运人的人（简称交货人）。参照这一定义，我国《海商法》第42条第（三）项规定："'托运人'是指：1.本人或者委托他人以本人名义或者委托他人为本人与承运人订立海上货物运输合同的人；2. 本人或者委托他人以本人名义或者委托他人为本人将货物交给与海上货物运输合同有关的承运人的人。"根据语法文意理解，《汉堡规则》中以"或"字分离缔约人、交货人，因此《汉堡规则》所指的托运人只能是缔约人、交货人中的一种人；而我国《海商法》则是以分号将缔约人、交货人并列，故缔约人、交货人均可以成为我国《海商法》所指的托运人。鉴于我国《海商法》没有强制规定交货人作为托运人时必须在提单中载明，因此交货人能否作为托运人，不以其名称是否出现在提单上为法定条件。我国《海商法》第72条规定："货物由承运人接收或者装船后，应托运人的要求，承运人应当签发提单。提单可以由承运人授权的人签发。提单由载货船舶的船长签发的，视为代表承运人签发。"根据业已查明的事实，原告浙江纺织公司从国内各生产厂商处完成收购后，依次通过各货运代理环节，向被告台湾立荣公司订舱，支付运费并交付出运；台湾立荣公司也依次通过各货运代理环节，接受了涉案货物，收取了运费，并按照浙江纺织公司的要求出具了海运提单。除了浙江纺织公司以外，目前没有证据证明他人向台湾立荣公司交付了涉案货物，并指示该公司如何履行本案海上货物运输合同。尽管根据贸易中的约定，浙江纺织公司未将其名称在提单上载明，但前述事实证明，该公司无疑是本案海上货物运输合同项下的缔约人和唯一交货人。

我国《海商法》第73条规定，提单缺少托运人名称等项内容，不影响提单的性质。由此可见，法律没有要求托运人必须亲自与承运人订立海上货物运输合同，托运人完全可以委托他人与承运人订立合同；法律允许托运人要求承运人在签发提单时不记载托运人，或者将他人记载为名义上的托运人，托运人这样做不影响提单的性质。因为这是托运人行使自己的权利，由此产生的后果由托运人承担。该要求没有加重承运人的责任，承运人仍只负责运输并向托运人指定的收货人交货，因此没必要拒绝。提单记载的主体，可能只是形式上的海上货物运输合同当事人，实践中提单主体与海上货物运输合同主体不一致的

情形是存在的。在没有书面合同的情况下，可以根据当事人履行义务的实际情况来确定海上货物运输合同的当事人，不能完全取决于提单的记载。

通常情况下，货物所有权的转移，应以支付对价为条件。本案没有证据证明浙江纺织公司已向他人转移了涉案货物所有权，台湾立荣公司仅以浙江纺织公司不是提单中记载的托运人为由，主张该公司转移了对涉案货物的所有权，缺乏足够的事实根据和法律依据。涉案提单如果在贸易中合法流转，应有伊高教部的指示背书。而该部背书的前提，是其曾经合法持有过涉案提单。浙江纺织公司举证证明，涉案提单自托收后，因无人赎单而被银行退回。伊高教部根本未见到涉案提单，当然不会在其上指示背书。鉴于涉案提单尚未进入贸易中合法流转，浙江纺织公司持有的是因贸易遇挫而被银行退回的提单，等同于以货主或者提单签发后第一持有人的身份持有涉案提单，其持单形式正当合法，有权据以向相对人主张提单项下相应权利。事实上，涉案货物自出运至今两年多的时间里，除了浙江纺织公司外，没有他人持涉案正本海运提单向台湾立荣公司主张过提单项下相应权利。对浙江纺织公司是本案海上货物运输合同项下的缔约人和唯一交货人，台湾立荣公司已经以自身行为予以默认。否则，其无理由依照浙江纺织公司及其货运代理人的要求缮制涉案提单，更无理由通过各货运代理环节，将其出具的提单流转到浙江纺织公司手中，使该公司成为涉案提单签发后的第一合法持有人。据此，法院认定浙江纺织公司有资格以涉案货物托运人的身份提起本案诉讼是正确的。

二、台湾立荣公司应否承担无单放货责任

我国《海商法》第 71 条规定："提单，是指用以证明海上货物运输合同和货物已经由承运人接收或者装船，以及承运人保证据以交付货物的单证。提单中载明的向记名人交付货物，或者按照指示人的指示交付货物，或者向提单持有人交付货物的条款，构成承运人据以交付货物的保证。"第 79 条规定："提单的转让，依照下列规定执行：（一）记名提单：不得转让；（二）指示提单：经过记名背书或者空白背书转让；（三）不记名提单：无需背书，即可转让。"《合同法》第 107 条规定："当事人一方不履行合同义务或者履行合同义务不符合约定的，应当承担继续履行、采取补救措施或者赔偿损失等违约责任。"提单是承运人出具的保证书，凭正本提单交付提单项下货物，是承运人保证履行的一项义务，这早已成为一个海运惯例。这个惯例约束承运人向提单持有人（正常贸易情况下是支付了贸易对价或起码是表面形式上承诺支付贸易对价的人）交付提单项下货物，对维护正常贸易秩序发挥重要作用，因此被立法者吸收。毕竟，海上货物运输是为贸易服务的。尽管被告台湾立荣公司

企图证明，其已按涉案提单的指示，将提单项下货物交付给了伊高教部，但该公司不得不承认，其在交付涉案货物时未收回正本海运提单。作为承运人，台湾立荣公司如此履行义务，不仅不符合海上货物运输合同中的约定，也违反了海运惯例和法律规定，应当承担违约责任，赔偿其因无单放货而使浙江纺织公司遭受的实际损失。本案案由是海上货物运输合同无单放货纠纷，除非台湾立荣公司能以充分证据证明，因浙江纺织公司在贸易中的过错导致其无单放货，责任应当免除，否则无论浙江纺织公司在贸易中有无过错及有多大过错，均不属本案审理范围。台湾立荣公司关于“原告未收到相关货款，是其在贸易合同中的轻率、疏忽行为所致。这是贸易合同项下原告与他人的争议，与被告无关，其诉讼请求应当驳回”的诉讼主张，法院不予采纳。

三、无单放货引起的经济损失应当如何认定

《海商法》第55条第1款规定：“货物灭失的赔偿额，按照货物的实际价值计算；货物损坏的赔偿额，按照货物受损前后实际价值的差额或者货物的修复费用计算。”《合同法》第113条第1款规定：“当事人一方不履行合同义务或者履行合同义务不符合约定，给对方造成损失的，损失赔偿额应当相当于因违约所造成的损失，包括合同履行后可以获得的利益，但不得超过违反合同一方订立合同时预见到或者应当预见到的因违反合同可能造成的损失。”被告台湾立荣公司在目的港违约，未收回正本提单即向他人交付提单项下货物，致使本案单、货分离。原告浙江纺织公司目前虽合法持有全套涉案货物正本提单，却已无法通过转让提单来向他人交付提单项下货物，并据以收回提单项下货款。台湾立荣公司应赔偿浙江纺织公司因此遭受的损失。现有证据证明浙江纺织公司遭受的损失包括：涉案货物外销价2 602 562美元，此款是浙江纺织公司在正常贸易情况下应取得的货款，也是涉案货物的实际价值；退税款3 111 486.35元，这是根据国家有关部门规定，浙江纺织公司在正常贸易情况下应取得的款项；涉案货物外销价2 602 562美元从正常收汇时间2001年1月起至2002年9月底，退税款3 111 486.35元从国家规定退税期2001年7月起至2002年9月底，这两笔款在此期间按企业活期存款利率计算的利息，是正常贸易情况下浙江纺织公司应取得的法定孳息，属于该公司实际损失的组成部分。这些损失，是台湾立荣公司实施无单放货违约行为时应当预见也可以预见的。以上款项，均应由台湾立荣公司赔偿。

原告浙江纺织公司诉请被告台湾立荣公司赔偿的贴息损失及贴息损失的相应利息，是根据浙江省政府为鼓励出口创汇制定的地方政策计算的。地方政策所在特定行政区域内有效，对外不具有普遍约束力，故该公司的此项诉请法院

不予支持。

原告浙江纺织公司诉请被告台湾立荣公司赔偿的律师资及律师差旅费，虽然属于浙江纺织公司为支持诉讼而支出的相应费用，但由于现有法律法规对这部分诉请尚无明确规定，同时也由于对这部分诉请目前尚缺乏统一的、具体的、可供实际操作的计算标准，故法院不予支持。

案例二

艾斯欧洲集团有限公司与连云港明日国际海运有限公司、上海明日国际船务有限公司航次租船合同纠纷案

【案例提示】

本案是一起国际运输航次租船合同纠纷案，入选了《最高人民法院公报》，具有典型性。航次租船合同的当事人为出租人和承租人。在航次租船合同有明确约定的情形下，出租人应当按照航次租船合同的约定履行义务，并履行《海商法》第47条、第49条规定的义务。在航次租船合同没有约定或者没有不同约定时，出租人和承租人的权利义务适用《海商法》第四章有关海上货物运输合同承运人和托运人权利义务的规定。承租人就航次租船合同提出索赔请求，根据合同相对性原则，应当由航次租船合同的出租人承担相应的责任。实际承运人并非航次租船合同法律关系的当事方，承租人就航次租船合同向实际承运人提出赔偿请求缺乏法律依据。但是一二审法院认为，实际承运人连云港明日国际海运有限公司、出租人上海明日国际船务有限公司应承担连带责任。最高人民法院提审后，根据合同相对性原理，改判出租人上海明日国际船务有限公司单独承担责任，实际承运人连云港明日国际海运有限公司不承担责任。

【案情介绍】

原告： 艾斯欧洲集团有限公司（以下简称艾斯公司）。

被告： 上海明日国际船务有限公司（以下简称上海明日）。

被告： 连云港明日国际海运有限公司（以下简称连云港明日）。

案由： 航次租船合同纠纷

2006年10月至11月，玛吕莎公司北京办事处根据玛吕莎公司及玛吕莎钢铁公司委托其谈判和签订“桐城”轮航次租船合同的授权，通过电子邮件

的方式和上海明日签订了航次租船合同。为履行合同，上海明日分别签发了13套提单。根据“桐城”轮船舶所有权登记证书记载，连云港明日系“桐城”轮的光船租赁人。“桐城”轮取得了由中国船级社签发的船舶证书，有效期至2009年6月。2006年1月27日，艾斯公司作为保险人连同其他8家保险公司，承保自2006年2月1日起玛吕莎公司及其关联公司在全球范围内的运输货物风险，险种为一切险。2007年1月22日，“桐城”轮大副发表共同海损声明。经鉴定，“桐城”轮2号舱底舱进水，涉案货物受损，货损原因应归结于船舶整体上处于不良状态且不适航。报告同时认定，在发生货损事故后，承运人未尽到管货义务。涉案货损事故发生后，艾斯公司等9家共同保险人向玛吕莎公司和玛吕莎钢铁公司支付了保险赔偿金。因艾斯公司在共同保险中承保的风险比例为5%，其实际向玛吕莎公司及玛吕莎钢铁公司支付了68 620.61美元。玛吕莎公司及玛吕莎钢铁公司收到赔偿金后出具了收据，同时出具了权益转让书，确认将涉案货损的索赔权转让给上述9家共同保险人。艾斯公司起诉连云港明日、上海明日，要求赔偿货损。

原告甲公司诉称，上海明日与玛吕莎公司、玛吕莎钢铁公司达成航次租船合同，并签发了提单。连云港明日系“桐城”轮光船租赁人，实际营运船舶。涉案货损系因“桐城”轮不适航和承运人未尽管货义务所致，据此请求判令上海明日和连云港明日就货物损失承担连带赔偿责任。

上海明日、连云港明日辩称：1. 玛吕莎公司及玛吕莎钢铁公司不是通过电子邮件达成的合同主体，涉案授权函是不真实的，也非在签署航次租船合同之前做出的，应认定玛吕莎公司北京办事处和我方之间成立合同关系。涉案合同性质上属于舱位合同。玛吕莎公司及玛吕莎钢铁公司和我方之间是提单证明的海上货物运输合同关系。2. 玛吕莎公司及玛吕莎钢铁公司对涉案货物不具有保险利益，涉案代位求偿权取得不合法，涉案货物是CIF方式，货物风险自越过船舷已经转移给了买方。3. 涉案技术鉴定报告表明航行中发生了意外事故，“桐城”轮在涉案航次开航前及开航当时是适航的，货损是由于意外事故造成，上海明日、连云港明日依法免责。4. 涉案货物存在残值。5. 玛吕莎公司及玛吕莎钢铁公司和我方之间是海上货物运输合同关系，诉讼时效为一年，本案起诉已经超过诉讼时效。据此，请求驳回艾斯公司的所有诉讼请求。

【裁判与处理】

一审法院审理后认为，认定玛吕莎钢铁公司和上海明日之间成立航次租船合同关系。连云港明日作为涉案船舶的光船租赁人，应认定其为涉案货物的实际承运人。

涉案货物系非集装箱货物，承运人的责任期间自货物装上船时起至卸下船时止。涉案货损发生在承运人责任期间内，承运人应当承担赔偿责任，除非承运人可以证明其存在法律规定的免责事由。连云港明日提供的技术鉴定报告的结论仅为可能性，并无证据予以佐证，且亦未证明该意外事故属于不可抗力。连云港明日提供的“桐城”轮船舶证书在船舶离开釜山港之前仍属于有效期内，但船舶证书并不能直接证明航行过程中发生的货损事故与承运人在管船、管货上不存在过失之间的因果关系。据此，上海明日作为航次租船合同出租人，应当承担赔偿责任。连云港明日作为实际承运人，应当与上海明日承担连带赔偿责任。判决：

一、上海明日和连云港明日应向艾斯公司连带赔偿货物损失 46 094. 98 美元及利息损失；

二、对艾斯公司的其他诉讼请求不予支持。

上海明日、连云港明日、艾斯公司不服一审判决，向上海市高级人民法院上诉，二审法院判决驳回上诉，维持原判。

连云港明日不服上海市高级人民法院二审民事判决，向最高人民法院提出再审申请。最高人民法院提审后认为，实际承运人并非航次租船合同法律关系的当事方，本案中艾斯公司就航次租船合同提出索赔请求，按照合同相对性原则，应由航次租船合同的出租人上海明日承担相应的责任。艾斯公司主张连云港明日为航次租船合同法律关系中的实际承运人，并无法律依据。改判上海明日向艾斯公司赔偿货物损失 46 094. 98 美元及利息损失。

（案例来源：最高人民法院民事判决书（2011）民提字第 16 号，来源于《最高人民法院公报》2011 年第 8 期）

【案例评析与法理分析】

本案系航次租船合同纠纷，具有涉外因素，各方当事人均表示适用中华人民共和国法律处理本案，故确定以中华人民共和国法律作为审理本案纠纷的准据法。

一、关于玛吕莎公司及玛吕莎钢铁公司和连云港明日、上海明日之间的法律关系认定

玛吕莎公司北京办事处的工商登记材料显示，其是玛吕莎公司的派出机构，玛吕莎公司北京办事处与上海明日系通过电子邮件签订涉案合同，形式上不但使用了“桐城”轮租约的措辞，内容上也涵盖了船名、数量、装卸港、受载期、运费、滞期费等，具备航次租船合同的特征，其与上海明日签订航次

租船合同即表示玛吕莎公司和上海明日之间成立航次租船合同关系。授权函证明玛吕莎公司北京办事处同时接受玛吕莎钢铁公司的委托与上海明日签订航次租船合同，上海明日开具的提单上明确注明托运人系玛吕莎公司或玛吕莎钢铁公司，并向玛吕莎公司和玛吕莎钢铁公司收取运费，可以认定玛吕莎钢铁公司和上海明日之间亦成立航次租船合同关系。涉案航次租船合同项下虽有承运人签发的提单，但我国《海商法》并不禁止航次租船合同项下承运人签发提单，承运人签发提单的事实并不影响该案航次租船合同的成立，连云港明日、上海明日有关涉案合同属于舱位合同、海上货物运输合同的上诉理由，缺乏依据。连云港明日作为涉案船舶的光船租赁人，应认定其为涉案货物的实际承运人。所以，法院认定涉案合同属于航次租船合同正确。

二、关于玛吕莎公司和玛吕莎钢铁公司对涉案货物是否具有保险利益、代位求偿权是否合法的争议

本案是航次租船合同代位求偿纠纷，主要审查的是被代位人玛吕莎公司及玛吕莎钢铁公司对货损是否具有诉权以及是否存在损失。玛吕莎公司及玛吕莎钢铁公司作为航次租船合同的当事人，亦是提单记载的托运人，发生货损后，当然有权提出索赔。涉案十三票货物中的五票货物被认定为全损，收货人并未提取货物，玛吕莎公司及玛吕莎钢铁公司始终持有该五票货物的一式三份正本提单，就该五票货物存在损失。另八票货物发生不同程度的短缺和受损，收货人确认对于短缺和受损的货物并未支付货款，相应索赔权应属于玛吕莎公司及玛吕莎钢铁公司。据此，玛吕莎公司及玛吕莎钢铁公司对该八票货物存在损失。艾斯公司作为保险人，支付了保险赔偿金并取得玛吕莎公司及玛吕莎钢铁公司出具的权益转让书后，依法取得代位求偿权，有权向货损事故责任人提出索赔。

三、关于货损原因及连云港明日、上海明日应否承担赔偿责任

本案为航次租船合同纠纷。涉案航次租船合同由玛吕莎公司、玛吕莎钢铁公司委托玛吕莎公司北京办事处与上海明日通过电子邮件签订。根据我国《海商法》的规定，航次租船合同的当事人应当为出租人和承租人，故上海明日作为出租人应当就其与玛吕莎公司、玛吕莎钢铁公司之间的航次租船合同承担相应的责任。艾斯公司作为货物保险人在发生货损后，向被保险人玛吕莎公司、玛吕莎钢铁公司支付了保险赔款，依法取得代位请求赔偿权利。根据我国《海商法》的规定，艾斯公司向航次租船合同的出租人上海明日主张权利，应予支持。据此，上海明日作为航次租船合同出租人，应当承担赔偿责任。

但是连云港明日作为实际承运人，是否应该与上海明日承担连带赔偿责任

是审判焦点。艾斯公司主张连云港明日为航次租船合同下的实际承运人，应当与上海明日承担连带赔偿责任。一二审法院均认为，涉案货物系非集装箱货物，承运人的责任期间是自货物装上船时起至卸下船时止。涉案货损发生在承运人责任期间内，承运人应当承担赔偿责任，除非承运人可以证明其存在法律规定的免责事由。上海明日、连云港明日主张其提交的证据可以证明涉案货损是因为船舶在航行中碰撞了水中悬浮的雷达识别不到的物体导致左舷船壳板裂缝进水所致，尚无充分证据证明涉案货损系因船舶在航行过程中遭遇意外事故所致。该技术鉴定报告的结论仅为可能性，并无证据予以佐证，且亦未证明该意外事故属于不可抗力。连云港明日提供的“桐城”轮船舶证书在船舶离开釜山港之前仍属于有效期内，但船舶证书并不能直接证明航行过程中发生的货损事故与承运人在管船、管货上不存在过失之间的因果关系。连云港明日系涉案运输船舶“桐城”轮的光船承租人，实际承运涉案货物，但并非涉案航次租船合同的当事方。在艾斯公司就航次租船合同提起的诉讼中，连云港明日不应作为承担航次租船合同出租人责任的一方。艾斯公司主张连云港明日为航次租船合同的共同出租人，缺乏事实和法律依据。

最高人民法院认为，艾斯公司向连云港明月主张权利并无法律依据。《海商法》将航次租船合同作为特别的海上货物运输合同予以规定。该法第 94 条规定：“本法第 47 条和第 49 条的规定，适用于航次租船合同的出租人。本章（海上货物运输合同）其他有关合同当事人之间的权利、义务的规定，仅在航次租船合同没有约定或者没有不同约定时，适用于航次租船合同的出租人和承租人。”因此，航次租船合同当事人的权利义务主要来源于合同的约定。在航次租船合同有明确约定的情形下，出租人应当按照航次租船合同的约定履行义务，并履行《海商法》第 47 条、第 49 条规定的义务。在航次租船合同没有约定或者没有不同约定时，出租人和承租人之间的权利义务适用《海商法》第四章的规定，但并非第四章所有的规定均适用于航次租船合同的当事人，所应适用的仅为海上货物运输合同当事人即承运人和托运人之间的权利义务规定，并不包括实际承运人的规定。实际承运人是接受承运人委托，从事货物运输或者部分运输的人，包括接受转委托从事此项运输的其他人。在提单证明的海上货物运输法律关系中，法律规定承运人的责任扩大适用于非合同当事方的实际承运人，但实际承运人是接受海上货物运输承运人的委托，不是接受航次租船合同出租人的委托，实际承运人及其法定责任限定在提单的法律关系中。在提单证明的海上货物运输合同项下，合法的提单持有人可以向承运人或实际承运人主张提单上所载明的权利。实际承运人并非航次租船合同法律关系的当事方，本案中艾斯公司就航次租船合同提出索赔请求，按照合同相对性原则，应由航次租船合同的出租人上海明日承担相应的责任。艾斯公司主张连云港明日为航次租船合同法律关系中的实际承运人，并无法律依据，所以最高人民法院的判决是正确的。

四、关于损失依据及损失金额合理性的争议

货物的实际价值应以报关单记载为准。涉案十三票货物中，五票货物为全损，TRD008号提单项下货物推定全损，另七票货物均属部分短缺或受损。根据相关法律规定，货物的实际价值，按照货物装船时的价值加保险费加运费计算，十三票货物实际损失共计921 899.50美元。艾斯公司作为共同保险人所承保的货物风险比例为5%，因此其实际损失应为46 094.98美元，至于其请求按保险价值的110%计算损失金额，因缺乏相关依据，法院没有支持。连云港明日主张涉案部分全损货物仍具有残值，因其未提供有效证据证明其主张，法院对其主张不予采纳。关于利息损失，系连云港明日、上海明日迟延履行债务引起的孳息损失，但因未提供证据证明曾向连云港明日、上海明日请求过损失赔偿，亦未提供相应贷款依据，故利息损失应按中国人民银行同期企业美元活期存款利率计算。

五、关于起诉是否超过诉讼时效的争议

根据《海商法》第257条第2款的规定，有关航次租船合同的请求权，时效期间为二年，自知道或者应当知道权利被侵害之日起计算。本案中因发生海损事故，“桐城”轮大副于2007年1月22日出具共同海损声明，该日可视为艾斯公司知道或者应当知道权利被侵害之日，应为时效起算点，其于2009年1月22日递交了起诉状，没有超过诉讼时效。而连云港明日作为实际承运人，对其应适用有关侵权的二年诉讼时效，从知道或者应当知道权利被侵害之日起计算，因此对连云港明日的起诉亦未超过诉讼时效。

案例三

中国人民保险公司广东省分公司诉中成国际运输有限公司广州分公司等海上货物运输合同货损案

【案例提示】

本案所涉及的保险代位求偿权诉讼、无船承运人识别、国际海上货物运输

风险转移等问题，均为海上货物运输合同案件审判中的重大问题。本案审理中，虽然一二审法院的处理不同，但是二审法院的终审判决一定程度上厘清了审判实务中的分歧，对于类似案件审判具有指导意义。关于保险代位求偿权诉讼，严格执行最高人民法院《关于审理海上保险纠纷案件若干问题的规定》第14条的规定："受理保险人行使代位请求赔偿权利纠纷案件的人民法院应当仅就造成保险事故的第三人与被保险人之间的法律关系进行审理。"关于无船承运人识别，首先要根据合同内容认定合同的性质，然后依据合同性质鉴别当事人的身份，不能简单地依据合同的字面意思。关于CIF条款下国际海上货物运输风险转移，如果卖方实际支付了货物修理的费用，这可以看作是以行为方式变更了CIF关于货物风险转移的规定，即卖方承担了货物到达目的港卸货为止的运输风险。

【案情介绍】

原告（上诉人）：中国人民保险公司广东省分公司（以下简称广东人保）。

被告（被上诉人）：中成国际运输有限公司广州分公司（以下简称中成广州分公司）。

被告（被上诉人）：道南船务代理股份有限公司（以下简称道南公司）。

被告（被上诉人）：上海中海船务代理有限公司（以下简称中海船代）。

案由：海上货物运输合同货损纠纷

原告广东人保为被保险人广州国际承保海洋货物运输保险条款一切险、战争险、罢工险。2002年4月27日，广州国际与中成广州分公司签订"孟加拉工程第一批设备物资货运代理合同"，约定广州国际委托中成广州分公司发运孟加拉国第四期输变电工程设备，发运时间2002年5月20日至31日，出口港上海，目的港孟加拉国吉大港；中成广州分公司应按广州国际的要求将货物安全及时运往目的港，负责自货物运至指定仓库车面交货起至货物运抵吉大港卸船并交付给收货人止的全部工作，包括卸车、接货、理货、装箱、码头监装监卸、整理并重新包装、核对标记、丈量尺码、翻译制单、法定商检或换证、代理租船订舱、集港、装船、出口报关、报验及运输到吉大港卸船等工作，对货物妥善保管、小心运输，并保持包装完好，如因中成广州分公司存储、运输、装卸不当造成货损，应赔偿广州国际由此而产生的除货运保险责任外的一切损失；中成广州分公司收取的"海运费用"包括运费、港口包干费、仓储费、报关费；中成广州分公司如不按约定条款履行货运代理义务和承担货物运输责任的，应向广州国际赔偿因运输不及时造成工程拖延及另找承运人的损失。

2002年5月16日，广州国际出具一份以“中国广州国际经济技术合作公司”为抬头的出口货物托运单，记载：船期2002年6月10日前，启运港上海，运往地点孟加拉国吉大港，托运人广州国际，收货人达卡供电局（Dhaka Electric SUpply Authority DESA），通知方广州国际（达卡），货物为YJV226/10KV3×300地下电缆100盘（50公里）80万公斤，200KVA配电变压器300箱（300台）33万公斤，在“托运人盖章”栏中盖有广州国际的公章一枚。5月17日，中成广州分公司出具一份以“中成国际运输有限公司广州分公司”为抬头的出口货物托运单，其记载与广州国际出具的出口货物托运单相同，但在“托运人盖章”栏中盖有“中成广州分公司业务章（1）”一枚。6月7日，广州国际出具GIETC/BPG/M/0003号发票，记载：买方达卡供电局，自中国上海港通过海路至孟加拉国吉大港，货物为地下电缆49.5公里，配电变压器300台，CIF总价3 819 122.93美元。

2002年6月10日，“顺安”轮出具大副收据，记载托运人为广州国际，实收货物399箱，6月30日装船。2002年6月30日，“顺安”轮船长在上海港向中海船代出具授权委托书，记载：兹授权贵司职员代表我依据“顺安”轮在上海港装货情况签发提单。7月3日，广州国际和中成上海分公司共同向中海船代出具一份倒签提单保函，请求将提单倒签至6月20日。其后，中海船代以船东代理人的身份签发了编号SA219/SHACTG001，日期2002年6月20日，签发地上海，抬头“胜利海运公司”的已装船提单一式三份，记载：托运人广州国际，收货人达卡供电局，装货港上海港，卸货港吉大港，货物为99件11KV地下电缆、300件200KV配电变压器。

2002年8月31日，“顺安”轮抵达孟加拉国吉大港并开始卸货。阿叶安装卸有限公司于9月4日出具一份货损记录，对75个箱体破损和16个箱体完好的配电变压器开箱检查，其中28箱配电变压器有不同程度受损，有9捆电缆的保护性木板断裂，电缆裸露，上部绝缘表面数处刮伤、割裂；其余90捆电缆的保护性木板破裂，内部电缆有不同程度的裸出。

2003年9月1日，原告向广州国际支付保险赔款357 095.58元。同日，广州国际向原告出具“收据和权益转让书”一份，记载：收到你公司付来的KC040290000001326号保单项下的保险赔款357095.58元，兹同意将我方所拥有的该项保险标的之权益和追偿权在上述赔款限度内转移给你公司。原告广东人保遂起诉三被告。

原告广东人保诉称：2002年6月20日，三被告共同承运了原告承保的中国广州国际经济技术合作公司（下称广州国际）出口孟加拉国的铜芯电缆和配电变压器，并签发了SA219/SHACTG001号提单。该批货物于9月4日卸船时发现被严重损坏。原告为此赔付被保险人广州国际 357 095.58 元，并依法取得代位求偿权。请求判令三被告连带赔偿 357 095.58 元及其利息，并承担本案诉讼费用。

被告中成广州分公司辩称：原告的起诉已超过 1 年诉讼时效期间；被保险人广州国际在货损发生时对保险标的不具有保险利益，原告理赔错误，不能取得代位求偿权；我方与广州国际签订的是国际货运代理合同，原告诉请我方承担承运人责任没有法律依据；中海船代未充分举证证明其代理人的身份，其应依法承担承运人的责任。

被告道南公司书面辩称：本案管辖权错误，应依法驳回原告的起诉。

被告中海船代辩称：涉案货物已在目的港提货，其所有权及风险业已转移至收货人，托运人广州国际不再享有对货损的保险索赔权，原告对广州国际的保险理赔错误，不能取得代位求偿权。涉案承运人应为中成广州分公司。我方由胜利海运公司授权签发提单，我方代理活动不存在任何过失。

【裁判与处理】

一审法院审理后认为，被告中成广州分公司与广州国际签订的“孟加拉工程第一批设备物资货运代理合同”，尽管其中有代为报关等中成广州分公司作为代理人的约定，但其内容主要是关于中成广州分公司作为承运人、广州国际作为托运人的权利义务的约定以及运费收取、安全运输等规定，符合货物运输合同的条件和特征，因而应认定该合同为含有货运代理内容的国际海上货物运输合同。该合同是双方当事人的真实意思表示，未违反我国法律及行政法规的强制性规定，合法有效。但该合同中关于中成广州分公司不承担货运保险责任的货损的约定，超出了《海商法》第 51 条已列明的承运人免责范围的规定，故该项约定无效。

被告中海船代已合理披露了实际承运人即胜利海运公司的身份以及船长对中海船代的授权委托书，足以确认中海船代的船舶代理人身份。中海船代在代理签发提单过程中，虽有倒签提单的过错，但该过错与货物损失之间不具有法律上的因果关系，且原告也未追究其倒签提单责任，因而被告中海船代不应承担本案货损的法律责任，且没有证据显示道南公司为承运人，因而其亦不应承担涉案承运人的责任。

广州国际出具的货物发票显示，涉案货物以 CIF 价格成交，表明货物在启运港越过船舷之前，由广州国际承担货物灭失或损坏的风险，越过船舷之后则由收货人达卡供电局承担该风险。广州国际在投保时享有保险利益，其与原告之间的保险合同合法有效。但当被保险货物越过船舷后，广州国际即不再承担货物损坏或灭失的风险，从而丧失了保险利益，故其虽持有提单和保险单，也无权要求保险人赔付保险单项下的货物损失。原告对不具有保险利益的广州国际的赔付不符合法律规定，其赔付后不能合法地取得代位求偿权。另外，涉案提单为记名提单，记名的收货人为达卡供电局，而货物已在目的港完成交付，有关货物的索赔权已转移给收货人，原告代位托运人广州国际向承运人要求赔偿，亦无法律依据，其诉讼请求依法应予驳回。判决：驳回原告诉讼请求。广东人保不服一审判决，上诉到二审法院。

上诉人广东人保诉称：中成广州分公司应根据运输合同关系承担违约赔偿责任，一审法院在认定该运输合同关系有效存在的同时，却又以提单流转后托运人对承运人不享有索赔权为由判决中成广州分公司不承担责任，自相矛盾。虽然发票记载的货物价格为 CIF，但货物运输的风险并没有在装货港越过船舷后转移至买方，而仍由广州国际承担。一审法院简单地凭借发票中 CIF 的记载即认为广州国际不再承担运输风险，进而判定广州国际丧失保险利益是错误的。提单持有人享有对承运人的诉权并不等于其他人对承运人均无诉权，在记名提单转让后，托运人与承运人之间的海上货物运输合同法律关系依然有效存在，托运人可依据运输合同向承运人提出索赔。被保险人对货物是否具有保险利益以及是否有权向保险人索赔，不是法院在审理保险人向第三人提起代位求偿诉讼中应审查的问题。

二审法院审理后认为，广州国际与中成广州分公司签订的货运代理合同为含有货运代理内容的国际海上货物运输合同，且其中的货运保险责任除外的约定无效，是正确的，二审法院予以维持。该合同明确约定在运输期间发生货损时，由中成广州分公司向广州国际赔偿损失。广州国际作为托运人，基于运输合同产生的请求权不会因为货物在装货港越过船舷就消失，在货物交付后因货损遭受损失，广州国际仍有权向承运人中成广州分公司索赔。广东人保在向广州国际做出赔付后依法取得代位求偿权。

广州国际出具的货物发票虽载明 CIF 价格条件，但不能由此得出广州国际在起运港货物越过船舷后必然没有损失的结论。本案中，没有证据显示广州国际已经收取了涉案货物的货款，而相关修理合同、修理费发票显示是广州国际委托有关单位在目的地对货物进行修理并支付了修理费。在没有相反证据的情况下，应认定广州国际承担了运输途中货物受损的损失。广东人保作为保险代位权人，有权要求承运人中成广州分公司赔偿损失。判决：

一、撤销广州海事法院（2003）广海法初字第 432 号民事判决；

二、中成广州分公司赔偿广东人保货物损失 357 095.58 元及自 2003 年 9 月 1 日起至实际清偿日止按中国人民银行同期流动资金贷款利率计算的利息；

三、驳回广东人保的其他诉讼请求。

一审案件受理费7866元、其他诉讼费300元，二审案件受理费7866元，均由中成广州分公司负担。

（案例来源：广东省高级人民法院（2006）粤高法民四终字第147号民事判决书）

【案例评析与法理分析】

本案系保险人根据保险合同赔付被保险人货物损失后，代位被保险人提起的涉外海上货物运输合同货损纠纷。货物运输合同的签订地、运输始发地、承运人住所地均在我国境内，与我国有密切联系，根据我国《海商法》第269条的规定，本案应适用中华人民共和国法律。

一、关于保险代位求偿权问题

本案一、二审判决最大的不同在于，法院是否应该审查保险合同关系所涉及的保险人赔付合法性问题。通常，保险代位求偿权诉讼中被保险人遭遇保险责任范围内第三人的损害，有两种途径获得救济，一是直接向第三人要求赔偿损失，二是根据保险合同要求保险人赔偿损失。在保险人赔偿被保险人损失后，即可根据法律规定，代位被保险人向第三人要求赔偿。

法院在审理保险人提起的代位求偿权诉讼时，是否需要审查保险人与被保险人之间的保险合同关系，在实践中存在两种做法。

一种做法是“全部审查”，法院既要审查保险人与被保险人之间的保险合同关系，也要审查被代位的被保险人与第三人之间的合同关系或侵权关系，而对保险合同关系的审查是保险人有否代位求偿权的基础。本案的一审法院即采取了这种做法。这种做法的法律根据是《海商法》第252条“保险标的发生保险责任范围内的损失是由第三人造成的，被保险人向第三人要求赔偿的权利，自保险人支付保险赔偿之日起，相应转移给保险人”的规定，即法律已将代位求偿的范围明确限定为第三人造成的保险标的发生“保险责任范围内”的损失，而保险责任范围正是来源于保险合同的约定。保险代位求偿权产生的依据在于合法有效的保险合同，保险人对被保险人的赔偿必须在保险合同所约定的保险责任范围之内，对于承保责任范围外的事故造成的损失，保险人自愿地予以通融性赔付的，即使取得权益转让书，也无权取得代位求偿权。这一做法的可取之处是，赋予了保险代位求偿权强烈的保险合同色彩，强调的是“保险”的特色，而与债权的转让关系不大。其做法的不足之处在于，对直接造成被保险人损失的第三人来说，如果保险人的代位求偿权不成立，即可能成功逃过有关损失的赔偿责任，因为通过漫长的保险代位求偿权诉讼取得终审判决，确定保险人无权代位求偿后，被保险人再对该第三人提起有关诉讼的时效可能早就过去了；被保险人如果在获得保险赔付后，仍提起对第三人的诉讼，则避开了代位求偿权诉讼失败的可能，而此时第三人就会以被保险人已经获得损失赔偿，再行诉讼是不当得利进行抗辩。

另一种做法是“部分审查”，只要保险人向被保险人支付了保险赔款，则法院不实质性地审查保险人与被保险人之间的保险合同关系，而仅审查被代位的被保险人与第三人之间的合同关系或侵权关系。本案二审判决即属此种做法。这种做法的法理根据是最高人民法院《关于审理海上保险纠纷案件若干问题的规定》第 14 条“受理保险人行使代位请求赔偿权利纠纷案件的人民法院应当仅就造成保险事故的第三人与被保险人之间的法律关系进行审理”的规定，统一了法院审理代位求偿权案件的做法。本案二审判决即是体现了这一司法解释精神的典型判例。因为根据合同相对性原理，保险人所要代位的是被保险人与第三人的合同关系或侵权关系中的损害赔偿请求权，被代位的合同关系或侵权关系与保险人、被保险人之间的保险合同关系是两个独立的法律关系。第三人在代位求偿权诉讼中是否承担法律责任以及承担多少法律责任的基础，与保险合同关系完全无涉，而仅仅取决于第三人与被保险人的合同关系或侵权关系，因而第三人在代位求偿权诉讼中的抗辩权仅是针对受害人即被保险人的抗辩权，其抗辩的范围既不能扩大，也不能缩小。如果在代位求偿权诉讼中法院要实质性地审查保险合同，等于是扩大了第三人的抗辩范围。第三人与保险合同无关，而实质性地审查保险合同，无异于突破了合同相对性原则，使保险合同外的第三人享有了保险合同内的权利；如果因为保险合同的原因而减轻了第三人本应负担的赔偿责任，则既违背了代位求偿权乃被保险人对第三人的损害赔偿请求权的权源性规定，又与《民法》对第三人责任有效追究的公平理念相悖。这一做法的直接结果是，与一般的债权转让无异。

二、关于无船承运人问题

关于对中成广州分公司身份的认定，实际上是困扰海事审判的一个带有普遍性的无船承运人身份识别问题。中成广州分公司在一、二审中都主张自己为货运代理人，而一、二审判决都认定其为承运人。

无船承运人是指不经营国际运输船舶，但以承运人身份接受托运人的货载，签发自己的提单或者其他运输单证，向托运人收取运费，通过国际船舶运输经营者完成国际海上货物运输，承担承运人责任的国际海上运输经营者。自 2002 年《中华人民共和国国际海运条例》的生效实施，无船承运人这一新的航运主体在我国得到法律确认并发展。无船承运人具有以下三方面特征：

第一，无船承运人是不经营船舶的承运人。仅从字面看，“无船”是指不拥有船舶即不是船舶的所有权人，但在航运实务中，不拥有船舶者可以经营船舶，拥有船舶者可能不经营船舶，如光租合同下的船东仅仅是将其船舶作为财产出租坐收租金，并非将船舶作为运输工具经营，而不拥有船舶所有权的光租人即成为了船舶的经营人。显然，对“无船”不能理解为是否拥有船舶的所有权，而应将其解释为拥有船舶但不经营船舶或既不拥有船舶也不经营船舶，亦即“无船”的根本特征是不经营船舶。

第二，无船承运人符合《海商法》关于承运人的规定，是《海商法》意义上的承运人，享有承运人权利并承担承运人义务。虽然《海商法》制定之时，我国尚没有无船承运人的概念，但该法对承运人的规定是开放式的，即只要符合该法对承运人的界定，都可成为《海商法》意义上的承运人。《海商法》第42条关于承运人的定义借鉴了《汉堡规则》的规定，即“承运人是指本人或者委托他人以本人名义与托运人订立海上货物运输合同的人”。这一定义与《海牙规则》的规定迥然有别，承运人并不限定在船舶所有人或船舶经营人上，只要是与托运人订立海上货物运输合同的人，都取得承运人的地位。由此可见，无船承运人尽管不经营船舶，但在我国现行法律框架下，其与托运人签订海上货物运输合同，可以取得承运人的法律身份和法律地位。

第三，无船承运人通过双重身份完成货物运输任务，即对货物托运人来说是承运人，对国际船舶运输经营者而言是托运人。由于无船承运人不经营船舶，其作为承运人承揽的货物只能通过有船承运人进行运输，并为此而需订立一个新的海上货物运输合同，该新合同可以通过班轮运输的订舱实现，也可以通过航次租船合同或期租船合同缔结，即无船承运人能以航次租船人或期租船人的身份来履行其作为托运人的义务。

在本案中，中成广州分公司与广州国际所签订合同的名称为“货运代理合同”，而合同中既有货运代理的内容，也有要求一方将货物安全及时运往目的港的约定，如要求一方对货物妥善保管、小心运输，而该方收取的“海运费用”包括运费、港口包干费等。对该合同性质的判定是双方争议的焦点，而合同性质又决定着对一方当事人到底是货运代理还是无船承运人的认定，最终决定着双方法律责任的分配和权利义务的分担。这一现象即是困扰海事审判的货运代理与无船承运人的身份识别问题。

判定某一合同的一方主体是货运代理还是无船承运人时，不能简单地以该主体已经取得的经营资格为依据，如不能因为该主体是货运代理就认定他在某一合同中只能以货运代理的身份行事，而不能或不可能以其他身份进行业务交往。在审判实践中，首先是根据合同内容认定合同的性质，其次是依据合同性质鉴别当事人的身份，而不是进行相反操作，即不是凭借合同当事人官方认可的身份来认定合同的性质。一、二审法院对中成广州分公司身份的识别是准确的，其判决极具典型意义。

三、关于国际海上货物运输风险转移问题

在国际海上货物运输中，货物毁损灭失的风险何时转移，涉及货损的负担以及保险利益有无等诸多问题。本案一、二审法院对此问题的判决完全不同。

广州国际出具的货物发票载明 CIF 价格条件。根据国际商会的解释，在 CIF 价格条件下，若货物在运输途中因不可归责于买卖双方的原因而毁损，则该风险在货物越过装货港船舷时由卖方转移到了买方。这一基本原则在 1980 年《联合国国际货物销售合同公约》中亦有体现，其第 66 条规定："如果货物在风险转移给买方后发生毁损或灭失，买方支付货款的义务并不因此而解除，除非这种毁损或灭失是由于卖方的行为或不行为造成的。"风险的转移与买方是否支付货款、卖方是否收到货款没有关系，即只要风险已经转移，即便货物在运输途中毁损，买方仍有支付货款的义务，而不论货物毁损时所有权是否已经转移到买方。

一、二审法院的分歧在于：是以买卖合同中 CIF 价格条件对货物风险的约定为据，还是以实际承担货物损失的事实为准。一审判决正是基于 CIF 价格条件关于货物风险转移的规定，判定托运人广州国际在货物于启运港越过船舷后不承担货物毁损的风险。而二审法院则从广州国际未收到货款，且实际委托相关单位在目的地对货物进行修理并支付了修理费的事实出发，认为在没有相反证据的情况下，应认定广州国际承担了运输途中货物受损的损失。事实上，合同在履行过程中，可以通过双方的合意修改合同约定，亦可以通过双方的行为来变更合同约定。广州国际实际支付了货物修理的费用，这可以看作是以行为方式变更了 CIF 关于货物风险转移的规定，即广州国际承担了货物到达目的港卸货为止的运输风险。对于中成广州分公司代理人在二审中的陈述，即"在国际贸易中，买方在货损后不懂得专业设备的维修，找卖方修理是常见的做法，广州国际代为承担相关的检验、修理等费用，最大的可能性就是与买方存在代为修复的协议，广州国际代为支付的费用最终由买方承担"，二审判决就此指出，这"涉及买卖双方对利益的某种安排，可以由买卖双方另行解决"。二审判决从广州国际承担了货损修理费用的事实出发，认为买卖合同双方修改了合同条款，从而认定广州国际遭受了损失，并根据广州国际与中成广州分公司的货运代理合同中关于"在运输期间发生货损时，由中成广州分公司向广

州国际赔偿损失”的约定，判定中成广州分公司应对代位求偿权的行使人即原告广东人保承担赔偿责任。应该说，二审判决是正确的。

案例四

甲保税仓储公司诉乙国际贸易公司仓储合同纠纷案

【案例提示】

本案是一起保税仓储纠纷案，甲保税仓储公司诉乙国际贸易公司保税仓储纠纷，合同性质是一般仓储合同关系，还是源自保税物流园区内的特殊的物流服务合同关系？法院根据双方在保税物流园区服务协议中明确了“为在外高桥保税区和保税物流园区的货物进出口报关，从原告收到被告齐套报关单证时起，至完成进出口报关时止；仓储为在外高桥保税物流园区的货物仓储服务；货物配送为原告为被告指定点的送货服务，原告按照被告的要求安排车辆送货至指定点，完成与被告的货物交接手续时止”，法院认定是特殊的物流服务合同关系。

【案情介绍】

原告：甲保税仓储公司（以下简称甲公司）。

被告：乙国际贸易公司（以下简称乙公司）。

案由：保税仓储合同纠纷

原、被告自2005年3月1日起建立仓储合同关系，先后连续签订了三份内容类似的《上海保税物流园区服务协议》，签订日期分别为：2005年3月10日、2006年8月8日、2007年2月2日。三份协议的合同期限分别为：2005年3月1日至2006年5月31日、2006年6月1日至2006年12月31日、2007年1月1日至2007年6月30日。2007年6月30日之后，双方没有签订书面的《上海保税物流园区服务协议》。

双方的第三份协议第1条约定了原告甲公司的服务内容为：报关、仓储、货物配送，其中报关为在外高桥保税区和保税物流园区的货物进出口报关，从原告收到被告齐套报关单证时起，至完成进出口报关时止；仓储为在外高桥保税物流园区的货物仓储服务；货物配送为原告为被告指定点的送货服务，原告按照被告的要求安排车辆送货至指定点，完成与被告的货物交接手续时止。

根据协议第3条和费用清单约定，原告向被告收取报关费用、仓储费用、运输费用和其他费用，其中仓储费用为2元CBM/天（2元每立方米每天），出库费为13元每立方米，装车费为13元每立方米。

被告存放于原告保税区仓库的货物为出口至德国但因质量问题退货回上海的3个集装箱的女式雨帽。货物存放于原告仓库时的体积为177.1立方米，仓储费为354.2元每天，2008年6月起，因为该批货物重新打包，其体积变为88立方米，仓储费相应调整为176元每天。

2008年9月25日，被告向原告支付了2007年10月1日至2008年6月30日期间的仓储服务费共计91 704.80元，其中2008年5月的仓储费为10 980.2元（354.20元每天），2008年6月的仓储费为5 280元（176元每天）。之后，被告没有向原告支付仓储费用。原告起诉被告到法院，要求其支付保税仓储费。

原告甲公司诉称，从2005年开始，原告与被告签订了物流服务协议，原告为被告提供进出口报关、物流、仓储等服务，协议的履行地为原告位于浦东新区外高桥保税区的仓库，但是被告于2008年9月25日支付了2007年10月至2008年6月期间的仓储费91 704.80元之后再未向原告付过任何仓储费用。自2008年7月算至2011年3月，被告结欠原告仓储费176 704元，加上出库费1144元，装车费1144元，被告总共应向原告支付欠款178 992元。据此，原告请求判令被告：1. 即刻将其存放于原告仓库的货物移走；2. 判令被告按照176元每天支付原告自2008年7月1日起直至移走全部货物为止期间的仓储费用（暂计至2011年3月31日仓储费用为178 992元）；3. 本案的诉讼费由被告承担。

被告乙公司辩称，原告的诉请缺乏事实和法律依据。1. 依照上海市高级法院的判决书，存放在原告仓库的货物系丙公司所有，该货物与被告无关，故被告请求将丙公司追加为本案第三人共同参加本案诉讼；2. 原、被告已经没有仓储合同关系，且系争货物系丙公司所有，被告无权处分涉案货物，因此被告既没有义务也没有权利处理系争货物。3. 鉴于原、被告之间已经不存在仓储合同关系，且上海市高级人民法院已经判决丙公司应承担2006年5月31日之后发生的仓储费用，故被告无义务承担原告主张的仓储费用。4. 原告在明知被告不支付款项后没有采取止损措施，放任损失扩大，故原告无权主张扩大部分的损失即2008年7月之后的仓储费用。

【裁判与处理】

一审法院审理后认为，本案中，原、被告之间先后连续签订了三份《上海保税物流园区服务协议》，依法建立了仓储合同关系。2007 年 6 月 30 日之后，双方虽然没有订立新的仓储合同，但是双方存在着事实上的仓储合同关系。被告在 2008 年 9 月 25 日支付 2007 年 10 月至 2008 年 6 月期间仓储费用的行为也表明了被告认可双方间存在事实上的仓储合同关系。依照《中华人民共和国合同法》第 8 条、第 121 条、第 381 条、第 391 条的规定，判决如下：

一、被告乙公司应于本判决生效之日起 30 日内将其储存在原告甲公司仓库的货物移走；

二、被告乙公司应于本判决生效之日起 30 日内按照每天 176 元标准支付原告甲公司自 2008 年 7 月 1 日起直至移走全部货物为止期间的仓储费用。

（案例来源：上海市浦东新区人民法院民事判决书（2011）浦民二（商）初字第 812 号）

【案例评析与法理分析】

一、关于本案合同性质的认定

本案双方之间不是普通的仓储合同关系，而是源自保税物流园区内的特殊的物流服务合同关系。双方在《保税物流园区服务协议》中明确了为在外高桥保税区和保税物流园区的货物进出口报关，从原告收到被告齐套报关单证时起，至完成进出口报关时止；仓储为在外高桥保税物流园区的货物仓储服务；货物配送为原告为被告指定点的送货服务，原告按照被告的要求安排车辆送货至指定点，完成与被告的货物交接手续时止。原告自始至终没有得到被告任何关于交货地点的指示，仓储行为一直持续发生，且自 2007 年 6 月 30 日原协议期满后至 2008 年 9 月被告仍在付款，双方一直是按照原协议约定的费用标准进行，并无不当。

二、关于相关判决的既判力

根据合同的相对性原则，被告应向原告先行承担责任，之后被告再向案外人追索相关费用，所以被告的相关抗辩不能成立。虽然（20××）沪高民四（商）终字第××号民事判决认为由于该批退货现仍存放于乙公司仓库内，仓储费仍在发生，故丙公司对 2006 年 5 月 31 日之后发生的仓储费也应承担支付责任，该判决也对 2006 年 5 月 31 日前发生的仓储费用承担进行了判决，其实该项判决正是遵循了合同相对性的原则。另外，该判决维持了原审判决第一项，即丁公司向丙公司交付退货女式雨帽 176 752 顶。也就是说，系争货物应该交付给案外人，但交付义务人不是本案原告，故仓储费此后的持续发生原告并无责任，因此本案原告向本案被告主张移走货物并支付移走之前的仓储费合法有据。

三、关于保税仓储的法律规制

保税仓储是指经海关批准设立的专门存放保税货物及其他未办结海关手续货物的仓库。保税区是中国继经济特区、经济技术开发区、国家高新技术产业开发区之后，经国务院批准设立的新的经济性区域。由于保税区按照国际惯例运作，实行比其他开放地区更为灵活优惠的政策，它已成为中国与国际市场接轨的“桥头堡”。因此，保税区在发展建设伊始就成为国内外客商密切关注的焦点。保税区具有进出口加工、国际贸易、保税仓储商品展示等功能，享有“免证、免税、保税”政策，实行“境内关外”运作方式，是中国对外开放程度最高、运作机制最便捷、政策最优惠的经济区域之一。进入保税区的任何商品均可以长期存放，区内仓库允许企业从事商业性简单加工，如货物分类、分装、包装、挑选、贴商标、刷头等。对转口、仓储货物的储存期限不作硬性规定。我国现行的保税仓库法律制度有《海关法》《海关对出口监管仓库及所存货物的管理办法》、《海关对保税仓库及所存货物的管理规定》等。

第八章

物流监管与宏观调控法律制度

本章导读

本章事例和案例主要探讨我国的宏观物流计划以及有关流通产业发展的政策和法规；同时，针对我国邮政物流等领域法律法规的独特性，分析和阐述该领域的专门法律规定。通过相关事例、案例的评析与法理分析，能够使读者学习和了解我国物流监管与宏观调控方面的政策法规以及专门领域的特殊规定。

2006年开始实施的“十一五”规划纲要，突出强调“大力发展现代物流业”，物流业的产业地位首次在国家规划层面得以确立。“十一五”期间，社会物流需求加快增长，物流市场规模不断扩大。2009年3月，国务院发布了《物流业调整和振兴规划》，要求各地区、各部门认真贯彻落实，有效地促进了我国物流业的蓬勃发展。2011年开始执行的“十二五”规划纲要，再一次提出了“大力发展现代物流业”，2012年7月国务院又讨论通过了《关于深化流通体制改革加快流通产业发展的意见》，进一步促进了物流业的发展，加强了对我国物流领域的宏观调控。

目前，我国物流领域的立法还不完善，缺乏系统性和协调性，层次不分明，未能形成一个完善的物流法律法规体系，多是规范某一方面的单行法律。如在公路、铁路、航空、邮政物流等方面，现在已有较为完备的法律法规。

事例一

国家宏观调控规范引领物流行业规范发展——谈我国物流标准化发展对现代物流发展的影响和作用

【事例提示】

本章通过对本事例材料的评析与法理分析，主要讨论我国物流标准化发展的现状、存在的主要问题及其对现代物流发展的影响。物流标准化是现代物流发展的基础，在国际上，物流标准化已经成为行业发展的关注焦点。而我国的物流标准化发展起步比较晚，虽然取得了一些初步成效，但我国长期以来就存在着重生产、轻流通的倾向，标准化工作也是以产品标准为中心，对于服务类标准建设缺少经验。作为一个新兴的服务性行业，物流标准化工作中还存在着许多问题和不足。因此，物流标准化建设任重而道远，只有不断克服困难，积极探索物流服务业的发展特点，才能更好地推进物流标准化建设，从而推动物流业的全面发展。

【事例材料】[1]

随着我国社会主义市场经济的深入发展和政府职能的转变，标准化对于经济发展的规范和引导作用越来越明显。“质量强国、标准先行”，进入21世纪以来，特别是我国加入世贸组织以来，为了提高我国产品和服务的质量和竞争力，我国将标准化工作提到了前所未有的高度。

对于近年来快速发展的物流业来说，标准化对行业的引导和规范作用至关重要。协调物流业内外的各种利益关系，整合物流资源，提高运作效率，降低物流成本，促进有序规范的发展，都离不开标准化工作。

行业规范发展的重要支撑

物流标准化是指以物流为一个大系统，制定系统内部设施、机械装备，包括专用工具等的技术标准，包装、仓储、装卸、运输等各类作业标准，以及作为现代物流突出特征的物流信息标准，形成全国以及和国际接轨的标准化体系，并在行业内推广实施。

物流标准化是现代物流发展的基础，在国际上，物流标准化已经成为行业

---

[1] 资料来源：《经济日报》，2011-8-9，http://www.lenglian.org.cn/news/zcfg/1/10617.shtml。

发展的关注焦点。迄今为止，国际标准化组织已批准发布了二百多项与物流设施、运作模式与管理、物流条码标识、数据信息交换相关的标准，我国有关部门在此基础上也相继出台了与国际标准接轨的系列标准。这些标准是现代物流企业发展进程中必须遵循的准则，否则将导致物流系统的离散性，信息孤立，最终无法实现物畅其流、快捷准时、经济合理和用户满意的要求。

据了解，作为国务院批准设立的物流与采购行业综合性社团组织的中国物流与采购联合会，自成立以来，就一直在积极尝试通过标准化的推进实现行业自律，发挥其规范市场和引导经营的作用，促进物流业健康发展。截至 2010 年年底，中国物流与采购联合会会同全国物流标准化技术委员会共制定发布了 22 项物流国家标准，20 余项物流行业标准，还有近百项的国家标准和行业标准正在制定中，国家其他部门制定的与物流相关的标准也已达到 600 余项。这些标准大大缓解了我国物流行业标准不足的问题，初步建立了以服务标准为核心的物流标准体系。

为了更好地适应“十二五”期间我国经济结构调整和发展方式的转变，2010 年年底，国家标准委会同 11 个部门联合出台了《全国物流标准专项规划》，不仅进一步完善了物流标准体系，并提出在制定完善基础类和公共类标准的同时，依据物流服务对象的专业化发展需求，要加大制定专业物流领域的标准力度，为促进专业物流发展提供技术支撑。据介绍，目前有关食品冷链物流、医药物流、钢铁物流、危险化学品物流等一批专业化标准项目已经启动，标志着我国物流标准工作的专业化已经起步。

物流标准实施取得初步成效

近年来，政府部门、行业组织、生产流通企业积极推进物流标准的贯彻实施，取得了初步成效。如：物流企业分类与评估标准经过近几年的实施，对引导和规范物流企业发展起到非常重要的作用，已得到政府部门、物流企业、市场客户的肯定和重视；实施新修订的通用平托盘标准，为从根本上促进我国通用平托盘规格的统一，提高物流效率，进一步在我国建立托盘共用系统奠定了基础；国际货运代理标准的实施，对进一步规范国际货运代理服务，提高服务质量，推动更多企业走出国门起到了重要作用；条码、电子数据交换报文等标准在物流领域的推广实施，促进了物流信息采集、识别和管理的统一，加快了物流信息化的发展。物流标准的实施，对于提高物流服务质量、推动物流企业健康发展、规范物流市场发挥了积极作用，产生了良好的社会效果。

为满足物流标准化工作新的需要，在 2003 年全国物流标准化技术委员会成立之后，为了更好地开展标准化工作，满足物流标准跨行业多、涉及专业领域广的特点，在全国物流标委会之下又组建了物流作业、物流管理、第三方物流服务、冷链、仓储技术与管理等6个分技术委员会，集中了来自全国的科研机构、高等院校、行业组织、大型物流骨干企业以及行政管理部门的专家近200名，初步形成了一支素质高、业务精、适应物流标准化工作需要的人才队伍。

在物流标准化工作中，有关部门和行业组织结合我国经济社会发展的需求，积极借鉴和采用国际和国外先进标准，提高了相关领域标准的质量水平。同时加强了我国物流业标准化国际合作与交流，重点在托盘领域开展与日、韩的合作，并由中、日、韩三国发起成立了亚洲托盘系统联盟，提升了我国物流产业的国际竞争力。

物流标准化建设任重道远

我国长期以来一直存在着重生产、轻流通的倾向，标准化工作也是以产品标准为中心，对于服务类标准建设缺少经验。作为一个新兴的服务性行业，物流标准化工作中还存在着许多问题和不足。

首先，物流业是一个横跨多个行业、涉及诸多专业技术领域的生产性服务行业，由于政府部门的分割管理，使得物流标准化需要协调的部门多，遇到的壁垒多，国家物流业的发展要打破部门界限，打破条块分割界限，这是做好物流标准化工作的重要前提。

其次，物流标准的制定归根到底是为了标准的使用，所以如何提高标准制定的质量，使标准具有适宜性和可操作性至关重要。目前一些部门和企业对物流标准化的意识还比较淡薄，对物流标准化的认知还存在着理解上的不足。要让更多的企业参与到物流标准的制定工作中来，让企业更多地了解物流标准化进展，主动使用标准规范企业运作；政府和行业组织还要使用标准管理行业、规范行业的发展，以标准解决行业管理问题，让企业成为标准的积极推广者，这是今后物流标准化工作的首要任务。此外，对于物流标准的研究以及在标准化队伍的建设等方面还有待加强。

有关专家强调指出，物流具有跨功能边界、跨企业边界、跨行业边界、跨区域边界的行业特点，物流服务又具有专业个性化的特点，这需要我们对物流服务本身及其与社会经济发展的关系做进一步深入细致的观察和研究，这也决定了物流标准化建设将是一项长期而艰巨的任务。

【事例评析与法理分析】

物流标准化建设对于物流业的发展起着决定性的作用。如果没有统一的标准，物流业将只能处于离散式状态，数据不能交换，信息孤立，无法实现物流的畅通、快捷，这将严重制约物流业的健康发展。

我国自2006年开始实施的“十一五”规划纲要，强调“大力发展现代物流业”，指出“推广现代物流管理技术，促进企业内部物流社会化，实现企业物资采购、生产组织、产品销售和再生资源回收的系列化运作。培育专业化物流企业，积极发展第三方物流。建立物流标准化体系，加强物流新技术开发利用，推进物流信息化。加强物流基础设施整合，建设大型物流枢纽，发展区域性物流中心”。其中强调了“建立物流标准化体系”问题。

2011年开始实施的“十二五”规划纲要，强调“加快建立社会化、专业化、信息化的现代物流服务体系，大力发展第三方物流，优先整合和利用现有物流资源，加强物流基础设施的建设和衔接，提高物流效率，降低物流成本。推动农产品、大宗矿产品、重要工业品等重点领域物流发展。优化物流业发展的区域布局，支持物流园区等物流功能集聚区有序发展。推广现代物流管理，提高物流智能化和标准化水平”。其中对于物流标准化问题，改为“提高物流智能化和标准化水平”，更进一步强调了物流标准化的重要性。

国家的“十一五”规划和“十二五”规划纲要中都提出了物流标准化问题，由此可见，目前我国的物流标准化发展正处于关键阶段，其完善和发展直接关乎物流业的健康发展。

一、物流标准化在现代物流业发展中的重要作用

随着全球经济一体化进程的加快，标准化工作所涉及的领域越来越广泛，发挥的作用也越来越大，国际标准的采用已经十分普遍，标准化已成为企业竞争的重要手段。物流标准化的作用主要表现在下列几个方面：

（一）物流标准化可以统一物流概念，促进物流研究水平的提升

我国的物流发展借鉴了很多国外的经验，但是由于各国在物流的认识上有着众多的学派，就造成了国内人士对物流的理解存在偏差。所以，标准化有助于弄清物流的概念，并对物流涉及的相关内容达成统一的认识，扫清我国物流发展理论上的障碍。

（二）物流标准化可以规范物流企业，实现物流管理的现代化

目前我国市场上出现了越来越多的物流企业，其中不乏新生企业和从相关行业转行的企业，层出不穷的物流企业也使物流队伍良莠不齐。物流业整体水平不高，不同程度地存在着市场定位不准确、服务产品不合格、内部结构不合理、运作经营不规范等问题，影响了物流业的健康发展。建立与物流业相关的国家标准，对已进入物流市场和即将进入物流市场的企业进行规范化、标准化管理，是确保物流业稳步发展的需要。同时，在物流领域各个环节制定统一的标准，并严格执行，才能实现整个系统的高度协调统一，进而提高物流供应链

的效率，从而提升整个物流管理的现代化。

（三）物流标准化可以降低物流成本，提高物流效率

物流业是一个综合性的行业，它涉及运输、包装、仓储、装卸搬运、流通加工、配送和信息等各个方面。我国的现代物流业是在传统行业的基础上发展起来的。由于传统的物流被人为地割裂为很多阶段，而各个阶段不能很好地衔接和协调，加上信息不能共享，造成物流的效率不高，这在很多小的物流企业表现得尤为明显。物流标准化就是以物流作为一个大系统，制定系统内部设施、机械设备、专用工具等各个分系统的技术标准；制定系统内各个分领域如包装、装卸、运输等方面的工作标准；研究各分系统与分领域中技术标准与工作标准的配合性，统一整个物流系统的标准；研究物流系统与其他相关系统的配合性，进一步谋求物流大系统的标准统一。所以，物流标准化可以为多式联运以及物流的各环节提供最有效的衔接方式和手段，加快运输、装卸、搬运的速度，降低储存费用和中间损失，从而使企业获得直接或间接的物流效益。同时，标准化是物流作业机械化的前提。没有统一的集装箱尺寸标准，就没有机械化的集装运输业；没有托盘规格标准与叉车货叉尺寸标准的协调，就没有装卸的机械化；没有标识技术标准化的支持，就没有自动化的货物分拣。因此，物流标准化将大大降低物流成本，提供物流效率。

（四）物流标准化可以使国内物流与国际接轨

全球经济一体化的浪潮，使世界各国的跨国公司开始把发展目光集中到我国。特别是我国加入 WTO 后，物流业受到来自国外物流公司的冲击。所以，我国的物流业必须全面与国际接轨，接纳最先进的思想，运用最科学的运作和管理方法，改造和武装物流企业，以提高竞争力。从我国目前的情况看，物流的标准化建设是引导我国物流企业与国际物流接轨、提高国际竞争力、顺利进军国际物流市场的最佳途径。通过实施物流标准化，在运输工具、包装、装卸器具、仓储、信息甚至资金结算等方面积极采用国际标准，就可以解决国际贸易中的物流技术问题，提高物流效率，并打破因标准不统一造成的技术壁垒。

二、我国物流标准化存在的主要问题

正如上述所言，我国物流标准化工作虽然起步较晚，但仍然取得了一些初步成效。同时，由于物流标准化工作复杂、难度大且涉及面广，具有非常强的国际性，还存在一些问题和不足。如条块分割、部门分割的障碍，使得物流标准化需要协调的部门多，遇到的壁垒多，以及一些部门和企业对物流标准化的意识还比较淡薄，企业参与积极性低等。

除此之外，还有学者指出以下一些问题：1. 涉及多行业的通用性、基础性物流标准薄弱，物流服务标准缺乏，信息标准化工作滞后。在信息技术已经相当发达的今天，我国许多部门都在建自己的小信息数据库，却由于数据库字段、类型和长度等都不一致，形成了一个个“信息孤岛”，严重影响了作为物流管理基础的信息交换和电子商务的运作，造成资源浪费、效率低下。2. 采用国际标准的比例较低。过去，我国的标准（包括物流相关标准）在制定过程中较少考虑与国际标准的一致性，经过多年的发展，这些标准已经占用了很多资源。尽管近年来，我国也认识到物流标准国际接轨的重要性，积极参加了一些国际标准化组织，并在包装、标识、运输、储存等方面采用了国际标准，但与发达国家相比，我国物流业的发展水平仍有相当大的差距，目前能与国际标准接轨的物流标准所占的比例仍然很低。3. 物流标准的推广、实施方面存在较大问题。尽管我国初步建立了物流标准体系，制定了一些重要的物流标准，但这些标准的推广实施还存在许多问题，其制约因素主要包括物流企业标准化意识淡薄、物流市场发育不足、物流标准化人才匮乏等。[1]

三、推进我国物流标准化的对策

要推进我国物流标准化建设的发展，应着手做好以下六方面的工作：

（一）充分发挥政府部门的组织和引导作用

只有实现物流标准化，才能实现物流现代化，这已经成为发达国家发展现代物流的共识。发达国家的政府在标准化的建设中都发挥着重要的作用。我国的物流标准化才刚刚起步，物流市场上缺乏强势的大型物流企业，单纯依靠市场难以在短时间内推广统一的物流标准。我国的物流标准制定的主体是由政府机构领导的各种物流标准化组织机构，由这些组织机构来负责组织和参与物流行业标准的研究与制定工作。因此，在我国物流标准化建设过程中，应当充分发挥政府的组织协调功能。

同时，政府各部门之间应理顺关系、协调一致，减少部门壁垒。为加强综合组织协调，国家已建立由国家发展改革委员会牵头，商务部等有关部门和协会参加的全国现代物流工作协调机制。为配合这一机制的运行，需要在国家标准委员会的领导下，建立健全的现代物流标准化工作的组织协调机制，加强对现代物流标准化工作的统一组织领导，理顺和协调物流系统内各分系统管理部门之间的关系，促进企业、科研院所、行业组织和政府部门之间的密切

[1] 刘庆国．加快推进物流标准化建设问题研究［J］．交通标准化，2011（2）：44-45.

合作。[1]

（二）引导企业参与物流标准的制定，完善物流标准的制定工作

制定物流标准必须要了解企业的需求，如果起草的标准不符合企业的需求，企业就很难采纳。因此，要做好物流标准制定工作，必须要调查企业对于标准的需求。具体而言，可采用典型调查的方法，对涉及的各类企业选取典型进行调查，然后进行综合和统一。同时应引导更多的企业直接参与到标准的研究与制定中，并且把一些企业应用较好的标准加以推广，从而提高标准的实施率。

除此以外，还要加大对物流市场的培育，加强对物流标准的研究工作，从而提高标准的制定水平。

（三）物流标准化与信息化结合，与国际化接轨

现代物流的核心技术是物流系统的信息化，即借助计算机网络和信息技术，将原本分离的采购、运输、仓储、配送等物流环节，以及物流、商流、信息流和资金流进行统一协调控制，实现完整的集成化供应链管理。因此，软件标准中的物流信息标准尤其重要，是现代物流标准化的关键。随着信息化水平的提高，在业务流程得到合理化、标准化的基础上，要融合先进的管理理念，整合各大软件公司的技术，开发先进的又符合实际的企业资源计划、配送需求计划、供应链管理系统、ERP 系统，在企业内推广，从而将物流的标准化固化在企业的运营管理中。随着全球经济一体化进程的加快，国际标准的采用已经十分普遍，是否采用国际标准已经成为企业能否参与国际竞争和能否获得竞争优势的必要条件。物流标准必须与国际标准接轨，只有实施物流信息标准化，才能实现信息共享，才能实现多方共赢，才能促进中国企业参与到全球供应链竞争中来。[2]

（四）发挥行业协会、中介组织在物流标准化中的作用

以美国为例，其行业协会在物流标准的制定方面发挥了重要作用。美国物流行业协会在条形码、信息交换接口等方面建立了一套比较实用的标准，使物流企业与客户、分包方、供应商更便于沟通和提供服务，为企业物流信息系统的建设创造了良好的环境。我国的行业协会对近年来我国物流标准化发展也发挥了重要作用。因此，政府要充分发挥行业协会、中介组织及科研院校的作用，开展物流标准化研究与推广，为物流标准化建设服务，在宣传促进、交流

[1] 刘庆国．加快推进物流标准化建设问题研究［J］．交通标准化，2011（2）：45-46.

[2] 曾娣．中国物流标准化现状及对策研究［OL］，百度文库，http：//wenku. baidu. com/view/35e15c0cf12d2af90242e627. html.

沟通、基础统计、标准制定、人才培训等方面发挥应有作用。

（五）建立物流标准化信息交流服务平台

应建立物流标准化信息交流服务平台，加强标准制定和贯彻实施过程中的信息沟通。由于物流标准涉及部门、领域较多，因此要采取多种形式建立部门、行业间的物流标准化信息采集、处理和服务的交换共享机制。要加快行业物流公共信息平台建设，推动区域物流信息平台建设，加快构建商务、金融、税务、海关、检验检疫、交通运输和工商管理等政府部门的物流管理与服务公共信息平台。

（六）加强物流标准化学科和人才队伍建设

与发达国家相比，目前我国在现代物流的教育和研究方面还非常落后。虽然一些高校开设了物流类课程，但由于大多数处在自行筹划设计课程与实践阶段，在课程设置、教材选取、培养方向等方面还缺乏规范性。为此，要大力加强物流标准化学科建设，广泛开展学术研讨活动，在条件具备的院校、科研部门、行业组织乃至企业中安排相关理论知识研究的专项课题，进一步加强物流标准化的学术研究，不断提高物流标准化工作水平。

要强化职业技能教育，开展物流领域的职业资质培训与认证工作。加强对从业人员的岗前培训、在职培训等，培养一批能适应实际工作需要又具有较高理论素养的物流标准化专业人才。目前，物流师职业资格制度已建立起来，但标准化职业资格制度尚在探索之中。实施标准化工程师制度，并结合有关专业，培养专业的标准化人才已是当务之急。

总之，现代化的经济需要现代化的物流，而物流的现代化则离不开物流的标准化，加快推进物流标准化建设是促进我国现代物流业快速、健康发展的迫切要求。在推进过程中，政府及相关行业组织重视是前提，企业积极参与是基础，物流信息标准化是重点，积极采用国际标准和国外先进标准是关键，服务平台和人才队伍建设是保障，统筹规划、逐步建立完善物流标准体系是根本。[1]

事例二

山东寿光农产品“绿色通道”为菜农“增力减负”
——谈国家宏观调控政策对物流业发展的影响

【事例提示】

通过对本事例材料的评析与法理分析，主要探论国家对流通业包括物流业

[1] 刘庆国．加快推进物流标准化建设问题研究［J］．交通标准化，2011（2）：46-47.

的宏观调控政策，其中重点探讨涉及物流业发展的政策和保障措施，这必将为我国物流业的发展提供坚实的基础和动力，将大力推进我国物流现代化的全面发展。

【事例材料】❶

人民网潍坊8月17日电：“在菜乡寿光每个收费站都开辟了‘绿色通道’专用车道，都设置了‘绿色通道’专用标识，还配备了不少相关服务设施和项目，在这里，我们这些‘运菜车’司机可以不用花一分钱就优先免费通过，蔬菜在路上的时间少，损坏就少，成本自然就会降低，设立蔬菜‘绿色通道’我一百个满意。”经常来寿光配菜的黑龙江运菜车司机王云平说。

“自从‘中国蔬菜之乡’寿光开通‘绿色通道’后，经过该市境内的运菜车只要挂上‘绿色通道’的牌子，全程都免费，一趟能省路费400多元，平均下来每斤蔬菜可省6分钱，一月下来能省好几千元，感觉很划算。”常年从山东寿光运菜到北京方向的司机张建文对国家及时的“绿色通道”优惠政策感慨万分。

“绿色通道”新政实施后，还大大优化了蔬菜运输路径。山东寿光S323潍高路寿光收费站的工作人员徐来群说：“蔬菜求的就是新鲜，2010年年底国家对农产品‘绿色通道’实行新的优惠政策，全国各地的农产品运输车，只要运送的是鲜活农产品，途经‘绿色通道’一路绿灯，同时也不用绕道了，大大缩短了运输时间，保住了蔬菜的新鲜度，咱们潍高路寿光收费站就是一个很好的‘绿色通道’惠民样本民生工程。”

据了解，山东寿光鲜活农产品“绿色通道”自从2005年4月份正式开通以来，到现在每天至少为寿光境内的农民省下近万元的车辆通行费。2010年年底国家又颁布了农产品“绿色通道”新的优惠政策，文件规定从12月1日起，全国所有收费公路（含收费的独立桥梁、隧道）全部纳入鲜活农产品运输“绿色通道”网络范围，对整车合法装载运输鲜活农产品车辆免收车辆通行费。“鲜活农产品”主要指具有易腐烂、不耐储存、不适宜长时间运输等特性的农产品。此次实施的“绿色通道”政策范围扩大，是指在原来确定的鲜活农产品如新鲜蔬菜、水果、鲜活水产品、活的畜禽、新鲜的肉、蛋、奶的基础上又增加了马铃薯（土豆）、甘薯（红薯、白薯、山药、芋头）、鲜玉米、

❶ 资料来源：刘宗林：《山东寿光农产品“绿色通道”为菜农“增力减负”》，人民网2011年8月17日，http://news.cntv.cn/20110817/116766.shtml.

鲜花生。该市从2010年年底国家“新政策”实施到现在已累计放行符合政策要求的鲜活农产品车辆6万余辆，为车主业户节省百余万元费用，大大减轻了菜农的负担，提高了菜农种菜、卖菜、运菜的积极性，既搞活了市场又鼓了菜农的腰包，更让广大菜农切实感受到了政府的关怀和国家对“三农政策”的重视。

在农产品价格由于受季节及其他不利因素影响变动较大的形势下，该市按照国家政策对所有收费公路对整车合法装载运输鲜活农产品车辆免收车辆通行费，此举大大减少了鲜活农产品在流通环节的运输成本，对降低农产品终端价格的确会起到明显的促进作用。更令人高兴的是，最新消息表明，此项举措将作为长期政策保留下来，不会因农产品价格下跌而改变，国家对稳定农产品价格的决心可见一斑。据了解，中国高速公路近些年来发展迅速，之前的“绿色通道”线路在新的高速公路开通后，已不是最佳路线，而这次免费范围的扩大，给了司机们自由选择最优运输路线的机会，从而为降低蔬菜运输成本提供了有利条件。

【事例评析与法理分析】

上述事例反映的正是国家通过宏观调控政策，降低物流成本，从而推动农产品物流发展，促进农产品流通的情形。物流与流通的关系极为密切，一般认为，流通过程包括商流、物流、资金流和信息流四大部分。“四流”互为存在，密不可分，相互作用，既是独立存在的单一系列，又是一个组合体。所谓商流，就是一种买卖或者说是一种交易活动过程，通过商流活动发生商品所有权的转移。商流是物流、资金流和信息流的起点，也可以说是后“三流”的前提，没有商流一般不可能发生物流、资金流和信息流。反过来，没有物流、资金流和信息流的匹配和支撑，商流也不可能达到目的。从另一个角度讲，商流是动机和目的，资金流是条件，信息流是手段，物流是终结和归宿。因为，所有商业活动，最终都要落实到运输、装卸等物流过程。物流发展滞后，将严重影响整个流通产业的发展。同时，物流在商品总成本中的费用比例大，是节约费用最大的空间，物流成本控制将带动整个流通产业成本降低。

正如事例中所言，国家交通运输部、国家发展改革委以及财政部在2010年11月联合发布了《关于进一步完善鲜活农产品运输绿色通道政策的紧急通知》，进一步完善和落实鲜活农产品运输“绿色通道”政策，降低流通成本，更好地促进鲜活农产品流通，包括：1. 扩大鲜活农产品运输“绿色通道”网络；2. 增加鲜活农产品品种；3. 进一步细化“整车合法装载”的认定标准；4. 加强和规范检测工作，提高“绿色通道”通行效率；5. 进一步健全监督工作机制。政策的推广，惠及全国，车辆通行费的免除，大大降低物流成本，从而极大地刺激了鲜活农产品流通市场的发展。

由此可见，我国物流业的发展离不开国家宏观调控政策的指引。2012年8月国务院发布了《关于深化流通体制改革加快流通产业发展的意见》（以下简称《意见》）全文，《意见》从四个方面对于流通产业发展加以规定，而物流业是流通产业中的重要组成部分，这一指导意见的出台，必将对我国物流业的发展产生巨大而深远的影响。

下面将围绕着《意见》的四个部分，谈一下对物流业的影响。

一、指导思想、基本原则和主要目标对物流业的影响

《意见》指出要以邓小平理论和“三个代表”重要思想以及科学发展观为指导思想，要加快推进流通产业发展方式转变，着力解决制约流通产业发展的关键问题，有效降低流通成本，全面提升流通现代化水平。而要有效降低流通成本，关键在于降低物流成本，因为物流在整个流通过程成本中占比较大，其成本降低，有利于有效降低整个流通成本。同时，如前文所言，流通过程中的商流、资金流和信息流将来都可能由计算机和网络通信部分替代，比较容易实现现代化，只有物流难以做到这一点。因此，物流的现代化对于流通现代化起着关键性作用。

在基本原则方面，《意见》指出，坚持发挥市场作用与完善政府职能相结合。在更大程度上发挥市场配置资源的基础性作用，遵循价值规律和市场规则，强化企业在市场中的主体地位；提升政府公共服务、市场监管和宏观调控能力。要加大对重点领域和薄弱环节的支持力度，推动流通产业加快发展。而物流业正是流通产业中的重点领域和薄弱环节，根据《意见》的规定，将会得到更多的政策扶持。

在主要目标方面，《意见》指出，到2020年，我国流通产业发展的总体目标是基本建立起统一开放、竞争有序、安全高效、城乡一体的现代流通体系，流通产业现代化水平大幅提升，对国民经济社会发展的贡献进一步增强。其中特别指出：“全社会物流总费用与国内生产总值的比率明显降低……商品统一配送率达到75%左右。”这对物流提出了明确要求。

二、主要任务涉及物流业的方面

（一）加强现代流通体系建设

《意见》指出，要构建全国骨干流通网络，建设一批辐射带动能力强的商贸中心、专业市场以及全国性和区域性配送中心。同时还指出，提升农民专业

合作社物流配送能力和营销服务水平。要大力发展第三方物流，促进企业内部物流社会化。加强城际配送、城市配送、农村配送的有效衔接，推广公路不停车收费系统，规范货物装卸场站建设和作业标准。这些规定，将积极促进物流体系建设。

（二）积极创新流通方式

《意见》指出，大力推广并优化供应链管理，鼓励流通企业拓展设计、展示、配送、分销、回收等业务。加快发展电子商务，构建农产品产销一体化流通链条。推动商品条码在流通领域的广泛应用，健全全国统一的物品编码体系。电子商务等新型商业模式，对于物流提出了更高的要求，商品条码的广泛应用，有利于物流信息化的发展。

（三）提高保障市场供应能力

《意见》要求，支持建设和改造一批具有公益性质的商品储备设施、大型物流配送中心、农产品冷链物流设施等；完善中央与地方重要商品储备制度。强化市场运行分析和预测预警；提高迅速集散应急商品能力。该部分任务基本都与物流仓储、配送有关，对于我国物流业提出了明确要求。

（四）全面提升流通信息化水平

《意见》将信息化建设作为发展现代流通产业的战略任务，推动营销网、物流网、信息网的有机融合。建设流通领域公共信息服务平台，提升各类信息资源的共享和利用效率。支持流通企业利用先进信息技术提高仓储、采购、运输、订单等环节的科学管理水平。而物流信息化也是物流现代化的关键，包含在流通信息化任务之内。

（五）培育流通企业核心竞争力

《意见》指出，要积极培育大型流通企业，支持中小流通企业特别是小微企业专业化、特色化发展，健全中小流通企业服务体系，扶持发展一批专业服务机构，为中小流通企业提供融资、市场开拓、科技应用和管理咨询等服务。鼓励发展直营连锁和特许连锁，支持流通企业跨区域拓展连锁经营网络。支持流通企业建设现代物流中心，积极发展统一配送。加强知识产权保护，鼓励流通品牌创新发展。这对于物流企业的发展也是一次机遇和挑战。

（六）大力规范市场秩序

《意见》强调，加强关键商品流通准入管理，健全流通追溯体系，加强商品质量监督检查。依法打击侵犯知识产权、制售假冒伪劣商品等违法行为。加强网络商品交易的监督管理。规范零售商、供应商交易行为，建立平等和谐的零供关系。加快商业诚信体系建设，完善信用信息采集、利用、查询、披露等制度，推动行业管理部门、执法监管部门、行业组织和征信机构、金融监管部门、银行业金融机构信息共享。物流现代化发展离不开对市场的规范，加强各部门各行业的信息共享，将有利于物流企业的健康发展。

（七）深化流通领域改革开放

《意见》指出，要建立分工明确、权责统一、协调高效的流通管理体制，消除地区封锁和行业垄断，鼓励民间资本进入流通领域。提高流通产业利用外资的质量和水平，引进现代物流和信息技术带动传统流通产业升级改造。支持流通企业“走出去”，通过新建、并购、参股、增资等方式建立海外分销中心、展示中心等营销网络和物流服务网络。深化流通领域改革，特别是要深化物流改革，因为在整个流通领域中，物流发展相对滞后，制约着整个流通领域的发展，物流现代化是流通现代化的关键。因此，这一规定，也将吸引民营资本和外资投入到物流领域，将大力促进物流企业和物流技术的发展。

三、支持政策涉及物流业的方面

（一）制定完善流通网络规划

《意见》要求，制定全国流通节点城市布局规划，科学编制商业网点规划。完善社区商业网点配置，严格社区商业网点用途监管。各地可根据实际发布商业网点建设指导目录，引导社会资金投向。商业网点配置必须有相应的配套物流体系，因此，这势必促进物流业的快速发展。

（二）加大流通业用地支持力度

《意见》指出，按照土地利用总体规划和流通业建设项目用地标准，在土地利用年度计划和土地供应计划中统筹安排流通业各类用地。鼓励各地以租赁方式供应流通业用地。支持依法使用农村集体建设用地发展流通业。制定政府鼓励的流通设施目录，对纳入目录的项目用地予以支持。同时，依法加强流通业用地管理，禁止以物流中心、商品集散地等名义圈占土地，防止土地闲置浪费。物流仓储用地量大，这一规定，有利于物流仓储的健康发展。

（三）完善财政金融支持政策

《意见》要求，积极发挥中央政府相关投资的促进作用，完善促进消费的财政政策，扩大流通促进资金规模等。鼓励银行业金融机构针对流通产业特点，创新金融产品和服务方式。改进信贷管理，发展融资租赁、商圈融资、供应链融资、商业保理等业务。充分发挥典当等行业对中小和微型企业融资的补充作用。拓宽流通企业融资渠道，支持符合条件的大型流通企业上市融资、设立财务公司及发行公司（企业）债券和中期票据等债务融资工具。目前，物流企业大多面临着融资难的问题，加强财政金融政策支持，必将有助于解决企业融资难题，从而促进物流业的良性发展。

（四）减轻流通产业税收负担

《意见》中指出，要切实减轻流通产业税收负担，如在一定期限内免征农产品批发市场、农贸市场城镇土地使用税和房产税。将免征蔬菜流通环节增值税政策扩大到有条件的鲜活农产品等。积极推进营业税改增值税试点，完善流通业税制。

营改增税制试点从2012年1月1日起率先在上海进行，改革试点选择了11%和6%两档低税率，分别适用于交通运输业和部分现代服务业。2012年7月的国务院常务会议决定，自2012年8月1日起至2012年年底，将交通运输业和部分现代服务业营业税改征增值税试点范围，由上海市分批扩大至北京、天津、江苏、浙江、安徽、福建、湖北、广东8个省直辖市和宁波、厦门、深圳3个计划单列市。

然而，物流业是融合运输业、仓储业、货代业和信息业等的复合型服务产业。2011年8月国务院办公厅印发国办发〔2011〕38号《关于促进物流业健康发展政策措施的意见》（以下简称“国九条”）明确要求“切实减轻物流企业税收负担”。“营改增”试点工作也是落实“国九条”的一项具体措施。在上海的“营改增”试点中首次将“物流辅助服务”列入应税服务范围并设置了6%的适用税率，充分体现了国家产业政策，帮助物流业解决重复纳税和发票管理等问题，使原有增值税纳税人可以抵扣的进项税额增多，税负有所下降。但在上海的试点中也暴露出了一些问题。一是货物运输业务税负大幅度增加。这其中对于从事仓储、货代等“物流辅助服务”的物流企业而言，其税收负担基本持平或增加不多。而对于从事装卸搬运服务和货物运输服务的物流企业来说其税率从3%的营业税税率调整为11%的增值税税率，上调幅度较大，然而可抵扣的项目较少，主要为购置运输工具和燃油、修理费所含的进项税。同时，由于运输工具购置成本高、使用年限长（尤其是船舶使用年限可达20年以上），多数相对成熟的大中型企业未来几年或更长时间内都不可能有大额资产购置，因此实际可抵扣的固定资产所含进项税很少，这将导致试点后企业实际税负大幅增加。二是物流业务各环节税率不统一。我国现行营业税制度将物流业务划分为交通运输与服务业两类税目。物流业务各环节税目不统一、税率不相同、发票不一致，是多年来困扰物流业发展的政策瓶颈。然而在“营改增的试点方案”中依旧对物流业设置了“交通运输服务”和“物流辅助服务”两类应税服务项目，交通运输服务按照11%的税率，物流辅助服务按照6%的税率征收增值税。然而整合各类物流资源，实行供应链管理一体化运作，开展一票到底业务、一站式服务是物流企业基本的运作模式，也是客户普遍的服务要求。在实际经营中，各项物流业务上下关联，很难区分运输服务与物流辅助服务，人为划分不仅不适应现代物流一体化运作的需要，也增加了税收征管工作的难度。针对上述问题，上海市已经制定了过渡性补贴政策，对于税负增加的企业给予财政扶持，但这并非长远之计。因此，建议在不改变《"营改增"试点方案》基本框架的前提下，将"货物运输服务"从"交通运输服务"中剥离，纳入"物流辅助服务"，采用6%的税率。这样，既符合"国九条"的基本精神，统一了物流业务各环节税率，支持了物流业一体化运作，也能够解决试点中货物运输业务税负大幅增加的问题。此外，适当增加进项税抵扣项目，对于占有物流企业较大成本比例的过路过桥费、保险费、房屋租金等纳入进项税抵扣范围。❶

因此，这一政策对于物流企业未来的整体税负应发挥减负作用，但是，如何改革，还需进一步研究，如此才能真正推动物流企业的发展。

（五）降低流通环节费用

《意见》要求，抓紧出台降低流通费用综合性实施方案。落实好鲜活农产品运输"绿色通道"政策，确保所有整车合法装载运输鲜活农产品车辆全部免缴车辆通行费，结合实际完善适用品种范围。深入推进收费公路专项清理，坚决取缔各种违规及不合理收费，降低偏高的通行费收费标准。

事例材料反映的就是落实鲜活农产品运输"绿色通道"政策的情形，这一惠民政策，有效地减轻了运费费用，大大降低了物流成本，促进了农产品物流的发展。同时，《意见》要求取缔违规及不合理收费，降低有关通行费等，都将有效推进物流运输业的发展。

四、保障措施涉及物流业的方面

（一）完善流通领域法律法规和标准体系

《意见》强调要推动制定、修改流通领域的法律法规，提升流通立法层级。全面清理和取消妨碍公平竞争、设置行政壁垒、排斥外地产品和服务进入本地市场的规定。积极完善流通标准化体系，加大流通标准的制定、实施与宣传力度。物流标准化是流通标准化的重要组成部分，因此，这个流通领域法律法规的完善和标准化体系的推进，对于物流现代化发展也将起到重要作用。

（二）健全统计和监测制度

《意见》要求，加快建立全国统一科学规范的流通统计调查体系和信息共享机制，不断提高流通统计数据质量和工作水平。扩大城乡市场监测体系覆盖

❶ 物流行业营改增后面临的问题和建议［OL］. 百度文库，http：//wenku. baidu. com/view/f4dcda02cc1755270722082f. html.

面，优化样本企业结构，推进信息采集智能化发展，保证数据真实、准确、及时，加快监测信息成果转化。这一做法给物流信息化发展提供了有效保障，必将促进物流现代化发展。

（三）发挥行业协会作用

《意见》指出，应完善流通行业协会的运行机制，引导行业组织制定行业规范和服务要求，加强行业自律和信用评价。支持行业协会为流通企业提供法律、政策、管理、技术、市场信息等咨询及人才培训等服务，及时反映行业诉求，维护企业合法权益。物流行业协会在制定物流标准化体系中发挥了重要的作用，应进一步发挥协会作用，使其成为物流业发展的坚实后盾。

（四）强化理论体系、人才队伍和基层机构建设

《意见》还指出，要深化流通领域理论和重大课题研究，完善我国现代流通产业发展的理论和政策研究体系。大力培养流通专业人才，积极开展职业教育与培训，提高流通专业人才培养质量。加强干部队伍建设，提高基层干部的服务意识和监管执法能力。这都将对物流领域发挥深远影响。

（五）加强组织领导

《意见》要求，国务院有关部门、地方各级人民政府要高度重视加快流通产业改革发展的重要性，切实加强组织领导，根据要求抓紧制定具体实施方案，完善和细化政策措施，确保各项任务落实到位。中央建立由商务部牵头的全国流通工作部际协调机制，地方要将流通产业改革发展作为调结构、转方式、惠民生的重要抓手，完善配套政策和监管措施，保障流通产业改革发展所需资金，促进流通产业持续健康发展。这一保障措施，对于物流业的发展也将发挥积极作用。

案例三

段宝晋诉北京市西区邮电局五芳园支局
邮寄服务合同纠纷案

【案例提示】

本案是由于邮局未能及时将快递送达收件人而引起的纠纷。本案原告支付快递费用，通过邮政机构将邮件送达收件人，而邮政机构将邮件送达至收件人单位的收发室，是否属于邮政行业中的妥投？本案中是否存在邮件延误投递？通过本案我们介绍了《邮政法》中关于特快专递业务的有关规定。

【案情介绍】

原告（二审上诉人）：段宝晋。

被告（二审被上诉人）：北京市西区邮电局五芳园支局（以下简称五芳园邮局）。

北京市石景山区人民法院经审理查明：2009年4月23日，段宝晋至五芳园邮局，通过国内特快专递（EMS）向他人寄发邮件，并交纳邮政资费22元。

段宝晋填写的国内特快专递邮件详情单，其中载明：收寄局为五芳园邮局、收寄日期为2009年4月23日16时；寄件人姓名为段宝晋；内件品名为文件；收件人姓名段宝忠、单位名称洪洞二中、地址为山西省洪洞县城内、邮编041600。五芳园邮局收取邮件后开始进行投递。

经段宝晋登录邮政特快专递网站查询所寄邮件的投递过程，其中显示结果包括处理时间、处理地点和邮件状态，对应具体内容分别为：2009年4月23日15时58分、五芳园邮局、收寄；2009年4月23日17时23分、五芳园邮局、离开收寄局；2009年4月25日7时46分2秒、侯马市、离开处理中心，发往洪洞县；2009年4月26日9时19分、洪洞县、未妥投；邮件于2009年4月27日8时26分已妥投，投递结果为收发员闫某代收。

段宝晋以五芳园邮局延误投递为由，要求邮政部门查询延误原因。北京邮政速递局向洪洞县邮政局查询，经书面答复为：该邮件4月26日9时19分到我局，我局于4月26日下午16时50分投递到学校指定的收发点，由收发员闫某签收；由于4月26日接收的邮件多，投递员回来时，信息录入人员已近下班，所以邮件的妥投信息于次日8点26分录入。

在本案审理过程中，五芳园邮局提供了国内特快专递邮件详情单第一联即名址联，其中载明：收件人签名为闫某，签收时间为2009年4月26日16时50分。

在本案审理过程中，段宝晋提供了平信一封，该信件从北京市石景山区五芳园寄至山西省洪洞县，全程投递期限为三日。

段宝晋另提供一份国内特快专递邮件详情单，该特快专递从山西省洪洞县寄至北京市石景山区五芳园，全程投递期限为三日。段宝晋认为，上述平信和快递均往返于山西和北京，且与涉案特快邮件路程相同，因此涉案邮件实际妥投期限超出上述提供的两份邮件的送达时间，故属于延迟投递。

另查：2009年2月，洪洞县邮政局与洪洞二中签订邮件定位妥投协议书，其中约定投递方式为门卫面交；洪洞二中收发员指定为闫某。

再查：2009年3月，北京市邮政公司做出京邮市场［2009］24号文件，其中载明：北京是首批纳入承诺服务的100个城市之一；国内特快专递邮件时限承诺服务是指对纳入承诺范围城市间互寄的特快专递标准型邮件承诺全程时限，即邮政部门向用户公布邮件从收寄地到寄达地的全程时限标准；首批纳入承诺服务的100个城市名单和时限标准，其中载明：省市山西、省际封发局太原、时限标准为2~2.5天。

原告段宝晋诉称：2009年4月23日，原告至被告处寄发快件，经对方口头答复邮件最迟于4月26日上午交与收件人。此后，原告通过服务电话查询得知，所寄邮件于4月27日上午8时26分经人签收，但并非收件人。收件人于4月27日下午才收到邮件。由于被告延误投递，造成邮件内装有录取通知书无法按期送达，并严重影响子女及时就学，因此被告应当赔偿给原告造成的经济损失。诉讼请求：1. 判令被告赔偿原告邮资费用22元；2. 判令被告赔偿因延误投递而给原告造成的交通费用262元。

被告五芳园邮局辩称：首先，原告邮寄快件的寄达地山西省洪洞县并不属于中国邮政向社会承诺的三日时限送达范围；其次，原告邮寄快件已经于4月26日经收件人单位指定的收发员签收，应视为合法送达。因此，被告不存在延误投递行为。

北京市石景山区人民法院认为，段宝晋与五芳园邮局形成了邮寄服务合同法律关系。

关于邮政机构是否完成妥投的问题。由于段宝晋填写的邮件详情单中确认收件人为个人，收件地址为学校，投递人员将邮件送至学校收发室符合《邮政法》和《国内邮件处理规则》的相关规定，属于邮政行业中的妥投。

关于段宝晋作为寄件人主张延误投递的理由是否成立的问题。第一，邮政管理部门对外承诺内容载明三日内有效送达的服务范围，在涉案邮件寄达地所在省份山西省仅包括太原市，邮件寄达地山西省洪洞县并不属于上述承诺范围。因此，寄件人以所寄邮件应于三日内实际妥投作为衡量延误投递标准的理由本身是缺乏合同约定的。第二，平信投递与特快专递的差异决定着二者本身是不存在完全的对比基础的，段宝晋以涉案特快专递晚于一般平信的妥投时限，由此提出延误投递的上述理由不能成立。第三，在邮政业务中，受到邮件数量、投递次序、投递路线等多方面客观因素的影响，同程或往返之间的邮件妥投时间很可能存在差异，单纯以涉案邮件晚于另一同程邮件到达收寄地，故认为属于迟延投递的结论亦不能成立。

从涉案邮件的邮寄过程来看，自寄发地至寄达地的处理环节均在合理期限内进行，不存在邮政机构因主观过错而怠于履行投递行为的事实，段宝晋亦无证据证实对方已口头承诺具体投递期限，因此不应认定已构成投递延迟。

【裁判与处理】

一审法院依照《中华人民共和国合同法》第60条，《中华人民共和国邮政法》第10条、第20条、第45条之规定，判决如下：驳回段宝晋的诉讼请求。

一审宣判后，段宝晋不服提出上诉。认为一审判决认定五芳园邮局不存在延误投递缺乏事实和法律依据，应赔偿其全部经济损失。请求撤销一审判决，依法改判。

北京市第一中级人民法院经审理，确认一审法院认定的事实和证据。本案在二审过程中，经法院主持调解，双方当事人达成如下调解协议：

一、五芳园邮局返还段宝晋邮资费用22元；

二、一审案件受理费50元、二审案件受理费50元，均由段宝晋负担；

三、双方就此纠纷无其他任何争议。

（案例来源：一审：北京市石景山区人民法院（2009）石民初字第2887号；二审：北京市第一中级人民法院（2010）一中民终字第01294号。）

【事例评析与法理分析】

当今社会，由于信息接收和处理的日益快捷，必然要求邮政机构提高投递效率。但是，邮件特别是国内特快专递的延误问题成为近年来邮政服务的投诉热点，亦为司法审判中的法律难点。本案纠纷即是反映了寄件人与邮政机构上述争议的典型例证。在特快邮件投递过程中邮政机构妥投和延误行为的认定是本案争议的核心。因此，上述争议焦点的分析必然会对衡平邮政服务中双方权利义务关系产生重要影响和指引作用。

一、国内特快专递业务的法律特征

邮寄服务合同是指寄件人以支付邮资费用为对价，邮寄部门将寄件人交寄的邮件投交指定地点或送达收件人的服务合同。国内特快专递业务是近年来兴起的邮寄服务形式，但仍属于邮政业务的组成部分。根据邮电部制定的《国内特快专递邮件处理规则》的有关解释，国内特快专递既与其他邮递业务具有邮寄服务合同本质的同一性，同时亦具备其专有的特殊性。根据本案邮寄凭证的证明效力，能够说明段宝晋与五芳园邮局形成了邮寄服务合同法律关系。

二、国内特快专递邮件妥投的判断标准

认定投递行为是否妥投的法律意义不仅在于明确邮政部门是否履约完毕，而且决定着相应风险后果的转移，即妥投后邮件出现毁损、灭失（不包括投

递延误）的事实发生，邮政部门可以据此免责。由于国内特快投递工作具有一定程度的复杂性和不确定性，邮件妥投的认定亦存在多种情况。针对本案所反映出的是否妥投的焦点问题，必须结合相关立法目的、行业要求、投递能力等因素进行分析。

邮件投递一般分为按址投递、用户领取或与用户协商等方式，本案涉及按址投递的邮寄方式。《邮政法》规定有关单位应当设置接收邮件的场所。从该条款的文义解释和目的解释可以做出以下两方面认定：（1）设置邮政设施或场所的法定义务主体是相关单位，而邮政部门并非义务人。（2）设置邮政设施或场所的目的包括保障邮件的顺利送达，避免因单位内部原因而影响邮政机构的送达行为，并为邮政企业投递邮件提供便利。因此，上述法律条文已经充分考虑到邮政企业将邮件依法送达至单位收发部门和指定收件人员后，投递深度很可能无法继续延伸的客观情况。同时，相关企事业单位在接收邮件后实施的送达行为已无法实际由邮政部门指示或控制。根据上述法律条文解释内容，应当认定邮政部门投递至收件人单位指定收发人员，视为已经构成妥投。特别指出的是，接收邮件的单位收发室应当是单位与邮电部门共同约定的，承担单位收发邮件功能的处所或者相关岗位人员。(3)《国内特快专递处理规则》亦规定了对寄给国内机关、企事业单位、学校、团体的特快邮件可投送到单位收发室。因此，邮政部门将邮件送至学校收发室符合合理的投递深度要求。根据以上分析，本案中邮政部门投递人员按照邮件详情单中确认的收件地址即学校，将特快邮件交与单位指定收发人员签收，能够认定属于邮政行业中的妥投。

三、国内特快专递延误的认定和责任承担

与近年来发生的邮件丢失、毁损赔偿问题不同的是，何谓特快邮件延误投递以及赔偿标准均没有现行的成文法依据，由此造成判断的难度和司法认定的差异。特快邮件是否延误实质上是强调对于投递时限合理性的判断，根据上述标准，邮件投递延误是指邮政部门无正当理由，未在约定或合理期待时限内完成邮件妥投义务。

（一）国内特快专递邮件延误的对比方法评析

对于如何认定投递延误的判断方法，结合本案中双方争议问题，进行如下分析：

1. 平信对比法。即段宝晋提出的在寄发地与收寄地同程的情形下，涉案特快邮件实际妥投期限超过平信邮寄时间，故应属于延误投递的观点。众所周知，平信的资费一般明显低于国内特快专递，因此，后者的投递安全和效率程

度应优于前者。当特快专递寄至寄达地的期限超过平信邮寄时间时，得出特快专递存在延误的结论可能会为部分社会群体所接受。但上述问题的正确判断需要根据二者的制度设计进行分析认定。

平信属于非给据邮件，是指邮政企业在收寄时不出具收据，且在投递时不要求收件人签收的信件。由于在平信投递过程中，不存在寄发和签收过程的有效凭证，亦不需要邮政部门对每一环节的处理程序进行全面的记录，导致邮寄双方均无有效证据证实投递过程，可以说平信投递是安全性较低的邮寄服务。因此，平信的制度设计也就决定着邮政部门对平信的遗失和损毁一般、不承担民事责任。而国内特快专递邮件在投递过程中，需要邮政机构高效率对邮件进行分拣、处理和送达，并正确、完整地全程记录，体现着效率与安全的有效结合。由此可以看出，平信投递与特快专递的制度设计在投递程序、投递要求、损害赔偿等方面均存在诸多明显不同。因此，制度设计的差异决定着二者本身是不存在完全的对比基础的。单纯以二者的邮件到达寄达地时间进行比较确定存在延误的观点无疑脱离了邮政制度基础，当然是不具有合理性的。

2. 同程邮件对比法。根据段宝晋提供的证据材料，自寄发地至寄达地之间往返的两份国内特快专递的各自妥投期限存在差异，且邮件性质相同。但是，通过二者的比较只能说明涉案邮件相对于对比邮件即自山西省洪洞县寄往北京的特快专递确实时限延长，故二者对比所得出的结论只具有上述相对性和局限性。寄件人以此主张涉案邮件存在迟延投递的绝对性结论，需要认定上述对比邮件的送达时间应为同程特快专递妥投的约定或法定要求最长时限才具有证明的意义。由于上述对比邮件的实际妥投时间无法作为衡量延误行为的尺度标准，段宝晋以此为由主张涉案邮件晚于对比邮件到达收寄地，故属于迟延投递的结论亦不能成立。

（二）国内特快专递邮件投递延误的认定标准

在对上述邮件延误对比方法做出否定性评价后，认定邮件延误应当分别按照法定或约定邮寄时限、合理期待原则依次进行衡量和判断。

1. 法定邮寄时限原则衡量方法。这主要是指国家或邮政部门根据邮政通信水平和组织管理程度，准确测定出不同空间距离的不同邮件送达的具体期限，超出该时限送达则构成投递迟延。上述判断标准取决于社会整体经济发展水平和地区间各方面差异，实践中邮寄时限将因此存在一定程度的多样性。根据国家邮政总局和北京市地方邮政局的相关规范性文件，目前全国有 100 多个大中城市被纳入国内特快专递邮寄时限承诺范围。尽管受到时限约束的地域较为狭窄，但毕竟为投递迟延的认定提供了重要的客观依据，而且随着社会发展进程，具体时限约束的地域范围必将随之逐步扩大。应当指出的是，由于我国地域辽阔且城乡发展不平衡等原因，无法在短时期内对每一投递区域均做出明确的邮寄时限，邮政部门亦不能承受具体时限所导致的所有风险后果。对于寄至超出法定邮寄时限的地域范围，通过法定邮寄时限原则衡量方法不能判断是否投递迟延时，则仍需要进一步具体分析。

2. 合理期待时限原则衡量方法。这主要指在没有具体法定邮寄时限规定的前提下，根据国内特快专递邮件处理程序、全程邮递距离和邮递工具、寄发地与寄达地的自然环境和经济发展程度、同程邮件妥投的一般期限等各种可能影响投递效率的客观因素，综合考量后确定特快邮件应当妥投的最长期待时间；若无正当理由阻却，超出上述期限妥投则被视为投递延迟。上述分析可以表明，该衡量原则是在法定和约定的妥投期限不能明确时所采用的一种价值补充方法。根据前文所述的诸多因素，导致特快专递在投递过程中具有不确定性和复杂性，即包括在实际中会产生不同时间寄发或同程往还寄发特快邮件的妥投时间均可能存在差异，并决定着不能机械地采用单一标准而必须综合多种因素认定投递迟延。当然，对于超出法定时限的投递行为迟延认定需要在审判实践中根据上述衡量方法并结合具体案情来完成，难以通过统一标准做出非此即彼的判断。

但是，当邮政部门通过举证证明以下事由发生时，则一般应当被认定为非投递迟延并可以免除承担违约责任：（1）在投递邮件过程中发生不可抗力造成期限顺延。特别说明的是若邮政部门在已经延误投递的情形下发生不可抗力，因行为已经构成违约而不能免除迟延履行责任。（2）寄件人填写的收件人姓名、地址、邮编等邮寄信息有误或变更而造成迟延投递的。（3）收发室工作人员迟延履行交付收件人邮件的。（4）经邮政部门审核后，因无人签收或代收人不具备代收资格的。（5）寄件人邮寄的信件因国家公权力介入，致使邮件无法继续投递或延误投递的。（6）法律、行政法规规定或合同约定的其他情形。

从本案中的邮件投递过程分析，根据各种因素综合判断，涉案特快邮件自寄发地至寄达地的各个处理环节均在最长期待时限内进行，并未发生投递停滞或时间过长，邮政机构并未因自身主观过错而怠于履行投递行为，邮政机构提供的邮寄服务没有违反法定或约定要求，不构成延迟投递。因此，一审判决结论是正确的。

（三）国内特快专递邮件延误投递的责任承担

现行《邮政法》对于延迟投递的赔偿责任在社会各界多年来呼之欲出的背景下仍未有具体规定，只确定了邮件丢失、毁损、内件短少等情形。《国内邮件处理规则》尽管规定了延迟赔偿责任，但是也仅限于超出对外承诺妥投时限的投递行为，对于其他情形的延迟投递责任亦未规定。无论邮件寄达地是否属于对外承诺的法定妥投时限地域范围，当投递行为被认定构成延迟履行后，邮政机构均应承担相应赔偿责任，理由如下：

第一，从国际公约的角度分析，1999 年被包括我国在内的若干国家签署生效的《蒙特利尔公约》第 19 条中规定了运输延误的承运人责任。我国作为签约国，是承认该公约所确认的包括邮件在内的运输延误责任，因此，确认邮政机构基于邮件投递延误而承担赔偿义务并不与公约目的相违背。

第二，从《立法法》的角度分析，现行《邮政法》作为邮寄服务合同所适用的特别法未有延迟投递赔偿的相应规定，但仍可在其上位法即《合同法》关于履行内容的规定中，找到基于延迟履行行为而承担违约责任的法律依据，以寻求寄件人权利保护的救济途径。

第三，从邮政市场规范化的角度分析，由于投递延迟已经成为近年来邮政用户与邮政部门之间的焦点问题，建立邮件延迟赔偿制度能够有效地平衡邮寄双方的利益关系，从而达到约束邮政企业的投递行为和保证投递效率，实现寄件人主张损害赔偿权利的目的，有利于邮政行业领域的诚信和公平原则的建立。

四、国内特快专递邮件延误投递赔偿机制的构建

我国现行《邮政法》确认的邮件损失赔偿责任是建立在邮政企业普遍服务基础之上的。所谓普遍服务是邮政通信领域的一个特有概念，是指处于任何一点上的每一个公民都能以合理的资费水平，享受到一定质量的邮政通信服务，邮政企业一般不得拒绝用户的合理寄递要求，并且邮寄资费由国家统一制定。

随着邮政市场的发展，交通运输部于 2008 年颁布《邮政普遍服务监督管理办法》确认了邮政普遍服务和国内特快邮件（EMS）的分业经营，《邮政法》亦予以肯定。因此，国内特快专递不应属于邮政普遍服务范围，而应与其他快递业务共同构成向社会提供的竞争性邮寄业务。

基于上述认识，引发出关于对国内特快专递延误赔偿标准的几种意见：第一，迟延投递产生的赔偿责任不适用《邮政法》调整，而完全受到《合同法》中的迟延履行违约赔偿责任；第二，按照快递业务中保价或非保价邮件的约定进行赔偿，若迟延投递所造成的实际损失过高或过低，合同任何一方可以提出增加或减少的调整请求。

可以看出，上述两种观点均是以实际赔偿原则作为基础的。但是延迟投递赔偿标准的认定，需要结合邮政领域的行业特点，全面且最大限度地平衡邮寄

双方之间的权利义务关系为原则。根据上述原则，应当建立以限额损失赔偿为基础，实际损失赔偿为补充的邮件迟延投递赔偿制度。该制度设计的合理性依据主要包括以下几个方面：

1. 与社会公众利益密切相关的运输行业特点决定着限额赔偿完全具有适用的立法基础。由于航空、铁路运输在送达过程中具有诸多的风险性和复杂性，有必要尽可能采取统一而简便的赔偿标准。邮件属于航空、铁路运输标的物的组成部分，无论国际或国内立法均对此做出相关财产损害责任限额赔偿的规定。例如：在国际公约方面，《蒙特利尔公约》中规定在货物运输中造成毁灭、遗失、损坏或者延误的，承运人的责任以每公斤 17 特别提款权为限。在国内法方面，《铁路法》《中国民用航空货物国内运输规则》《铁路货物运输规程》亦做出上述类似规定。上述立法例足以充分说明限额赔偿在包括邮寄在内的航空、铁路运输行业中具有基础性的责任赔偿制度。

2. 尽管国内特快专递不属于邮政普遍服务，但仍是向广大社会公众提供的邮件寄递业务。邮政部门与寄件人之间是按时间和批次服务，无疑受到营业时间、邮件数量等因素的影响，双方之间并不是“一对一”的服务合同关系。同时，邮政部门仅按照邮件表面形式上载明的内容进行投递，无法知晓邮件实际内容和迟延投递所可能引发的直接或间接损失。上述两方面内容能够反映出，在一般情形下要求按照实际各项损失进行赔偿是加重了邮政机构的责任，不利于对邮政行业的发展。

3. 若完全采取实际赔偿原则，邮政机构为降低风险很可能采取大幅度提高邮资的经营手段，在此情形下，广大寄件人则将支付更高的邮寄成本，亦不利于对寄件人利益的维护。

4. 实际赔偿原则作为补充救济手段，亦具有存在的必要性。实际赔偿是限额赔偿的除外规则，是指邮政部门如果存在故意或重大过失，则无权援用限额赔偿规定，应当按照《合同法》规定承担赔偿实际损失的责任。因此，当邮政机构在投递过程中因故意或重大过失延误时，明显违背了寄件人的合理信赖，亦超出了寄件人可能承受的风险范围，故在实际损失超出赔偿限额时，则不应适用限额赔偿原则。

在对邮件迟延投递赔偿制度进行合理性分析的同时，亦应关注该赔偿机制实施的可行性。在此必须指出，限额赔偿实质上包括邮件保价和非保价赔偿的两个方面，因此，上述赔偿机制的建立应当以邮件保价和非保价适用于迟延投递责任作为可行性的基础。因此，应将目前邮件遗失或毁损的保价与非保价赔偿机制引入迟延投递责任之中，通过寄件人根据邮件迟延可能产生的预期合理损失自愿在邮政机构提供的可选择的范围内决定保价或非保价，以及保价的具体投保和赔偿数额，并在确定后视为邮寄双方约定的限额赔偿条款，以解决因延误投递而产生的争议。邮寄双方根据自己的交易理念和对邮递物品的重视程度来选择不同的风险承担模式，符合邮政市场运行原理，是民法合理赔偿原则在邮寄活动中的体现。这种赔偿制度设计既使得邮政机构因邮件遗失、毁损、短少、迟延等产生寄件人损失的违约行为均能够具有可以参照的赔偿标准，又避免适用全部赔偿而加重邮政机构的责任，从而有效地平衡邮寄服务合同双方的利益关系并促进邮政行业的效率与公平。[1]

[1] 张鹏．段宝晋诉北京市西区邮电局五芳园支局邮寄服务合同纠纷案［OL］．http：//vip.chinalawinfo.com/newlaw2002/SLC/SLC.asp？Db=fnl&Gid=117956882.

第九章

物流争议处理法律制度

本章导读

本章案例主要探讨我国有关物流争议的纠纷处理机制。物流争议属于民事纠纷，主要适用我国《民事诉讼法》关于民事诉讼程序的相关规定，同时，由于物流争议基本上都是平等主体间发生的合同纠纷或者其他财产权益纠纷，属于《仲裁法》的适用范围，如果双方约定了仲裁条款，也可以适用仲裁法的相关规定。此外，如果物流争议纠纷中涉及海运等海事诉讼则需适用《海事诉讼特别程序法》的相关规定。通过相关事例、案例的评析与法理分析，能够使读者学习和了解我国物流争议处理法律制度的基本概况。

民事诉讼制度是解决民商事纠纷的基本法律制度，是争议当事人提请法院依法公正解决纠纷的制度，属于司法救济方式。我国《民事诉讼法》明确规定了民事诉讼的基本原则和制度，如合议、回避、公开审判和两审终审制度，规定了民事诉讼的管辖、民事诉讼证据的运用以及具体民事诉讼程序等，《民事诉讼法》经过2007年及2012年两次大的修订，目前已形成了相对完善的民事诉讼纠纷解决机制。

海事诉讼是当事人因海事侵权纠纷、海商合同纠纷以及法律规定的其他海事纠纷提起的诉讼。由于其特殊性，除适用《民事诉讼法》外，还同时适用专门的《海事诉讼特别程序法》，因海上运输合同等发生的物流领域法律纠纷即适用海事诉讼特别程序予以救济。《海事诉讼特别程序法》对管辖、海事请求保全、海事强制令、海事证据保全、海事担保、送达、审判程序等都做出了特殊规定，同时还增设了一些专门程序，以适应海事诉讼的特殊性。

仲裁制度作为商事领域解决纠纷常用的法律制度，是指民（商）事争议的双方当事人达成协议，自愿将争议提交选定的第三者根据一定程序规则和公正原则做出裁决，并有义务履行裁决的一种法律制度。因此，相对于诉讼而言，仲裁是行业性的民间活动，是一种私行为，即私人裁判行为，而非国家裁判行为，但仲裁依法受国家监督。由于作为准司法程序的仲裁程序具有一裁终局、简便易行的特点，在解决物流争议方面发挥着重要作用。

案例一

北京友林运输服务有限公司与北京金鼎威机械设备有限公司运输纠纷案

【案例提示】

本案是由于委托运输方未能支付承运人部分运费而引起的纠纷。本案被告委托原告运输货物，原告履行了运输义务，被告应当履行支付运费的义务。同时，通过本案我们介绍了民事诉讼的管辖、证据以及缺席审判制度等相关内容。

【案情介绍】

原告：北京友林运输服务有限公司，住所地北京市朝阳区十八里店乡。

法定代表人：曹书林，经理。

委托代理人：魏姣浪，北京友林运输服务有限公司队长。

被告：北京金鼎威机械设备有限公司，住所地北京市朝阳区孙河乡。

法定代表人：张立东。

案由：运输纠纷

2006 年至 2007 年，北京友林运输服务有限公司（以下简称友林公司）为北京金鼎威机械设备有限公司（以下简称金鼎威公司）运输货物，北京金鼎威机械设备有限公司拖欠部分运费未付。2008 年 1 月 10 日，北京金鼎威机械设备有限公司给北京友林运输服务有限公司出具欠条，确认拖欠北京友林运输服务有限公司运费 12 000 元。但北京金鼎威机械设备有限公司一直未付款。2008 年年底，北京友林运输服务有限公司以要求给付运费及利息为由向法院起诉。

原告北京友林运输服务有限公司诉称：2006 年至 2007 年，原告友林公司为被告金鼎威公司运输货物，被告金鼎威公司拖欠原告友林公司部分运费未付。2008 年 1 月 10 日，被告金鼎威公司给原告友林公司出具了欠条，但被告金鼎威公司至今未付款，故诉至法院，请求判令被告：一、给付运费 12 000 元，并按银行贷款利率支付自 2008 年 1 月 10 日至给付之日止的利息。二、承担本案诉讼费用。

被告北京金鼎威机械设备有限公司未到庭应诉及答辩。

法院经审理查明：2006 年至 2007 年，友林公司为金鼎威公司运输货物，金鼎威公司拖欠部分运费未付。2008 年 1 月 10 日，金鼎威公司给友林公司出具欠条，确认拖欠友林公司运费 12 000 元。之后金鼎威公司未付款。上述事实，有金鼎威公司给友林公司出具的欠条以及当事人的陈述等在案佐证。

【裁判与处理】

法院认为：友林公司与金鼎威公司之间存在运输法律关系，友林公司为金鼎威公司运输货物后，金鼎威公司应支付运费。友林公司要求金鼎威公司给付利息的诉讼请求，因双方未约定付款期限，友林公司也没有证据证明向金鼎威公司索要欠款，所以没有事实与法律根据，法院不予支持。金鼎威公司经法院合法传唤，拒不到庭应诉，并不影响法院依法做出判决。依照《中华人民共和国民法通则》第 108 条、《中华人民共和国民事诉讼法》第 130 条之规定，缺席判决如下：

一、北京金鼎威机械设备有限公司于本判决生效后 10 日内给付北京友林运输服务有限公司 12 000 元。

二、驳回北京友林运输服务有限公司的其他诉讼请求。

如果未按本判决指定的期间履行给付金钱义务，应当依照《中华人民共和国民事诉讼法》第 229 条之规定，加倍支付迟延履行期间的债务利息。

案件受理费 100 元，公告费 520 元，由北京金鼎威机械设备有限公司负担（于本判决生效后 7 日内交纳）。

如不服本判决，可在判决书送达之日起 15 日内，向法院递交上诉状，按对方当事人的人数提出副本，并交纳上诉案件受理费，上诉于北京市第二中级人民法院。如在上诉期满后 7 日内未交纳上诉案件受理费，按自动撤回上诉处理。

（案例来源：北京市朝阳区人民法院（2009）朝民初字第 04066 号）

【事例评析与法理分析】

一、有关民事诉讼的管辖问题

民事诉讼中的管辖，是指各级人民法院之间以及同级人民法院之间受理第一审民事案件的分工和权限。它是在法院内部具体确定特定的民事案件由哪个法院行使民事审判权的一项制度。

民事诉讼管辖一般又可以分为级别管辖和地域管辖，级别管辖是解决各级人民法院之间的管辖问题，而解决同级人民法院之间管辖问题的是地域管辖。

（一）级别管辖

1. 基层人民法院管辖案件

根据原《民事诉讼法》第17条的规定："基层人民法院管辖第一审民事案件，但本法另有规定的除外。"这说明第一审民事案件一般都是由基层法院管辖的，只是在本法另有规定时除外。

2. 中级人民法院管辖案件

根据原《民事诉讼法》第18条的规定，中级人民法院管辖的民事案件有：（1）重大涉外案件；（2）在本辖区有重大影响的案件；（3）最高人民法院确定由中级人民法院管辖的案件。其中按照最高人民法院《关于适用〈中华人民共和国民事诉讼法〉若干问题的意见》，这里的重大涉外案件指的是争议标的额大，或者案情复杂，或者居住在国外的当事人人数众多的涉外案件。除此之外，根据最高人民法院相关司法解释的规定，中级人民法院管辖的第一审民事诉讼案件还包括：当事人对仲裁协议的效力提出异议的；海事海商案件；一般情形下的商标民事纠纷案件、著作权民事纠纷案件；专利纠纷案件等。

3. 高级人民法院管辖案件

高级人民法院管辖的第一审民事案件是在本辖区有重大影响的民事案件。《最高人民法院关于各高级人民法院受理第一审民事、经济纠纷案件问题的通知》（现已失效）中对此进行了详细规定，如"北京、上海、广东高级人民法院，受理以财产为内容的第一审民事案件，争议金额不得低于1亿元；涉外和涉港、澳、台案件，争议金额不得低于8000万元，并且每年各高级人民法院受理上述案件总数不得超过10件……"

4. 最高人民法院管辖案件

最高人民法院管辖的第一审案件数量极少，主要包括两类：（1）在全国有重大影响的案件；（2）认为应当由本院审理的案件。

（二）地域管辖

1. 一般地域管辖

根据原《民事诉讼法》第21条的规定，对公民提起的民事诉讼，由被告住所地人民法院管辖；被告住所地与经常居住地不一致的，由经常居住地人民法院管辖。

对法人或者其他组织提起的民事诉讼，由被告住所地人民法院管辖。

同一诉讼的几个被告住所地、经常居住地在两个以上人民法院辖区的，各该人民法院都有管辖权。

因此，地域管辖的一般原则是原告就被告原则。

2. 一般地域管辖的例外

根据原《民事诉讼法》第22条的规定，下列民事诉讼，由原告住所地人民法院管辖；原告住所地与经常居住地不一致的，由原告经常居住地人民法院管辖：（1）对不在中华人民共和国领域内居住的人提起的有关身份关系的诉讼；（2）对下落不明或者宣告失踪的人提起的有关身份关系的诉讼；（3）对被劳动教养的人提起的诉讼；（4）对被监禁的人提起的诉讼。

3. 合同纠纷案件的地域管辖

根据民事诉讼法的有关规定，因合同纠纷提起的诉讼，由被告住所地或者合同履行地人民法院管辖。

根据有关司法解释的规定，因合同纠纷提起的诉讼，如果合同没有实际履行，当事人双方住所地又都不在合同约定的履行地的，应由被告住所地人民法院管辖。

除此以外，民事诉讼法还规定了协议管辖，《民事诉讼法》第34条规定，合同或者其他财产权益纠纷的当事人可以书面协议选择被告住所地、合同履行地、合同签订地、原告住所地、标的物所在地等与争议有实际联系的地点的人民法院管辖，但不得违反本法对级别管辖和专属管辖的规定。

4. 特殊地域管辖

《民事诉讼法》第25条至第32条，又规定了特殊地域管辖，如因保险合同纠纷提起的诉讼，由被告住所地或者保险标的物所在地人民法院管辖。

5. 专属地域管辖

根据民事诉讼法的有关规定，下列案件，由人民法院专属管辖：（1）因不动产纠纷提起的诉讼，由不动产所在地人民法院管辖；（2）因港口作业中发生纠纷提起的诉讼，由港口所在地人民法院管辖；（3）因继承遗产纠纷提起的诉讼，由被继承人死亡时住所地或者主要遗产所在地人民法院管辖。

（三）专门法院的管辖

我国除设立地方法院外，还设有军事法院、海事法院、铁路运输法院等专门法院。这些专门法院也受理一定范围的民事纠纷。它们的管辖范围是：

1. 军事法院

当事人双方均是军队内部单位的经济纠纷案件，由军事法院管辖。但仅有一方当事人是军队内部单位的民事案件，应由有管辖权的地方法院受理。

2. 海事法院

我国海事法院受理当事人因海事侵权纠纷、海商合同纠纷（包括海上运输合同、海船租用合同、海上保赔合同、海船船员劳务合同等）以及法律规定的其他海事纠纷提起的诉讼。

3. 铁路运输法院

我国铁路运输法院的管辖范围主要包括：（1）铁路运输合同纠纷；（2）代办托运、包装整理、仓储保管、接取送达等铁路运输延伸服务合同纠纷；（3）铁路系统内部的经济纠纷案件；（4）对铁路造成损害的侵权纠纷案件。

（四）裁定管辖

作为对级别管辖和地域管辖的一种补充和变通规定，《民事诉讼法》又规定了移送管辖、指定管辖和移转管辖。

1. 移送管辖

移送管辖是指人民法院发现受理的案件不属于本院管辖的，应当移送有管辖权的人民法院，受移送的人民法院应当受理。一般指同级人民法院之间的移送。

2. 指定管辖

指定管辖是指上级人民法院依照法律规定指定其辖区的下级人民法院对某一具体案件行使管辖权。

一般包括三种情形：（1）受移送的人民法院认为受移送的案件依照规定不属于本院管辖的，应当报请上级人民法院指定管辖；（2）原来有管辖权的人民法院由于特殊原因，不能行使管辖权的，由上级人民法院指定管辖；（3）人民法院之间因管辖权发生争议，由争议双方协商解决；协商解决不了的，报请它们的共同上级人民法院指定管辖。

3. 移转管辖

移转管辖是指由上级人民法院决定或者同意，把某个案件的管辖权由下级人民法院移转给上级人民法院，或者由上级人民法院移转给下级人民法院审理。

一般包括以下三种情形：（1）上级人民法院对于下级人民法院有管辖权的案件，认为自己审理更为适宜的，可以提审；（2）上级人民法院对其管辖的第一审民事案件，认为交由下级人民法院审理为宜时，也可以交下级人民法院审理；（3）下级人民法院对它所管辖的第一审民事案件，认为需要由上级人民法院审理的，可以报请上级人民法院审理。

为了尽量减少第二种情形的发生，《民事诉讼法》第38条对此规定为“上级人民法院有权审理下级人民法院管辖的第一审民事案件；确有必要将本院管辖的第一审民事案件交下级人民法院审理的，应当报请其上级人民法院批准”。

本案中，2006—2007 年原告友林公司为被告金鼎威公司提供运输服务，被告理应及时给付运费，但仍由部分运费未付，后被告给原告出具了欠条，但一直未付款。为此，原告向法院提起诉讼，由于双方当事人都是有限责任公司，属于法人，诉讼标的额 12 000 元，数额不大，因此，级别管辖方面属于基层人民法院管辖范畴，而地域管辖方面，按照一般地域管辖的原则，应向被告住所地法院起诉，二者结合，本案属于北京市朝阳区人民法院管辖。

二、有关民事诉讼的证据制度

证据问题是民事诉讼的核心问题，所有诉讼活动都必须围绕证据展开。民事诉讼证据就是指能够证明民事案件情况的各种事实材料。民事诉讼证据有三个最基本的特征，即客观性、关联性和合法性。客观性，是指作为民事诉讼证据，必须是客观存在的事实。任何假设、推测、臆想的东西，都不能作为民事诉讼证据。关联性，是指作为民事诉讼证据，必须是与案件有联系，能够证明案件真实情况的全部或者部分的事实。如果某一事实确为客观存在，但与案件事实之间没有任何联系，则不能作为民事证据使用。而合法性，则包括证据形式的合法性和收集证据的合法性。

（一）证据的种类

根据《民事诉讼法》第 63 条的规定，民事诉讼证据有八种，即当事人的陈述、书证、物证、视听资料、电子数据、证人证言、鉴定意见和勘验笔录。

1. 当事人的陈述

当事人的陈述是指当事人在诉讼中就与本案有关的事实，向法院所作的陈述。当事人的陈述作为证据的一个种类是我国民事诉讼证据种类划分中的特色。当事人是民事诉讼法律关系的主体，由于与诉讼结果有着直接的利害关系，决定了当事人的陈述具有真实与虚假并存的特点。因此，《民事诉讼法》第 75 条规定：“人民法院对当事人的陈述，应当结合本案的其他证据，审查确定能否作为认定事实的根据。当事人拒绝陈述的，不影响人民法院根据证据认定案件事实。”

需要注意的是，当事人的陈述里有一种情况叫当事人的承认。诉讼过程中，一方当事人对另一方当事人陈述的案件事实明确表示承认的，可以免除另一方当事人的举证责任，但涉及身份关系的案件除外。对一方当事人陈述的事实，另一方当事人既未表示承认也未表示否认，经审判人员充分说明并询问后，仍不明确表示肯定或者否定的，视为对该事实的承认。

2. 书证

书证，是指以文字、符号、图形等所记载的内容或表达的思想来证明案件真实的证据。书证的表现形式多种多样，书写、打印，刻制等都可以，而载体也不限于纸张。常见的有合同、文书、票据、商标图案等。因此，书证的主要的表现形式是各种书面文件，但有时也表现为各种物品。书证在民事诉讼中是普遍被应用的一种证据，在民事诉讼中起着非常重要的作用。

3. 物证

物证是指以其存在的形状、质量、规格、特征等来证明案件事实的证据。物证是通过其外部特征和自身所体现的属性来证明案件的真实情况，它不受人们主观因素的影响和制约，因而具有较强的客观性和独立的证明性。

物证与书证的区别主要有以下几点：

(1) 物证是以其存在、外形等外部特征和物质属性去证明案件事实；而书证则是以其表达的思想内容来证明案件事实。

(2) 法律对物证一般无特殊的形式上的要求，只要能以其存在、外形、特征证明案件事实，就可以作为物证；而书证则不同，有的要求必须具备一定的形式才能够产生某种法律后果。

(3) 物证是一种客观实在，不包含人的意思内容；而书证是一定主体制作的，反映了人的主观意志。

4. 视听资料

视听资料，是指利用录音、录像等来证明案件事实的一种证据。它包括录像带、磁带、传真资料、电影胶卷、雷达扫描资料等。因而，具有体积小、重量轻，易于收集、保管和使用的特点，同时具有动态连续性、直观性等特点，但是视听资料容易被裁剪或伪造。原先的视听资料还包括电子计算机上存储的各种资料和数据等，随着电子数据成为一种新的证据，此部分内容正式从视听资料中分离出来，现在视听资料证据包含的内容也更符合该名称原本含义。

视听资料与书证、物证的区别主要有：

(1) 书证是以书面文件记载的内容来证明案件事实的，而视听资料的音响、图像等，并不单纯以文字和符号表达思想内容，而是独立地反映了案件的一部或全部的真实情况和法律事实，不仅静态地反映了待证事实，而且动态地说明了待证事实的真实情景，这一点迥异于书证。

(2) 物证是以自己的客观实在来证明案件事实的，而视听资料是以音色、图像等内容来证明案件事实，两者显然不同。

5. 电子数据

2012 年《民事诉讼法》增加了一种新的证据种类，即电子数据，将视听资料与电子数据分成两类，电子数据是存储于电子介质中的信息，包括电子签名、格式化后的硬盘通过恢复取得的信息等，与传统的录像、录音等视听资料有所区别。进入网络时代，互联网上留存了电子邮件、网上交易记录等大量的电子数据。不少当事人在打官司时，手里掌握着相关的电子数据，法律上新增该证据种类，QQ 聊天记录、微博私信等都可以作为证据使用，将大大方便当事人的举证与维权。

6. 证人证言

证人证言，是指证人以口头或书面形式，就他所了解的案件情况向人民法院所作的陈述。证人必须是了解案情并与案件审理结果无法律上的利害关系的人，如果既了解案情，又与案件处理结果有利害关系，就不得为证人，而是诉讼当事人（共同诉讼人或第三人）。

2012 年《民事诉讼法》将原来的第 70 条分为第 72、73、74 条，其中第 72 条第 1 款规定："凡是知道案件情况的单位和个人，都有义务出庭作证。有关单位的负责人应当支持证人作证。"根据上述规定，一般认为我国民事诉讼法规定的证人，包括单位和个人两大类。即凡是知道案件情况的单位和个人都有义务出庭作证。

关于证人资格问题，我国法律的限定非常宽泛。2012 年《民事诉讼法》第 72 条第 2 款修改为"不能正确表达意思的人，不能作证"。除此以外，都可以作证人。最高人民法院《关于民事诉讼证据的若干规定》第 53 条也进一步规定了，不能正确表达意志的人不能作为证人。无民事行为能力和限制民事行为能力的人当待证事实与其年龄状况相适应的可以作为证人。

证人有义务出庭作证，因此，证人作证以到庭接受口头询问为原则，《民事诉讼法》第 73 条规定，如有特殊情形，包括因健康原因或者交通原因等无法出庭，经人民法院许可，可以通过书面证言、视听传输技术或者视听资料等方式作证。

7. 鉴定意见

鉴定意见是指鉴定人运用专业知识、专门技术对案件中的专门性问题进行分析、鉴别、判断后做出的结论、意见。原《民事诉讼法》规定的证据种类是鉴定结论，2012 年修正案将其改为鉴定意见。民事诉讼鉴定具有广泛性和多样性，通常有医学鉴定、文书鉴定、痕迹鉴定、事故鉴定、产品质量鉴定、会计鉴定等。鉴定意见是鉴定人对专门问题做出的判断，这种判断并非是对法律问题的判断，只是诉讼证据的一种，最终能否被法院采纳作为定案依据还需经过法庭质证，因而，称为鉴定意见更为适宜。

8. 勘验笔录

所谓勘验，是指人民法院审判人员，在诉讼过程中，为了查明一定的事实，对与案件争议有关的现场、物品或物体亲自进行或指定有关人员进行查验、拍照、测量等活动。对于查验的情况与结果制成的笔录叫勘验笔录。勘验笔录是一种独立的证据，也是一种固定和保全证据的方法。

勘验笔录是以其文字、图表等记载的内容来说明一定案件事实，与书证有相似之处，但两者存在明显区别：

（1）产生的时间不同。书证一般是在案件发生前或在发案过程中制作发生的；而勘验笔录则是在案件发生后，在诉讼过程中，为了查明案件事实，对物证或者现场进行检验后制作的。

（2）制作主体不同。书证一般是由当事人或有关单位及公民制作的；而勘验笔录则是办案人员或人民法院指定进行勘验的人，执行公务依法制作的一种文书。

（3）反映的内容不同。书证一般是用文字、符号来表达其内容，本身能直接证明案件的事实情况，是制作人主观意志的外部表现；而勘验笔录的文字、图片记载的内容，是对物证或者现场的重新再现，其内容不能有制作人的主观意思表示，完全是一种对客观情况的如实记载。

（4）能否重新制作不同。书证不能涂改，也不能重新制作，要保持其原意；而勘验笔录则不同，若记载有误或不明确，可以重新勘验，并做出新的勘验笔录。

具体到本案中，涉及的证据主要有金鼎威公司给友林公司出具的欠条以及友林公司的陈述，欠条是以其记载的内容反映案件的事实，因此属于典型的书证，而友林公司在本案中是原告，其对于与金鼎威公司的业务往来及被拖欠运费的陈述，属于当事人的陈述。除此以外，本案中没有其他证据。

（二）举证责任的分配

1. 举证责任的概念

所谓举证责任，是指当事人对于诉讼中所主张的案件事实，应当提供证据加以证明的责任；同时指在诉讼结束之前，如果案件事实仍处于真伪不明状态，应当由该当事人承担败诉或不利的诉讼后果的责任。因此，举证责任，包含两层含义，前者是行为意义上的举证责任，后者是结果意义上的举证责任。

我国《民事诉讼法》第64条第1款规定，当事人对自己提出的主张，有责任提供证据。即规定了“谁主张，谁举证”的行为意义上的举证责任，对于结果意义上的举证责任，民事诉讼法虽没有明确规定，但2001年最高人民法院《关于民事诉讼证据的若干规定》第2条明确规定：“当事人对自己提出的诉讼请求所依据的事实或反驳对方诉讼请求所依据的事实有责任提供证据加以证明。没有证据或者证据不足以证明当事人的事实主张的，由负有举证责任的当事人承担不利后果。”该条首次明确肯定了民事举证责任具有双重含义，弥补了民事诉讼法的不足。

2. 举证责任的承担

（1）一般情形下举证责任的承担。

原告对自己提出的诉讼请求所依据的事实有责任提供证据加以证明；被告对反驳原告的诉讼请求所依据的事实有责任提供证据加以证明。

（2）特殊情形下举证责任的承担。

所谓特殊情形下举证责任的承担，又可以称之为举证责任的倒置，是指法律规定在某些特殊侵权诉讼中，免除原告的举证责任，而由被告对自己不承担法律责任加以证明，证明不了则要承担败诉的不利后果。

① 因新产品制造方法发明专利引起的专利侵权诉讼，由制造同样产品的单位或者个人对其产品制造方法不同于专利方法承担举证责任。

② 高度危险作业致人损害的侵权诉讼，由加害人就受害人故意造成损害的事实承担举证责任。

③ 因环境污染引起的损害赔偿诉讼，由加害人就法律规定的免责事由及其行为与损害结果之间不存在因果关系承担举证责任。

④ 建筑物或者其他设施以及建筑物上的搁置物、悬挂物发生倒塌、脱落、坠落致人损害的侵权诉讼，由所有人或者管理人对其无过错承担举证责任。

⑤ 饲养动物致人损害的侵权诉讼，由动物饲养人或者管理人就受害人有过错或者第三人有过错承担举证责任。

⑥ 因缺陷产品致人损害的侵权诉讼，由产品的生产者就法律规定的免责事由承担举证责任。

⑦ 因共同危险行为致人损害的侵权诉讼，由实施危险行为的人就其行为与损害结果之间不存在因果关系承担举证责任。

⑧ 因医疗行为引起的侵权诉讼，由医疗机构就医疗行为与损害结果之间不存在因果关系及不存在医疗过错承担举证责任。

（3）合同纠纷案件举证责任的分配。

最高人民法院《关于民事诉讼证据的若干规定》第 5 条规定，在合同纠纷案件中，主张合同关系成立并生效的一方当事人对合同订立和生效的事实承担举证责任；主张合同关系变更、解除、终止、撤销的一方当事人对引起合同关系变动的事实承担举证责任。对合同是否履行发生争议的，由负有履行义务的当事人承担举证责任。对代理权发生争议的，由主张有代理权一方当事人承担举证责任。

3. 举证期限及效力

（1）根据最高人民法院《关于民事诉讼证据的若干规定》第33条的规定，举证期限可以由当事人协商一致，并经人民法院认可。由人民法院指定举证期限的，指定的期限不少于30日，自当事人收到案件受理通知书和应诉通知书的次日起计算。

（2）当事人在举证期限内提交证据材料确有困难的，应当在举证期限内向人民法院申请延期举证，但需经人民法院准许；当事人在举证期限内不提交证据，视为放弃举证权利。对于当事人逾期提交的证据，人民法院审理时不组织质证，但经对方当事人同意质证的除外。

具体到本案中，原告友林公司起诉被告金鼎威公司，要求被告给付拖欠的运费12 000元及其利息，属于债务纠纷案件，应适用一般情形下举证责任承担原则，即原告对自己提出的诉讼请求所依据的事实有责任提供证据加以证明。对于拖欠运费的事实，友林公司出具的证据有欠条及其陈述，履行了举证责任；而对于给付利息的诉讼请求和事实，双方未约定付款期限，友林公司也没有证据证明向金鼎威公司索要欠款，即对于该项诉讼请求，原告友林公司未能履行举证责任，应承担举证不能的法律后果，故“没有事实与法律根据，法院不予支持。”

三、有关民事诉讼的审判制度

民事审判程序是民事诉讼中最为重要的程序，它是人民法院审理案件适用的程序，根据是否存在争讼，可以分为争讼审判程序和非讼审判程序，前者包括第一审程序、第二审程序和审判监督程序，后者包括特别程序、督促程序和公示催告程序。民事诉讼以两审终审为原则，一审终审为例外，争讼审判程序一般采两审终审制，而非讼审判程序则采一审终审制。其中，第一审程序是人民法院审理第一审民事纠纷案件必经的诉讼程序，是审判程序的基础和核心，其根据案件的性质、繁简等，又分为第一审普通程序和简易程序。关于具体审判程序的内容，本书在此不展开论述，仅就审判程序的概述进行阐述。

（一）起诉和受理

1. 起诉

起诉是指公民、法人或者其他组织认为其民事权益受到侵害或者与他人发生民事争议时，请求人民法院通过审判方式予以司法保护的诉讼行为。

根据《民事诉讼法》第119条的规定，起诉的条件包括：（1）原告是与本案有直接利害关系的公民、法人、其他组织；（2）有明确的被告；（3）有具体的诉讼请求和事实、理由；（4）属于人民法院受理民事诉讼的范围和受诉人民法院管辖。而起诉方式则以书面起诉为原则，以口头起诉为例外。

2. 受理

根据民事诉讼法的有关规定，人民法院对于原告的起诉必须经过审查，如果认为符合起诉条件的，应当在7日内立案，并通知当事人；认为不符合起诉条件的，应当在7日内裁定不予受理；原告对裁定不服的，可以提起上诉。这一审查程序就为受理程序。

人民法院受理原告起诉后，产生以下法律后果：（1）受诉法院取得对该案的审判权；（2）确定了双方当事人的诉讼地位；（3）诉讼时效中断。

具体到本案中，友林公司因为金鼎威公司拖欠其部分运费而向法院起诉，并提交了起诉状，符合《民事诉讼法》规定的起诉条件，人民法院应予受理。

（二）撤诉和缺席判决

1. 撤诉

撤诉是指原告在人民法院受理其案件后到判决宣告前的时间段中撤回其起诉的行为。

撤诉的法律后果主要包括：（1）导致法院审理程序终结；（2）导致诉讼时效中断；（3）撤诉后又起诉的，如果符合起诉条件，法院还应当受理。

一般而言，撤诉有两种情况，一种是申请撤诉，即在法院宣告判决之前，原告可以申请撤诉；是否准许，由法院裁定，如果当事人有违法行为需要处理的，人民法院可以不予准许；另一种是按撤诉处理，包括下列情形：① 原告经传票传唤，无正当理由拒不到庭，或未经法庭许可中途退庭的；② 原告为无诉讼行为能力人的，其法定代理人经传票传唤，无正当理由拒不到庭，又不委托诉讼代理人到庭的；③ 原告未按规定预交案件受理费，经法院通知后仍不预交的，又没有申请免交或者缓交理由的。

2. 缺席判决

缺席判决是指人民法院在部分当事人无故未参加法庭审理，或当事人未参加完开庭审理而中途退庭的情况下，依法做出的判决。《民事诉讼法》第144条规定，“被告经传票传唤，无正当事由拒不到庭的，或者未经法庭许可中途退庭的，可以缺席判决。”

缺席判决适用的条件如下：（1）被告经传票传唤，无正当事由拒不到庭或者未经法庭许可中途退庭的；（2）无民事行为能力的被告的法定代理人经传票传唤，无正当理由拒不到庭，又不委托诉讼代理人的；（3）被告反诉，原告经传票传唤，无正当事由拒不到庭，或者未经法庭许可中途退庭的；（4）人民法院裁定不准许原告撤诉，原告经传票传唤无正当理由拒不到庭的。

具体到本案中，友林公司起诉金鼎威公司，由于无法直接送达应诉通知书和传票，采用了公告送达方式，因而判决书中产生了公告费，被告金鼎威公司无正当理由，未按时到庭应诉及答辩，因此，人民法院依据《民事诉讼法》第144条的规定做出缺席判决。

（三）审理程序中的特殊情形

1. 延期审理

延期审理是指人民法院确定了案件的审理期日后或者在开庭审理过程中，由于出现了法律规定的特殊情况使开庭审理无法如期或继续进行，而将开庭审理期日推延的制度。

根据《民事诉讼法》第146条的规定，开庭审理过程中有下列情形之一的，可以延期开庭审理：（1）必须到庭的当事人和其他诉讼参与人有正当理由没有到庭的；（2）当事人临时提出回避申请的；（3）需要通知新的证人到庭，调取新的证据，重新鉴定、勘验，或者需要补充调查的；（4）其他应当延期的情形。

延期审理的后果是已进行的诉讼行为，继续有效；同时延期的时间，不计入审理期限。

2. 诉讼中止

诉讼中止是指在诉讼过程中，因出现法定事由而使本案诉讼活动难以继续进行，受诉法院裁定暂时停止本案诉讼程序的制度。

（1）诉讼中止的原因。

主要包括：① 一方当事人死亡，需要等待继承人表明是否参加诉讼的；② 一方当事人丧失诉讼行为能力，尚未确定法定代理人的；③ 作为一方当事人的法人或者其他组织终止，尚未确定权利义务承受人的；④ 一方当事人因不可抗拒的事由，不能参加诉讼的；⑤ 本案必须以另一案的审理结果为依据，而另一案尚未审结的；⑥ 其他应当中止诉讼的情形。

（2）诉讼中止的裁定。

裁定做出后立即生效，法院、当事人和其他参与人停止本案有关诉讼活动；原因消除后，法院依申请或依职权恢复诉讼程序，之前的诉讼行为继续有效。

3. 诉讼终结

诉讼终结是指在诉讼过程中，由于法定的原因使诉讼无法继续进行或进行下去没有意义，从而结束诉讼程序的一种法律制度。

（1）诉讼终结的原因。

① 原告死亡，没有继承人，或者继承人放弃诉讼权利的；② 被告死亡，没有遗产，也没有应当承担义务的人的；③ 离婚案件一方当事人死亡的；

④ 追索赡养费、扶养费、抚育费以及解除收养关系案件的一方当事人死亡的。

（2）诉讼终结的裁定。

一经做出，立即生效；当事人就同一案件，不得再行起诉。

（四）法院的裁判

1. 民事判决

民事判决，是指人民法院通过对民事案件的审理，根据查明和认定的案件事实，正确适用法律，对案件的实体问题做出的权威性判定。

（1）民事判决的分类。

① 根据其所解决争议的性质不同，民事判决可以分为诉讼案件的判决和非诉讼案件的判决。

② 根据其所解决争议的方式不同，民事判决可以分为给付判决、确认判决和变更判决。

③ 根据其所依据的审级和审判程序不同，民事判决可以分为一审判决、二审判决和再审判决。

④ 根据其是否生效，民事判决可以分为生效判决和未生效判决。

⑤ 根据其是终结案件的全部还是一部分，民事判决可以分为全部判决和部分判决。

⑥ 根据双方当事人是否都出庭，民事判决可以分为对席判决和缺席判决。

⑦ 根据其做出的先后时间，民事判决可以分为原判决和补充判决。

（2）民事判决的效力。

① 民事判决生效的时间。

一审判决，过了上诉期发生效力；二审判决、非讼判决、最高法院一审判决，宣告或送达生效。根据《民事诉讼法》第162条的规定，基层人民法院和它派出的法庭审理符合本法第一百五十七条第一款规定的简单的民事案件，标的额为各省、自治区、直辖市上年度就业人员年平均工资百分之三十以下的，实行一审终审。此类一审终审案件的判决，宣告或送达生效。

② 生效民事判决产生的法律后果。

生效判决产生拘束力、既判力和执行力的法律后果，如果一方当事人不按时履行，另一方当事人可以申请法院强制执行。

具体到本案中，按照判决的不同分类，朝阳区人民法院做出的判决属于诉讼案件的判决、给付判决、一审判决、未生效判决、全部判决、缺席判决和原判决 。如果当事人在上诉期间内未上诉，上诉期满，则该一审判决生效。

2. 民事裁定

民事裁定是指人民法院在审理民事案件过程中，对所发生的程序上应当解决的事项做出的权威性判定。

（1）判决与裁定的区别。

首先，判决解决的是案件的实体问题；裁定是解决诉讼中的程序事项。其次，裁定发生于诉讼的各个阶段，一个案件可能有多个裁定；判决则在案件审理终结时做出，一般情形下，一个审判程序只有一个判决。再次，裁定可采用书面形式，也可采用口头形式；判决只能采用书面形式。最后，除不予受理、对管辖权的异议、驳回起诉的裁定可上诉外，其他裁定一律不准上诉；而一审判决可以上诉。

（2）民事裁定的适用范围。

根据《民事诉讼法》第154条第1款的规定，“裁定适用于下列范围：（一）不予受理；（二）管辖权异议；（三）驳回起诉；（四）财产保全和先予执行；（五）准许或者不准许撤诉；（六）中止或者终结诉讼；（七）补正判决书的笔误；（八）中止或者终结执行；（九）撤销或者不予执行仲裁裁决；（十）不予执行公证机关赋予强制执行效力的债权文书；（十一）其他需要裁定解决的事项。”

（3）民事裁定的形式和内容。

裁定既可以以书面形式做出，也可以以口头形式做出。

（4）裁定的效力。

第一，当事人及其他诉讼参与人必须依裁定办事，不得再对同一事项提出相同要求。

第二，人民法院未经法定程序，不得随意改变生效裁定的内容。

第三，有些裁定对社会有关部门和人员也具有拘束力。

3. 民事决定

民事决定是指人民法院对民事诉讼中的特殊事项依法做出的权威性判定。

民事决定的适用范围：（1）决定回避；（2）决定对妨害民事诉讼的行为采取强制措施；（3）决定诉讼费用的减、免、缓；（4）决定顺延期限；（5）决定再审；（6）决定暂缓执行；（7）其他需要人民法院做出决定的事项。

民事决定做出后立即生效，不得上诉。

案例二

中国太平洋财产保险股份有限公司深圳分公司诉连云港金烁船务有限公司海上货物运输合同纠纷案

【案例提示】

本案是由于承运人在履行海上货物运输合同时发生货损，保险公司对于货主理赔后取得代位求偿权而向承运人追讨损失赔偿引起的纠纷。本案中货主与被告签订有海上货物运输合同，并将货物向原告进行投保，货物运输过程中发生货损，原告向被保险人理赔后即取得了向第三人追偿损失的代位求偿权，被告作为涉案运输合同的承运人应就运输过程中发生的货损承担赔偿责任。通过本案我们介绍了《海事诉讼特别程序法》对审判程序的一些专门规定，包括海上保险人行使代位请求赔偿权利的规定以及简易程序的规定等。

【案情介绍】

原告：中国太平洋财产保险股份有限公司深圳分公司。

负责人：何永成，该分公司总经理。

委托代理人：孙士强，上海航泰律师事务所律师。

被告：连云港金烁船务有限公司。

法定代表人：徐玉良，该公司总经理。

委托代理人：尹波，江苏永信律师事务所律师。

案由：海上货物运输合同纠纷

2010 年 3 月，中国太平洋财产保险股份有限公司深圳分公司的被保险人东莞市富之源饲料蛋白开发有限公司（以下简称富之源公司）将约 997.38 吨菜籽粕交由连云港金烁船务有限公司运输。连云港金烁船务有限公司安排“金富隆 217”轮承运，并签发了水路货物运单。货物运抵目的地后，有 409 包菜籽粕遭受水湿。随后，富之源公司向中国太平洋财产保险股份有限公司深圳分公司提出保险理赔。2010 年 7 月 14 日，中国太平洋财产保险股份有限公司深圳分公司向富之源公司支付保险赔偿金人民币 24 252.17 元，向民太安保险公估股份有限公司福建分公司（以下简称民太安公司）支付查勘费人民币 738 元，合计人民币 24 990.17 元。中国太平洋财产保险股份有限公司深圳分公司在赔付被保险人后即取得代位求偿权，为追偿损失于 2011 年 3 月 23 日向上海海事法院提起诉讼，请求判令：1. 被告连云港金烁船务有限公司向原告赔偿损失人民币 24 990. 17 元以及该款项利息损失（自 2010 年 7 月 14 日起至判决生效之日止按中国人民银行同期一年期贷款利率计算）；2. 本案案件受理费由被告承担。上海海事法院受理后依法适用简易程序进行了审理。

被告连云港金烁船务有限公司辩称：对货损事实没有异议，但查勘费是原告的经营成本，并非原告赔付范围，不应由被告承担。涉案船舶系案外人挂靠于被告名下，真正的船舶所有人并非被告，原告应向实际船舶所有人行使索赔权。

法院经审理查明：2010 年 1 月，富之源公司与莆港公司订立产品销售合同，由富之源公司向莆港公司出售一批菜籽粕，货物单价为 2420 元/吨。同年 3 月 21 日，富之源公司将 997. 38 吨菜籽粕交由“金富隆 217”轮承运。船方签发了水路货物运单，记明收货人为莆港公司，承运人签章一栏加盖了“连云港金烁船务有限公司金富隆 217”字样印章。同日，富之源公司就该批货物向原告投保了国内水路货物运输保险，保险金额为 2 259 525. 4 元，免赔额为保险金额的 0. 5%。同年 3 月 30 日，收货人莆港公司出具收货证明，证明收到“金富隆 217”轮菜籽粕共计 997. 38 吨，其中湿包 409 包，计 26. 585 吨。“金富隆 217”轮亦在此证明上盖章确认。同年 4 月 1 日，民太安公司受原告委托至收货人处查勘货物受损情况，确认涉案货物在未到港时就已受潮，受潮菜籽粕共计 242 包，总重 15. 73 吨，建议按全损理算本次损失金额。原告在理赔过程中确认本次事故损失金额为 35 549. 80 元，扣除免赔额 11 297. 63 元后，于 2010 年 7 月 14 日实际赔付富之源公司 24 252. 17 元，并向民太安公司支付查勘费 738 元。

另查明，被告系“金富隆 217”轮登记的船舶经营人和船舶所有人或船舶所有人之一。2010 年 4 月 8 日，被告与案外人赵融法、孙露波签订了船舶委托经营管理协议，约定由被告负责“金富隆 217”轮的日常经营管理。

法院认为：涉案货物由“金富隆 217”轮实际承运，被告系该轮的经营人，涉案水路货物运单上的承运人签章也显示为被告，据此可以认定被告即为涉案运输合同的承运人。被告作为“金富隆 217”轮登记的船舶经营人，理应对外承担涉案船舶营运过程中的运输风险和责任。被告作为涉案运输合同的承运人应就运输过程中发生的货损承担赔偿责任。关于原告主张的勘查费，法院认为，做出查勘报告的民太安公司系原告依据保险合同为确定自身赔付数额而单方委托，其支付的查勘费应属于保险公司的经营成本，不属于承运人应承担的货损赔偿范围，原告在本案中主张查勘费缺乏法律依据。原告请求利息损失符合法律规定，但原告主张按一年期贷款利率计算缺乏依据，本案利息损失按中国人民银行同期活期存款利率计算为宜。

【裁判与处理】

一、被告连云港金烁船务有限公司应在本判决生效之日起 10 日内向原告中国太平洋财产保险股份有限公司深圳分公司赔偿货物损失人民币 24 252. 17 元以及该款项利息损失（自 2010 年 7 月 14 日起至判决生效之日止按中国人民银行同期活期存款利率计算）；

二、对原告的其他诉讼请求不予支持。

如果未按本判决指定的期间履行给付金钱义务，应当依照《中华人民共和国民事诉讼法》第 229 条之规定，加倍支付迟延履行期间的债务利息。

案件受理费人民币 425 元，因适用简易程序减半收取人民币 212. 50 元，由原告中国太平洋财产保险股份有限公司深圳分公司负担人民币 6. 28 元，被告连云港金烁船务有限公司负担人民币 206. 22 元。

如不服本判决，可在判决书送达之日起 15 日内向本院递交上诉状，并按对方当事人的人数提出上诉状副本，上诉于上海市高级人民法院。

（案例来源：上海海事法院民事判决书（2011）沪海法商初字第 361 号）

【事例评析与法理分析】

一、关于海上保险人行使代位请求赔偿权的问题

海上保险代位求偿权是指保险人依据海上保险合同的约定向被保险人支付保险金后，即取代被保险人的地位享有向负有赔偿责任的第三人请求损害赔偿的权利。在我国，海上保险代位求偿权既是一项实体权利，由《保险法》和《海商法》加以调整，又是一项程序权利，由《海事诉讼特别程序法》加以调整。《保险法》第 60 条第 1 款明确规定："因第三者对保险标的的损害而造成保险事故的，保险人自向被保险人赔偿保险金之日起，在赔偿金额范围内代位行使被保险人对第三者请求赔偿的权利。"《海商法》第 252 条第 1 款也规定："保险标的发生保险责任范围内的损失是由第三人造成的，被保险人向第三人要求赔偿的权利，自保险人支付赔偿之日起，相应转移给保险人。"《海事特别程序法》则在审判程序一章中设专节对海上保险人行使代位请求赔偿权问题加以规定，其中第 93 条再次重申：" 因第三人造成保险事故，保险人向被保险人支付保险赔偿后，在保险赔偿范围内可以代位行使被保险人对第三人请求赔偿的权利。"

（一）海上保险代位求偿权的构成要件

依据我国的法律规定，要行使代位求偿权，必须具备以下要件：

1. 被保险人对第三人有损失赔偿请求权

被保险人只有在第三人依法应当承担法律责任时才有索赔请求权，才有向保险人转让这种赔偿请求权的可能。

2. 代位求偿权的行使以保险人已经支付了保险金为前提

在保险人依保险合同给付保险赔偿金之前，对第三人的损失赔偿请求权仍没有发生转移，这样避免了被保险人因赔偿请求权已经移转而无法行使求偿权的危险。在实践中，当事方之间会自愿达成权益转让书，以减少保险纠纷的发生，保证保险人在给付后获得对第三人的代位求偿权。

3. 代位权的请求范围不得超过保险赔偿的范围

保险人不得从保险合同中牟取利益，所以保险人代位求偿的范围应与保险赔偿范围相一致，《保险法》第60条第3款规定："保险人依照本条第一款规定行使代位请求赔偿的权利，不影响被保险人就未取得赔偿的部分向第三者请求赔偿的权利。"若保险赔偿金少于第三人的赔偿金额，则保险人仅可以在其赔偿范围之内向第三人代位求偿，剩余部分仍然归于被保险人，有利于防止保险人赔少获多，从而使被保险人遭受不利。

4. 损害赔偿的标的必须一致

设置海上保险代位求偿权的目的是为了避免被保险人因为某一标的受损而获得保险人和第三人的双重赔偿，从而破坏保险在于补偿的立法意旨。这就要求保险人依保险合同进行的赔偿同第三人应负的赔偿标的保持一致性，否则，代位求偿制度难于适用。

（二）海上保险代位求偿权的方式

根据《海事诉讼特别程序法》的规定，保险人只能以自己的名义提起诉讼。根据诉讼进程，保险人行使代位求偿权的方式具体包括：

1. 保险人得以自己的名义提起代位求偿诉讼

《海事诉讼特别程序法》第94条规定："保险人行使代位请求赔偿权利时，被保险人未向造成保险事故的第三人提起诉讼的，保险人应当以自己的名义向该第三人提起诉讼。"

2. 保险人得以向法院提出变更当事人的请求，以自己的名义行使代位求偿权

根据《海事诉讼特别程序法》第95条第1款的规定，保险人做出实际赔付取得代位求偿权之前，被保险人已经以自己的名义对第三人提起索赔诉讼的，保险人支付保险赔偿后可以向受理案件的法院提出变更当事人的请求，并

进而以自己的名义行使代位求偿权。

3. 保险人得以作为共同原告向第三人请求赔偿

依据《海事诉讼特别程序法》第 95 条第 2 款的规定，被保险人如果因为投保不足额保险、协议取得的保险赔偿不足以弥补损失、保险合同约定有免赔额等原因未能从保险人处取得足以弥补第三人造成损失的保险赔偿，保险人和被保险人可以作为共同原告向第三人请求赔偿。这一规定具有重大意义：

（1）解决了司法实践中存在的被保险人和保险人需要凭借一套索赔单证分别向第三人提起诉讼的矛盾。

（2）从程序上确保被保险人可以就未取得赔偿的部分继续向第三人行使索赔权。《保险法》第 60 条第 3 款关于“保险人依照本条第一款规定行使代位请求赔偿的权利，不影响被保险人就未取得赔偿的部分向第三者请求赔偿的权利”的规定从实体法上确立了被保险人就未取得足额赔偿的损失部分可以继续对第三人行使索赔权，而《海事诉讼特别程序法》第 95 条第 2 款的规定则从程序法的角度，保证了被保险人这一实体权利的实现。

（3）在一定程度上解决了第三人的讼累问题。在《海事诉讼特别程序法》生效前，第三人既要面对保险人的代位求偿索赔又要应付被保险人的损害赔偿请求，有时出现一个海上保险事故由两个法院进行审理的情况，无形中增加了第三人的讼累。现在这一问题因保险人与被保险人可以作为共同原告提起诉讼而在一定程度上得到解决。

（4）弥补了《海商法》未对不足额保险的代位求偿权加以规定的缺陷。传统观点认为，对保险标的而言，保险人承保部分与被保险人自保部分不可分。因此，在由保险人提起保险标的的全部损失诉讼后，保险人和被保险人之间便面临着如何分配从第三人取得的赔偿问题。《海事诉讼特别程序法》生效后，保险人可以按照已经支付的不足额保险比例部分的保险赔款，被保险人可以就实际损失减去已经取得的保险赔款的剩余损失，作为共同原告向第三人提起诉讼。这种情况下，无论第三人是否已经设立海事赔偿责任限制基金，保险人与被保险人均可根据各自的索赔数额按比例得到赔偿，弥补了《海商法》规定的缺陷。

具体到本案中，原告中国太平洋财产保险股份有限公司深圳分公司作为涉案货物的保险人已向涉案货物运输合同的托运人富之源公司做出了赔付，从而依法取得了就涉案货物受损向第三人索赔的代位求偿权。因此，原告以自己的名义向承运人被告连云港金烁船务有限公司起诉要求赔偿其向被保险人富之源公司支付的保险赔偿金人民币 24 252.17 元及利息具有法律依据，而支付的查勘费属于保险公司的经营成本，不属于承运人应承担的货损赔偿范围内，没有相应法律依据。

二、关于适用简易程序审理的问题

民事诉讼的简易程序是指基层人民法院和它派出的法庭审理简单的民事案件所适用的程序。简易程序与第一审普通程序都属于第一审程序，是对普通程序的简化，具有传唤方式简便、诉讼成本低、审理期限短、适用范围广等特点，在审判实践中得到广泛的运用，并发挥出普通程序所无可比拟的优越性。简易程序在起诉方式、传唤方式以及开庭审理等方面比普通程序更简便，从而极大地方便了当事人进行诉讼。同时，快速、及时地审结案件，可以减少当事人的讼累，提高办案效率，节省诉讼成本，有助于人民法院集中力量审理好复杂、重大的民事案件。

（一）简易程序的适用范围

1. 一般规定

根据《民事诉讼法》第157条的规定，基层人民法院和它派出的法庭审理事实清楚、权利义务关系明确、争议不大的简单的民事案件，适用简易程序规定。基层人民法院和它派出的法庭审理前款规定以外的民事案件，当事人双方也可以约定适用简易程序。

2. 不适用简易程序的案件

根据最高人民法院2003年《关于适用简易程序审理民事案件的若干规定》（以下简称《简易程序规定》）第1条的规定，下列案件不适用简易程序：（1）起诉时被告下落不明的；（2）发回重审的；（3）共同诉讼中一方或者双方当事人人数众多的；（4）法律规定应当适用特别程序、审判监督程序、督促程序、公示催告程序和企业法人破产还债程序的；（5）人民法院认为不宜适用简易程序进行审理的。

3. 简称程序转为普通程序

《简易程序规定》第3条规定，当事人就适用简易程序提出异议，人民法院认为异议成立的，或者人民法院在审理过程中发现不宜适用简易程序的，应当将案件转入普通程序审理。

《民事诉讼法》第163条规定：“人民法院在审理过程中，发现案件不宜适用简易程序的，裁定转为普通程序。”

4. 特殊规定

根据《海事诉讼特别程序法》第98条的规定，海事法院审理事实清楚、权利义务关系明确、争议不大的简单的海事案件，可以适用《民事诉讼法》简易程序的规定。

因此，海事法院虽然不属于基层人民法院，但审理简单的第一审海事案件时可以适用简易程序。

具体到本案中，原告中国太平洋财产保险股份有限公司深圳分公司诉被告连云港金烁船务有限公司海上货物运输合同纠纷一案，事实清楚、权利义务关系明确、争议不大，因此，上海海事法院依法适用简易程序予以审理。

（二）简易程序的特点

1. 诉讼方式简便

普通程序以书面起诉为原则，口头起诉为例外，而根据《民事诉讼法》第158条第1款的规定，对简单的民事案件，原告可以口头起诉。省略了诉状，简化了起诉流程。

2. 受理程序简便

在普通程序中，受理案件必须向原、被告分别发送受理案件通知书和应诉通知书，还须在5日内向被告发送起诉状副本，被告在接到起诉状15日内可以提交答辩状，人民法院在收到答辩状之日起5日内还要向原告发送答辩状副本等。而在简易程序中，受理无须发出受理案件通知书，开庭审理也无须进行公告、通知。根据《民事诉讼法》第158条第2款的规定，当事人双方可以同时到基层人民法院或者它派出的法庭，请求解决纠纷。基层人民法院或者它派出的法庭可以当即审理，也可以另定日期审理。

3. 传唤方式简便

在普通程序中，传唤当事人、证人必须用传票，并且必须在开庭3日前通知。而适用简易程序审理案件则可以用简便的方式，即人民法院认为适宜的任何方式进行传唤，比如打电话、捎口信等。

4. 实行独任审理

人民法院审理民事案件，其组织形式有合议制和独任制两种。合议制是最基本的、最普遍的审判组织形式，适用于第一审普通程序和第二审程序。适用简易程序则采用独任制审理，即从开庭前的准备、开庭审理到依法裁判或调解，都只有审判员一人担任。审判员在独任审理时，必须配备书记员，不得自审自记。

5. 开庭审理程序简便

适用简易程序的案件，其开庭审理程序的简便主要表现在以下两方面：

（1）不受庭审前通知当事人的手续和时间的限制。

简易程序中，法庭审理可在受理后立即进行，无须办理传唤手续，即使另行指定开庭日期的，也不受3日前通知的限制，可以以任何适宜的方式通知、传唤当事人，通知和传唤均不办理专门的文书手续，只需记录即可。

（2）法庭调查、法庭辩论不受《民事诉讼法》第136条、第138条、第141条规定的限制。

根据《民事诉讼法》第160条的规定，简易程序不受民诉法第136条、第138条、第141条规定的限制，即不必受普通程序中法庭调查法定顺序的限制，而可以以查清案件事实为目的，依据案件的具体情况随意选择程序的先后，法庭辩论时也可根据案件审理需要，指令或允许某一方当事人或其代理人发言，不受顺序限制。

适用简易程序时，法庭调查和法庭辩论两个步骤不必严格划分，可以结合进行，以达到查清事实、分清是非、正确解决纠纷的目的。

6. 审限较短

依据《民事诉讼法》的有关规定，人民法院适用简易程序审理案件，应当在立案之日起3个月内审结。而且该期限不得延长，如果3个月内不能审结，则应转入普通程序继续审理。而普通程序的审限为6个月，特殊情况需要延长的，经本院院长批准，可以延长6个月。根据最高人民法院《关于严格执行案件审理期限制度的若干规定》第2条的规定，还需延长的，报请上一级人民法院批准，可以再延长3个月。

7. 小额诉讼的一审终审

《民事诉讼法》第162条规定："基层人民法院和它派出的法庭审理符合本法第一百五十七条第一款规定的简单的民事案件，标的额为各省、自治区、直辖市上年度就业人员年平均工资百分之三十以下的，实行一审终审。"这确立了我国小额诉讼一审终审的新制度，打破了长期以来诉讼案件的两审终审制，有利于案件的快速审理。

案例三

浙江家和门业有限公司诉宁波天时利国际货运代理有限公司海上货运代理合同纠纷案

【案例提示】

本案中，原被告双方就原有两票货物的海事强制令纠纷经和解达成一致，被告同意涉案货物的目的港费用超过人民币10 000元的部分由其承担，后该涉案货物产生目的港费超过后，被告不同意赔付而引起纠纷。本案中原、被告就涉案货物的出运成立海上货运代理合同关系。涉案两票货物出运后，原告因被告未及时交付提单而向法院申请强制令，之后，原、被告双方就海事强制令纠纷自愿达成和解协议，该协议合法有效，因此涉及的目的港费用应按该协议进行承担。但本案中原告在和解协议达成时，已知目的港费用已经产生并正在按日增加，但在取得涉案提单后，却无故不及时采取电放等措施尽力减少损失，对因此而扩大的损失应当自行承担责任。因此，原告主张权利的前提是履行完自己的义务，由于原告的过错造成目的港费用超过人民币 10 000 元，原告无权就超出部分向被告追讨。通过本案我们介绍了民事诉讼中的财产保全制度和《海事诉讼特别程序法》中对海事强制令的有关规定。

【案情介绍】

原告：浙江家和门业有限公司。

法定代表人：章礼君，该公司董事长。

委托代理人：岳振宏，浙江波宁律师事务所律师。

被告：宁波天时利国际货运代理有限公司。

法定代表人：乐振天，该公司总经理。

委托代理人：袁斌，浙江之海律师事务所律师。

委托代理人：胡义康，浙江之海律师事务所律师。

案由：海上货运代理合同纠纷

2010 年 11 月 24 日，原告浙江家和门业有限公司和被告宁波天时利国际货运代理有限公司就出口编号为 CVABD037001、CVABD036024（提单号分别为 PBQERJM00、PBQENF400）的两票货物的海事强制令纠纷达成和解协议，约定原告要求被告协助配合向船公司申请减免部分目的港费用，费用确定后，若金额不超过 10 000 元，由原告承担，超过部分由被告承担；原告、原告目的港收货人或其指定的第三方，在向船公司代理确定提货时间，并获得船公司付费账单后，如果目的港费用超过 10 000 元，需及时将账单回传给被告，由被告向船公司出面申请减免。次日，被告向原告交付了上述两份提单。同月 29 日，原告向南美轮船宁波公司申请电放，该公司于同日向目的港电放了涉案两票货物。2010 年 12 月 8 日智利南美轮船公司分别出具了涉案两票货物产生目的港费用账单，账单抬头均为 TRURO 货运代理公司。根据账单记载，提单号为 PBQERJM00 的集装箱于 2010 年 10 月 15 日到港，至 2010 年 12 月 8 日共产生修改费 400 南非兰特，滞箱费 2940 美元、操作费 550 南非兰特、堆存费 13 950 南非兰特，共折算为 35 830 南非兰特；提单号为 PBQERJM00 的集装箱于 2010 年 10 月 8 日到港，至 2010 年 12 月 8 日共产生修改费 400 南非兰特，滞箱费 3640 美元、操作费 550 南非兰特、堆存费 17 050 南非兰特，共折算为 71

43 900 南非兰特。次日，有关公司向智利南美轮船公司的代理支付了上述费用。之前的 2010 年 12 月 1 日，原告通过电子邮件向被告告知目的港产生了费用，要求被告申请减免，但未提供账单。过后，2010 年 12 月 24 日，原告通过浙江百铭律师事务所向被告出具律师函，要求被告依据和解协议的约定承担超过人民币 10 000 元部分的目的港费用，双方协商未果，原告于 2011 年 9 月 16 日向宁波海事法院起诉，请求判令被告赔付原告目的港费用 69 278.9 南非兰特及公证认证费用 1250 美元，共计折合人民币 74 326.11 元，并支付截至实际付款日的利息损失（自 2011 年 1 月 1 日暂计至 2011 年 7 月 18 日，按年利率 6.65% 计 3045.7 元）。宁波海事法院受理后，依法适用简易程序进行了审理。原告于同月 18 日提出财产保全申请，要求冻结被告宁波天时利国际货运代理有限公司银行存款 78 000 元，法院于同月 26 日裁定予以准许。

被告宁波天时利国际货运代理有限公司辩称：1. 原告没有证据证明其发生了实际损失；2. 双方的和解协议仅涉及提单交付日 2010 年 11 月 24 日之前已产生的目的港费用中超过 10 000 元部分的费用承担，而原告未能证明截止提单交付日目的港费用超过人民币 10 000 元；3. 原告对目的港费用的发生及扩大存有过错，且原告未按协议提供目的港费用账单给被告进行申请减免。故原告无权向被告追偿。

原告、被告双方为支持各自的诉讼主张，在举证期限内，向法院提供了相应证据并经双方质证和法院认证。

法院认为，原告在和解协议达成时，已知目的港已经产生并正在按日增加费用，但当其次日取得涉案提单时，却无故不及时采取电放等措施尽力减少损失，而等到当月 29 日才进行电放，收货人等到 2010 年 12 月 8 日才还完箱，亦超出了正常的提箱还箱的合理时间。原告对因此而扩大的损失应当自行承担责任。根据和解协议约定，原告、原告目的港收货人或其指定的第三方获得船公司付费账单后，需及时将账单回传给被告，由被告向船公司申请减免，只有当申请未在获得账单后三个工作日内通过时，上述三者才有权支付全额费用并进行追偿。本案中，原告主张其已于 2010 年 12 月 1 日提供账单给被告，却不能提供该账单作为证据，相反，根据查明的事实，目的港费用的账单是在 2010 年 12 月 8 日才出具的，原告主张之前已经将其提供给过被告，不符合逻辑，不予采信。而支付费用的实际时间是账单出具的次日，上述三者未将账单提供给被告以申请减免，按和解协议约定并根据严格履行的合同原则，原告无权向被告追讨。被告提出的其在订立协议时已经估算了其能申请减免目的港费用至人民币 10 000 元内，而原告未按约履行回传账单的义务，致被告无法申请减免，原告无权就超出人民币 10 000 元部分向被告主张的抗辩合理，法院予以支持。而原告主张的公证认证费用，其未提供公证认证机构的发票或有效收据作为证据予以证明，况且其主张的主债权亦未得到支持，故法院不予支持。

【裁判与处理】

驳回原告浙江家和门业有限公司的诉讼请求。

本案案件受理费1730元，减半收取865元，保全费800元，共1665元，由原告浙江家和门业有限公司承担。

如不服本判决，可在判决书送达之日起15日内，向本院递交上诉状，并按对方当事人的人数提供副本，上诉于浙江省高级人民法院。

（案例来源：宁波海事法院民事判决书（2011）甬海法商初字第286号）

【事例评析与法理分析】

一、关于民事诉讼的财产保全制度

民事诉讼财产保全，是指在民事诉讼中，人民法院为保证将来的判决能得以实现，根据当事人的申请，或者人民法院依职权决定，对当事人争议的有关财物采取临时性强制措施的制度。根据原《民事诉讼法》的有关规定，诉讼财产保全分为诉讼中财产保全和诉前财产保全。

1. 诉讼中财产保全

诉讼中财产保全一般简称为诉讼财产保全，是指人民法院从立案开始到做出判决之日起对于可能因一方当事人行为或者其他原因，使将来法律文书不能执行或难以执行的情况根据另一方当事人的申请或者依职权做出裁定，对一方当事人的财产或者诉讼标的物采取强制措施限制其处分的一种法律行为和法律制度。

根据《民事诉讼法》第100条规定，采取诉讼财产保全应当具备以下条件：

第一，必须是由于当事人一方的行为或者其他原因，使判决难以执行或者造成当事人其他损害。这种可能性必须是客观存在的，不是主观臆断的。有些案件的审理需要较长时间，而争议的财产易于变质腐烂。在此情况下，人民法院依当事人的申请或依职权采取保全措施，处理变卖，折价保存。

第二，采取诉讼财产保全的案件应当具有给付内容，比如给付一定的金钱、给付某一物品。单纯的确认之诉或变更之诉，判决不具有给付内容，根本不发生判决不能执行或难以执行的危险，不适用诉讼财产保全制度。但是，在确认之诉或变更之诉中兼有给付之诉内容的，可以适用诉讼财产保全制度。

第三，诉讼财产保全主要根据当事人的申请而采取，但当事人没有提出申请的，人民法院在必要时也可以依职权裁定采取财产保全措施。

第四，申请必须向受诉人民法院提出，不得向非受诉人民法院申请诉讼财产保全。非受诉人民法院也不得受理申请。

当事人的申请符合上述条件的，人民法院可以裁定采取财产保全措施。为防止因保全错误给被申请人造成损失，而申请人又无力赔偿的情况出现，可以责令申请人提供担保，申请人不提供担保的，驳回申请。

2012 年《民事诉讼法》在财产保全的基础上新增了行为保全，《民事诉讼法》第 100 条第 1 款规定："人民法院对于可能因当事人一方的行为或者其他原因，使判决难以执行或者造成当事人其他损害的案件，根据对方当事人的申请，可以裁定对其财产进行保全、责令其做出一定行为或者禁止其做出一定行为；当事人没有提出申请的，人民法院在必要时也可以裁定采取保全措施。"这一规定弥补了原有财产保全制度不能满足民诉发展需要的矛盾。

2. 诉前财产保全

诉前财产保全是指在申请人提起诉讼前或者申请仲裁前，人民法院对于可能因一方利害关系人的行为或其他原因，使另一方利害关系人的权利出现不能实现或者难以实现的情况，根据利害关系人的申请，对对方一定范围的财产或者有关争议的财产做出裁定，采取强制措施，限制其处分的一种法律行为制度。诉前财产保全较少适用，只有情况紧急，利害关系人又来不及起诉或者申请仲裁，为了避免其合法民事权益遭受难以弥补的损失，而向法院申请。

根据《民事诉讼法》第101 条的规定，采取诉前财产保全应当具备下列条件：

第一，必须是情况紧急，不立即采取保全措施，将会使申请人的合法权益受到难以弥补的损害。

第二，必须由利害关系人提出保全财产的申请。"利害关系人"指与被申请一方存在民事权益争议的人。没有利害关系人申请诉前财产保全，人民法院不能依职权主动进行。

第三，申请人必须提供担保。这与诉讼财产保全不同，诉讼财产保全不是必须提供担保，只有在人民法院责令提供担保的时候，提供担保才成为必要条件，而且这种担保必须与所保全的财产相适应，不能小于所保全的财产。申请人不提供担保的，应当驳回申请。

以上三个条件必须同时具备，缺一不可。

人民法院接受利害关系人的申请后，应在 48 小时内进行审查并做出裁定。

对于不符合条件的申请，驳回裁定；对于符合条件的申请，裁定采取财产保全措施，并立即执行。

《民事诉讼法》规定，申请人必须在人民法院采取保全措施后 30 日内起诉。《民事诉讼法》第 101 条第 3 款规定，申请人在人民法院采取保全措施后 30 日内不依法提起诉讼或者申请仲裁的，人民法院应当解除保全。

3. 诉讼财产保全与诉前财产保全的区别

第一，诉讼财产保全既可以由一方当事人依法提出申请，也可以由法院依职权依法做出裁定；诉前财产保全只能由利害关系人一方提出保全申请，法院无权依职权做出裁定。

第二，诉讼财产保全是为了保证判决后的执行，于起诉时或起诉后判决前提起；诉前保全是为了保护利害关系人的利益，使民事权益不受损害，于起诉前或者申请仲裁前提起。

第三，诉讼财产保全，人民法院可以责令当事人提供担保；诉前财产保全申请人在申请时，必须依法提供相应的担保。

无论是诉讼财产保全或者诉前财产保全，都不是审理民事案件的必经程序，只是为了保障将来生效的法律文书能顺利执行，对有关财物采取一定的强制措施，限制一方当事人随意处分其权利。

4. 财产保全的范围

《民事诉讼法》第 102 条规定："保全限于请求的范围，或者与本案有关的财物。"最高人民法院《关于在经济审判工作中严格执行〈中华人民共和国民事诉讼法〉的若干规定》第 14 条规定，人民法院采取财产保全措施时，保全的范围应当限于当事人争议的财产或者被告的财产。对案外人的财产不得采取保全措施，对案外人善意取得的与案件有关的财产，一般也不得采取财产保全措施。因此，被保全财产的范围、数额、价值、应当与保全请求的范围、数额、价值相当。对于超出请求的范围、数额、价值，或者与本案无关的财物，都不应予以保全。财产保全的范围，在现实生活中尤为重要，如果申请人申请保全的范围超出请求的范围或者保全的财物与本案无关，那么，申请人应该承担有关赔偿责任，赔偿的范围应与造成的损失范围相一致。

5. 财产保全的措施

对某项财产保全应具体采取什么保全措施，人民法院应根据案件不同情况的需要采取相应的措施，根据《民事诉讼法》第 103 条的规定，财产保全措施有查封、扣押、冻结和法律规定的其他方法，并且人民法院保全财产后，应当立即通知被保全财产的人。财产已被查封、冻结的，其他任何单位，不得重复查封、冻结。

根据最高人民法院相关司法解释的规定，如果被保全的对象是抵押物、留置物的，法院在采取保全措施后，抵押人、留置权人仍享有优先受偿权；法院对不动产或特定动产进行保全可以采取扣押有关财产权证照并通知有关产权登记部门不予办理该项财产的转移手续的保全措施，若由当事人负责保管的，其仍然可以使用，但不得处分，若必要时，也可以查封或者扣押该项财产；对于当事人从事正常经营活动必须的财物，如需要采取保全措施，应尽可能采取查封、扣押、冻结以外的措施，如扣押权利证书、限制使用、禁止处分等。若被查封、扣押的物是季节性商品，鲜活、易腐、易烂以及其他不易长期保存的物品，人民法院可以责令当事人及时处理，或者由法院依法予以变卖，保存价款。

对于“法律规定的其他方法”，依据最高人民法院相关司法解释的规定可以包括：被申请人如有预期的收益或到期债权，人民法院可以通知有关单位予以协助，限制被申请人支出；如被申请人对第三人到期债权，人民法院可以通知该第三人不得对被申请人清偿，该第三人要求清偿的，均由法院提存财物或价款。人民法院在采取保全措施时，应该依法进行，严格按照法定的程序，不得滥用职权。

6. 财产保全的解除与救济

财产保全裁定送达当事人后，立即发生法律效力，当事人必须按照裁定的内容执行，财产保全裁定的法律效力一般应维持到生效法律文书执行时止，但如果当事人不服诉讼保全裁定，也可依法采取救济措施，当事人可以申请复议一次，设置和允许复议的目的，在于纠正不当裁定，减少或者避免可能造成的损失，为了保障当事人依法行使申请复议权，《民事诉讼法》规定，当事人对财产保全或者先予执行的裁定不服的，可以申请复议一次。复议期间不停止裁定的执行。所以法院应当在裁定书上注明“如不服本裁定，可以申请复议，复议期间，不得停止裁定的执行”，如裁定不当的，就做出新的裁定变更或撤销原裁定，此时财产保全即解除。

财产保全的解除是指在法定条件下，解除对特定财产所采取的限制措施。根据《民事诉讼法》及最高人民法院有关司法解释，具有下列情形的可以解除财产保全：

（1）诉前保全措施采取后，利害关系人在规定期限内未起诉或申请仲裁的；

（2）财产纠纷案件，被申请人提供担保的；

（3）申请人在财产保全期间撤回申请，人民法院同意其撤回申请的；

（4）人民法院确认被申请人申请复议意见有理，而做出新裁定撤销原财产保全裁定的；

（5）被申请人依法履行了人民法院判决的义务，财产保全已没有意义。

7. 保全申请错误的处理

申请人申请财产保全，在于维护自己的正当权益，但不得损害申请人的正当权益，因此，如果申请人申请有错误，就应当承担一定的责任。《民事诉讼法》规定，申请有错误的，申请人应当赔偿被申请人因财产保全所遭受的损失。

具体到本案中，原告浙江家和门业有限公司为向被告宁波天时利国际货运代理有限公司索要目的港费用、公证认证费用及利息而向宁波海事法院起诉，宁波海事法院受理后适用简易程序进行审理，原告随后提出财产保全申请要求冻结被告银行存款 78 000 元，这一财产保全申请发生在诉讼进行中，因此属于诉讼财产保全，法院经审查后裁定予以准许。本案中财产保全的措施是冻结存款，冻结的数额等同于原告起诉要求被告赔付的数额，符合《民事诉讼法》对于财产保全范围的规定。

二、关于海事强制令的问题

海事强制令是指海事法院根据海事请求人的申请，为使其合法权益免受侵害，责令被请求人作为或者不作为的强制措施。其对象限于行为，性质上应属海事行为保全。《海事诉讼特别程序法》专设一章对其进行规范。它突破了我国原来民事诉讼法的保全对象仅限于财产和证据的范围限制。对我国《民事诉讼法》的保全制度来说亦是一个突破、创新和完善，2012 年的民诉法修正案对原有的财产保全一章进行了修改，增加了行为保全。

（一）海事强制令的特点

1. 海事强制令根据请求人的申请而做出

海事强制令是经请求人的申请而采取的措施，请求人在提出申请时，应说明申请理由，并附有关证据。

2. 海事强制令由海事法院做出

实践中，海事强制令既可以在起诉前，也可以在案件进入实体诉讼后向海事法院提出。如果是诉前提出，海事强制令是作为一个独立的司法程序而存在，如果是诉讼中提出，则是作为诉讼中的中间程序，法院以裁定的形式做出，不影响法院对实体争议的审理和判决。

3. 海事强制令的对象是行为

这里的行为包括作为和不作为两种，如责令货物的承运人签发提单、禁止船东撤船、开航或出租等。

4. 海事强制令是一种强制措施

海事强制令是法院在做出判决前甚至是原告起诉之前，通过法院的强制力强制一方当事人为一定行为或不为一定行为的命令。

（二）海事强制令的性质

海事强制令就其性质而言属于海事行为保全。其立法时借鉴了其他国家海事立法的先进经验，同时有带有一定的中国特色。既然海事强制令属于海事请求保全的范畴，就要受到保全程序制度的制约，但是海事强制令又不同于财产保全和先予执行等强制措施。

1. 海事强制令与财产保全

海事强制令属于行为保全，他与财产保全性质相同，都属于请求保全。但二者之间还有以下不同：

第一，设定条件不同。海事强制令的设定要求是存在行为人的作为或不作为可能造成或扩大损失，财产保全的设定是防止判决不能执行或难以执行。

第二，对象不同。海事强制令属于行为保全，保全的对象是行为，财产保全的对象是被请求人的财产。

第三，措施不同。海事强制令是强制被请求人为一定行为或不为一定行为，财产保全的措施是查封、扣押、冻结或法律规定的其他方法。

2. 海事强制令与先予执行

海事强制令与先予执行均是在实体争议尚未做出结论的情况下对被请求人采取的强制措施，但是二者之间也存在有很多的不同：

第一，性质不同。海事强制令属于行为保全，是一种保全措施，先予执行是一种执行措施，是把将来的判决的部分或全部提前在判决之前执行。

第二，条件不同。海事强制令不要求当事人之间权利义务关系明确，先予执行要求案件基本事实清楚，权利义务关系明确。

第三，范围不同。海事强制令适用范围较广泛，先予执行仅适用追索赡养费、抚养费、抚育费、抚恤金、医疗费、劳务报酬等情况紧急需要先予执行案件。

第四，阶段不同。海事强制令可以在诉讼中进行，也可以在诉讼前进行，先予执行只能在诉讼中进行。

（三）海事强制令的类型

海事司法实践中，常见的海事强制令主要有以下三种类型：

1. 强制放货

即一方当事人（包括承运人及场站等负有放货义务的人）对持有提单的另一方当事人应当放货而不放货的，应申请人即提单持有人的申请，海事法院签发海事强制令，责令被申请人在限期内向申请人放货。这是海事司法实践中遇到较多的一种情形。

2. 强制放船

即在光船承租合同到期或因其他原因解除承租关系后，光船承租人拒不向出租人交船的，光船出租人也可以申请海事法院签发海事强制令，责令被申请人在限期内向申请人放船。

3. 强制放单

即一方当事人（包括收到货物后负有签发提单义务的人，一般指承运人）收到另一方当事人货物，后经其要求仍拒不签发提单的，应货方的申请，海事法院可签发海事强制令，责令被申请人在限期内向申请人签发提单。这是海事司法实践中较少见的一种海事强制令类型。

出现此类海事强制令案件，多是因为海运实践中承运人与货方在长期合作基础上会产生一些未清费用，承运人便以不签发某一票货的提单作为强迫货方结清其他费用的“担保手段”。实际上这种做法是违法的，也无法达到承运人的预期目的。首先，提单不能作为留置的标的物。据《担保法》第82条的规定，留置是指债权人按照合同约定占有债务人的动产，债务人不按照合同约定的期限履行债务的，债权人有权依照本法规定留置该财产。可见，留置的标的只能是“财产”，包括提单在内的权利凭证不在此列。其次，签发提单是承运人的义务，我国《海商法》第72条规定，货物由承运人接收或者装船后，应托运人的请求，承运人应当签发提单。最后，多票货物的运输关系在法律上均为各自独立的法律关系，相互之间并不能起到“担保”作用。所以承运人拒不签发提单的，申请人申请海事法院签发强制令后，承运人终需在限期内向申请人签发提单。

（四）海事强制令的强制性

海事强制令的强制性是海事强制令得以及时有效地保护申请人合法权益的有力保障。根据《海事诉讼特别程序法》的相关规定，海事强制令的强制性表现在以下两个方面：

第一，裁定做出强制令的，应当立即执行，且5日复议期间不停止裁定的执行。

第二，一经做出并送达被申请人后，被申请人应当执行，被请求人拒不执行强制令的，海事法院可以根据情节的轻重处以罚款、拘留，构成犯罪的依法追究刑事责任。

只有经被申请人及其他利害关系人对海事强制令提出异议，海事法院审查后认为理由成立，裁定撤销海事强制令的，其强制性才随之消失。

（五）海事强制令的程序

1. 海事强制令的申请

请求人申请海事强制令时，应当向海事法院提交书面申请。申请书应当载明申请理由，并附相关证据。根据《海事诉讼特别程序法》第56条的规定："做出海事强制令，应当具备下列条件：（一）请求人有具体的海事请求；（二）需要纠正被请求人违反法律规定或者合同约定的行为；（三）情况紧急，不立即做出海事强制令将造成损害或者使损害扩大。"

2. 海事强制令的担保

由于海事强制令是在当事人之间债权债务关系尚未确定的情况下做出的，法律要求请求人提供担保的目的在于保证赔偿因申请海事强制令错误可能造成被请求人的经济损失。由于案件是相异的，《海事诉讼特别程序法》对请求人提供担保的义务也没有绝对化，只是规定"海事法院受理海事强制令申请，可以责令海事请求人提供担保。海事请求人不提供担保的，驳回其申请"。请求提供担保的数额，原则上应相当于因申请海事强制令错误可能造成被请求人的经济损失。相关司法解释对担保的返还作了规定："海事强制令发布十五日内，被请求人未提出异议，也未就相关海事纠纷提起诉讼或者仲裁的，海事法院可以应申请人的请求，返还其提供的担保。"

3. 审查和裁定

海事法院应当对请求人申请和担保进行审查，审查保全的条件，担保的种类、方式、数额以及担保书的内容。按《海事诉讼特别程序法》第57条规定："海事法院接受申请后，应当在四十八小时内做出裁定。裁定做出海事强制令的，应当立即执行；对不符合海事强制令条件的，裁定驳回其申请。"按照这一规定，经审查不论申请是否符合海事强制令条件，是否做出海事强制令，法院都应当做出裁定。

4. 海事强制令的执行

海事法院做出海事强制令后应当立即执行。对行为的强制不同于对财产的强制，行为的强制实质依赖于被请求人的自觉履行。在被请求人拒绝履行时，《海事诉讼特别程序法》第59条规定了处罚措施，即"被请求人拒不执行海事强制令的，海事法院可以根据情节轻重处以罚款、拘留；构成犯罪的，依法追究刑事责任"。但在实践中，仍会出现当事人宁愿被罚款也不执行海事强制令的情况，因而，相关司法解释规定了有关强制令的执行还应当依据《民事诉讼法》的规定执行，以保证法律文书的执行。

5. 复议和异议

请求人和被请求人对海事强制令裁定不服的，可以在收到裁定书之日起5日内向海事法院申请复议一次。海事法院应当在收到复议申请之日起5日内做出复议决定。复议期间不停止裁定的执行。利害关系人对海事强制令提出异议，海事法院经审查认为异议成立的，应当做出裁定，撤销海事强制令；认为理由不成立的，应当书面通知利害关系人。异议期间不停止海事强制令的执行。

6. 申请海事强制令错误责任的承担

《海事诉讼特别程序法》第60条规定："海事请求人申请海事强制令错误的，应当赔偿被请求人或利害关系人因此所遭受的损失"。被请求人要求请求人赔偿损失的，由发布海事强制令的海事法院受理。

具体到本案中，原告因被告就出口编号为CVABD037001、CVABD036024（提单号为PBQERJM00、PBQENF400）的两票货物不签发提单而向法院申请了海事强制令，随后双方就海事强制令达成和解协议，被告向原告交付了上述两份提单。这属于前面提到的第三种情形——强制放单，被告也是因为与原告涉及其他费用问题而扣下这两票货物的提单，想要以此为担保，这种做法显然违法，达不到应有的目的。本案中，由于原被告双方就该海事强制令达成和解，明确双方责任分担，被告履行了交付提单义务，海事强制令顺利执行，但随后又因目的港费用分担问题引起新的诉讼。

案例四

汽车运输公司与张某车辆挂靠经营合同纠纷仲裁案❶

【案例提示】

本案是由于实际车主在车辆发生损毁后不接受挂靠公司处理意见而引起的纠纷。本案中被申请人将自购车辆挂靠至申请人名下从事道路运输经营活动，双方签订有《车辆挂靠经营合同》，发生争议后，申请人根据双方签订的仲裁协议申请仲裁，从而快速有效地解决了纠纷。由于仲裁不公开审理，所以当事人的信息保密。通过本案我们可以了解仲裁制度的有关内容以及仲裁与诉讼的

❶ 案例来源 http：//www. hbdyx. com/show. aspx? cid=41&id=730 湖北省道路运输协会。

区别等。

【案情介绍】

申请人：汽车运输公司。

被申请人：张某。

案由：车辆挂靠经营合同纠纷

2008年6月6日，张某将自购车辆挂靠至某汽车运输公司名下，有偿使用汽车运输公司牌照证件并在汽车运输公司管理下从事道路运输经营活动，双方签订了《车辆挂靠经营合同》。2009年2月10日张某驾驶挂靠车辆行驶在汉宜高速公路处与前行的鄂A945××号东风牌大型厢式货车发生追尾碰撞事故，造成挂靠车辆严重受损。在车辆损毁严重情形下，张某拒不修理，也不愿按照公司的要求进行报废处理。因此，汽车运输公司依据双方签订的仲裁协议申请仲裁，提出如下仲裁请求：1. 请求依法裁决解除汽车运输公司与张某签订的《车辆挂靠经营合同》；2. 裁决将挂靠车辆强制转籍至张某名下；3. 本案仲裁费用全部由张某承担。

2010年2月2日，武汉市仲裁委仲裁庭不公开开庭审理本案。汽车运输公司的委托代理人王某和被申请人的委托代理人刘某到庭陈述了自己的主张及答辩意见，对证据进行了质证，回答了仲裁庭的提问，彼此进行了辩论，并作了最后陈述。

后为了充分协商，双方当事人于2010年2月10日签订延期审理申请，将2010年2月10日至4月10日作为调解期限，不计入仲裁期限。因双方均有调解意愿，仲裁庭于2010年5月10日申请延期，经仲裁委主任批准案件审理期限延长至2010年7月12日。

仲裁庭经审理认为：1.《车辆挂靠经营合同书》是双方当事人的真实意思表示，不违反法律禁止性规定，是真实有效的，双方当事人均应严格遵守并积极地履行各自的义务。2. 关于合同的履行和解除问题。张某自2009年2月发生车祸后，不再向汽车运输公司履行相关合同义务，张某以其实际行动不再继续履行合同，其行为符合《合同法》第94条第2款规定的解除合同的条件，因此仲裁庭对汽车运输公司要求解除与张某签订的《车辆挂靠经营合同》的仲裁请求，予以支持。汽车运输公司主张的要求将张某挂靠在其名下的鄂A9V9××号车辆强制转籍至张某名下的仲裁请求，仲裁庭认为，根据双方签订的《车辆挂靠经营合同》的约定，鄂A9V9××号车辆为张某自购，张某将自购车辆挂靠至申请人名下登记牌号为鄂A9V9××，有偿使用汽车运输公司牌照证件并在汽车运输公司管理下从事道路运输经营活动，双方同时约定，“合同终止后，张某应及时办理车辆转籍和终止经营权手续，若汽车运输公司无法与张某取得联系，汽车运输有权向车辆管理部门申请车辆转籍至张某名下”。鉴于《车辆挂靠经营合同》已解除，根据《合同法》第93条“合同解除的，合同的权利义务终止”和第97条“合同解除后，尚未履行的，终止履行；已经履行的，根据履行情况和合同性质，当事人可以要求恢复原状、采取其他补救措施，并有权要求赔偿损失”的规定，合同解除后，张某应将挂靠在汽车运输公司名下的鄂A9V9××号车辆的车籍转移登记在自己名下。

【裁判与处理】

一、解除汽车运输公司与张某于2008年6月3日签订的《车辆挂靠经营合同》；

二、张某在本裁决书生效之日起30日内配合汽车运输公司到相关车辆主管部门将挂靠在汽车运输公司名下的鄂A9V9××号车辆的车籍转移登记至张某名下；

三、案件仲裁费人民币500元，由张某承担。因本案仲裁费已由汽车运输公司预付，故张某应将其承担的仲裁费人民币500元，于本裁决书送达次日起10日内支付给汽车运输公司。

本裁决为终局裁决，自做出之日起生效。

【事例评析与法理分析】

一、有关仲裁制度的几个问题

仲裁，亦称公断，是指发生争议的双方当事人，根据其在争议发生前或争议发生后所达成的协议，自愿将该争议提交中立的第三者进行裁判的争议解决制度和方式。仲裁具有以下三个要素：（1）仲裁是以双方当事人自愿协商为基础的争议解决制度和方式；（2）仲裁是由双方当事人自愿选择的中立第三者进行裁判的争议解决制度和方式；（3）经由当事人选择的中立第三者做出的裁决对双方当事人具有约束力。仲裁作为行业性的民间活动，是一种私行为，即私人裁判行为，而非国家裁判行为，它与和解、调解、诉讼并列为解决民（商）事争议的方式，并依法受国家监督。因此，仲裁是一种准司法活动。

（一）仲裁的适用范围

1. 适用的范围

根据《仲裁法》第2条的规定，仲裁适用于平等主体的公民、法人和其他组织之间发生的合同纠纷和其他财产权益纠纷。

2. 不适用的范围

根据《仲裁法》第3条的规定，不得仲裁的纠纷包括：第一，附着于人身的婚姻、收养、监护、扶养、继承纠纷；第二，依法应当由行政机关处理的行政争议。

3. 可以仲裁，但不适用仲裁法的情形

根据《仲裁法》第77条的规定，劳动争议和农村集体经济组织内部的农业承包合同纠纷虽然可以适用仲裁方式，但不适用《仲裁法》的相关规定，属于特殊仲裁。

(二) 仲裁的基本原则和制度

仲裁的基本原则和制度，是指贯穿整个仲裁法律制度的具有指导意义的基本准则和制度。

1. 基本原则

(1) 自愿原则。

当事人采用仲裁方式解决纠纷，应当双方自愿，达成仲裁协议；没有仲裁协议，一方申请仲裁的，仲裁委员会不予受理。自愿性是仲裁的首要原则。

(2) 独立原则。

仲裁依法独立进行，不受行政机关、社会团体和个人的干涉，具体表现在以下几个方面：第一，仲裁机构不属于行政机关；第二，仲裁机构的设置以按地域设置为原则，相互独立，没有上下级之分，没有隶属关系；第三，仲裁委员会、仲裁协会与仲裁庭三者之间相互独立，仲裁庭依法对案件进行审理，不受仲裁协会，仲裁委员会的干预；第四，法院必须依法对仲裁活动行使监督权，仲裁并不附属于审判，仲裁机构也不附属于法院。

(3) 合法、公平原则。

《仲裁法》第7条规定，仲裁应当根据事实、符合法律规定，公平合理地解决纠纷。

2. 基本制度

(1) 或裁或审制度。

或裁或审制度，就是指争议发生前或发生后，当事人有权选择解决争议的途径，或者双方达成仲裁协议，将争议提交仲裁解决；或者争议发生后向人民法院提起诉讼，通过诉讼途径解决争议。该制度体现了对当事人选择争议解决途径的权利的尊重，包括两层含义：第一，当事人达成仲裁协议的，排除了法院对争议的管辖权，只能向仲裁机构申请仲裁，而不能向法院起诉；第二，当事人签订的仲裁协议虽然排除了法院对争议的管辖权，但在某些特定情况下法院对受理的已有仲裁协议的争议拥有管辖权：① 仲裁协议无效或失效的；

② 一方当事人起诉后，另一方当事人应诉，进行了实质性答辩，并未就管辖权问题提出异议的，可视为放弃了原有的仲裁协议，法院可对案件继续审理。

（2）一裁终局制度。

一裁终局制度，是指仲裁庭做出的仲裁裁决为终局裁决。裁决做出后即发生法律效力，即使当事人对裁决不服，也不能再就同一争议向法院起诉，同时也不能再向仲裁机构申请仲裁或复议。当事人对裁决应当自动履行，否则对方当事人有权申请人民法院强制执行。但是，如果当事人认为仲裁裁决确有错误，即符合法律规定的撤销情形时，可依法向法院申请审查核实，予以裁定撤销。这是对一裁终局制度的一项补救措施。

（三）仲裁协议

仲裁协议，是指双方当事人在自愿、协商、平等互利的基础之上将他们之间已经发生或者可能发生的争议提交仲裁解决的书面协议。根据《仲裁法》第 16 条的规定，仲裁协议包括合同中订立的仲裁条款和以其他书面方式在纠纷发生前或者纠纷发生后达成的请求仲裁的协议。仲裁协议应当包括下列内容：请求仲裁的意思表示、仲裁事项和选定的仲裁委员会。根据法律规定，仲裁协议必须书面订立，以口头方式订立的仲裁协议不受法律保护。当事人以口头仲裁协议为依据申请仲裁的，仲裁机构不予受理。

1. 仲裁协议的效力

仲裁协议的法律效力即仲裁协议所具有的法律约束力。一项有效的仲裁协议的法律效力包括对双方当事人的约束力、对法院的约束力和对仲裁机构的约束力。

（1）对双方当事人的法律效力。

仲裁协议对当事人的法律效力表现为，约束双方当事人对纠纷解决方式的选择权。仲裁协议一经有效成立，即对双方当事人产生法律效力，发生纠纷后，当事人只能通过向仲裁协议中所确定的仲裁机构申请仲裁的方式解决该纠纷，而丧失了就该纠纷向法院提起诉讼的权利。如果一方当事人违背仲裁协议，就仲裁协议规定范围内的争议事项向法院起诉，另一方当事人有权在首次开庭前依据仲裁协议要求法院停止诉讼程序，法院也应当驳回当事人的起诉。

（2）对法院的法律效力。

仲裁协议对法院的法律效力表现为，仲裁协议排除法院的司法管辖权。有效的仲裁协议可以排除法院对订立于仲裁协议中的争议事项的司法管辖权，这是仲裁协议法律效力的重要体现，也是各国仲裁普遍适用的准则。我国《仲裁法》明确规定，当事人达成仲裁协议，一方向人民法院起诉的，人民法院不予受理，但仲裁协议无效的除外。如果另一方在首次开庭前未对人民法院受理该案提出异议的，视为放弃仲裁协议，人民法院应当继续审理。这种情形下，推定当事人默示司法管辖。

（3）对仲裁机构的法律效力。

仲裁协议对仲裁机构的法律效力表现为，授予仲裁机构仲裁管辖权并限定仲裁的范围。仲裁协议是仲裁委员会受理仲裁案件的基础，是仲裁庭审理和裁决仲裁案件的依据。没有仲裁协议就没有仲裁机构对仲裁案件的仲裁管辖权。我国《仲裁法》第 4 条规定，没有仲裁协议，一方申请仲裁的，仲裁委员会不予受理。同时，仲裁机构的管辖权又受到仲裁协议的严格限制，即仲裁庭只能对当事人在仲裁协议中约定的争议事项进行仲裁，而对仲裁协议约定范围以外的其他争议无权仲裁。

此外，仲裁协议独立存在，合同的变更、解除、终止或者无效，不影响仲裁协议的效力。

2. 仲裁协议的无效

仲裁协议是双方当事人意思表示一致的合意行为，法律在赋予其一定的约束力的同时，也往往明确规定达到具有这一约束力的强制性条件和规范。当仲裁协议违反了该条件和规范时，该仲裁协议无效。根据我国《仲裁法》的规定，仲裁协议在下列情形下无效：

（1）以口头方式订立的仲裁协议无效。

《仲裁法》第 16 条规定了仲裁协议的形式要件，即仲裁协议必须以书面方式订立。因此以口头方式订立的仲裁协议不受法律的保护。

（2）约定的仲裁事项超出法律规定的仲裁范围，仲裁协议无效。

《仲裁法》第 2 条和第 3 条规定，平等主体之间的合同纠纷和其他财产权益纠纷可以仲裁，而婚姻、收养、监护、扶养、继承纠纷以及依法应当由行政机关处理的行政争议不能仲裁。

（3）无民事行为能力人或者限制民事行为能力人订立的仲裁协议无效。

为了维护民商事关系的稳定性及保护未成年人和其他无行为能力人、限制行为能力人的合法权益，法律要求签订仲裁协议的当事人必须具备完全的行为能力，否则，仲裁协议无效。

（4）一方采取胁迫手段，迫使对方订立仲裁协议的，该仲裁协议无效。

自愿原则是仲裁制度的根本原则，它贯穿于仲裁程序的始终。仲裁协议的订立，也必须是双方当事人在平等协商基础上的真实意思表示。而以胁迫的手段与对方当事人订立仲裁协议，违反了自愿原则，所订立的仲裁协议不是双方当事人的真实意愿，不符合仲裁协议成立的有效要件。

（5）仲裁协议对仲裁事项没有约定或约定不明确，或者仲裁协议对仲裁委员会没有约定或者约定不明确，当事人对此又达不成补充协议的，仲裁协议无效。

仲裁协议中要明确规定仲裁事项和选定的仲裁委员会，这是《仲裁法》对仲裁协议的基本要求。如果仲裁协议中没有对此进行约定或者约定不明确，该仲裁协议则具有瑕疵。对于有瑕疵的仲裁协议，法律规定是可以补救的，即双方当事人可以达成补充协议。如果未能达成补充协议，仲裁协议即为无效。

3. 仲裁协议的失效

仲裁协议的失效是指一项有效的仲裁协议因特定事由的发生而丧失其原有的法律效力。仲裁协议的失效不同于仲裁协议的无效，它们的根本区别在于，仲裁协议的失效是原本有效的仲裁协议在特定条件下失去了其效力，而仲裁协议的无效是该仲裁协议自始就没有法律效力。

仲裁协议在下列情形下失效：

（1）基于仲裁协议，仲裁庭做出的仲裁裁决被当事人自觉履行或者被法院强制执行，即仲裁协议约定的提交仲裁的争议事项得到最终解决，该仲裁协议因此而失效。《仲裁法》第 9 条规定，裁决做出后，当事人就同一纠纷再申请仲裁或者向人民法院起诉的，仲裁委员会或者人民法院不予受理。

（2）因当事人协议放弃已签订的仲裁协议，而使该仲裁协议失效。协议放弃已订立的仲裁协议与协议订立仲裁协议一样，都是当事人的权利，仲裁协议一经双方当事人协议放弃，则失去效力。

（3）附期限的仲裁协议因期限届满而失效。如当事人在仲裁协议中约定，该仲裁协议在签订后的 6 个月内有效，如果超过了 6 个月的约定期限，已签订的仲裁协议失效。

（4）基于仲裁协议，仲裁庭做出的仲裁裁决被法院裁定撤销或不予执行，该仲裁协议失效。《仲裁法》第 9 条规定，裁决被人民法院依法裁定撤销或者不予执行的，当事人就该纠纷可以根据双方重新达成的仲裁协议申请仲裁，也可以向人民法院起诉。

4. 仲裁协议无效、失效的法律后果

仲裁协议的无效或者失效使得仲裁协议不再具有法律的约束力，其表现在：对当事人来说，当事人之间的纠纷既可以通过向法院提起诉讼的方式解决，也可以重新达成仲裁协议通过仲裁方式解决；对法院来说，由于排斥司法管辖权的原因已经消失，法院对于当事人之间的纠纷具有管辖权；于仲裁机构来说，因其没有行使仲裁权的依据而不能对当事人之间的纠纷进行审理并做出裁决。

(四) 仲裁程序

1. 申请与受理

(1) 申请的条件。

当事人申请仲裁应当符合下列条件：① 有仲裁协议；② 有具体的仲裁请求的事实、理由；③ 属于仲裁委员会的受理范围。当事人申请仲裁，应当向仲裁委员会递交仲裁协议、仲裁申请书及副本。

(2) 受理。

仲裁委员会收到仲裁申请书之日起五日内，认为符合受理条件的，应当受理，并通知当事人；认为不符合受理条件的，应当书面通知当事人不予受理，并说明理由。仲裁委员会受理仲裁申请后，应当在仲裁规则规定的期限内将仲裁规则和仲裁员名册送达申请人，并将仲裁申请书副本和仲裁规则、仲裁员名册送达被申请人。

2. 仲裁庭的组成

仲裁庭可以由三名仲裁员或者一名仲裁员组成。由三名仲裁员组成的，设首席仲裁员。《仲裁法》第31条规定，当事人约定由三名仲裁员组成仲裁庭的，应当各自选定或者各自委托仲裁委员会主任指定一名仲裁员，第三名仲裁员由当事人共同选定或者共同委托仲裁委员会主任指定。第三名仲裁员是首席仲裁员。当事人约定由一名仲裁员成立仲裁庭的，应当由当事人共同选定或者共同委托仲裁委员会主任指定仲裁员。

3. 开庭受理

仲裁应当开庭进行。当事人协议不开庭的，仲裁庭可以根据仲裁申请书、答辩书以及其他材料做出裁决。根据《仲裁法》第40条的规定，仲裁不公开进行。当事人协议公开的，可以公开进行，但涉及国家秘密的除外。

4. 和解、调解、裁决

当事人申请仲裁后，可以自行和解。达成和解协议的，可以请求仲裁庭根据和解协议做出裁决书，也可以撤回仲裁申请。《仲裁法》第51条规定，仲裁庭在做出裁决前，可以先行调解。当事人自愿调解的，仲裁庭应当调解。调解不成的，应当及时做出裁决。

具体到本案中，双方当事人事先签订了《车辆挂靠经营合同》和仲裁协议，发生纠纷后，汽车运输公司依据仲裁协议申请仲裁，《车辆挂靠经营合同》经武汉仲裁委确认合法有效，双方的权利义务关系明确，根据双方签订的规范合同用仲裁方式来解决纠纷，一裁终局，既节约了双方当事人的时间，又节省了诉讼成本。随着仲裁的发展和制度的不断完善，越来越多的人选择仲裁来解决争议。仲裁方便、快捷的审理方式，使当事人能够在最短的时间内解决纠纷化解矛盾，其在物流领域必将发挥越来越重要的作用。

二、仲裁与诉讼的区别

仲裁作为准司法程序，与诉讼程序相比存在较大差异，主要包括以下 6 个方面：

（一）仲裁实行协议管辖

双方当事人出现了纠纷，愿意把纠纷提交给谁来仲裁，双方当事人有选择权。同时，双方当事人须在合同纠纷解决的方式中明确约定，或事后达成补充的仲裁协议。这种合同中的仲裁条款和事后达成的仲裁协议，体现了双方当事人的意愿和选择权。另外，仲裁无级别、地域、专属的限制，当事人有充分的选择权。而诉讼中除部分协议管辖外，还有地域管辖、专属管辖等法定情形，当事人的自由受到较大限制。

（二）仲裁中，当事人有权选择仲裁员和仲裁庭

审理仲裁案件的仲裁员和仲裁庭的产生，首先由双方当事人各自或共同选定或共同委托仲裁委主任指定。当一方当事人弃权或不能共同选定首席仲裁员后，才能由仲裁委员会主任来指定。在仲裁员和仲裁庭的产生和组成上，仍然强调尊重当事人的意思自治。而诉讼中，当事人对独任法官和合议庭的组成没有选择权，只有对审判人员的申请回避权，并且必须具有法定理由。

（三）仲裁中，双方当事人有权决定审理方式

仲裁不公开审理，不允许旁听和新闻媒体采访，为当事人保守商业秘密。当事人协议公开的，可以公开进行，并且仲裁文书不公开。这既是仲裁的优势和特点，也体现了尊重当事人意思自治的原则。而诉讼以公开审理为原则，以不公开审理为例外，公开、公平、公正是诉讼的基本原则，裁判文书也可公开查询。

（四）仲裁实行一裁终局

无论哪一个仲裁机构做出的裁决都是终局性的，当事人不得申请再审、复议或向人民法院起诉，有效地避免了当事人故意拖延程序而造成的案件久拖不决，大大提高了仲裁解决纠纷的效率。并且，仲裁裁决具有强制执行的法律效力，一方当事人不履行仲裁裁决，另一方当事人可以向人民法院申请强制执行，这是除诉讼之外的其他争议解决机制所无法比拟的。而诉讼采两审终审制，一个案件往往经过一审、二审，极为耗时，给当事人造成严重诉累。

（五）仲裁程序灵活、简便、快捷，当事人可以自主决定

仲裁案件，不论案件的当事人多少、标的大小，当事人都可以约定 3 名或 1 名仲裁员组成仲裁庭。是采用简易程序还是采用一般程序，是书面审理还是

开庭审理，以及答辩期的放弃与否、是否延期开庭等，双方当事人都可以协议的方式确定和选择。而诉讼程序复杂、繁琐，适用简易程序还是普通程序，当事人并没有选择权，往往根据案件的性质、诉讼标的额的大小等情形决定。

（六）裁决书的内容当事人可以取舍

当事人协议不愿写明争议事实和裁决理由的，可以不写。而诉讼中，裁判文书必须进行说理，对于双方争议的事实、证据和裁判理由，都必须加以说明，当事人没有选择权。

从仲裁和诉讼的差异可以看出，仲裁充分尊重当事人意思自治以及自主性原则的精神，从仲裁的程序到实体都得到充分体现。这是仲裁与诉讼相比最突出的特点和最大的优势，也是近年来仲裁越来越吸引当事人的根本原因。

案例五

北京京东世纪贸易有限公司诉王旭春电子买卖合同法院管辖权异议纠纷案

【案例提示】

本案是一起网上购物纠纷涉及法院管辖权的民事诉讼法律问题。网上购物是电子买卖合同，法院管辖权应按照《民事诉讼法》第 23 条的规定确定管辖，即由被告住所地或合同履行地法院管辖。但是电子交易商家京东商城、当当网等用户协议中“任何一方均可向本站所在地的人民法院提起诉讼”的协议管辖条款，电子交易商家认为是电子交易商家所在地的法院有管辖权。对于网站格式化的协议管辖条款如何规制，我国《民事诉讼法》未有明确规定。在诉讼法对诉讼契约规定不完善、欠缺相应规定的情况下，法院对格式化管辖协议效力的认定，应类推适用实体法的规定。如何判定协议管辖条款的法律效力，涉及大江南北、长城内外千千万万网络消费者发生网络消费纠纷时，到哪里的法院去主张权利的大问题。

【案情介绍】

原告：北京京东世纪贸易有限公司。

法定代表人：刘强东，董事长。

被告：王旭春，住址上海市浦东新区。

案由：电子买卖合同法院管辖权异议纠纷

北京市海淀区人民法院受理原告北京京东世纪贸易有限公司（以下简称京东公司）诉被告王旭春电子买卖合同纠纷一案后，被告王旭春在提交答辩状期间对本案管辖权提出异议，认为京东商城用户协议中“任何一方均可向本站所在地的人民法院提起诉讼”的协议管辖条款，因意为既可适用协议管辖也可适用法定管辖，不能明确一个管辖地，协议管辖条款无效。被告王旭春住所地和合同履行地均在上海市浦东新区，本院对本案没有管辖权，请求将本案移送上海市浦东新区人民法院管辖。

【裁判与处理】

北京市海淀区人民法院审理认为，京东公司网站用户协议中有“本站将会把产品送到您所指定的送货地址”的条款，而王旭春在订购物品时指定送货地点为上海市浦东新区。根据相关司法解释，购销合同双方当事人在合同中对交货地点有约定的，不管采取何种交货方式，约定的交货地点即为合同履行地，不发生再依交货方式确定合同履行地的问题。原告京东公司所谓代办托运、合同履行地在北京之说于法无据，本院不予支持。鉴于本案合同履行地和被告住所地均不在本院辖区，故本院对本案无管辖权，依当事人申请移送有管辖权的法院管辖。

综上，依据《中华人民共和国民事诉讼法》第23条、第37条、《最高人民法院关于适用〈中华人民共和国民事诉讼法〉若干问题的意见》第19条、第24条、《中华人民共和国合同法》第39条、第40条、第41条、《中华人民共和国消费者权益保护法》第26条之规定，裁定如下：被告王旭春的管辖权异议成立，本案移送上海市浦东新区人民法院管辖。

（案例来源：北京市海淀区人民法院民事裁定书（2008）海民初字第30043号）

【事例评析与法理分析】

一、购物网站格式合同中协议管辖条款的效力

通过“京东商城”购买物品，必须先注册和签订网站用户协议，然后才能下单购物，用户协议中有“协商不成时，任何一方均可向本站所在地的人民法院提起诉讼”的条款。考虑到该用户协议是一种格式合同，法院需要对其中的协议管辖条款效力进行考量，以排除不合理的协议管辖条款。对于“任何一方均可向本站所在地的人民法院提起诉讼”的理解，京东公司主张意为“应由本站所在地人民法院管辖”，管辖法院约定明确、唯一，王旭春主张“可”意为“可以”而非“应当”，该约定管辖并未排除法定管辖的适用，意

即可由网站所在地、被告住所地、合同履行地法院管辖，约定并不明确、唯一。当事人对格式合同协议管辖条款的含义存在不同理解的，应做出对格式合同提供者不利的解释。法院认为，网站注册的用户协议是京东公司提供的格式合同，作为格式合同的提供者，京东公司具有优势地位，根据《合同法》第41条的规定，当对格式条款有两种以上解释的，应做出不利于提供格式条款一方的解释。从语义解释的角度看，本案所涉协议管辖条款确实存在王旭春所主张的解释含义。而根据格式条款的解释规则，法院应采用对格式条款提供者不利的解释，故应认为双方未明确约定唯一的管辖法院，该协议管辖条款无效。

即使认定管辖法院明确、唯一，由于该格式条款存在对消费者管辖利益的剥夺，不合理地加重了消费者在管辖方面的负担，也应被认定为无效。首先，网站没有以合理方式提请用户注意协议管辖条款。我国《合同法》第39条规定，采用格式条款订立合同的，提供格式条款的一方应当遵循公平原则确定当事人之间的权利义务，并采取合理的方式提请对方注意免除或者限制其责任的条款，而本案中网站协议管辖条款是以细小字体夹杂在繁琐资讯中的，实际生活中网民多不会认真阅读，而是直接点击“同意”，很多人根本不会注意到协议管辖条款的存在。其次，协议管辖条款做出了对消费者不公平、不合理的规定，严重不合理地加重了消费者在管辖方面的负担。对网站购物而言，网站用户购买的物品价格一般不高，而其住所地或合同履行地却遍布全国各地或全球，在此情况下，管辖的合意就因可能关涉高额差旅费或时间耗费而变得意义重大。

二、网络购物语境下的“合同履行地”

按照《民事诉讼法》相关规定，合同纠纷由被告住所地或合同履行地法院管辖。在网站送货的情况下，本来外地用户可依照被告住所地或合同履行地管辖原则，享受本地法院管辖的法定管辖利益，不必负担远赴京东公司网站所在地应诉的高额差旅费用和时间耗费。而一旦认定协议管辖条款有效，会产生不管京东公司是原告还是被告，无论合同履行地是否在外地，网站所在地法院均有权管辖的情况，这样所有网站的外地用户都可能因此被迫到网站所在地应诉或起诉，被迫负担大量额外的、相比购物价格明显不合理的差旅费用和时间耗费，京东公司则坐享本地法院管辖的便利，节约大量本应由其负担的差旅费用和时间耗费，并能以此诉讼得失的衡量阻却消费者合理的权利诉求。因此，该协议管辖条款对于消费者而言是显失公平的，特别是在京东公司起诉消费者要求撤销合同、合同履行地在外地的情况下。我国《合同法》第40条规定，提供格式条款一方免除其责任、加重对方责任、排除对方主要权利的，该条款无效。根据修改前的《消费者权益保护法》24 条之规定，经营者不得以格式合同、通知、声明、店堂告示等方式做出对消费者不公平、不合理的规定，或者减轻、免除其损害消费者合法权益应当承担的民事责任。格式合同、通知、声明、店堂告示等含有前款所列内容的，其内容无效。故法院裁定被告的管辖权异议成立。另外，2013 年修改后的《消费者权益保护法》第 26 条规定："经营者在经营活动中使用格式条款的，应当以显著方式提请消费者注意商品或者服务的数量和质量、价款或者费用、履行期限和方式、安全注意事项和风险警示、售后服务、民事责任等与消费者有重大利害关系的内容，并按照消费者的要求予以说明。经营者不得以格式条款、通知、声明、店堂告示等方式，做出排除或者限制消费者权利、减轻或者免除经营者责任、加重消费者责任等对消费者不公平、不合理的规定，不得利用格式条款并借助技术手段强制交易。格式条款、通知、声明、店堂告示等含有前款所列内容的，其内容无效。"因此，无论是从旧法还是新法的规定看，本案网站用户协议中关于管辖权的约定是无效的。

协议管辖条款无效的，应按照《民事诉讼法》第 23 条的规定确定管辖，即由被告住所地或合同履行地法院管辖。原告京东公司称其在公司住所地以圆通快递方式代办托运，由王旭春支付运费，在代办托运的情况下，合同的履行地为北京市海淀区，该主张无法无据。本案中，王旭春的住所地为上海市浦东新区，双方约定的交货地点即合同履行地亦为上海市浦东新区。根据相关司法解释，购销合同双方当事人在合同中对交货地点有约定的，不管采取何种交货方式，约定的交货地点即为合同履行地，不发生再依交货方式确定合同履行地的问题。法院的裁定是正确的。